Klaus Müller-Ibold

Einführung in die Stadtplanung

Band 1: Definitionen und Bestimmungsfaktoren

Verlag W. Kohlhammer
Stuttgart Berlin Köln

Die Deutsche Bibliothek – CIP-Einheitsaufnahme

Müller-Ibold, Klaus:
Einführung in die Stadtplanung / Klaus Müller-Ibold. -
Stuttgart ; Berlin ; Köln : Kohlhammer

Bd. 1. Definitionen und Bestimmungsfaktoren. – 1996
   ISBN 3–17–013806–5

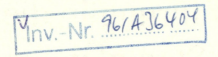

Alle Rechte vorbehalten
© 1996 Verlag W. Kohlhammer GmbH
Stuttgart Berlin Köln
Verlagsort: Stuttgart
Satz: Klaus Müller-Ibold
Gesamtherstellung:
W. Kohlhammer Druckerei GmbH + Co. Stuttgart
Printed in Germany

Vorwort

Wer sich mit Stadtplanung auseinandersetzt, muß sich nach Jakob Maurer[1] fragen, ob Menschen fähig sind, künftiges Geschehen zu beeinflussen und herauszufinden, was dazu zu tun ist. Ohne Erfüllung dieser Prämissen - meint Maurer zu Recht - sei Planung sinnlos.

Dem Verfasser sind immer wieder mal Bedenken gekommen, ob alle Entscheidungsträger der Planung fähig sind, die Prämissen zu erfüllen. Wiederholt haben sie mit "Nicht"- oder "Schein"-Entscheidungen versucht, "Leistungsnachweise" zu bringen. Sie hatten Angst vor Fehlentscheidungen, auch vor Kritik, der sie dadurch zu entgehen suchten. Oft basierte die Angst auf mangelnden Kenntnissen. Politische Entscheidungsträger können diese nur über entsprechende Literatur erwerben, die für kommunale Laienpolitiker und Planer notwendig wäre, damit sie sich als Partner gemeinsam mit ihr auseinandersetzen können. Raumplaner müssen außerdem nach Jakob Maurer[2] fähig sein, mit verschiedenen Disziplinen intensiv zusammenzuarbeiten. Deshalb sah ich mich veranlaßt, eine Reihe von drei Bänden zu konzipieren, die mit dem Ziel einer "gemeinsamen Sprache" mit folgenden Absichten in die Stadtplanung einführt, nämlich
- den aus unterschiedlichen Bereichen heraus in der Stadtplanung Kooperierenden eine "gemeinsame" Sprache anzubieten, damit sie nicht ständig aneinander vorbeireden,
- den Studierenden der Raumplanung eine Einführung zu liefern,
- den Studierenden kooperierender Disziplinen für ihr Wahlfach "Stadtplanung" dafür ein vollständiges Lehrbuch zu bieten
- und den ständig mit Stadtplanung befaßten Laien eine für sie lesbare Informationsquelle zu eröffnen.

Jeder der drei Bände greift einen großen Themenkomplex auf. Im ersten Band (Definitionen und Bestimmungsfaktoren) werden als theoretische Grundlagen
- die Grundbegriffe definiert und erörtert,
- die Ursachen, die zum Planungserfordernis führen, dargestellt,
- diejenigen Faktoren behandelt, die für die Planung rahmensetzenden Charakter haben (wie z.B. ihre politische Dimension)
- und schließlich die Bedeutung von Werten und Ideen diskutiert, die wir als Vorgaben für die Planung ansehen müssen.

Im zweiten Band (Systeme, Leitgedanken und Strukturen) werden als konkreter Sachverhalt
- die Aufgaben und Rollen der Stadtplanung in der hierarchischen Struktur des staatlichen Systems dargelegt,
- die Inhalte und Strukturen der Stadtplanung erörtert (insbesondere Art, Maß und Verteilung der Nutzung und Infrastruktur)
- und schließlich Inhalte und Strukturen der wichtigsten Fachplanungen behandelt.

---

[1] Jakob Maurer: "Grundzüge einer Methodik der Raumplanung", Schriftenreihe des ORL-Instituts, Zürich 1973.
[2] Jakob Maurer: "Die Integration der Geistes- und Sozialwissenschaften in die Ausbildung von Ingenieuren", in: DISP 77, Zürich 1984.

Im dritten Band (Methoden, Instrumente und Vollzug) werden als Grundlage für die Umsetzung der Planung in die Wirklichkeit
- die verschiedenen Methoden und Verfahren behandelt,
- die Untersuchungs- und Darstellungsmittel erläutert,
- die Instrumente für Sicherung und Vollzug der Planung erörtert
- und schließlich die Schritte zur Verwirklichung beschrieben.

Ich bin dem Kohlhammer Verlag dankbar, daß er bereit ist, diesen Versuch zu unterstützen, und seinem Lektor Dr. Burkarth für die hervorragende Zusammenarbeit.

Inhaltsverzeichnis

Seite

1. Einleitung 11

2. Planungsrelevante Definitionen 13

2.1 Definition der Planungsobjekte 13
2.1.1 Gemeinde, Dorf, Stadt und Stadtregion 13
2.1.2 Verstädterung 22
2.1.3 Urbanisierung 27

2.2 Definition von Planung 31
2.2.1 Definition von Planung im Allgemeinen 31
2.2.2 Definition spezifischer Planungsbegriffe 40
2.2.3 Definition von Komplementärbegriffen der Planung 41
2.2.4 Gegensatzpaare der Planungsbegriffe 44
2.2.5 Weitere Planungsbegriffe 48

2.3 Definition räumlicher Planung im Speziellen 49
2.3.1 Allgemeine Definition räumlicher Planung 49
2.3.2 Grenzen der räumlichen Planung 55

3. Faktoren als Auslöser von Planungserfordernissen 61

3.1 Allgemeine Faktoren als Auslöser von Ordnungsbedarfen 61
3.1.1 Gesellschaftliche Entwicklung als Auslöser von Veränderungsbedarfen 61
3.1.2 Änderungsbedarfe als Auslöser von Handlungsbedarfen 79
3.1.3 Handlungsbedarfe als Auslöser von Ordnungsbedarfen 80

3.2 Ordnungsbedarfe als Auslöser von Planungserfordernissen 81
3.2.1 Erfordernisse räumlicher Orientierung 82
3.2.2 Erfordernis an Standortorientierungen von Aktivitäten 84
3.2.3 Erfordernis ordnender Bezugssysteme 86
    3.2.3.1 Naturräumliche und klimatische Struktur als ordnendes Bezugssystem 86
    3.2.3.2 Zentralitätsstruktur als ordnendes Bezugssystem 87
    3.2.3.3 Wohnflächenverteilung als ordnendes Bezugssystem 94
    3.2.3.4 Infrastruktur als ordnendes Bezugssystem 95
    3.2.3.5 Die vorhandene Bausubstanz als ordnendes Bezugssystem 98
3.2.4 Erfordernis geordneter Grund- und Bodenverhältnisse 99

3.3 Gesellschaftliche Bezugsfelder als Auslöser von Planungserfordernissen 101
3.3.1 Die Stadt als Raum sozialer Aktivitäten 101
3.3.2 Die Stadt als Raum von Wirtschaftsaktivitäten 105

		Seite
3.4	Stadtverfall als Auslöser von Planungserfordernissen	108
	3.4.1 Allgemeines	108
	3.4.2 Aspekte zum physischen Verfall	108
	3.4.3 Aspekte zum sozio-ökonomischen Verfall	114
	3.4.4 Aspekte zum ökologischen Verfall	117
	3.4.5 Rückständige Quartiere als Folge des Verfalls	117
3.5	Planungserfordernis, Planungspflicht und Planungsverantwortlichkeit	118

4. Allgemeine rahmensetzende Faktoren — 119

4.1	Gesellschaftliche Regulierungsbedarfe als rahmensetzender Faktor	119
	4.1.1 Legitimation, Autorisation und Pflicht des Staates zu räumlicher Ordnung	119
	4.1.2 Planungs-, Bau- und Bodenrecht	122
	4.1.3 Historische Entwicklung des Planungs-, Bau- und Bodenrechts	125
	4.1.4 Stadtplanung im Schnittpunkt örtlicher und überörtlicher Probleme	130
	4.1.5 Aufgabenteilung nach Verfassungstheorie und Praxis	131
4.2	Freiflächensystem als rahmensetzender Faktor	132
	4.2.1 Freiflächen und ihr Gefüge	132
	4.2.2 Einzelfunktionen des Freiflächensystems	133
4.3	Umweltschutz als rahmensetzender Faktor	134
	4.3.1 Umweltbeziehungen	134
	4.3.2 Belastungen des Umfeldes	137
	4.3.3 Belastungen des Menschen	139
	4.3.4 Belastungen des Öko-Systems	139
4.4	Siedlungsstrukturen als rahmensetzender Faktor	140
	4.4.1 Großräumige Siedlungsstrukturen	140
	4.4.2 Geopolitische Funktionen und Lagen von Stadtregionen	141
	4.4.3. Hierarchische Strukturen der Stadt und ihrer Region	149
	4.4.4 Struktur und Gliederung von Verdichtungsräumen	151
	4.4.4.1 Definition von Verdichtungsräumen (Ballungsräumen)	151
	4.4.4.2 Verdichtungsräume nach der Funktion	153
	4.4.4.3 Verdichtungsräume nach der räumlichen Struktur	154
	4.4.4.4 Struktur und Gliederung von Stadtregionen	156
4.5	Sozio-ökonomische Strukturen als rahmensetzender Faktor	160
	4.5.1 Allgemeines	160
	4.5.2 Wirtschaftsstruktur	161
	4.5.3 Soziale und demographische Struktur	162
	4.5.4 Bezugsfelder für die Flächennutzungsstruktur	165

			Seite
4.6	Entscheidungs- und Organisationsprozesse als rahmensetzender Faktor		173
	4.6.1 Allgemeines		173
	4.6.2 Räumliche Planung als kontinuierlicher Korrekturprozeß		174
	4.6.3 Räumliche Planung als Auflösung komplexer Probleme in einzelne Entscheidungsschritte		180
	4.6.4 Generelle Organisation der Planung als Faktor		188
		4.6.4.1 Einteilung und Zuordnung	188
		4.6.4.2 Träger der Planung und ihre Organe	188
		4.6.4.3 Planungsadressaten	193
		4.6.4.4 Rollen der planenden Organe	194
		4.6.4.5 Bereich der Planung	195
		4.6.4.6 Gebiet der Planung	196
		4.6.4.7 Aufbau der Planung	198
		4.6.4.8 Wirkung der Planung	199
		4.6.4.9 Die Zeit als Faktor	199
4.7	Ausblick		201

5. Stadtideen und -systeme als rahmensetzende Faktoren   203

5.1	Allgemeines		203
5.2	Ideen zur Stadtfunktion		206
	5.2.1 Idee der Marktfunktion		206
	5.2.2 Idee der Herrschaftsfunktion		207
	5.2.3 Idee der Verteidigungsfunktion		208
	5.2.4 Idee der ortsgebundenen Standortfunktion		209
	5.2.5 Idee der sozio-kulturellen Versorgungsfunktion		210
	5.2.6 Idee der Entlastungsfunktion		214
	5.2.7 Idee der Nachbarschaftsfunktion		220
	5.2.8 Idee der Funktion als Stadtgliederungselement		223
5.3	Ideen zu räumlichen Stadtsystemen		227
	5.3.1 Allgemeines		227
	5.3.2 Systeme räumlicher Strukturen		228
	5.3.3 Systemordnung		230

6. Schlußbemerkung   234

Literaturverzeichnis   235

Stichwortverzeichnis   239

1. Einleitung

In diesem Band sollen die Grundlagen der Stadtplanung behandelt werden. Kenntnisse über sie sind notwendig, weil ohne den theoretischen Unterbau insbesondere über die Entwicklungsprozesse die Zukunft im wahrsten Sinne des Wortes nicht zu "begreifen" sein wird. Wenn wir uns vor Augen halten, daß das Grundziel der Planung darin besteht, mittels vorbereitender Maßnahmen ein Ziel zu erreichen, eine drohende Gefahr abzuwenden oder ein Problem zu lösen, dann wird uns auch klar, daß wir bestimmte Methoden der Vorausschau benötigen, um unsere Absicht zu verwirklichen. Die Bedeutung von Planung wird immer dann besonders klar, wenn beispielsweise ein Unglück mit schweren Schadensauswirkungen eingetreten ist, dessen Abwendung lediglich eine Frage vorbedachter Gegenmaßnahmen gewesen wäre. Jedes Nachdenken vor einem antizipierbaren Ereignis, mag es sich um ein Naturereignis oder ein von menschlicher Hand erzeugtes Problem handeln, ist ein erster Ansatz zur Planung.

Planung ist in ihrem Vorgang mit einem Puzzlespiel zu vergleichen, d.h. einzelne Teile müssen so zusammengesetzt werden, daß sie ein vollständiges und plausibles Bild ergeben. Es ist deshalb notwendig, daß wir die einzelnen Teile erkennen können. Wir müssen sie erkennen nach ihrer Bedeutung, ihrem Standort und in ihrem Wirkungspotential. In einem Puzzlespiel kommt es z.B. sehr darauf an, früh Schlüsselteile zu erkennen, z.B. Rand- und Eckstücke.

Im gleichen Sinn sind notwendigerweise auch die Grundlagen der Planung zu erfassen, weil wir sonst das Puzzlespiel "Planung" nicht werden zusammenkomponieren können. Dem Planer geht es auch so wie dem Komponisten eines Musikstücks, der dieses nicht komponieren könnte, wenn er keine Kenntnisse der Grundlagen sowohl der Musik als auch ihrer Instrumente hätte.

Deshalb gelten in der Planung zunächst die Fragen: Welches Ziel soll angestrebt werden, was wird damit bezweckt, was soll zustande gebracht werden, wer ist zu beteiligen und wer entscheidet? In einem weiteren Schritt ist immer auch die Frage fällig, wann etwas zustande kommen soll. Die Ablaufstruktur von Planung kann deshalb grob mit den Schlüsselworten: was, wo, wie, wer und wann (den fünf "w") umschrieben werden. Nach diesen Schlüsselworten ist in jedem Abschnitt eines Planungsablaufs vorzugehen.

Deshalb werden wir uns im ersten Band mit Grundlagen auseinandersetzen, nämlich
- den Charakteristika der "Objekte" Gemeinde, Dorf und Stadt,
- den Fragen "Was ist Planung?" und "Was ist Raumplanung?",
- den Faktoren, die ein Planungerfordernis auslösen, wie etwa die erforderlichen Veränderungen in der Ordnung des menschlichen Umfeldes, die sich aus Anforderungen ergeben, die aus den Veränderungen in der Gesellschaft heraus entstehen,
- den Faktoren, die für die Planung Rahmen setzen, wie etwa die zu schützende Natur oder der Bedarf an Vorgaben zum Schutz auch anderer Werte für den Menschen
- und schließlich die Frage nach der Rolle, die Ideen und Wertsetzungen der Gesellschaft (Grundwerte/Ethik/Religion) in der Planung spielen.

Erst wenn wir diese Grundlagen erörtert haben, sind wir in der Lage, Situationen, Entwicklungen, daraus entstehende Probleme und erforderliche Planungsziele in ihrem vollem Umfang wie auch wichtigen Einzelfragen zu erfassen und zu artikulieren.

Ohne diese Grundlagen wären wir gezwungen, ständig mit dem Risiko hoher Fehlerquoten zu improvisieren. Mit der Planung wollen wir jedoch die Unsicherheit der Improvisation vermindern und steuerbar machen. Wir müssen uns jedoch von Anfang an darüber im klaren sein, daß Planung Unsicherheiten und Risiken nicht voll ausschalten, sondern lediglich vermindern und eingrenzen kann. Planung hat obendrein den Sinn, einerseits das Risiko für den Träger der jeweiligen Planung bewußt und kalkulierbar zu machen und andererseits für ihn soweit vorbereitetet zu sein, daß er mit Hilfe alternativer Ausweichstrategien im Falle von unerwarteten Ereignissen nicht völlig unvorbereitet dastehen muß.

2. Planungsrelevante Definitionen

2.1 Definition der Planungsobjekte

Ehe wir uns mit dem eigentlichen Begriff "Planung" auseinandersetzen, scheint es zunächst angebracht, sich mit dem hier anstehenden "Objekt" der Planung, nämlich dem räumlichen, vom Menschen selbst gestalteten und zu gestaltenden Umfeld zu beschäftigen, wie der "Gemeinde", dem "Dorf", der "Stadt" und der "Stadtregion". Für den "Einsteiger" in das Thema scheinen hier die Begriffsdefinitionen von René König[3] am einprägsamsten. Insofern baut das nachfolgende Kapitel auf Königs Beiträgen auf. Auf diesen Einstieg wird besonderer Wert gelegt, weil es in der Vorstellung von Laien in der Regel bei der Stadtplanung lediglich um die Gestaltung von Gebäuden und Gebäudegruppierungen geht. Kernpunkt der Stadtplanung ist jedoch der Mensch, seine sich ständig ändernde Situation, seine Entwicklung, sein Verhalten, seine gesellschaftlichen Erfordernisse und Beziehungen und das dafür erforderliche gestaltete und gebaute Umfeld sowie dessen Strukturen, Nutzungen und räumlichen Systeme.

2.1.1 Gemeinde, Dorf, Stadt und Stadtregion

Gemeinde
Gemeinde bedeutet nach René König[4] eine mehr oder weniger große soziale Einheit auf örtlicher Basis, in der die Menschen zusammenwirken, um ihr wirtschaftliches, soziales und kulturelles Leben einschließlich des dafür erforderlichen Umfeldes zu gestalten. Neben der Familie ist die Gemeinde die wichtigste soziale Erscheinung der menschlichen Gesellschaft. Historisch gesehen kann man sagen, daß außer der Familie im engsten Sinne die anderen Formen der Gesellschaft (wie Clan, Stamm usw.) vermutlich lockerer gewesen sind als die Gemeinde, solange sie keine örtliche Bindung hatten. Mit der Bindung an eine Örtlichkeit entstehen allgemein fest umrissene soziale Ordnungen. Dies gilt auch für Nomaden, die in der Regel einen festen Standort mit festen Gebäuden haben, in denen die Alten, Kranken, Gebrechlichen und Hochschwangeren bleiben, während die anderen sich z.T. mehrfach im Jahr auf die Weidewanderung begeben. Wir sprechen deshalb von einer Solidargemeinschaft mit Lokalbezug.[5]

Ausgangspunkt für die Bildung einer "Lokalgruppe" war die Produktion von "Überschuß", die zum "Tausch" dieser "Überschußgüter" fester Standorte bedurfte, zunächst also kleinster Siedlungsansätze, z.B. des Dorfes oder des sog. "Marktflekkens". D.h. die systematische Landwirtschaft führte zur ersten örtlichen Seßhaftigkeit.

Vor allem zeigt sich nach König, daß ein soziales Leben aus solchen Gebilden entsteht, die dementsprechend auch als die erste gesamtgesellschaftliche Erschei-

---

3 René König (Hrsg.): "Soziologie der Gemeinde", Sonderheft d. Zeitschr. f. Soz. und Soz. Psych., Köln 1956.
4 René König: "Grundformen der Gesellschaft", in: "Die Gemeinde", Hamburg 1958.
5 Siehe dazu auch: Oswald von Nell-Breuning: "Die Verantwortung für menschliche Solidarität", Deutsche Akademie für Städtebau und Landesplanung, Mitteilungen 24. Jahrgang, Bd. 3, München 1983.

nung angesehen werden müssen, in denen nicht nur "Familien", sondern überhaupt eine Gesamtheit des Lebens eingeschlossen ist. Ursprünglich waren die Gemeinden relativ isoliert voneinander; andererseits weisen Zeichen darauf hin, daß sie auch Handel untereinander pflegten, in einigen Fällen offenbar über beträchtliche Entfernungen. Entscheidend ist vor allem, daß eine Gemeinde eine Fülle von Funktionskreisen (Aktivitäten) und funktionalen Organisationen (Akteure) umfaßt. Sie stellt also einen eigenen Mikrokosmos an Gesellschaft dar, selbst wenn sie noch so klein ist. Mit Sicherheit läßt sich nach Benevolo[6] und anderen sagen, daß der Mensch seit dem Neolithikum mehr und mehr in Gemeinden lebt, die für lange Zeiten vermutlich die einzigen gesamtgesellschaftlichen Gebilde gewesen sind. Dieser Zustand ändert sich erst um das fünfte Jahrtausend vor Christus, als die vorderorientalischen und ostasiatischen Reiche entstanden, insbesondere in Ägypten und China, während etwa in Griechenland die Gemeinde als 'Polis' (Stadtstaat) eine vielleicht nie wieder erlebte, einmalige Blüte erreichte, die heute bestenfalls noch Singapur aufweist.

Auch später kommt die Gemeinde gelegentlich noch zu herausragender politischer Bedeutung, so etwa in den mittelalterlichen Städten (Hansebund und Schweiz). Diese Zeit ist jedoch schon durch die Entstehung gesamtgesellschaftlicher Gebilde höherer Ordnung charakterisiert, die neben der Gemeinde eine ständig wachsende politische Bedeutung erhalten, ohne daß jedoch darum die Gemeinde als soziales Lebenselement verschwunden wäre.

Obwohl Dörfer, Kleinstädte und Großstädte von heute sehr verschieden sind, haben sie doch nach König einen Zug gemeinsam: die in ihnen lebenden Menschen fühlen sich in dem Sinne als eine Einheit, daß sie ihre Gemeinde als von anderen Gemeinden abgesetzt empfinden. In jeder Gemeinde sind die sozialen Beziehungen in irgendeiner Weise geordnet; auch haben die Menschen hier ähnliche Wertideen und Bindungen wie auch eine Gemeinschaftsverantwortung. Schließlich wissen auch alle Mitglieder einer solchen Lokalgruppe ungefähr anzugeben, zu welcher Gemeinde sie gehören und wo ihre Grenzen verlaufen.

Allerdings beginnt dieses Merkmal zu bröckeln. Die neueste Entwicklung hat nach Hall[7] dazu geführt, daß, auf Grund der ungeheuren Leistungsfähigkeit moderner Verkehrsmittel, immer mehr Menschen in einer Gemeinde wohnen und in einer anderen Gemeinde arbeiten, ins Theater gehen usw. In steigendem Maße verschwindet deshalb die "Gesamtheit des Lebens" in einer einzigen Gemeinde. Am besten läßt sich diese Tendenz an der Entwicklung der Pendler erkennen. Pendler sind politisch und gesellschaftlich "gespalten", wenn es sich um "ihre" Gemeinde handelt, nämlich einerseits müssen sie sich nach der Gemeinde ihres "Arbeitsortes" und andererseits nach der ihres "Wohnortes" richten. Der "Wohnort" als "Familiensitz" hat eine größere Bedeutung als der "Arbeitsort".[8,9]

Insbesondere in den letzten 10-15 Jahren hat die Zögerlichkeit vieler kommunaler Entscheidungskörperschaften (Rat), rechtzeitig und in erforderlichem Umfang vorbeugend Wohnbauland auszuweisen und die äußere Erschließung vorzusehen, die Zahl der Pendler hochgeschraubt und zu der gegenwärtigen Wohnungsnot ge

---

6   Leonardo Benevolo: "Die Geschichte der Stadt", Frankfurt, New York 1990.
7   Peter Hall: "Decentralization without End?", in: "The Expanding City", Hrsg. John Pathen, Oxford 1983.
8   Hierzu siehe auch: Klaus Müller-Ibold: "Die Stadtregion als Raum zentraler Orte", Stuttgart 1962.
9   Hillebrecht, Müller-Ibold: "Städte verändern ihr Gesicht", Stuttgart 1961.

führt. Es trat eine "Wanderung" über die Stadtgrenzen ein, verbunden mit Streuung und Zersiedlung. Hieran zeigt sich, wie stark ein Bedarf auch an planerischer Ordnung des menschlichen räumlichen Umfeldes besteht.

Dorf

Lange Zeit wurde der Gegensatz zwischen kleiner und großer Gemeinde auf die Spannung zwischen Dorf und Stadt bezogen. Dabei wurde rein begrifflich unterstellt, daß das Dorf eine geschlossene Gemeinschaft darstelle, die Stadt dagegen nicht. Die strukturelle Betrachtung der Gemeinde läßt diese Vorstellung inzwischen als nicht voll gültig erkennen; die Kritik an der Stadt relativiert sich.

Heute erfahren diese Probleme eine unbefangenere Betrachtung, woraus nicht nur die Soziologie des Dorfes und der Stadt, sondern auch die Soziologie der Stadt-Land-Beziehungen neue Problemstellungen entwickelt hat. Selbst wenn Menschen in einer kleinen Gemeinde zusammenleben, wirtschaften und gemeinsame Bindungen haben, folgert René König daraus keineswegs, daß sie darum auch automatisch ein geschlossenes 'Ganzes' bilden.

Untersuchungen haben gezeigt, daß die früher als selbstverständlich angenommene "unbewußte Gemeinschaft des ganzen Dorfes" kaum existiert. Neben den Bauern umfaßte die Dorfgemeinde immer auch Handwerker und Händler. Schließlich ist zu unterscheiden zwischen dem "Bürger" mit vollen und dem "Einwohner" mit nur begrenzten Rechten. Viele der "Einwohner" vermochten sich zwar mit der Zeit Ortsbürgerrechte zu erkämpfen, aber es blieben immer auch Einwohner minderen Rechts, seit der Antike ("Sklaven") oder dem Mittelalter ("Unehrliche") bis heute ("Flüchtlinge" und "Gastarbeiter").

Es gibt zahlreiche Faktoren, die selbst eine sehr kleine Gemeinde daran hindern können, eine integrierte Ganzheit zu bilden, obwohl sie eine Einheit lokaler Natur mit sozialen Bindungen und Traditionen darstellt. In dieser Hinsicht sind die Vorgänge in kleinen Dorfgemeinden interessant, die sich auf Grund besonderer Umstände, z.B. plötzlicher Import von Arbeitern (Industrialisierung) weit überproportional vergrößern (zahlreiche Orte des Ruhrgebietes nach "Einwanderung" von Polen zum Einsatz im Bergbau im vorigen Jahrhundert). Hier dauert es Jahrzehnte, bis ein neues Gemeindebild entsteht mit einem Stadtkern, einer Innen- und Außenstadt und verschiedenen Quartieren.

Spätestens durch die relativ neue Erscheinung der "Pendler" hat es eine Auflösung der "geschlossenen", integrierten Gemeinde im Einflußbereich der Städte und Metropolen gegeben, sofern es sie überhaupt je gab!

Stadt

Die Stadt ist nach Benevolo[10] die umfassend ausgestattete Ansiedlung, die ursprünglich mit allerlei Privilegien ("Stadtluft macht frei") und Macht (Befestigung) ausgestattet war. Sie hat zwar ihren Ursprung im Dorf, ist auch vielfach (aber nicht immer) aus dem Dorf hervorgegangen, und doch ist sie unverkennbar mehr als ein vergrößertes Dorf. Sie entsteht, wenn handwerkliche Fertigungen (z.B. der Pflug) nicht mehr von denen, die noch den Boden bearbeiten, selbst hergestellt werden, sondern von "Spezialisten", also dem Schmied, Tischler, Maurer usw., also sol

---

10 Vgl. Benevolo, Fn. 6.

chen Personen, die von der Feldarbeit "befreit" sind. Sie entsteht, wenn in größerem Umfang überschüssige Produkte zum Tausch ("Handel") angeboten werden müssen. Sie entsteht durch die Arbeitsteilung. Durch die Arbeitsteilung entsteht der Bedarf an "Vor"-Überlegungen zur Produktion und zum Absatz des Produktes. Mit diesen Bedarfen entsteht das Erfordernis zu antizipieren, im voraus zu planen.

Die "Entstehung" der Stadt erfolgt auf mehreren Wegen. Meistens ist eine Stadt aus einer dorfartigen Ansiedlung durch Funktionsausweitung und daraus folgendem Wachstum der Siedlung über den ländlichen Siedlungsbedarf hinaus ohne gesonderten "Gründungsbedarf" entstanden. Es gab aber auch anscheinend zu allen Zeiten - seit es Städte gibt - Ansiedlungen, die a priori als Städte nach Aufgabe, Funktion, Größe, Struktur und Lage geplant waren und insofern als solche in einem speziellen Akt auch "gegründet" wurden.

Es gab eine Zeit, in der eine Gemeinde zur Stadt wurde, wenn ihr das Stadtrecht verliehen war, d.h. also das Recht die Stadt konstituiert hat; es gab andere Zeiten, in denen der Stadtbegriff durch die Zahl der Bürger umschrieben war; wechselnd ließ man die Stadt bei fünftausend, dann bei zehntausend Einwohnern beginnen, später bei fünfzigtausend, noch später bei hunderttausend. Manchmal ist die Frage erhoben worden, ob eine Stadt von fünfhunderttausend noch als "Stadt" oder als "Weltstadt" oder als "Metropole" zu bezeichnen ist. Inzwischen ist auch der Begriff "Metropole" erweitert worden um den noch umfassenderen Begriff "Megalopolis", der identisch ist mit einer Region von vielen Städten.

Es ist wichtig, sich darüber klar zu werden, daß heute Begriff und Wirklichkeit fließend geworden sind. Dort, wo ein Stadtparlament gewählt wird, dürfte der Regel nach die Stadt mit dem Umkreis identisch sein, der seine Abgeordneten in das Stadtparlament entsendet. Dieses Gebilde kann sehr unterschiedlich sein. In Italien z.B. gibt es Städte, deren politische Grenzen auch eine ländliche Zone mit eigenen Gemeindegebilden einschließen (Regionalstadt). In anderen Ländern dürfte es wiederum so sein, daß auch noch Nachbargemeinden, die nicht eingemeindet sind, dennoch für einen großen Teil der städtischen Strukturen mit hinzugerechnet und hinzugezogen werden müssen. Es ist über die Zeitläufe von Industrialisierung, Mechanisierung und Automation immer klarer geworden, daß die Stadt heute nicht mehr von ihren politischen Verwaltungsgrenzen her zu definieren ist, sondern daß das Umland der Stadt, insbesondere die Umlandpendler, also die Wirtschafts- und Sozialregionen, Teil des urbanen Raumes sind.

Mit dem Begriff "Pendler" haben wir übrigens ein Merkmal herausgegriffen, das auch eine neue Situation zu beschreiben vermag. Es ist nämlich durchaus möglich und existent, daß kleine Gemeinden mit ursprünglich überwiegend ländlicher Bevölkerung heute durch eine Überzahl von Pendlern "urbanisiert" sind. Da urbane Lebensformen auch in ländlichen Haushalten Einzug gehalten haben (Fernseher, Motorisierung, Disco-Besuch usw.), haben viele kleine Gemeinden im Umland der Städte zwar nach Größe, Bevölkerungs- und Bebauungsdichte wie auch Bauform noch ländlichen Charakter, sind aber dennoch urbanisiert.

Immer wieder taucht der Begriff "organisch" gewachsene Stadt auf. Es stellt sich die Frage, was es damit auf sich hat. Hier ist grundsätzlich einiges zu bemerken:
- Es ist erstens eine Erfindung, daß es früher immer auch ein "organisches" Wachstum gegeben habe. Davon kann in der Mehrzahl der Jahrhunderte gar keine Rede sein, weder in der Antike, noch im Mittelalter, noch im 19. Jahrhundert.

- Zweitens ist von der Antike, einschließlich der Chinas und Japans, bis heute eine große Zahl von Städten immer wieder in Rechtecken angelegt worden, die auch vom optischen her gar nicht besonders "organisch" erscheinen. Das hat auch der berühmteste griechische Stadtbaumeister Hippodamos von Milet so gehalten; sein Plan war maßgebend beim Wiederaufbau von Athen und bei den griechischen Kolonialgründungen. Mit dem gleichen "finalen" Gestaltungswillen sind die Barockstädte angelegt worden.
- Drittens sind die winklig angelegten Städte des europäischen wie auch des arabischen Mittelalters mit ihren Funktionsorientierungen ("Schmiedestraße", "Bäkkergang", "Knochenhauerweg" usw.) ebenso wie mit ihrem hierarchisch angelegten Wegenetz keineswegs "organisch" gewachsen, sondern künstlich nach ausgedachten Ordnungsprinzipien angelegt worden.
- Schließlich ist all das, was Menschenhand herstellt, künstlich und nicht aus sich heraus regenerierfähig, also auch nicht organisch!

Die Großstadt-Soziologie hat schon verhältnismäßig früh dargelegt, daß die rein zahlenmäßigen Verhältnisse nicht allein für das Phänomen Stadt bezeichnend sind. Bei erster Betrachtung einer Stadt fällt meistens die Bevölkerungsagglomeration ins Auge; aber es gibt auch 'Weltstädte' kleineren Formats wie etwa Luxemburg, Mekka, Salzburg oder Reno. Entscheidend ist, daß die Stadt durch einen besonderen Lebensstil und eine Reihe von spezifisch sozialen Merkmalen gekennzeichnet ist.

Während es zahlreiche Darstellungen über Herkunft und Konzentration der Bevölkerung in Städten gebe, vor allem ökonomisch ausgerichtete Untersuchungen über den Standort, die funktionelle Ausrichtung, die Industrialisierung oder die Änderung der Berufsstruktur von städtischen Gemeinden, beginnen nach König rein soziologische Untersuchungen relativ spät.[11] Hierbei wurde deutlich, daß das Phänomen der Stadt nur in einer sehr komplexen Definition erfaßt werden kann. Wenn schon Merkmale der Bevölkerung untersucht werden, so sollte das im unmittelbaren Bezug auf ihre soziologischen Konsequenzen erfolgen. Die Größe der Agglomeration wird dann verantwortlich für den Charakter der 'Anonymität', der für viele soziale Beziehungen in der Stadt bezeichnend ist, obwohl dies von anderen wiederum mit guten Gründen bestritten wird. Die 'Verdichtung' muß ebenfalls mit Vorbehalt verstanden werden; denn da, wo das Zentrum der Stadt liegt, zeigt sich zwar eine ungeheure Anhäufung von zahlreichen Unternehmungen, also auch Beschäftigten; dafür sind diese Gebiete aber meist ganz dünn besiedelt (Citybildung) bzw. es besteht eine außerordentliche Differenz zwischen der tagsüber anwesenden und der Wohn-Bevölkerung.

Mit dieser Art von "Verdichtung" - so König - zeigt sich gleichlaufend eine Wandlung der Arbeitsteilung zum Spezialistentum immer differenzierterer Art, was schließlich eine außerordentliche Komplexität der sozialen Struktur zur Folge hat. Zeigen sich primitive Gesellschaften häufig dadurch charakterisiert, daß sie nur wenige, relativ gleichförmige und sich wiederholende Untereinheiten aufweisen, so ist die soziale Heterogenität das Merkmal der großen Stadt von heute. Sie wird damit zum Prototyp der fortgeschrittenen Industriegesellschaften. Dies zeigt sich nicht nur in der Konzentration von Handel, Industrie, Banken, Versicherun-

---

11 Siehe dazu auch Truman Hartshorn: "Interpreting the City, an Urban Geograpy", New York 1989.

gen, Verwaltung aller Art, sondern insbesondere auch in einem außerordentlichen technischen Aufwand für die Gestaltung des Alltagslebens (vor allem einem oft sehr komplizierten Ver- und Entsorgungs- wie auch Verkehrssystem), in einem allgemein gesteigerten 'Komfort' (von der Müllabfuhr bis zum Gesundheitswesen), und schließlich noch in eigenen Industrien, die ausschließlich den großen Städten vorbehalten sind: kulturelle Institutionen (Theater, Konzertwesen), Vergnügungsindustrie, Restaurationsgewerbe, Unternehmungen für Tourismus usw. Wir beobachten auch zahlreiche Desorganisationserscheinungen, die für die Stadt von heute kennzeichnend sind (erhöhte Kriminalität, Scheidungshäufigkeit usw.).

Besondere Aufmerksamkeit fand demzufolge die soziale Organisation der Stadt, speziell in bezug auf ihre räumliche Gestaltung. Die Soziologie betrachtet zunächst das Verhältnis von städtischer Gemeinde und 'Hinterland', wendet sich aber dann der Analyse der räumlichen Verteilung der Bevölkerung auf dem städtischen Gebiet zu. Deutlich wird oftmals die 'Segregation' verschiedener Bevölkerungsteile, besonders in ethnisch gemischten Gesellschaften. Obwohl sich hier nicht immer eindeutig sog. 'natürliche Gebiete' ausmachen lassen (natural areas), zeigen sich doch in den Extremen der Wohlstandsquartiere und der Slums greifbare Sondersituationen. Veränderungen der sozialen Entwicklung, die daraus entstehenden Anforderungen und die daraus wiederum folgenden Ansprüche an die Nutzung des Raumes spielen dabei eine besondere Rolle. Dazu empfiehlt es sich, die Behandlung des Themas "Großstadt" durch Hans-Paul Bahrdt[12] ebenso nachzulesen wie zu dessen weltweiten Bedeutung die Einführung von Brunn und Williams in "World Regional Urban Development"[13]. Im übrigen werden wir uns mit der heutigen verfassungsmäßigen Position, rechtlichen Struktur und exekutiven Organisation von Gemeinden und Städten in einem gesonderten Kapitel über die Bedeutung der kommunalen Selbstverwaltung bei der Stadtplanung noch im einzelnen in Band III auseinandersetzen.

Zusammenfassend schreibt Rudolph Hillebrecht[14]:
Die Stadt ist ein Gebilde, das nach Art und Anlage komplex ist. Bewußt oder unbewußt arbeiten an ihrer Form und Gestalt alle jene Kräfte mit, die der Stadtgesellschaft angehören. In ihrer sich wandelnden Erscheinungsform ist die Stadt ein Abbild ihrer jeweiligen Gesellschaft. Dies gilt besonders für unsere Städte mit ihrem ausgeprägten Recht. Daß unter solchen Umständen Bürgerstädte im Vergleich zu anderen eher, schneller und nachhaltiger ihr Gesicht verändern, sobald die gesellschaftlichen Kräfte in ihnen sich wandeln, neue Aufgaben sehen und anpacken, liegt auf der Hand.

"Gemeinde" als übergeordneter Begriff für "Dorf" und "Stadt"
In der Bundesrepublik Deutschland - der Name deutet es schon an - herrscht das föderalistische Prinzip vor und gibt den Gemeinden im Vergleich zum zentralistischen Prinzip (z.B. Frankreich) ein relativ hohes Maß an Selbstverwaltung.

---

12 H.-P. Bahrdt: "Die moderne Großstadt - Soziologische Überlegungen zum Städtebau", Hamburg 1961.
13 D. Stanley Brunn und J. F. Williams: "Cities of the World: World Regional Urban Devlopment", New York 1983.
14 Rudolf Hillebrecht: "Städtebau und Stadtentwicklung", in: "Städtebau als Herausforderung", Neue Schriften des Deutschen Städtetages, Heft 30, 1975.

Die in den Landesverfassungen und den Gemeindeordnungen niedergelegte Gemeindeverfassung ist deshalb relativ stark zersplittert. Die Verfassung schreibt in Art. 28 Abs. 1 Grundgesetz[15] vor, daß in den Gemeinden das Volk eine Vertretung haben muß, die aus allgemeinen, unmittelbaren, freien, gleichen und geheimen Wahlen hervorgegangen ist. Sämtliche Gemeindeordnungen schreiben als oberstes Willensbildungsorgan die Bildung einer Gemeindevertretung (Gemeinderat, Stadtrat, Rats- oder Stadtverordnetenversammlung) vor. Neben der Gemeindeverwaltung gibt es Gemeindevorsteher, Bürgermeister, Ersten Bürgermeister, in kreisfreien Gemeinden und großen Kreisstädten Oberbürgermeister genannt, der die Gemeindeverwaltung leitet und die Beschlüsse der Gemeindevertretung ausführt. In Nordrhein-Westfalen und in Niedersachsen hat der Bürgermeister als Vorsitzender der Gemeindevertretung eine mehr repräsentative Funktion, während der Gemeindedirektor (Stadtdirektor, Oberstadtdirektor) die Verwaltung leitet. In Niedersachsen sowie Hessen und Schleswig-Holstein ist zwischen Gemeindevertretung und Gemeindevorsteher ein kollegialer Gemeindevorstand (Magistrat, Verwaltungsausschuß) eingeschaltet. Die von den Gemeindeorganen zu erfüllenden Aufgaben werden unterteilt in Angelegenheiten des eigenen (Selbstverwaltung) und des übertragenen (staatlichen) Wirkungskreises.

Stadtregion

Neben der Struktur der Stadt und der des Dorfes hat sich mehr und mehr auch eine Struktur der Stadt-Land-Beziehungen entwickelt und intensiviert. Auch diese hat große Veränderungen durchgemacht. Ursprünglich wurde 'Verstädterung' mit 'Landflucht' in Zusammenhang gebracht, obwohl nur ganz bestimmte Teile der Bevölkerung in die Stadt abwandern (selektive Wanderung). Man hatte bei dieser mehr oder weniger einseitigen Betrachtung die Wanderungen auf dem Lande übersehen, deren Ausmaß groß ist; z.B. finden sich 'Pendler' nicht nur zwischen Land und Stadt, sondern ebenfalls zwischen Dorf und Dorf. Da das wirtschaftliche Interesse dieser Pendler jeweils in einer anderen Richtung als der durch den Wohnort bezeichneten liegt, gehören diese zu den nicht vollintegrierten Elementen der Gemeinde, was häufig Probleme besonderer Natur schafft.

Während die Entwicklung vom 19. zum 20. Jahrhundert zeigte, daß die schon länger verstädterten Bevölkerungen 'stadtfest' geworden sind, spielen sich noch immer an den Grenzen zwischen städtischen und ländlichen Gemeinden starke Umformungsprozesse ab. Demzufolge ist die soziale Desorganisation häufig größer in den Vororten beiderseits der Stadtgrenzen als im Zentrum der Stadt. Nach Hillebrecht sind die Stadtteile am Stadtrand den Vororten im direkten Umland ähnlicher als den Stadtteilen der inneren Stadt.[16] Da das Wesen der städtischen Gemeinde nicht so sehr in der Bevölkerungsagglomeration, sondern in der Besonderheit der Verhaltensweise liegt, hat sich das Problem der Verstädterung mit der Vermehrung der Mittel zur Massenkommunikation (Zeitungen, Zeitschriften, Illustrierte, Werbung, Kino, Radio, Fernsehen) weitgehend von den städtischen Einflußzentren gelöst. Die Wirkung dieses Lebensstils reicht heute praktisch überall hin, so daß sich

---

15 Siehe hierzu auch: Grundgesetz für die Bundesrepublik Deutschland vom Mai 1949 und Zwei Plus Vier Vertrag, 1990.
16 Rudolf Hillebrecht: "Städtebau morgen", Festvortrag Kieler Woche 1965, Hrsg. Presseamt der Stadt Kiel.

allmählich die Verstädterung mehr als das zentrale Problem eines allgemeinen kulturellen Wandels darstellt. Wir müssen uns also vermehrt auch dem Gesamtgefüge von Stadt und Region widmen.

Den Sachverhalt der Stadtregion gibt es seit Jahrzehnten. Begrifflich gefaßt wurde die "Stadtregion" in Deutschland zum erstenmal umfassend, nachdem ein Arbeitskreis der Akademie für Raumforschung und Landesplanung unter Vorsitz von Olaf Boustedt sich des Themas angenommen und die Ergebnisse seiner Forschungen vorgelegt hatte.[17] Die amtliche Anerkennung folgte erfreulicherweise auf dem Fuße. In die Volks- und Berufszählung von 1961 wurden erstmals für die weitere Ergründung der Stadtregionen wesentliche Fragen neu aufgenommen und die Aufbereitung der Antworten nach den von Boustedt vorgeschlagenen Abgrenzungen und Merkmalen vorgenommen.

Im Zusammenhang mit räumlicher Planung interessieren uns natürlich auf Grund der schon hier erörterten Entwicklung solche Gebiete, die die Merkmale verstädterter Regionen aufweisen, weil wir ohne sie weder in der Theorie noch in der täglichen Praxis auskommen. Dazu bedarf es allerdings zunächst noch einer Eingrenzung der damit zusammenhängenden Begriffe.

Standort einer Region
Jede Region hat ihren Standort, der lokal definierbar ist, also beispielsweise "das Ruhrgebiet" oder "der Standort Deutschland". Diese Begriffe lösen eine ziemlich weitgehend gleiche Assoziation aller Leser mit dem Gebiet aus, von dem jeweils die Rede sein soll. Während es sich bei den eben benutzten Begriffen um die räumliche Beschreibung einer politisch definierten Region handelt, gibt es auch geographisch definierte Regionen, wie etwa die Region "Bodensee", die sogar die politischen Grenzen mehrerer Staaten überschneidet.[18]

Gebiet einer Region
Jede Region hat also auch ihr "Gebiet". Dabei kann das Gebiet einer Region, wie wir schon oben beim Bodensee beobachten konnten, das Gebiet anderer Regionen überschneiden. Das gleiche gilt für den Fall Hamburg, bei dem der "Wirtschaftsraum Hamburg" die Grenzen Hamburgs, Niedersachsens und Schleswig-Holsteins überschneidet.

Funktion einer Region
Es gibt nach De Blij und Muller[19] und anderen diverse Funktionen einer Region, wie etwa Wirtschaftsregion, Verkehrsregion, Verwaltungsregion, naturräumliche Region, Landschaftsregion und eben auch "Stadtregion". Im Rahmen der Erörterung der Stadtplanung als unserem Hauptthema gilt unser Interesse natürlich vornehmlich der Stadtregion; dennoch gilt es, sich auch mit den anderen Funktionen

---

17 Olaf Boustedt, "Stadtregionen in der Bundesrepublik Deutschland", Bände I und II, 1950 und 1961; Forschungsberichte der Akademie für Raumforschung und Landesplanung, Hannover.
18 Siehe hierzu auch: Hellmut Ringli: "Raumplanerische Koordinationsaufgaben zwischen Verkehr und Siedlung im Großraum Bodensee", in: "Dokumente und Informationen (Disp) zur Schweizerischen Orts-, Regional- und Landesplanung", ORL Institut, Zürich 1987.
19 Harm J. De Blij und Peter O. Muller: "Regions and Concepts", in: "Geography, Regions and Concepts", New York 1988.

von Regionen auseinanderzusetzen, weil sie zum Teil auch Bezüge zur "Stadtregion" aufweisen. Mit den Einzelheiten werden wir uns in späteren Kapiteln näher auseinandersetzen.

Der Umstand, daß die Städte über ihre Grenzen "ausufern", "aus ihren Nähten platzen" und ihr Umland "zersiedelt" wird, hat schon unseren Vätern zu schaffen gemacht, die freilich - von Ausnahmen wie der Gründung des Siedlungsverbandes Ruhrkohlenbezirk (1920) und des Großraumverbandes Hannover (1963) abgesehen - die Dinge haben laufen lassen in Unkenntnis der Folgen, die wir kennen. Heute wissen wir mehr, und zwar sowohl empirisch, weil wir ein Jahrhundert des Wildwuchses rückblickend überschauen, als auch theoretisch, etwa dank der Wachstumstheorie der Nationalökonomie und der Verhaltensforschung der Sozialwissenschaften. Lange Zeit fehlte Wissenschaft und Praxis das Rüstzeug, das Persönlichkeiten wie z.B. Boustedt geschaffen haben. Da Boustedts Begriffsbildungen und Abgrenzungen von Wissenschaft und Praxis akzeptiert und in die amtliche Nomenklatur übernommen sind[20], sollte man sich allgemein als Ausgangspunkt darauf einigen, damit nicht weiterhin ein Begriffswirrwarr entsteht. Mehr geschehen ist bislang leider nicht.

Die Verdichtung im Umland der Städte und in den Städten selbst, die in manchen Zentren 3.000 Menschen/qkm erreicht (Durchschnitt in der Bundesrepublik rund 200), nennt Boustedt "Stadtregion", und er grenzt das Phänomen begrifflich wie folgt ein:

a) Kernstadt	Verwaltungsgebiet der Stadtgemeinde
b) Ergänzungsgebiet	Angrenzende Gemeinden, deren Struktur völlig städtisch ist
a) und b) Kerngebiet	
c) Verstädterte Zone	Nahbereich der Umlandgemeinden; gekennzeichnet durch gewerbliche Erwerbsstruktur und Tätigkeit der Bevölkerung zu erheblichem Teil im Kerngebiet
d) Randzonen	Pendelwanderung überwiegend ins Kerngebiet; zur Peripherie hin Zunahme der landwirtschaftlichen Erwerbspersonen
c) und d) Umlandzonen	

Wichtigste Merkmale sind neben der Bevölkerungsdichte und dem Anteil der gewerblichen und landwirtschaftlichen Erwerbspersonen der Prozentsatz der Auspendler und deren hauptsächliche Zielrichtung; ferner der Anteil der Einpendler an den Arbeitsplätzen. Die Nützlichkeit dieser Merkmale liegt darin, daß es sich um qualitative, ökonomische und soziologische Begriffe handelt, die sich quantitativ bestimmen lassen. Beispielsweise liegt die Bevölkerungsdichte im Kerngebiet über 500, in der verstädterten Zone über 200/qkm. Solche Merkmale und Größen lassen sich gegenseitig aufeinander beziehen, indem man die Anteile der Umlandzone an der Bevölkerung der Region ermittelt, der verstädterten Zone an der Bevölkerung der Umlandzonen, der Kernstadt an den Erwerbspersonen der Region usw.[21]

Soweit sollen "Gemeinde", "Dorf", "Stadt" und "Stadtregion" einleitend definiert sein. In der weiteren Erörterung werden wir uns immer wieder und vertiefend

---

20 Statistisches Bundesamt: "Statistische Kennziffern der Stadtregionen in der Bundesrepublik Deutschland", Wiesbaden, Juni 1961.
21 Hierzu siehe auch: Schriftenreihe des Deutschen Städtetages: "Die Stadt und ihre Region", Heft 8, Stuttgart und Köln 1962.

mit diesen Begriffen auseinandersetzen, so daß dieses Kapitel unter keinen Umständen hier als abschließend behandelt verstanden werden darf.

2.1.2 Verstädterung

Bevölkerungsveränderung
Eine bestimmende Erscheinung, die den Bedarf nach räumlicher Planung ausgelöst hat, ist die Bevölkerungsveränderung. Wenn für den Beginn unserer Zeitrechnung die Weltbevölkerung mit etwa 300 Millionen angenommen wird, so hat sie sich im 17. Jahrhundert das erste Mal mehr als verdoppelt, bis 1850 wieder und bis 1950 ein drittes Mal auf 3,5 Milliarden. Sie wird im Jahre 2000 die 6-Milliardengrenze weit überschritten haben.[22] Es spricht einiges dagegen, daß diese Eskalation anhaltend und überall in gleicher Stärke fortwirken wird. Nach erheblichen Sprüngen folgte in der Regel jeweils eine Stabilisierung auf einem neuen Stand (z.B. Übergang von der Sammler- und Jägerwirtschaft über die Nomadenwirtschaft zu Seßhaftigkeit; Zeitalter der Städtegründung). Das Zeitalter der industriellen Revolution und der Automation mag wiederum ein solcher Sprung mit nachfolgender Stabilisierung sein. Jedoch können wir dessen nicht sicher sein. Das Bevölkerungswachstum ist (Grafik 1) sehr ungleichmäßig über die Erde verteilt.[24] Das lawinenartige Wachstum kann also eine Übergangserscheinung sein, die zunächst durch Erfolge der modernen Zivilisation - häufig durch äußere Hilfe, wie Bekämpfung der Massenkrankheiten, der Kindersterblichkeit, der Hungerkatastrophen - bedingt ist. Einige Völker mit hohen Zuwachsraten sind nicht in der Lage, den nackten Lebensunterhalt für diese wachsende Zahl von Menschen alleine sicherzustellen. Mit zunehmender technischer Zivilisierung werden möglicherweise die Zuwachsraten auch in diesen Ländern zurückgehen und sich denen der hochentwickelten Länder annähern. Allerdings gilt es auch zu bedenken, daß der Zeitraum, in dem sich die Entwicklungsländer zu entwickelten Ländern "hochgearbeitet" haben, noch völlig offen ist; manch Kenner von Entwicklungsländern zweifelt hin und wieder daran, daß es überhaupt dazu kommen wird.[25]

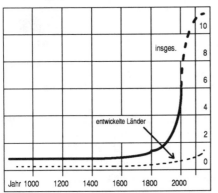

Weltbevölkerung in Milliarden[23]

Grafik 1

---

22 Vgl. D. Stanley Brunn und J. F. Williams, Fn. 13.
23 Quelle: Harm J. De Blij und Peter O. Muller: "Urbanizsation", in: "Geography - Regions and Concepts", New York 1988.
24 Siehe hierzu auch: Center for Housing, Building and Planning, Department of Economic and Social Affairs, Vereinte Nationen, "Global Review of Human Settlements", Bd. I, Oxford 1976.
25 Siehe hierzu auch: UN Population Crisis Committee: "World Population Growth and Global Security", in: "Population", Nr. 13, 1983.

Eine konstruktive Haltung dazu einzunehmen, ist ohne Planung unmöglich. Die hochentwickelten Länder - unter ihnen die Bundesrepublik Deutschland - haben daher allen Anlaß, die Voraussetzungen für eine vernünftige Raumentwicklung für sich und die Entwicklungsländer weiter zu schaffen. Dabei spielt die Zuordnung von Bevölkerung und Raum eine umso größere Rolle, je höher die Bevölkerungsdichte liegt und je gespannter die Zuordnung ist. Die Bundesrepublik hat in Europa neben England von den Ländern solcher Größenordnung die höchste Bevölkerungsdichte. Sogar im Vergleich mit den Niederlanden hält ein vergleichbarer Teilraum, wie das Land Nordrhein-Westfalen, die Spitze.

So ergibt sich für die Raumplanung in der Bundesrepublik die Notwendigkeit, diesen schon eng besiedelten Raum zumindest in Teilschwerpunkten für eine sich weiterhin verändernde Nutzungsintensität (z.B. "Industriebrache" im Ruhrgebiet) vorzubereiten und gleichzeitig Lebensbedingungen zu bieten, die eine höhere materielle und geistige Leistung ermöglichen. Es kann sich nicht nur um eine Zuordnung von Raum und Bevölkerung nach technischen und ökonomischen Gesichtspunkten handeln, sondern auch um soziale und ökologische Gesichtspunkte. Vermutlich wird sich trotz Einwanderung die Bevölkerung bei uns nicht dramatisch vergrößern. Wir wissen jedoch, daß zum Beispiel zur Zeit der Pro-Kopf-Anspruch an Wohnnutzung sich ständig vergrößert hat. Während z.B. im Aufbauplan 1960 der Freien und Hansestadt Hamburg beim Ansatz für die Bruttogeschoßfläche-Wohnen noch von 20 qm/Kopf ausgegangen wurde, zeichnet sich heute schon eine Quote von bis zu 45 qm/Kopf ab. Damit entsteht ganz automatisch der Bedarf entweder nach höherer Bebauungsdichte im allgemeinen Durchschnitt und/oder nach mehr städtischer Nutzfläche - insgesamt also höherer Intensität. Diese Entwicklung kumuliert noch durch steigende Ansprüche in den Komplementärnutzungen zum Wohnungsbau, wie etwa der Wohnvorsorgeeinrichtungen (Schulen, Alten- und Freizeiteinrichtungen, Kindergärten, etc.).

Eine zweite weltweite Entwicklung - mit potenzierender Wirkung - ist die Verstädterung.[26] Die Zunahmequote der Stadtbevölkerung wächst noch schneller als die der Gesamtbevölkerung. Sie betrug nach De Blij und Muller[27] im Jahre 1800 3 %, im Jahre 1900 etwa 14 % und 1980 schon über 41 % und heute 55 % der Weltbevölkerung; d.h. daß sie relativ um mehr als das Zehnfache zugenommen hat. In diesem Zeitraum ist die Weltbevölkerung auf das Vierfache angewachsen, was eine absolute Zunahme städtischer Bevölkerung um etwa das Vierzigfache bedeutet. Dabei ist die Stadt als Stadtregion noch nicht einmal voll berücksichtigt (siehe Grafik 2). Schließen wir die Stadtregionen - beispielsweise im Sinne Boustedts - ein, dann würde der Verstädterungsprozeß noch wesentlich deutlicher hervortreten.[28] Auch wenn sich in der Bundesrepublik diese Entwicklung zur Zeit nicht fortsetzt, so ist doch anzunehmen, daß der Verstädterungsprozeß weltweit allgemein kräftig weitergeht.[29, 30]

---

26 Siehe hierzu: Vereinte Nationen: "Patterns of Urban and Rural Population Growth", New York 1980.
27 Harm J. De Blij und Peter O. Muller: "Urbanization", Fn. 23.
28 Olaf Boustedt, "Stadtregionen in der Bundesrepublik Deutschland", Fn. 17.
29 Brian J. L. Berry (Hrsg.): "Urbanization and Counterurbanization", Beverly Hills 1976.
30 Brian J. Berry: "Comparative Urbanization", in: "Divergent Paths in the XXth Century", New York 1981.

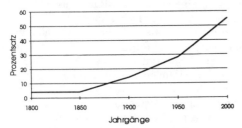

Weltweite Verstädterung[31]
Anteil der Orte mit über 5.000 Einwohnern

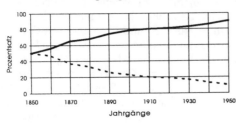

Verstädterung England und Wales

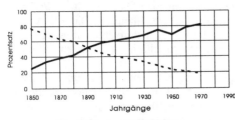

Verstädterung Deutschland

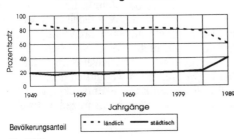

Verstädterung VR China

Bevölkerungsanteil: - - - ländlich ——— städtisch

Grafik 2

Mit der Seßhaftigkeit und dem Übergang zur Land- und Forstwirtschaft erzeugte der Mensch zum ersten Mal Überschuß, den er selbst nicht konsumieren konnte. Damit entstand das Bedürfnis, diesen Überschuß gegen andere Güter oder gegen Wertgegenstände (Edelmetalle, -steine, Land, später Geld) zur Vermögensbildung einzutauschen. Dadurch entstand der schon erörterte Bedarf, feste für die Zwecke des Tausches allseits bekannte Orte zu haben. Damit war der "Markt" sowohl als Funktion wie auch als zentraler Ort entstanden. Hier siedelten sich automatisch in wachsendem Maße Handwerk und Dienstleistungen, später nicht standortgebundene Industrien an.

Damit war die "Stadt" geboren, die auch heute ein hochkomplexer "Markt" ist, nämlich Dienstleistungsmarkt, Geldmarkt, Arbeitsmarkt, Wohnungsmarkt, Handelsmarkt, Kommunikations- und Informationsmarkt usw.

Dieser Vorgang zeigt die besondere Bedeutung der Stadt- und Regionalplanung, da durch den Verstädterungsprozeß hier die besonders wichtigen, aber auch kritischen Bereiche der zukünftigen Menschheitsentwicklung entstehen.

Verstädterung in Europa
Seit dem 2. Weltkrieg hat sich die Verstädterung im Raum der EG verstärkt. Zu Beginn der 80er Jahre gab es in der EG (ohne ehem. DDR) rund 230 Verdichtungsräume mit jeweils mehr als 330.000 Einwohnern.[32]

Deutschland hat die größte Zahl an Verdichtungsräumen (28), gefolgt von Großbritannien (24). Belgien und Luxemburg hatten zusammen nur 4 Verdichtungsräu-

---

31 Quelle: Harm J. De Blij und Peter O. Muller: "Urbanization", Fn. 23.
32 Siehe hierzu auch: Akademie für Raumforschung und Landesplanung: "Großstadtregionen in Deutschland vor dem Hintergrund europäischer Entwicklungen", Hannover 1991.

me, in ihnen lebten aber 69 % der Gesamtbevölkerung, in Deutschland nur 63 %. In einigen kleinen EG-Ländern, so in Portugal, lebten in jeweils zwei Verdichtungsräumen 60 %, in Dänemark 46 % und in Griechenland 45 % der Bevölkerung. Hier ist also sogar etwa die Hälfte der Einwohner des jeweiligen Landes auf zwei Verdichtungsräume konzentriert.

Nach dem EG-Bericht "Europa 2000" gab es in den 80er Jahren in Europa 5 Städte mit mehr als 2 Mio., 7 Städte mit 1-2 Mio., 25 Städte mit 500.000 - 1 Mio. und 53 Städte mit 250.000-500.000 Einwohnern, also insgesamt 90 Städte mit mehr als 250.000 Einwohnern. Es gibt jedoch noch Definitionsprobleme, weil die städtischen Strukturen, wie wir schon erörtert haben, nicht an den Stadtgrenzen enden. So hat z.B. die Stadt Paris als kommunale Gebietskörperschaft etwa 2 Mio. Einwohner, einschließlich ihrer Region jedoch ca. 9 Mio.!

Von 1965 bis 1988 ist die Verstädterung in Europa nach Schätzungen der Weltbank weiterhin stark angestiegen. Allerdings sind die Ländervergleiche wegen unterschiedlicher Interpretation des Begriffs "städtisch" mit Vorsicht zu verwenden. Nach diesen Schätzungen betrug der Anteil der Stadtbevölkerung an der Gesamtbevölkerung z.B. in Belgien 97 %, in Deutschland (ohne Gebiet der ehemaligen DDR) 86 %, in Spanien 77 %.

Für die Raumordnung ist vor allem die Verteilung von Stadtregionen und Verdichtungsräumen von Bedeutung. Große Verdichtungs-, Konzentrations- und Ballungstendenzen finden sich vor allem in Nordwest- und in Zentraleuropa sowie in Oberitalien. Verdichtungsräume und verstädterte Zonen gibt es, neben den Metropolen London, Paris, Mailand und Berlin, vor allem in England, Belgien, den Niederlanden mit der Randstad Holland, in Deutschland z.B. im Rhein-Ruhr-Gebiet, im Rhein-Main-Gebiet, im Rhein-Neckar-Gebiet, in den Räumen Hamburg, Stuttgart, München, Hannover, Berlin, Halle/Leipzig, Zwickau/Chemnitz, Dresden und in Skandinavien im Raum Kopenhagen-Malmö. Deutlich zeichnet sich in Mitteleuropa die Rheinachse als Raum besonderer Konzentration und Verstädterung ab.[33]

Die unterschiedliche Siedlungsstruktur ist Ergebnis verschiedenartiger politischer und wirtschaftlicher Entwicklungen. Während Belgien, Deutschland und Oberitalien - abgesehen von den ganz großen Metropolen - über eine verhältnismäßig ausgeglichene Siedlungsstruktur mit zahlreichen mittleren und kleineren Städten verfügen, fällt bei anderen Ländern, wie z.B. Frankreich und Dänemark, auf, daß sich neben den Hauptstädten nur wenige größere Städte in den weiten ländlichen Räumen entwickeln konnten und die Anziehungskraft der großen Metropolen hier bis in die jüngste Zeit kaum gebrochen ist.

Eine Analyse der Verstädterung muß die Behandlung der Hauptfaktoren einschließen. Eine Unterscheidung kann nach echten Standortfaktoren und allgemeinen Folgefaktoren vorgenommen werden. Sie unterscheiden sich darin, daß die ersten von vornherein vorhanden sind, während die zweiten erst durch die Entwicklung hervorgerufen werden. Bestimmte Faktoren erzeugen nicht nur die Konzentration von Menschen, sondern neue Faktoren der Konzentration. Dieses Wechselspiel ist die Ursache größerer Bevölkerungskonzentrationen, indem es nunmehr eine Eigengesetzlichkeit entwickelt. So hat guter landwirtschaftlicher Boden eine höhere Menschendichte erzeugt, diese hat Handel und Gewerbe, Geld und Versi-

---

[33] Siehe dazu auch: Akademie für Raumforschung und Landesplanung: "Agglomerationsräume in der Bundesrepublik Deutschland - ein Modell zur Abgrenzung und Gliederung", Band 157, Hannover 1984.

cherung angezogen, und alle zusammen haben wiederum Verkehrsinfrastruktur erzeugt, die dann wieder Ansatzpunkt für neue Gruppen war, so daß sich eine Kettenreaktion entwickelte, die bis heute keineswegs abgeschlossen ist. Ursprüngliche Faktoren sind längst zur Bedeutungslosigkeit abgesunken, müssen aber bei der Entstehungsanalyse berücksichtigt und gewürdigt werden.[34]

Es ist zunächst nicht etwa die Kohle gewesen, die aus dem Ruhrgebiet ein dichtbesiedeltes Gebiet gemacht hat, das vorher unbesiedelt war. Vielmehr hat hier schon vor der Industrialisierung eine überdurchschnittliche Dichte vorgeherrscht, die durch gute landwirtschaftliche Böden entstanden war. Sie bildete das Arbeitskräftereservoir, das den Beginn der Entwicklung des Ruhrgebietes überhaupt erst ermöglichte. Man muß also immer daran denken, daß gute Böden häufig erst die Seßhaftigkeit des Menschen erlaubten, wenn man heute bedauert, daß diese Böden durch die Menschenansiedlung aufgefressen werden. Es gibt hier ursächliche Zusammenhänge, die auch heute nicht getrennt werden können, selbst wenn scheinbar eine Trennung erreichbar ist. Natürlich waren gute und verkehrsgünstig gelegene Rohstoffvorkommen der Hauptfaktor zur Entwicklung der großen Ballungsräume zur Zeit der Industrialisierung.

Ein wichtiger Faktor ist nach Meyer[35] in der modernen, technischen Entwicklung durch die Kommunikationsmittel Telefon, Telegraf, Telefax und Fernschreiber entstanden. Man könnte meinen, daß diese Mittel eine Dezentralisation erlauben. Es wäre also beispielsweise denkbar, daß die Continental Gummi-Werke nach dem Kriege ihr Verwaltungsgebäude in Wunstorf (20 km von Hannover entfernt) anstatt in Hannover gebaut hätten. Telefon, Telefax und Fernschreiber erlauben scheinbar den Verzicht auf die räumlich nahen Fühlungsvorteile in der City. Jedoch sind andererseits Zweifel angebracht, ob diese Kommunikationsmittel in Wunstorf damals ausgereicht hätten, um solchen Zentralverwaltungen gewachsen zu sein, abgesehen davon, daß ein erheblicher Teil der Belegschaft wohl doch hätte mit umziehen müssen; ein bei der damaligen Wohnungsnot unmögliches Unterfangen!

Die Entwicklung von Wirtschaft und Verwaltung sowohl privater als auch öffentlicher Art hat ständig zu weiterer Differenzierung geführt. Die Aufgaben werden immer spezialisierter; der Drang zur Arbeitsteiligkeit ist bekannt. Diese Arbeitsteiligkeit hat im allgemeinen zur Folge, daß die Abhängigkeit zwischen Betrieben, Gruppen und ganzen Wirtschaftsbereichen immer stärker wurde. Gleichzeitig stieg der Bedarf an besonderen Führungskräften außerordentlich. Diese Entwicklung führte dazu, daß Betriebe und Wirtschaftsgruppen Standorte suchten, die Kontaktmöglichkeiten und Querbeziehungen eröffneten und den Zugang zu Führungskräften vermittelten. Diese Forderungen konnten und können zunächst nur Gebiete mit großen Siedlungskonzentrationen erfüllen. Der Standort von Regierung, Verwaltung, Gerichtsbarkeit und Wissenschaft wird gesucht. Das gleiche gilt für die Sammelpunkte von Export, Import, Großhandel, Geld und Versicherung. Schließlich entwickelt sich eine immer stärkere Abhängigkeit von Sondereinrichtungen und Beratungsinstitutionen, z.B. von Rechtsanwälten, Steuer- und Wirtschaftsberatern. Solch hochqualifizierte Personen und Institutionen findet man nur an einigen wenigen Schwerpunkten. Diese Schwerpunkte sind im wesentlichen

---

34 Vgl. Müller-Ibold, Fn. 8.
35 Richard L. Meyer: "The Organization of Technical Innovation in Urban Environments", in: "The Historian and the City", Hrsg. Handlin and Burchard, Cambridge, Mass., USA, 1963.

identisch mit den Stadtregionen in der Bundesrepublik. Auch die sporadische, zufällige Kommunikation, die insbesondere für Führungskräfte bedeutungsvoll ist, bedarf der "nachbarschaftlichen" Fühlungsvorteile, z.B. in der City, dem Kern der Stadtregion.

Ein weiterer wichtiger Faktor, der in vielen Fällen offenbar dazu beiträgt, daß die Konzentration sich fortentwickelt, ist der ausgeprägte emotionale Wunsch und Wille des einzelnen Menschen, im Raum großer Siedlungskonzentrationen zu leben. Selbst die Standortwahl eines Betriebes oder Unternehmens ist vielfach durch die Entscheidung eines einzelnen oder einer kleinen Gruppe von Menschen in diesem Sinne abhängig. Die Kräfte, die dabei wirksam werden, liegen teilweise außerhalb rationellen Kalküls. Im allgemeinen wird die Sogkraft der Großstadt und ihrer Region auf das Individuum eine ebenso große Wirkung haben wie auf das Unternehmen. Das bedeutet, daß diejenigen Vorteile, die das Individuum in die Großstadt locken, indirekt auch die Unternehmen in ihren Entscheidungen beeinflussen.

Die angesprochenen Ursachen zeigen, daß es über die rein quantitativen Merkmale der "Verstädterung" hinaus andere gibt, die mehr im Bereich des Qualitativen, des "Lebensstils" liegen, die von Salin[36] und Linde[37] als solche skizziert worden sind. Zur Herausstellung des qualitativen Prozesses wollen wir diesen "Urbanisierung" nennen.

2.1.3 Urbanisierung

Zunahme und Konzentration der Bevölkerung sind sowohl quantitative als auch qualitative Erscheinungen des Entwicklungsprozesses. Sie und der technische Fortschritt haben eine Kettenreaktion außergewöhnlicher quantitativer und qualitativer Art hervorgerufen. Die verminderte Säuglingssterblichkeit und die Erhöhung der mittleren Lebenserwartung sind z.B. Folgen hochentwickelter medizinischer und hygienischer Maßnahmen. Die Vermehrung der Menschheit hat z.B. das erhöhte Bedürfnis sowohl nach intensiverer Nutzung der Landflächen als auch nach mehr Möglichkeiten der Produktion und der Kommunikation geweckt, während der technische Fortschritt zum Teil die Möglichkeiten zur Befriedigung dieser Bedürfnisse z.B. durch Maschinen, Pkw, Telefon, Fernschreiber u.a. geschaffen hat. Andererseits löste der technische Fortschritt neue schwerwiegende Probleme aus, auch wenn er die Produktion an Gütern zunächst erheblich gefördert hat. Die hohe Güterproduktion, das hohe Kommunikationsbedürfnis u.a. haben als weitere Kettenreaktion den Bedarf an Dienstleistungen geweckt. Schließlich hat der technische Fortschritt dazu geführt, daß die menschliche Arbeitskraft durch mechanische Arbeitskraft ersetzt werden konnte - auch im privaten Haushalt. In neuester Zeit ist die automatische Arbeitskraft hinzugekommen. Damit war die Voraussetzung gegeben, daß das Produktionsaufkommen je Kopf der Bevölkerung sowohl im Bereich der Güterproduktion als auch der Dienstleistungsproduktion erheblich anstieg. Diese Grundlage der Wohlstandsgesellschaft ermöglichte die Einschrän-

---

36 E. Salin: "Urbanität", in: "Erneuerung unserer Städte. Neue Schriften des DST, Heft 6, Stuttgart 1960.
37 H. Linde: "Urbanität", in: "Handwörterbuch der Raumforschung und Raumordnung", Band III, Hannover 1970.

kung der Zeit, die pro Kopf der Bevölkerung für die Erstellung der Leistung erforderlich ist. Dem Menschen steht zunehmend Freizeit zur Verfügung. Es entstand ein hoher Konsumbedarf der Bevölkerung. Als nächste Folge der Entwicklung zeigte sich bei der Komplexität des Geschehens, daß in steigendem Maße Aufgaben der Allgemeinheit übertragen werden, und zwar sowohl im Sinne der Ordnungssteuerung als auch im Sinne einer Initialzündung für Entwicklungen. Der Bereich "öffentlicher Dienst" zeigte zwangsläufig damit ebenfalls eine stark wachsende Tendenz. Diese Entwicklung, die in steigendem Maße auch auf den ländlichen Raum "überschwappt", charakterisiert die Urbanisierung, deren Hauptmerkmal nicht allein in der Konzentration von Menschen, sondern in ihrer spezifischen "städtischen" Verhaltensweise liegt.[38]

Die Ursache der Anhäufung von Menschen ist die Anhäufung von Arbeitsplätzen. Schließlich ist die Anhäufung von Arbeitsplätzen wiederum von der Flächenintensität der Arbeitsplätze abhängig. In der Intensität der Flächennutzung und ihrer Beziehung zum Wohnplatz hat es, nach Hillebrecht und Müller-Ibold, grob gezeichnet, vier Phasen in der Bildung von urbanen Gebieten in Europa gegeben.[39]

Die erste Phase stellt die Hauswirtschaft dar, in der Arbeitsplatz und Wohnplatz unter einem Dach zu finden sind. Dieses Merkmal finden wir als ein wesentliches auch im ländlichen Dorf. Im allgemeinen ist diese Wirtschaftsform eine Familienwirtschaft. Gesinde, Gesellen und Lehrlinge, soweit schon vorhanden, leben im gleichen Hause. Die Intensität ist abhängig von der Wohnplatzkapazität. Die Stadtgröße ist also abhängig von der Kapazität der Wohnplätze. Haus und Stadtteil können also nur so viele Arbeitsplätze aufnehmen, wie sie Wohnplätze für Arbeitskräfte bieten können. Es besteht eine Identität von Arbeitsplatz und Wohnplatz in einem Haus. Dies ist das fundamentale Strukturmerkmal der ursprünglichen Stadt, die sich darin jedoch nicht vom Dorf unterscheidet. Es ist die typische Fußgängerstadt. Die Städte haben die Funktion des zentralen Ortes und des Ortes der Verteidigung, die sich insofern gegenüber dem Dorf und dem flachen Land absetzten. Die Städte sind alle der Funktion nach, und deshalb auch in der Struktur, einander ähnlich.

Die zweite Phase beginnt mit der Ausdehnung der gewerblichen Wirtschaft in der vorindustriellen Zeit. Während im Mittelalter auf Grund der Identität von Arbeitsplatz und Wohnplatz die Städte noch einen durch die Stadtmauer bedingten geschlossenen Körper darstellen, begannen nun die Städte Mitteleuropas sich über die Stadtmauer hinaus auszudehnen. Der Geselle wohnt nicht mehr bei seinem Meister. Ursache dieser Entwicklung war die Auflösung der Identität von Arbeitsplatz und Wohnplatz. Sie ist verbunden mit dem sich abzeichnenden Ende der geschlossenen Hauswirtschaft und der darauf aufbauenden Ständegesellschaft. Die Auflösung dieser Grundlage der mittelalterlichen Stadtform führte zu einer Kettenreaktion, deren Ende und letzte Konsequenz in der Stadt der Zukunft liegt. Die Stadtgröße im politischen Sinne begann unabhängig zu werden von der Wohnplatzkapazität. Eine sich schon jetzt abzeichnende Konsequenz ist die, daß die Stadt in einem scheinbaren Paradoxon sowohl zentripetale als auch zentrifugale Entwicklungstendenzen erkennen läßt. Mit der Auflösung der häuslichen Identität von Arbeitsplatz und Wohnplatz war der Weg frei geworden zu der Einrichtung

---

38 Siehe hierzu auch: Hans Blumenfeld: "Metropolis - and Beyond", New York 1980.
39 Vgl. Hillebrecht und Müller-Ibold, Fn. 9.

von Gebäuden, die entweder nur der Arbeit oder nur dem Wohnen dienten. Dadurch wurde es möglich, eine große Zahl von Arbeitsplätzen in einem Haus unterzubringen und die Leistung der an diesen Arbeitsplätzen sitzenden Arbeitskräfte zu koordinieren. Damit hatte die Industrialisierung begonnen, zu baulichen und städtebaulichen Konsequenzen zu führen. Denn gleichzeitig entstand nun auf dem europäischen Kontinent neben diesen "Arbeitsgebäuden" das reine Massenwohnhaus, das "Mietshaus". Beide Typen erlaubten eine außerordentliche Konzentration von Menschen. Die hemmungslose Ausnutzung dieser Möglichkeiten führte schließlich im Wohnungsbau zu krassen Mißständen und brachte eine Gegenbewegung hervor. Zunächst wurden die Wohnhäuser direkt neben die Fabrikationsstätten gesetzt und umgekehrt (starke Mischung). Kennzeichen dieser Phase ist die Erweiterung der Stadtfläche. In ihr sind die Arbeitsplätze und Wohnplätze noch relativ gleichmäßig verteilt. Der Prozeß der räumlichen Verdichtung hat seinen Anfang genommen.

Die dritte Phase beginnt mit der fortschreitenden Industrialisierung. Die Massenproduktion macht es erforderlich, daß nunmehr ganze Stadtteile als Arbeitsfläche genutzt werden. Große Lagerstätten erzeugten Arbeitsflächen in größeren zusammenhängenden Räumen. Die Wohnungen ziehen in eigene, noch mit zahlreichen kleineren Betrieben durchsetzte Gebiete. Wir erleben die Auflösung der nachbarschaftlichen Identität von Arbeitsplatz und Wohnplatz. Die ersten Massenverkehrsmittel erlaubten es, eine Wohnung zu wählen, die nicht mehr in unmittelbarer Nachbarschaft zum Arbeitsplatz liegt. Nunmehr kann auch die Auflösung der Identität von "güterproduzierenden Arbeitsplätzen" und "nicht güterproduzierenden Arbeitsplätzen" beobachtet werden, die Verwaltung sucht den Standort anderer Verwaltungen, der Banken, Versicherungen und Behörden, und weniger den der eigenen Produktion. Die Arbeitsteilung im höheren Sinne hat begonnen. Diese Arbeitsteilung macht eine neue Art der Koordinierung zwischen den Wirtschaftsgruppen erforderlich, die den engen Kontakt dieser Arbeitsplätze erfordert. Sie suchten also in immer größerer Zahl die gegenseitige Nachbarschaft. Da sie sehr genügsam in ihrem Flächenanspruch sind, war die gewünschte Nachbarschaft und damit die Häufung auf engem Raum zunächst ohne besondere Schwierigkeiten erreichbar. Die "City" der modernen Großstadt war damit geboren. Nunmehr bestimmt die Zahl der Arbeitsplätze die Größenordnung der Stadt. Es ist dies die typische Straßenbahnstadt. Die Städte können jetzt verschiedenartige Funktionen haben und deshalb in der Struktur unterschiedlich sein. Diese dritte Phase läßt im Ansatz die großen Verdichtungsräume und Stadtregionen entstehen. Sie führt zu der geschilderten Entwicklung großer Arbeitsflächen der Produktion in bestimmten zusammenhängenden Räumen mit guten Lagerstätten, wie z.B. das Ruhrgebiet. Die dann einsetzende Arbeitsteilung und das ständig wachsende Bedürfnis an Dienstleistungen führen zu einer weiteren Verstärkung der Verdichtungstendenzen in den Industrieräumen oder, parallel dazu, zu neuen Verdichtungsräumen mit vorwiegend Dienstleistungscharakter, z.B. den Hauptstädten zahlreicher Länder und ihren Regionen.

Die vierte Phase beginnt mit der Entstehung des Individualverkehrsmittels und mit der vollen Wirksamkeit aller Verkehrsmittel für den Berufsweg. Diese Wirksamkeit entsteht nicht allein durch die Steigerung der technischen Leistung, sondern auch durch die staatliche Subventionierung der Kosten für den Berufsweg. Die Subventionierung findet statt mittels der Sozialtarife und der Steuerermäßigungen. Die Wahl des Wohnplatzstandortes wird immer unabhängiger von der Entfernung zum Arbeitsplatz. Die Größenordnung der Stadt ist damit nicht nur mehr oder weniger unabhängig von der Wohnplatzkapazität geworden, sondern nun ist die vollständige Versorgung der Arbeitsplätze mit Wohnplätzen innerhalb der Gemeinde aussichtslos geworden. Es zeichnet sich die typische "Autostadt" ab.[40]

Nachdem die Massenverkehrsmittel entwickelt und im Zeichen der Industrialisierung unvorstellbare Mißstände entstanden waren, mußten sie zwangsläufig zu einem Politikum ersten Ranges werden. Man stufte die Fahrpreise nicht nach betriebswirtschaftlichen Gesichtspunkten, sondern nach sozialpolitischen Gesichtspunkten für die Bevölkerung ein und mußte die Bahnen subventionieren. Damit war die natürliche, allerdings in einem Sozialstaat kaum vorstellbare Beschränkung durch eine finanzielle Barriere (teure Grundstücke, hohe Mieten, hohe Konsumpreise usw.) beseitigt, da man nunmehr nicht in direkter Nachbarschaft zum Arbeitsplatz wohnen mußte. Die Kosten der Fahrt wurden weniger bedeutend. Die Betriebe brauchten diese Kosten nicht zu übernehmen und konnten deshalb das Reservoir an Arbeitskräften in den Siedlungskonzentrationen als "unbegrenzt" ansehen, da ihnen die Mehrkosten der langen Pendelfahrten, die sich durch höhere Löhne und besondere Mietzuschüsse ausdrückten, nur teilweise angelastet wurden. Das wichtigste Begrenzungsregulativ für Mensch und Betrieb war damit spürbar schwächer geworden. Die Last des Berufsweges des Einzelnen in den Verdichtungsräumen wurde teilweise der Allgemeinheit aufgebürdet.

Die fortgeschrittene Industrialisierung weckte Bedürfnisse an gehobenen Dienstleistungen, die schließlich ganz neue Wirtschaftszweige entstehen ließen. In vielen großen Städten übertreffen diese neuen Wirtschaftszweige in der Zahl der Arbeitsplätze bald die Industrie. Während bis dahin die Arbeitsteilung sich im wesentlichen auf Produktionsvorgänge innerhalb eines Betriebes oder eines Wirtschaftsbereiches erstreckte, erweitert sich die Entwicklung besonders auf die Arbeitsteilung zwischen den einzelnen Wirtschaftsbereichen. Dadurch entstehen wiederum neue Wirtschaftsgruppen, die natürlicherweise im wesentlichen Dienstleistungscharakter haben. Der zweite Teil der sogenannten "Übergangsperiode" nach Fourastié ist das Kennzeichen dieser Phase.[41] Der Bedarf an Dienstleistungen stieg, wie wir bei ihm sehen, stark an. Da die übergeordneten Dienstleistungen mehr oder weniger citygebunden sind, suchen sie ihren Standort im Zentrum. Damit gewinnt der Stadtkern eine überragende Bedeutung, die sich darin ausdrückt, daß z.B. schon 1960 ca. 60 % aller Arbeitsplätze der Landeshauptstadt Hannover sich in ihm konzentrieren. Die zentripetale Tendenz in der Entwicklung ist damit deutlich feststellbar.

Im Gegensatz dazu ist die Wahl des Wohnplatzes bestimmt durch die Landschaft, durch das Angebot preisgünstiger Grundstücke usw. Der Arbeitsplatz und sein Standort spielen für die Wahl des Wohnplatzes eine mehr und mehr untergeordnete Rolle, auch weil die Fluktuation beim Arbeitsplatz heute sehr viel höher ist als früher, während die Fluktuation beim Wohnplatz aus hinreichend bekannten Gründen noch relativ gering ist. Auch hat der Verkehrszweck "Berufsweg" im Verhältnis zur Summe aller Verkehrszwecke eine wesentlich geringere Bedeutung als früher. Der uferlosen Ausdehnung der "städtischen Bevölkerung" sind damit theoretisch keine Grenzen gesetzt. Der Wohnplatz muß die Funktion erfüllen, daß

---

40 Vgl. Hillebrecht und Müller-Ibold, Fn. 9.
41 Jean Fourastié: "Die große Hoffnung des 20. Jahrhunderts", Köln 1954.

von ihm aus innerhalb einer Stunde eine Vielzahl von Arbeitsplätzen erreicht werden kann. Dies gilt besonders für das Eigenheim, dessen Sinn und Zweck einen Wechsel, wie er bei der Mietwohnung häufig vorkommt, nicht so ohne weiteres erlaubt. Mit Hilfe des Individualverkehrs ist diese Möglichkeit heute gegeben. Der Städter zieht irgendwo auf das Land und wird zum sogenannten "Berufspendler". Er kann von hier aus unter annähernd gleichen Bedingungen zahlreiche Arbeitsplätze erreichen, entweder weil diese hauptsächlich im Stadtkern konzentriert sind, oder weil der eigene Kraftwagen große Variationsmöglichkeiten eröffnet. Der "Städter" dringt also in das "Dorf" ein. Damit haben wir das eigentliche Kriterium der vierten Phase des Strukturwandels festgestellt, nämlich die Auflösung der räumlichen Identität von Arbeitsplatz und Wohnplatz im allgemeinen und die Auflösung der politischen Identität von Arbeitsplatz und Wohnplatz im speziellen. Arbeitsplatz und Wohnplatz sind in ihrer Beziehung nur noch durch eine Zeitfunktion verbunden. Sie müssen weder in direkter räumlicher Nachbarschaft liegen, noch müssen sie in ein und derselben politischen Gemeinde liegen. Wir erkennen die zweite Bewegungstendenz der heutigen Stadt als zentrifugal. Bedeutungsvoll ist bei dieser Beobachtung, daß die "Stadt" keinen statischen Zustand, sondern eine ständige dynamische Bewegung darstellt. Wir müssen deshalb die Bewegung in ihrem Ursprung und ihrem Ziel erkennen, um die heutige Stadt richtig beurteilen und abgrenzen zu können. Es kann deshalb weder eine endgültige minimale oder maximale Größe einer Stadt geben, noch eine endgültige Struktur oder Form.

Eine Darlegung dieser Entwicklung weltweit finden wir bei den Untersuchungen der Vereinten Nationen über ländliche wie städtische Regionen, wobei die dramatische Verschiebung des Verstädterungsprozesses von Europa und Amerika nach Asien deutlich erkennbar ist.[42] Wir müssen erkennen, daß es eine eindeutige Polarität zwischen städtischem und ländlichem Raum nicht mehr gibt. Mit dem Pendler, den modernen Medien und der hohen Mobilitätsfähigkeit auch der ländlichen Bevölkerung sind "urbane Lebensformen" in nahezu jedes Dorf eingezogen. Damit wird auch klar, daß "Urbanisierung" und "Verstädterung" von der Definition her zwei unterschiedliche Phänomene sind.

2.2 Definition von Planung

2.2.1 Definition von Planung im Allgemeinen

Es stellt sich die Frage, ob bei dem, was wir im vorangegangenen Kapitel erörtert haben, ein sich Verlassen auf Zufälle, Automatismen, Improvisationen und sonstige nicht beherrschbare anonyme Vorgänge von uns hingenommen werden kann, selbst wenn wichtige Grundbedingungen der menschlichen Existenz ohnehin der Ordnung und Planung durch Menschen entzogen sind. In Primitivgesellschaften ist der Einfluß von Zufällen und Improvisationen natürlich größer gewesen als heute, wo eine zunehmende Dichte von Planungserfordernissen festzustellen ist. Das größere Wissen befähigt uns nicht nur, sondern verpflichtet uns zu einem "Mehr" an Aktivitäten.

---

42 Siehe hierzu auch: Center for Housing, Building and Planning, UN, Fn. 24.

Diese Verdichtung gibt der Planung erst ihre besondere Bedeutung.[43] Geplant hat der Mensch von Anbeginn. Menschliche Kulturen stellen eine "unendliche Folge" von Planungen und Fehlplanungen dar. Bei der immer mehr zunehmenden Besiedlung der Erde und der engen Verzahnung der sozialen Vorgänge läßt Nichtplanen keinen Spielraum mehr, sondern führt zu bedenklichen Zufällen. Die Fülle der anstehenden Probleme fordert im Gegenteil geradezu Planung heraus. Dies gilt umso mehr bei der Planung von Siedlungskörpern, weil in ihnen riesige Investitionsvolumina für die Infrastruktur stecken, die, einmal vorgenommen, nicht einfach und wiederholt, weil es uns gerade "in den Kram paßt", wieder beseitigt und durch andere ersetzt werden können.

Charakteristik der Planung
Planung kann man als Vorbereitung zukünftigen Handelns für ein zu erreichendes Ziel auf der Grundlage von Analyse, Diagnose und Prognose der Situation und Entwicklung bezeichnen.[44]

Zu den intellektuellen Potentialen des Menschen gehört es, künftige Tätigkeiten vorab zu bestimmen, d.h. zu hinterfragen und planvoll vorzugehen. Wer plant, denkt nicht nur an die Zukunft im allgemeinen, sondern auch gleichzeitig an spezielle Aufgaben und Ziele, die erreicht bzw. durchgeführt werden sollen, und an die Wege, die dahinführen. Es wird hierbei von der Prämisse ausgegangen, daß durch Planung die Erfolgsaussichten für eine Sache verbessert werden. Diese Vorstellung ist Grundlage für das System der Planung.

Planung beginnt nach Habermehl[45] mit einer Vorstellung über das zu Planende und den Fragen nach Ziel und Weg. Nach rein gedanklichen Ideen bilde sich ein Konzept. Solche Konzepte würden in der Regel nach Vorlage eines Entwurfs eine Reihe von Nachträgen und Berichtigungen noch vor der Aufstellung der endgültigen Fassung enthalten. Auch nach der förmlichen Feststellung würden sie wegen äußerer wie innerer Einwirkungen und der damit verbundenen Förderung oder Hemmung der eigenen bzw. fremden Interessen verändert werden. Daraus folgende Interventionen könnten die gesamte Planung zu solch einem Gemenge werden lassen, daß die eigentlichen Planziele am Ende nur noch mühsam zu erkennen und aufrecht zu erhalten sind. Planung müsse in der Regel an Vorhandenes anknüpfen oder vorhandene Teilpläne verwenden, die der Koordinierung mit der Gesamtkonzeption bedürfen.

Die nicht genau bestimmbaren und abgrenzbaren Begriffe Ordnung, Planung, Leitbild usw. machten es schwer, zu einer verständlichen Erklärung der Planung zu kommen. Zunächst sollte daraufhin hingewiesen werden, daß vor jeder Planung die Ziele und Aufgaben stehen müssen. Es sei nicht Angelegenheit der Planung, Ziele zu setzen und Aufgaben zu bestimmen. Dies geschehe vielmehr durch die Ordnungen auf allen Lebensgebieten, die gesetzten Ziele und anderes. Die Planung soll Möglichkeiten aufzeigen, wie solche Ziele erreicht werden könnten und wel-

---

43 F. H. Tenbruck: "Zu einer Theorie der Planung", in: "Wissenschaft und Praxis", Festschrift zum zwanzigjährigen Bestehen des Westdeutschen Verlages, Köln und Opladen 1967.
44 K. Müller-Ibold: "Planung", in: Handwörterbuch der Verwaltung und Organisation, Hrsg. H. Strutz, Stuttgart 1982.
45 Peter Habermehl: "System und Grundlagen der Planung", Band 9, Taschenbücher des Deutschen Verbandes für Wohnungswesen, Städtebau und Raumplanung e.V., Bonn 1970.

che Wege einzuschlagen seien. Ihre Aufgabe sei es, die gesetzten Ziele auf direktem Wege zu erreichen. Die Planung habe eine ausführende und dienende Funktion, sie sei ein Instrument, dessen Wirksamkeit im organisatorischen Bereich liege. Die Prinzipien der Planung seien immer dieselben, ganz gleich, ob sie im Bereich der Wirtschaft, des persönlichen oder öffentlichen Lebens oder anderer Stelle zur Anwendung kommen. Als Instrument sei Planung nicht an ein moralisches, politisches oder wirtschaftliches System gebunden. Ihre Funktion entziehe sich der Bewertung als gut oder böse, denn sie sei gegenüber ihren Zwecken neutral. Planung biete mit ihren Instrumentarien den Entscheidungsträgern "Entscheidungshilfen" an (z.B. rational-logisch entwickelte Alternativen von Wegen zu einem Ziel). Die Planung selbst treffe keine Entscheidung. Genau betrachtet sei nicht der Planungsprozeß an sich politischer Natur, sondern die Vorgaben (Ziele, Wertsetzungen etc.), die dafür relevanten Prioritätensetzungen und Entscheidungen.

Neben der Funktion ist die Zeit für die Planung ein bestimmender Faktor. Planung arbeitet für die Zukunft. Sie erforscht zwar nach Habermehl nicht die Zukunft, sie setzt jedoch die Ergebnisse der Forschung durch praktische Aufgabenerfüllung in die Tat um; sie sucht das in der Zukunft liegende Ereignis zu antizipieren und planerisch auszugestalten. Planung erfordere danach Vorausdenken und Vorausdisponieren auch in Zeitdimensionen. Ihre Hauptaufgabe sei die Schaffung neuer Fakten durch die verändernde Handlung und deren Vorbereitung. Der Erfolg oder Mißerfolg der Planung sei weitgehend davon abhängig, ob die zukünftigen Verhältnisse richtig erkannt wurden und wie das zukünftig zu Schaffende sich in diese Verhältnisse einpasse. Damit werde die Zukunftsbezogenheit zu dem wichtigsten Merkmal der Planung überhaupt.

Planung wird nur sichtbar, verständlich und funktionsfähig, wenn kenntlich gemacht ist, was geplant und wie das gesteckte Planungsziel erreicht werden soll. Die Darstellung der Planung als Beschreibung, Berechnung oder Zeichnung wird hierdurch zu einem weiteren wesentlichen Merkmal, das vermutlich deshalb wenig Beachtung findet, weil es selbstverständlich ist. Ein weiteres wesentliches Merkmal der Planung ist durch die Funktion als Instrument bereits vorbestimmt. Ein Instrument ist ohne Gebrauch ein überflüssiger Gegenstand. Das "Instrument" Planung drängt seinem ganzen Wesen nach zum Gebrauch, um Maßnahmen durchzuführen, die zum Erreichen der im Voraus gesetzten Ziele führen. Für die Planung ist ferner wesentlich, daß sie einen schrittweisen Eliminations- und Einteilungsprozeß im Sinne rationalen Vorgehens darstellt. Planung sucht den einfachsten und schnellsten Weg, das gesteckte Ziel zu erreichen.

Zur Planung gehört auch in zweierlei Hinsicht das Risiko: Einerseits sollen Planungen das Risiko beseitigen oder vermindern, andererseits besteht innerhalb des Planungsprozesses immer die Gefahr einer Kluft zwischen Plan und Wirklichkeit. Das eigentliche Risiko in der Kluft zwischen Plan und Wirklichkeit entsteht durch mehr oder weniger exaktes Rechnen oder Mängel bei der Einschätzung der Fakten. Bei konsekutiven Planungen wird die alte Plansubstanz verwendet, während die Veränderungen das eigentliche Neue darstellen. Hier bleiben die Risiken in überschaubaren Grenzen. Die folgenreichsten Planungen betreffen jedoch neue Sachverhalte. Es ist plausibel, daß hier auch die größten Risiken entstehen.

Eine Bestimmung des Planungsobjekts und seine Abgrenzung ist eine Grundvoraussetzung jeder Planung. Die eindeutige Bestimmung des zu Planenden ist nicht nur wichtig für die Beschaffung des Informationsmaterials bis zur praktischen Durchführung der Planung, sondern minimiert auch die Gefahr, daß Plan und Wirklichkeit nicht übereinstimmen.

Von Planung wird erwartet, daß sie zu dem angestrebten oder auch vorgegebenen Ziel in der angestrebten (oder auch vorgegebenen) Zeit führt. Sie muß deshalb die zu planende Materie durchdringen und wird integrierender Bestandteil aller Maßnahmen, die sich hieran anschließen, wie etwa die Auswahl der Mittel und Wege sowie Einschätzung der Fakten und Faktoren, die auf die Planung einwirken. Sind Verhältnisse und Erwartungen falsch eingeschätzt worden, mangelt es an Abstimmung und innerer Logik und sind keine Änderungsmöglichkeiten vorgesehen, um die Planung flexibel zu halten, dann tritt das ein, was Planung bedenklich macht: Das Eigengewicht der Planung läßt keine andere Wahl, es verläuft alles planmäßig bis zum Mißerfolg, zum Stillstand und zur Katastrophe. Beispiele aus dem privaten, wirtschaftlichen und politischen Bereich brauchen hierbei nicht weit hergeholt zu werden, sie dokumentieren sich für uns Deutsche in der 40jährigen katastrophalen Planungsgeschichte der ehemaligen DDR!

Planung endet nicht bei der Projektion, sondern erst beim Abschluß der eigentlichen Durchführung. Die vollendete Aufgabenerfüllung ist noch Bestandteil der Planung. Das, was durch sie geschaffen wurde, besteht zwar nach der Plandurchführung für sich weiter, doch erst das vorliegende Ergebnis läßt erkennen, ob die Planung richtig war und wie weit Plan und Wirklichkeit übereinstimmen. Hierzu dienen Kontrolle, Vergleiche und Nachprüfungen.[46]

Alltägliche Planung
In meiner Einführungsvorlesung zur Stadtplanung an der "König Fahd Universität" in Saudi-Arabien habe ich versucht, den Studenten das Planungsgeschehen durch den Ablauf eines mehr oder weniger "alltäglichen" Vorgangs nahezubringen. Dazu habe ich folgende real denkbare Geschichte erfunden:

Der Student Ibrahim (Abraham) Al-Rashid aus Jeddah hat an der Universität in Dhahran am Mittwoch, dem 25. Mai 1990, noch gegen Abend eine Klausur zu absolvieren. Am Donnerstag, dem 26. Mai (Beginn des islamischen Wochenendes), will sein Bruder Isa (Jesus) in Jeddah (1.400 km von Dhahran entfernt) heiraten. Unter allem Umständen will Ibrahim an der Hochzeit seines Bruders teilnehmen, weil zwischen den Brüdern eine enge Beziehung besteht.

Ibrahim erhält ein relativ großzügiges Stipendium vom Staat; sein Vater kann ihm sein Studium nicht finanzieren, weil er mittlerer Beamter bei der Stadtverwaltung in Jeddah ist und noch sechs weitere Kinder zu versorgen hat. Ibrahim hatte im Mai unvorhergesehene Ausgaben (so z.B. eine größere Reparatur an seinem zehn Jahre alten PKW). Vater wie Sohn sind also knapp bei Kasse; der Vater muß die Hochzeit ausrichten, Ibrahim die Reparatur an seinem PKW bezahlen.

Deshalb steht Ibrahim nunmehr vor einem Problem, das seinem Ziel im Wege steht. Es stellt sich nämlich die Frage, wie er noch rechtzeitig nach Jeddah kommt. Es gibt drei Alternativen:
- mit dem Überlandbus,
- mit dem eigenem bzw. fremdem PKW oder
- mit dem Flugzeug.

---

46 Siehe zum Gesamtthema "Planung" auch: Akademie für Raumforschung und Landesplanung: "Grundriß der Stadtplanung", Hannover 1982.

Der Überlandbus fällt aus, weil er vor dem Klausurende nach Jeddah abfährt. Ein Versuch, den Prüfungstermin vorverlegen zu lassen, mißlingt.
Die Benutzung des eigenen PKW ist aus zwei Gründen bedenklich:
- Da der Wagen sehr alt ist und die Fahrt über hunderte von Kilometern durch die Wüste ohne Ansiedlungen und Reparaturservice geht, könnte die rechtzeitige Ankunft gefährdet sein;
- außerdem könnte die lange Fahrt nachts durch sehr eintönige Wüstenstrecken nach einem langen Prüfungstag zu gefährlichen Ermüdungserscheinungen führen, weshalb sich eine Unteralternative, nämlich einen Leihwagen zu nehmen, letztlich auch ausschließt.

Der teuerste Weg ist der mit dem Flugzeug, der deshalb eigentlich ausscheidet. Bevor sich Ibrahim jedoch endgültig entscheidet (nämlich trotz der Risiken den PKW zu benutzen), prüft er, ob es ihm nicht gelingen könnte, finanzielle Mittel für den Flug zu mobilisieren. Er schafft es,
- sich von Studienfreunden etwa 40 % des Flugpreises zu leihen,
- von mehreren Onkeln 50 % des Flugpreises zu bekommen und
- einen Vorschuß auf sein Stipendium zu erhalten, was ihm am Schluß erlaubt, das Flugzeug zu benutzen, da er eine Restfinanzierung "in Erwartung" des "nächsten Schecks" zum nahen Monatsende noch selbst aufbringen kann.

Nach Abschluß dieser Vorarbeiten, die wir die Planungsphase nennen könnten, geht er an die Realisierung (Vollzug) seines Vorhabens:
- Ibrahims Vater zahlt die Beiträge der Onkel in Jeddah bei der "Saudia-Airline" ein (der Transfer über die Bank würde zu lange dauern).
- Ibrahim zahlt in Dhahran den Rest und erhält das Ticket.
- Freunde bringen Ibrahim am Morgen des 26. Mai zur ersten Frühmaschine nach Jeddah.
- Familienmitglieder holen Ibrahim in Jeddah vom Flughafen ab.
- Ibrahim nimmt an der Hochzeit teil.
- Ibrahim kehrt auf die gleiche Weise am 27. Mai an die Universität in Dhahran zurück, um am 28. Mai an weiteren Klausuren teilzunehmen.

Die Planung und der Vollzug sind erfolgreich mit
- Zielsetzung,
- Problemstellung,
- Entwicklung von Alternativen,
- Informationsbeschaffung,
- Informationsanalyse,
- Prioritätensetzung,
- Rückkoppelung,
- Elimination von bedenklichen Alternativen,
- Entscheidung für den zu wählenden Weg,
- Finanzierung und
- Ausführung mit Erreichen des Ziels,

abgeschlossen.

Der Vorgang sollte nicht nur den Studenten in Dhahran, sondern nun auch dem Leser vor Augen führen, wie weit wir alle im täglichen Leben "planen", möglicherweise ohne uns dessen bewußt zu sein. Schließlich stellen die täglichen Zeitdispositionen mit ihren kleineren und größeren Störungen eine an uns gestellte kontinuierliche Planungsanforderung dar.

Ziele der Planung
Wir haben schon erörtert, daß Zielvorgaben für die Planung erforderlich sind. Wenn der Gesetzgeber im Bundesraumordnungsgesetz[47] oder Baugesetzbuch[48] das Ziel formuliert hat, die räumliche Entwicklung in Stadt und Land zu ordnen und zu diesem Zweck die bauliche und sonstige Nutzung vorzubereiten und zu leiten, setzt er voraus, daß der Markt diese Ordnung nicht voll zu leisten vermag, daß dem Selbstregelungsmechanismus Grenzen gesetzt sind. Die an diese Stelle tretende Ordnung kann aber nicht wertneutral sein, selbst wenn sie sich nur als Beseitigung von Mißständen verstünde. Im allgemeinen wird inzwischen anerkannt, daß über eine Beseitigung von Mißständen hinaus allgemeinere Zielvorstellungen erforderlich sind.

Ziele, die der geordneten Siedlungsstruktur dienen sollen, sind politischer Natur, weil die räumliche Ordnung ohne gemeinschaftlichen Willen mit verbindlicher Entscheidung nicht erreichbar ist. Diese Ziele sind deshalb der Natur der Sache nach Teil der Gesetze. Gegenüber den Verfahrensregelungen nehmen sie jedoch nur geringen Raum ein. Dies hängt einerseits mit den Veränderungen im Wesen der Planung zusammen, liegt aber andererseits auch darin begründet, daß sich die Planung nicht lückenlos in das klassische Modell föderaler Gewaltenteilung einordnen läßt. Daraus erklärt sich die sehr allgemeine Formulierung solcher Ziele im Sinne von "Leerformeln", die der Ausfüllung bedürfen. So fordert das Baugesetzbuch die Ausrichtung der Bauleitpläne auf die "sozialen und kulturellen Bedürfnisse der Bevölkerung, ihre Sicherheit und Gesundheit". Ähnlich allgemein ist im Bundesraumordnungsgesetz[49] als Ziel formuliert, "das Bundesgebiet in seiner allgemeinen Struktur einer Entwicklung zuzuführen, die der freien Entfaltung der Persönlichkeit in der Gemeinschaft am besten dient". Erst im konkreten Fall lassen sich jedoch die konkreten Ziele formulieren, wie etwa in einem "Stadtentwicklungsprogramm" als "Sollgeber" oder "politischer Rahmen" für den "Flächennutzungsplan".

Vieles spricht deshalb dafür, in Gesetzen auf Konkretisierungen von Zielen zu verzichten; dadurch können Praxis und Rechtsprechung Veränderungen im Zeitablauf Rechnung tragen, ohne daß deshalb ständig das Gesetz selbst novelliert werden müßte. Es stellt sich jedoch die Frage, ob solche Ausfüllung jeweils nur im konkreten Einzelfalle möglich ist oder ob sich nicht auch unterhalb globaler Zielformulierungen Regeln finden lassen, die eine gewisse Allgemeingültigkeit besitzen.

Konkrete raumbezogene Zielvorstellungen lassen sich häufig erst auf einer Ebene artikulieren, die der baulichen Verwirklichung relativ nahe ist und eigentlich schon als unmittelbare "Vorgaben" für konkrete Planung bezeichnet werden müßten, etwa in der Baunutzungsverordnung oder in technischen Normen. Durch den scheinbar technischen Charakter solcher Bestimmungen sollte man sich nicht täuschen lassen; es geht auch hier um das Bemühen, im Interesse der sozialen Bedürfnisse der Bevölkerung, ihrer Sicherheit und Gesundheit Ziele zu konkretisieren, nur auf einer anderen Ebene als der "Planung". Allerdings sind Normen in der Planung nur sehr vorsichtigt zu behandeln, weil sie in ihrer unmittelbaren Wirkung jede Flexibilität abwürgen können.

---

47 Siehe hierzu: Raumordnungsgesetz (RoG) v. 1965/91, Bundesgesetzblatt I, S. 726.
48 Siehe dazu insbesondere auch: Battis, Krautzberger, Löhr, BauGB v. 8.12.1986, 4. Auflage, München 1994.
49 Vgl. Raumordnungsgesetz, Fn. 47.

Über die bislang in diesem Abschnitt aufgeführten Zielformulierungen hinaus enthält das Raumordnungsgesetz eine konkrete Darstellung von Teilzielen in Gestalt der Raumordnungsgrundsätze. Sie lassen sich sinngemäß auch auf Einzelräume anwenden und bilden damit einen gewissen Rahmen für die konkrete Planung. Weiter kann ihre Wirkung schon deshalb kaum reichen, weil es sich nicht um ein in sich abgestimmtes Zielsystem, sondern um einen Katalog von Teilzielen handelt. Diese müssen nicht notwendigerweise miteinander harmonieren - und sie tun es in der Regel auch nicht.

Noch allgemeiner bleibt das Baugesetzbuch. Seine Liste von Einzelzielen stellt sehr allgemein auf die Bedürfnisse verschiedener Institutionen, Sektoren und Funktionen der Gesellschaft ab, bei deren Auswahl das Gewicht der im Parlament vertretenen Interessen den Ausschlag gegeben hat. Der Katalogcharakter ist hier noch stärker als im Raumordnungsgesetz; die Konfliktmöglichkeiten zwischen den Teilzielen sind noch ausgeprägter.

Nur ein Bruchteil von Zielformulierungen hat in der Regel den Charakter einer Handlungsanweisung für die Strukturplanung. Wiederum nur ein Bruchteil bezieht sich auf die Gesamtdisposition von Bauflächen und Freiflächen, Fragen der Dichte und der Größenordnung von Strukturelementen und die Anordnung und gegenseitige Zuordnung verschiedener Nutzungselemente.

Dennoch ergibt sich in der Regel ein durchaus zusammenhängendes Gesamtbild. Als Grundform der Baubereiche gegenüber den Freiräumen taucht sowohl ein System radialer Achsen als auch von Entlastungsstädten in größerem Abstand auf. Die Freiflächen dazwischen sollen gesichert und mit dem städtischen Grünflächennetz verknüpft werden. Eine klare Abgrenzung der Bauflächen gegen die Landschaft wird gefordert. Zahlen werden für Dichte und Größenordnung (Bruttogeschoßfläche je Einwohner für das Wohnen) genannt. Verdichtungszonen um Haltestellen des öffentlichen Nahverkehrs werden übereinstimmend gefordert. Bei der Nutzungsstruktur besteht weitgehende Einigkeit über das Erfordernis eines polyzentrischen Systems, über Standorte von Bildungs- und anderen öffentlichen Einrichtungen in den Nahverkehrsachsen und über die Erhaltung oder Schaffung von Wohnungen in Kernstädten.

Bezüglich der Mischung oder Trennung von Wohn- und Arbeitsstätten sind die Aussagen weniger eindeutig; es überwiegen aber die Hinweise auf Trennung aus Immissionsgründen und auf die Zusammenfassung von Arbeitsstätten im Interesse der Fühlungsvorteile und der Auswahlmöglichkeit für die Bewohner.

Geltungsbereich der Planung

Jede Planung erfordert die Bestimmung ihres Geltungsbereichs. Raumplanung beginnt mit der Abgrenzung des Plangebiets. Dementsprechend fordert auch jede andere Art von Planung die präzise Bestimmung des Bereichs, für den sie gelten soll. Dabei geht es nicht nur um die Bestimmung z.B. des räumlichen, sondern auch des sachlichen Geltungsbereichs, also z.B. die Verkehrsplanung, die Schulbauplanung oder die hierarchische Zuständigkeitsverteilung von Bund, Land oder Gemeinde usw.

Die Bestimmung des Planbereichs ist umso unentbehrlicher, je komplexer die Bezugsgrößen sind, die der Plan auch anderen Bereichen entnehmen muß. Jede

Planung begründet einen Geltungszusammenhang, dessen räumliche und sachliche Begrenzung sein eigenes Maß hat.[50]

Phasen und Methodik der Planung
Die fortgesetzte Notwendigkeit, Abläufe zu planen, und der Zwang, bei den ständig sich wandelnden Situationen Pläne zu ändern, fortzuschreiben, zu ergänzen oder neu zu formulieren, machen es nach Kern[51] notwendig, eine handliche Ablaufoperation der Planung zu entwickeln.

Jedes Problem, das nicht durch Improvisation gelöst werden kann, bedarf einer Ausgangsanalyse. Das bedeutet die Notwendigkeit einer Situationsaufklärung sowie einer gründlichen Problemanalyse. Sie muß mit einer plausiblen Definition der zu lösenden Aufgabe, der Bestimmung des zu erreichenden Ziels und der Festlegung des Zwecks des Vorgehens und der zu ergreifenden Maßnahmen schließen. Kann eine Analyse nicht bis zum Ergebnis geführt werden, müssen Zweifel an den gezogenen Schlüssen aufkommen und bestehen. In solch einem Fall kann es sein, daß es sinnlos wird, das Verfahren fortzusetzen, bevor nicht die Voraussetzungen für eine zuverlässige Arbeit erfüllt worden sind. Sind sie nicht zu erfüllen, sollte man das weitere Verhalten ggfs. von der Improvisation abhängig machen, weil erfahrungsgemäß beim Ablauf umfangreicher Projekte kaum größerer Schaden als durch unsaubere und unzuverlässige Problemanalysen der Ausgangslage angerichtet wird.

Zumindest kommt es in solch einem Fall darauf an, die Mängel der Analyse deutlich bewußt zu machen. Liegt die Ausgangsanalyse vor, beginnt die Untersuchung über die Möglichkeiten der Verwirklichung der nunmehr präzisierten Aufgabe (Planausarbeitung). In dieser Phase ist das Planziel bereits festgelegt, während die Mittel, die zur Erreichung des Ziels eingesetzt werden sollen, noch zu untersuchen sind und zunächst noch als variabel gelten müssen. Gelingt es nicht, die erforderlichen Mittel zu "organisieren", ist die Weiterverfolgung des Zieles zwecklos. Meistens konzentriert sich das Hauptproblem der Planausarbeitung auf die Wahl der zweckmäßigsten Mittel, wobei häufig die Wahl unter den möglichen Mitteln beschränkt ist und das vorteilhafteste Mittel nicht immer zur Verfügung steht. Optimierung der Mittel durch zweckmäßige Kombination von beschaffbaren und akzeptablen Mitteln ist unverzichtbar. Die Planausarbeitung endet mit der Planentscheidung und Planfestlegung, die nach Lage der gegebenen Möglichkeiten eine Optimallösung darstellen sollte. Für unvorhersehbare Umstände, Ausfall von den für den Vollzug wesentlichen Mitteln sind Ersatz-, Ausweich- oder Behelfspläne vorzubereiten. Der abgeschlossene Plan ist im Sinne der einleitenden Ausführungen eine statische Gegenüberstellung des Ist-Zustandes der Ausgangssituation mit dem Soll-Ist-Zustand der Zielformulierung. Die Details der Operation werden in späteren Kapiteln erörtert.

Als nächstes beginnt die Durchführung des Plans mit der Durchführungsentscheidung. Die Entscheidung muß Ort, Zeit und Umstände der Handlung festlegen. Sie muß auch auf die erforderliche Bereitstellung von Mitteln Rücksicht nehmen. Ggf. ist eine Verschiebung der Handlung zur Sicherung ordentlicher Vorbereitung

---

50 Siehe hierzu auch: E. A. Kern: "Skizzen zur Methodik und zum System der Planung", in: "Planung I-III", Hrsg. J. Kaiser, Baden-Baden 1968.
51 E. A. Kern, Fn. 50.

einer Lösung vorzuziehen, die trotz nichtabgeschlossener Vorbereitungen anlaufen soll.

Während die Planaufstellung und die Planausarbeitung Fähigkeiten und Erfahrungen im Bereich operativer Konzeptionen voraussetzt, liegt die Lösung von Einzelaufgaben im Bereich taktischer Größenordnung. Während die operative Konzeption unmittelbar an dem Fernziel und an der grundlegenden Sacheinsicht in die Lösung der Hauptaufgabe orientiert ist, entfernt sich der taktische Vollzug - sowohl was seine Größenordnung der Betrachtung anlangt als auch nach der Wahl der Mittel und der Anwendung der Methoden - von diesem Ausgangspunkt der übergeordneten Grundlagenproblematik.

Während des Planvollzugs setzt schon die vierte Phase des Plangeschehens ein: die Kontrolle. Das Einsetzen der Kontrolle während der Handlung ist unerläßlich. Die Operationsleitung muß in kürzester Frist darüber unterrichtet werden, ob die Handlung plankonform abläuft oder ob Abweichungen eingetreten sind. Im Regelfall wird das letztere zutreffen. Es müssen dann unverzüglich, noch während der Handlung, Maßnahmen getroffen werden, die die Plankonformität wiederherstellen. Treten Umstände erheblicher Tragweite ein, ist zu prüfen, ob die Planziele den neuen Gegebenheiten angepaßt werden können oder müssen. Eine Durchführungshandlung weiterlaufen zu lassen, nachdem feststeht, daß Ziel und/oder Plan unsinnig geworden sind, gehört zu den schwersten Fehlern.

Im Falle einer in sich geschlossenen, einmaligen Handlung setzt ein wesentlicher Teil der Plankontrolle nach Abschluß der Operation ein. Sie "kontrolliert", ob und inwieweit das Planziel die Soll-Vorgaben erreicht hat. Im Normalfall werden Abweichungen aufgetreten sein; die Ermittlung der Ursachen der Diskrepanzen ist unerläßlich für eine Verbesserung künftiger Planabläufe.

Stellt der Planungsvorgang dagegen einen kontinuierlichen Prozeß dar, wie bei der Stadtplanung in der Regel, dann entwickelt sich die Plankontrolle zu einem komplizierteren Vorgang. Sie wird zunächst zu einem wichtigen Dauerbestandteil einer vernünftigen Plansteuerung. Hierdurch wird die Auswertung der Kontrolle für die operative Leitung von einem derart ausschlaggebenden Gewicht, daß ihre Bedeutung mit wenigen Worten nur schwer zu umschreiben ist. Weitere Aspekte dazu werden in späteren Kapiteln erörtert.

Planung - angewandte oder abstrakte Wissenschaft?
Der erste Gedanke gilt nach Kern einem methodischen Zugang zu den Problemen des Themas. Obwohl wir uns hier mit einer Theorie der Planung auseinandersetzen, darf nicht übersehen werden, daß wir es mit angewandter Wissenschaft zu tun haben. Bei den reinen Naturwissenschaften zeigt die Verschiebung von der theoretischen Wissenschaft zur angewandten Wissenschaft übersehbare Konsequenzen. Eine wissenschaftliche Einsicht der Thermodynamik oder der Statik im Hoch- und Tiefbauwesen beispielsweise wechselt in den Bereich der angewandten Wissenschaften über, sobald die praktische Auswertung ansteht. Im Bereich der Sozialwissenschaften ist dagegen die theoretische Wissenschaft nahezu gleichzeitig angewandte Wissenschaft und die angewandte Wissenschaft erscheint häufig experimentell schwer überprüfbar zu sein.

Ob z.B. das "Ventil" für die Steuerung von Ottomotoren geeignet ist oder nicht, wurde von den Herstellungsunternehmen durch gezielte Forschung festgestellt.

Damit steht für die theoretische Fragestellung wie für die industrielle Auswertung die Antwort auf die gestellte Frage verbindlich fest. Das erneute Stellen dieser Frage führt, wenn sie erhoben wird, zur selben Antwort - es sei denn, eine spätere Erfindung führe noch billiger und besser zu dem gewünschten Effekt, wie z.B. die Einspritzpumpe.

Die Frage beispielsweise, ob und inwieweit der öffentliche Straßenraum in seiner Charakteristik in Zukunft verstärkt dem öffentlichen Nahverkehrsmittel unter Restriktionen für den Individualverkehr zur Verfügung gestellt werden muß, läßt sich in seinen quantitativen Aussagen nicht so eindeutig und endgültig festlegen. Die Akzeptanz des ÖPNV und der Wohlstand der Bevölkerung verändern ebenso wie das Geburtsverhalten die wesentlichen Rahmenbedingungen derart, daß ständige Beobachtungen und daraus zu ziehende Korrekturen erforderlich sind. Die Vorgaben sind ständig zu überprüfen; d.h. Planung im Bereich der Wirtschafts- und Sozialwissenschaften impliziert von vornherein Kontrolle, Rückkoppelung und Veränderung der Parameter, insbesondere auch der Vorgaben, einschließlich Entscheidungen über Prioritäten als Vorgabe.

Dazu Kern[52]:

Aus all dem folgt, daß im Gegensatz zu den angewandten Naturwissenschaften im sozio-ökonomischen Bereich eine objektiv darstellbare Planungstheorie leicht in Frage gestellt werden kann, wenn sie zu konkreten Gegebenheiten in Bezug gesetzt wird. Während das naturwissenschaftliche Theoretisieren zur Anwendung tendiert, ist es nahezu sicher, daß die Planungstheorie dem Risiko der umgekehrten Tendenz ausgesetzt ist: solange sich das Theoretisieren abstrakt vollzieht, bleiben die Vorstellungen übersehbar - je konkreter und praktisch bedeutsamer die Anwendung der theoretischen Erkenntnisse in der Wirklichkeit wird, um so nachhaltiger infiziert, modifiziert und zerlegt das involvierte Sachproblem die formale Fragestellung, die die politische Theorie ihrer Natur nach weithin ist und bleiben muß.

2.2.2 Definition spezifischer Planungsbegriffe

Operative Planung

Eingangs wurde schon erwähnt, daß das Bedürfnis nach räumlicher Planung sich aus der Notwendigkeit ableitet, für die Gesellschaft zu handeln, d.h. Investitionen vorzunehmen, sei es zur Bildung, Sozialversorgung oder anderem.

Die direkte Absicht zur Handlung zielt auf operative Planung ab. Diese ist eine Maßnahmenplanung und besteht in der Regel in der Aufstellung von Teilplänen und Programmen, d.h. dem Einsatz von Mitteln usw.

Strukturplanung

Von der operativen bzw. Handlungsplanung setzt sich als erste die Strukturplanung ab. Sie ist eine Art präventive Auffangplanung, sozusagen "für den Fall X". Sie zielt auf die Systemstruktur, z.B. auf Netzstrukturen, Standortstrukturen, Rechtsformen u.a. ab. Während die operative Handlungsplanung nach Erreichen des Aktionszieles abgeschlossen ist und damit im Sinne einfacher Planung Anwendung findet, hat die Strukturplanung den Charakter eines komplexen Systems. Die

---

52 E. A. Kern, Fn. 50.

operative Handlungsplanung muß als starres System funktionieren, weil sie auf zeitlich und räumlich begrenzte Teilaktionen abstellt. Die Strukturplanung setzt zunächst nicht die unmittelbar folgende Handlung voraus. Als Beispiel wären Flächennutzungsplan und Generalverkehrsplan zu nennen. Die operative oder Handlungsplanung bedarf als Vorgabe der Strukturplanung als Bezugsrahmen. Die Strukturplanung bedarf wiederum eigener Vorgaben.

Zielplanung
Von der Strukturplanung hebt sich die Zielplanung ab, die die Konkretisierung politischer Wertsetzungen vornimmt. Sie setzt Prioritäten und nimmt damit eine Auswahl der Leistungsfelder vor. Z.B. kann von einer Zielplanung gesprochen werden, wenn - bei sehr einseitiger Wirtschaftsstruktur, sagen wir in der Güterproduktion - Ausgleichsmaßnahmen im Dienstleistungssektor angestrebt werden und zur Strukturverbesserung ein erhöhter Ansatz an Kernzonen angestrebt wird, ohne daß schon die exakte Dimensionierung und Lokalisierung fixiert ist. Als Beispiel wären Stadtentwicklungsprogramme zu nennen.

Angebots- und Auffangplanung
Wir kennen eine weitere Differenzierung in der Unterscheidung zwischen "Angebotsplanung" und "Auffangplanung". Die Begriffe lassen schon erkennen, daß "Auffangplanung" dem Zweck dient, eine Planung für einen Eventualfall zur Verfügung zu haben, während die "Angebotsplanung" interessierten Akteuren eine Handlungsmöglichkeit "anbietet". Weitere Gesichtspunkte hierzu werden in späteren Kapiteln erörtert.

2.2.3 Definition von Komplementärbegriffen der Planung

Es gibt Begriffe, die in der Nähe von Planung angesiedelt, unter Umständen Voraussetzung oder rahmensetzend für die Planung sind, die jedoch im engeren Sinne nicht "Planung" darstellen. Solche Begriffe wollen wir zur Abgrenzung und Klarstellung unter verkürzter Verwendung einer Erörterung von Joseph Kaiser behandeln.[53]

Improvisation und Planung
Während Planung eine Verhaltensweise ist, die aktiven und prozessualen Charakter hat, indem sie Zustände und Entwicklungstendenzen nach Zielvorstellungen oder Programmen zu steuern versucht, steht zu ihr im Gegensatz die Improvisation, die in der Regel ein rein reaktiver Anpassungsprozeß ist, der nur ad hoc auf Situationen reagiert. Die Planung bezweckt also, die ständige Improvisation und die damit verbundene passive Haltung zu überwinden.

Improvisation ist die "Fähigkeit" der Intuition und des Fingerspitzengefühls bei bedrohlichen Situationen. Ein Grund für Improvisation ist das Fehlen eines Informationssystems (Interpretation gesicherter und nicht zu verfälschender Daten). Es

---

[53] Joseph E. Kaiser: "Exposé einer pragmatischen Theorie der Planung", in: "Planung I-III", Hrsg. v. J. E. Kaiser, Baden-Baden 1968.

ist zweifelhaft, ob jemals ein so vollständiges Daten- und Informationssystem aufgebaut werden kann, daß Improvisation durch Planung voll ersetzt werden kann, und ob nicht bei der notwendigen Vereinfachung im Informations- und Datenfluß sich Probleme einschleichen, die wiederum zu Improvisationen führen. Für den unbestimmten Zeitraum also, in dem Systeme eines Daten- und Informationsflusses noch nicht voll ausgebaut sind, wird Improvisation immer notwendig sein, weil Planung als Ziel die Handlung hat; sie könnte nicht zur Handlung führen, wenn der erforderliche Daten- und Informationsfluß nicht gewährleistet ist. Jedes System würde ohne Entscheidungsfähigkeit handlungsunfähig sein. Die Lösung durch Improvisation war und ist unzureichend, aber sicher besser als ein totales Verharren in völliger Untätigkeit. Dem Entscheidungsträger muß klar sein oder klar gemacht werden, daß er in solcher Situation die Verantwortung hat, ggf. auch Risiken einzugehen. Wichtig ist, daß er sich dessen bewußt ist. Aufgabe der Planung wird es sein, den Bereich einzugrenzen, in dem Improvisation erforderlich ist. Wenn Raumplanung soziales Handeln impliziert, dann besteht, wenn der Wille zu verändern da ist, der Zwang zum Handeln.[54] Bei fehlenden Informationssystemen bzw. Teilen davon wird deshalb nach wie vor, zumindest partiell, auf die Improvisation oder Intuition zurückgegriffen werden müssen. Seit es aus Datenschutzgründen schwieriger geworden ist, z.B. Volkszählungen und andere spezielle Erhebungen durchzuführen, werden wir uns möglicherweise wieder verstärkt der Improvisation bedienen müssen.

Idee, Utopie und Planung
"Utopien" und "Ideen" werden ausgedacht, nicht geplant. Mit den Begriffen "Utopie" und "Idee" verbundene Vorstellungen weisen eher auf Unterschiede zwischen Plan und Utopie oder Idee als auf innere Bezüge hin. Der Begriff des Utopischen hat heute auch noch den "dominierenden Nebensinn einer Vorstellung, die prinzipiell unverwirklichbar ist".[55]

Dieser ein wenig polemisch bestimmte Sprachgebrauch ignoriert jedoch den in jeder Utopie liegenden Willen zur Änderung der Wirklichkeit.[56] Jede Utopie ist auch die Formulierung eines Plankonzeptes. Die Motivierung zur "Utopie" ist in der Regel auch eine Gesellschaftskritik. Indem die Autoren dabei von Zeit und Raum abstrahieren und ihrer Vorstellung dadurch den Bezugspunkt nehmen, wird ihr Konzept entaktualisiert. Der jeweilige Autor schützt sich dadurch vor den Risiken, selbst kritisiert zu werden.

Der Plan ist eines der Instrumente, mittels derer eine Utopie bzw. Idee verwirklicht werden soll. Eine Utopie oder Idee, der sich ein politischer Wille zur Verwirklichung verbindet, erhält in Raum und Zeit ihren Bezugspunkt und führt dadurch zum Erfordernis nach einem Plan.

Aus der Utopie erwächst ein Teil der Dynamik des Plans, und jeder Plan bleibt zu einem Teil Utopie, weil er die Determinanten der geplanten Entwicklung trotz Informationsmaschinerie niemals voll erfaßt. Es bedarf also sozusagen einer

---

54 Hierzu auch Joachim Häusler: "Planung als Zukunftsgestaltung", in: "Fortschrittliche Unternehmensführung", Schriftenreihe des Berliner Arbeitskreises für betriebliche Führungskräfte, Wiesbaden 1969.
55 Karl Mannheim: "Ideologie und Utopie", 3. Aufl., Frankfurt 1952.
56 Robert Jungk/Hans Joseph Mundt (Hrsg.): "Modelle für eine Neue Welt", München 1964.

"Utopie" im vorhinein, der der "Plan" oder die "Planung" erst folgt; "Utopie" und "Idee" sind also nicht "Plan".

Ideologie und Planung
Die Theorie der Planung bedarf nicht eines ideologischen Unterbaues, weil Ideologie den Blick auf Sachverhalte verstellt. Planung kann weder aus Ideologien heraus gerechtfertigt noch daraus widerlegt werden. Sie darf nicht als Heilslehre auftreten, noch sollte sie schlicht als Mittel der Unfreiheit verketzert werden.

Die Ideologisierung der Pläne ist andererseits ein unbestreitbares Charakteristikum mancher Planungen, mitunter gesteigert bis zum Mythos eines Plans. Der Plan erhält dadurch eine zusätzliche Scheinlegitimation im Bewußtsein der Planadressaten, was seine Wirksamkeit ihnen gegenüber steigert, aber sehr gefährlich macht, wie wir es in der ehemaligen DDR erlebt haben.

Es bedarf jedoch einer "Idee", die sozusagen einen ersten konkretisierenden Schritt von der "Utopie" in Richtung eines "Konzepts" darstellt. Es soll dabei nicht ausgeschlossen sein, daß eine solche "Utopie" und "Idee" sich aus einer Ideologie entwickelt hat. All dies ist nicht "Planung", sondern spielt sich in deren "Vorraum" ab: "Ideologien" werden erdacht, gesetzt und nicht geplant.

Wertsetzung und Planung
Von der Planung hebt sich auch die Wert- und Zielsetzung ab; sie artikuliert Planungsvorgaben.

Die gesellschaftlichen Werte, in der Regel entsprungen aus einer Idee/Ideologie oder auch Utopie (religiöser, ethischer oder politischer Herkunft), ändern sich, wenn überhaupt, sehr langsam. So gibt es einen breiten Konsens über die Grundrechte. Sie werden prinzipiell nicht geändert, unterliegen jedoch in der Ausformung ihres Umfangs Wandlungen, insbesondere im Zuge der Entwicklung (siehe das Asylrecht in der Bundesrepublik in seiner Entwicklung von 1949 bis 1994). So spielt z.B. in der Stadtplanung das Recht auf Gleichheit der Chancen eine bedeutungsvolle Rolle. Dieses sehr allgemeine Recht schlägt sich in solchen Zielen nieder wie etwa gleiche (auch physische) Zugänglichkeit von Schulen und anderen öffentlichen Einrichtungen usw. Eine große Wirkung löst auch der Schutz des Eigentums in der Verfassung bei der Stadtplanung aus.

Macht und Planung
Planung impliziert ihre Umsetzung. Planung soll Maßnahmen Dritter anreizen (Indikative Planung). Planung schreibt vor, wie und was im Falle einer Aktivität geschehen soll (Auffangplanung). Planung kann noch weitergehen und unmittelbaren Zwang zu einer bestimmten Aktivität ausüben (Imperative Planung).

Die Entscheidung auf Grund von Planung übt also Macht aus! Insofern ist eine Entscheidung auf Grund von Planung politischer Natur, zumal sie für eine Gemeinschaft nicht nur Vorteile für alle bringt. Sie kann und wird häufig für spezifische Gruppen, in der Regel Minderheiten, auch Nachteile bringen, sozusagen als Kehrseite der Medaille an Vorteilen für eine Mehrheit der Betroffenen. Deshalb ist formelle Planung mit Verbindlichkeit der Entscheidungen erforderlich. Deshalb sind Planungsverfahren erforderlich. Deshalb ist die Beteiligung der Betroffenen erforderlich (all dies geht nur über die Fixierung in Planungsgesetzen).[57]

Bei der Umsetzung der Planung tritt dadurch heute eine "Planungsmacht" hervor, die in das überlieferte System der Gewaltenteilung nicht ohne weiteres einfügbar ist. Sie ist nicht nur Verwaltung, sie ist auch nicht nur Gesetzgebung, und es ist ungewiß, ob sie im Bundesstaat den an der Gesetzgebung orientierten Zuständigkeitsverteilungen zwischen Bund und Ländern voll gerecht werden kann. Mit diesem Thema werden wir uns in einem speziellen Kapitel noch näher auseinandersetzen. Es gibt z.B. zunehmend eine Tendenz zur Beschränkung der kommunalen Selbstverwaltung durch die Landesplanung. Sie erschwert die Bürgerbeteiligung, insbesondere, weil die Landesplanung auch heute noch im Gegensatz zur Bauleitplanung vielfach und überwiegend Verwaltungssache ist.

2.2.4 Gegensatzpaare der Planungsbegriffe

In der Planung ist häufig zwischen zwei Gegensätzen der Charakteristik zu unterscheiden, wie etwa, ob eine Planung öffentlich oder nicht-öffentlich sein soll. Mit diesen Paaren werden wir uns kurz befassen, auch wenn ihre Begriffsbezeichnung aus sich heraus schon eine eindeutige Definition enthält.

Öffentliche und nicht-öffentliche Planung
Bei allen Planungen des staatlichen Bereichs gehen wir zunächst davon aus, daß es sich automatisch um "öffentliche" Planung handelt. Gemeint ist hier allerdings nicht die Planung der "öffentlichen Hand", sondern ob es sich um "veröffentlichte" oder "vertrauliche" Planung handelt. Normalerweise schreiben Gesetze vor, daß der Staat seine Planungen veröffentlichen und einem vorgeschriebenen Verfahren unterwerfen muß. Dennoch gibt es auch Bereiche, bei denen die Planung geheimgehalten werden muß, wie etwa bei der Verbrechensbekämpfung (insbesondere gegen die internationale Drogen- und Wirtschaftskriminalität und den Terrorismus), also "nicht-öffentlich" ist.

Verbindliche und unverbindliche Planung
Verbindliche und unverbindliche Planung bestimmen das Verhältnis von Planung und Planbetroffenen. Es soll damit für alle Beteiligten und Betroffenen der Sicherheitsgrad der Planausführung ausgedrückt werden. Schon der Planer muß sich fragen, welche Wirksamkeit der von ihm zu erstellende Plan auf die Plandurchführung und die Planbetroffenen haben soll. Bei der unverbindlichen Planung wird zum Ausdruck gebracht, daß keine Garantie der Ausführung durch den Planungsträger gegenüber Dritten erfolgt. Das heißt auch, daß die Planadressaten sich nicht danach richten müssen. Dennoch hat unverbindliche Planung häufig erhebliche Wirkungen, weil allein oft die Absichtserklärung eines Planungsträgers von anderen in die eigenen Planungen eingebaut wird.

Verbindliche Planung besteht darin, daß der Planungsträger sich selbst verpflichtet oder durch Normen (Gesetze und Verordnungen) verpflichtet wird, die

---

57 Siehe hierzu: Baugesetzbuch v. 8.12.1986 (BGBl. I. S. 2191 BauGB), v. Battis, Kreutzberger, Löhr, Fn. 48.

Planung wie beschlossen durchzuführen. In solchen Fällen kann auch nur ein förmliches Änderungsverfahren Änderungen erlauben. Die verbindliche Planung dient der Sicherheit der Betroffenen über die zu erwartende Entwicklung, so daß sie sich danach richten und die eigenen Planungen darauf einstellen können, beispielsweise bei einem förmlichen Bebauungsplan.

Nach Lendi und Elsasser[58] gibt es in seltenen Fällen auch eine sogenannte "autoritative Verbindlichkeit", die sich aus der "Autorität" des Planers oder Planungsträgers ergibt.

Formelle und informelle Planung
Bei Erfordernissen an Planungen, die Dritte betreffen und in ihren Rechten einschränken, bedarf es zu ihrem Schutz gesetzlicher Regelungen, die einen in der Form festgelegten (formellen) Weg zur Planeinleitung, -aufstellung, -entscheidung und -festsetzung vorschreiben. Natürlich gibt es daneben ein breites Feld informeller Planung, wie etwa die Pläne von großen Filialunternehmen zur Standortentscheidung für ihre Filialen (z.B. von Karstadt) usw.

Rahmensetzende und rahmenfüllende Planung
Schon der Name sagt im Prinzip aus, welche Funktion der jeweilige Plan hat. So setzt der Flächennutzungsplan den Rahmen fest, innerhalb dessen sich etwa der Generalverkehrsplan als Fachplan rahmenfüllend ebenso zu bewegen hat wie die Bebauungspläne.

Indikative und imperative Planung
Eine Planungsoperation kann den Zwang zur Ausführung durch alle Beteiligten herbeiführen oder das Verhalten der Beteiligten durch Katalysatoren steuern wollen. Wir unterscheiden nach imperativer Planung und indikativer Planung. Für die imperative Planung mögen exemplarisch die Neuordnung von Grund und Boden und eine Neubebauung im Rahmen der Städtebauförderung genannt sein. Hier wird festgelegt, wann, zu welchem Zweck und in welcher Form die Reorganisation des Gebietes zu erfolgen hat, wann neue Gebäude errichtet werden müssen und in welcher Form und Nutzung. Im Gegensatz dazu hat die indikative Planung das Ziel, Initialzündungen auszulösen, die nicht den Gesamtrahmen sozialer Aktionen in der Durchführung voll ausschöpft, sondern durch gezielte Maßnahmen den Anreiz zu einer Kettenreaktion geben soll. Die Infrastrukturplanung kann in diesem Rahmen gesehen werden. Situation, Zweck und Zielsetzung bestimmen die Wahl zwischen Mitteln der imperativen oder indikativen Planung.

Eine sehr scharfe Trennung solcher Planungsdifferenzierung ist kaum möglich, da Überlappungen oder Doppelwirkungen vorkommen. So hat der Investitionsplan einer Stadt, eines Landes oder des Bundes für die Allgemeinheit indikativen Charakter, während er für die - diese Investitionen tätigenden - Körperschaften imperativen Charakter hat. Die Körperschaften sind verpflichtet, entsprechend der Investitionsplanung zu verfahren. In der Regel schlägt sich die Investitionsplanung

---

58 Martin Lendi und Hans Elsasser: "Raumplanung in der Schweiz", in: DISP Nr. 83, ORL-Institut der ETH Zürich 1986.

in der Haushaltssatzung nieder. Beide Komplexe lassen sich auch zum Begriff Handlungsplanung zusammenfassen.

Mikroökonomische und makroökonomische Planung
Beide Ansätze befassen sich mit den ökonomischen Sachverhalten im Rahmen einer Planung. Die Ansätze unterscheiden sich darin, daß der mikroökonomische Ansatz der Planung in den Interessen der Betriebe (z.B. deren Bedürfnisse an bestimmten Standorten oder Verkehrsanschlüssen) liegt, während die makroökonomischen Ansätze in den ökonomischen Interessen der Gebietskörperschaften zu suchen sind (z.B. Förderung strukturschwacher Räume, Entlastung von Verdichtungsräumen etc.).

Örtliche und überörtliche Planung
Dieses Gegensatzpaar bedarf keiner besonderen Erläuterung, außer, daß hier nicht die jeweiligen Träger (z.B. Gemeinde oder Regionalverband) gemeint sind, sondern die Planungsebene. So können sowohl der Bund als auch die Länder auf örtlicher und überörtlicher Ebene Planung betreiben, wie etwa die Ortsdurchfahrt einer Bundes- oder Landstraße bzw. die Planung eines Flughafens, einer Universität etc.

Regionale und überregionale Planung
Für dieses Gegensatzpaar gilt sinngemäß das gleiche wie im vorangegangenen.

Nationale und übernationale Planung
Für dieses Gegensatzpaar gilt das gleiche wie im vorangegangenen.

Adhoc- und Konsekutivplanung
Unterschieden wird hier zwischen Situationen, die plötzlich und unerwartet auftreten, wie etwa die Wiedervereinigung, die also "adhoc" zu Maßnahmen, die zumindest in Ansätzen geplant sein müssen, zwingen, und solchen, die ständig wiederkehrend Maßnahmen und deren Planung erforderlich machen und deshalb in einem Rahmen der routinemäßigen Kontrolle und Überprüfung gesetzt sein können.

Planung ist vom Motiv, von der Handlungsorientierung, der planenden Institution, von der Zielsetzung, der hierarchischen Stufe her also u.a. differenziert zu betrachten.

Kern hat in seinem Beitrag "Skizzen zur Methodik und zum System der Planung"[59] diese Themata erörtert und ein Diagramm entwickelt, das in recht einprägsamer Art die Zusammenhänge deutlich macht. Dieses Diagramm läßt sich auf räumliche Planung hin noch weiterentwickeln (siehe Grafik 3).

Dargestellt sind drei ineinander geschachtelte Quadrate. Im ersten, innersten Quadrat wird in vier Gegensatzpaaren der Planungswirkung unterschieden nach: "Unverbindlicher" und "Verbindlicher" Planung, "Informeller" und "Formeller" Planung, "Indikativer" und "Imperativer" Planung sowie "Nicht-öffentlicher" und "Öffentlicher" Planung. Im zweiten, folgenden Quadrat wird in vier Gegensatzpaaren der Planungshierarchie unterschieden nach: "Örtlicher" und "Überörtlicher"

---

59 Vgl. E. A. Kern, Fn. 51.

Planung, "Regionaler" und "Überregionaler" Planung, "Nationaler" und "Übernationaler" Planung sowie "Rahmenfüllender" und "Rahmensetzender" Planung. Im dritten, äußersten Quadrat wird in vier Gegensatzpaaren der Planungscharakteristik unterschieden nach: "Adhoc-" und "Konsekutiv-"Planung, "Detail-" und "Global-" Planung, "Sach-" und "Fach-"Planung sowie "Mikro-ökonomischer" und "Makroökonomischer" Planung. Die aufeinander bezogenen Begriffe sind durch gestrichelte Linien voneinander getrennt. Die Begriffe aller drei Quadratfelder lassen sich untereinander und von Feld zu Feld kombinieren. So ist z.B. ein Bebauungsplan nach dem Baugesetzbuch örtlich, detailliert, sachbezogen, formell, imperativ, öffentlich und rahmenfüllend!

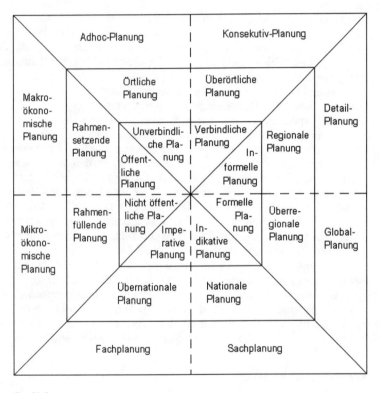

Grafik 3

Als Adhoc-Planung wären der Marshall-Plan[60] und der Plan "Aufbau Ost" zu nennen. Sie waren wegen der jeweils einmaligen Situation relativ schnell und spontan ausgearbeitet worden. Sie bestanden aus indikativen Planungen mit teilweise imperativen Elementen mit makroökonomischem Ansatz der Belebung unternehmerischer Initiativen. Die Maßnahmen betrafen sowohl die Wiederausstattung der da-

---

60 Vgl. H. Pechan: "Der Marshall-Plan. Ein Weg zur wirtschaftlichen Zusammenarbeit Westeuropas. Die Wirtschaftsunionen in ihrer Stellung zu den Nationalwirtschaften und der Weltwirtschaft", Münster, Berlin, Bad Godesberg 1950; H. B. Price: "The Marshall Plan and its Meaning", New York 1955.

niederliegenden Privatwirtschaft mit Umlaufkapital als auch eine Belebung der Investitionstätigkeit. Es ist sicher, daß die Wirtschaftsbelebung in beiden Fällen ihren entscheidenden Anstoß durch diese "Pläne" bekommen hat.[61] Als Adhoc-Planung mit indikativem Charakter können auch die jeweiligen "Konjunkturprogramme" in Rezessionszeiten gelten. Zu den Typen der konsekutiven Planung mit imperativem Charakter zählt insbesondere die französische "Planification Nationale". Die meisten Beispiele dieses Typs fanden sich jedoch und insbesondere in den Zentralverwaltungswirtschaften des Ostens. Der Marshallplan gehört zu den übernationalen Planungen makroökonomischer Natur. Die internationalen Konzerne haben für sich ausgeprägte Formen der übernationalen Planung mikroökonomischer Natur entwickelt.

Im nationalen Bereich ist wiederum das gesamte Spektrum indikativ, imperativ, adhoc, konsekutiv, makroökonomisch und mikroökonomisch mit allen Varianten vertreten. Beispielsweise wäre eine konkrete Stadterneuerungsplanung, die Grundstückumlegungs- und Sanierungsmaßnahmen einschließt, eine öffentliche, verbindliche, imperative, konsekutive, örtliche und makroökonomische Planung.

Zu den konsekutiven nationalen makroökonomischen Planungen mit indikativem Charakter kann das Bundesraumordnungsprogramm gezählt werden. Bestimmt man die Typenkombination nur nach zwei Merkmalen, wobei z.B. jeweils indikative und imperative Planung mit den Elementen eines der anderen Quadrate verknüpft wird, ergeben sich schon Kombinationen mit jeweils 3-6 Elementen.

Den Planungen und dem Recht unseres Staates ist eigen, daß ihre Aussagen sich auf Soll-Sachverhalte beziehen, die in der Zukunft liegen. Das Recht setzt als Instrument politischer Entscheidung für die in der Zukunft liegenden Sachverhalte Wertmaßstäbe fest oder führt, wie bei Maßnahmegesetzen, Soll-Sachverhalte herbei.[62] Funktionell sind die Norm eines Maßnahmegesetzes und imperative Planvorgabe weitgehend sich deckende Sachverhalte. Auch sind Normwille und Planwille im makroökonomischen Bereich verwandt. Sie sind Ausdruck eines Führungs- und Lenkungswillens, der sehr komplexe Abläufe in einer übersichtlichen, dabei aber manipulierbaren Weise steuern soll. Beiden Planungsformen ist ein hohes imperatives Element eigen. Indikative Planung und Rechtsnormen sind nicht miteinander vergleichbar. Indikative Planungen wirken nur im Maß ihres "Anreizpotentials", das sehr stark, aber auch nahe Null sein kann. Insofern ist vom Motiv, dem "Durchsetzungswillen", her eine Unvergleichbarkeit impliziert.[63]

2.2.5 Weitere Planungsbegriffe

Wir unterscheiden zwischen "Global-" und "Detailplanung". Eine andere Unterscheidung kennt die nach "Sach- oder Fachplanung". Weiterhin kennen wir noch die Unterscheidung nach der zeitlichen Reichweite in kurz-, mittel- und langfristige Planung. Schließlich kann auch nach der Rangfolge in "Primär-" und "Sekun-

---

61 Siehe hierzu auch: F. Baade: "Der europäische Longterm-Plan und die amerikanische Politik", Kiel 1949.
62 Siehe hierzu: S. Maiwald und L. Legas y Lacambran: "Die Funktion des Rechts in der modernen Gesellschaft", in: Archiv für Rechts- und Sozialphilosophie, XLI, 1954/55.
63 Siehe hierzu auch: E. Kern: "Aspekte des Verwaltungsrechts im Industriezeitalter", Festschrift für Carl Schmitt, Berlin 1959.

därplanung" unterschieden werden. Im weiteren Verlauf werden wir etwas detaillierter auf diese Begriffe zurückkommen.

2.3 Definition räumlicher Planung im Speziellen

2.3.1 Allgemeine Definition räumlicher Planung

Ordnung des Raumes sozialer und wirtschaftlicher Beziehungen
Nach diesem Exkurs in die allgemeine Thematik der Planung ist es angebracht, sich mit der räumlichen Planung und ihren Kriterien auseinanderzusetzen. Zunächst werden in sehr globaler Form einige Bemerkungen zu den Begriffen der räumlichen Planung gemacht. Sie sind nicht erschöpfend zum Thema, sondern exemplarisch und einführend zu verstehen.

Der technische Fortschritt, die wachsende Zahl der Menschen und die wachsende Komplexität der Beziehungen zwischen Individuen und Gesellschaftsgruppen verlangen zunehmend eine differenzierte und subtile soziale Organisation. Hierzu gehört, als ein wichtiger Teil, die Ordnung und Planung des Raumes, in dem sich dieser soziale Organismus bewegt. Dieser Raum unterliegt immer intensiveren Ansprüchen; er wird zunehmend naturfremden Nutzungen ausgesetzt und in seiner natürlichen Leistungsfähigkeit belastet, gestört, ja sogar zerstört; die Probleme werden komplexer, heterogener und in immer subtilerer Weise miteinander verflochten.[64]

In kaum einem anderen Bereich des politischen und praktischen Handelns - räumliche Planung ist Vorbereitung auf politisches Handeln - läßt die punktuelle Lösung von Teilaufgaben andere, höherrangige Probleme ungelöst oder neu entstehen. Die Qualität unserer Umweltbedingungen konnte nicht wesentlich verbessert werden, im Gegenteil, sie hat sich teilweise sogar verschlechtert, z.B. durch die unerträglichen Lärmstörungen, die Verschmutzung der Gewässer, der Luft usw. Das "Ozonloch" ist eines der herausragendsten Beispiele dafür.

Wenn hier der Begriff "räumliche Planung" gewählt wird, dann deshalb, weil zur Zeit kein besserer existiert für den Bereich des räumlichen Ordnens, der umfassend über das Gestalten von Einzelbauwerken oder einer Gruppe von Bauwerken hinausgeht. Zwar haben die Initiatoren des Begriffs "Raumordnung" sowohl die bestehende (statische) Ordnung des Raumes als auch die Handlung zu einer besseren (dynamischen) Ordnung des Raumes impliziert; die Einengung, die dieser Begriff in seiner gesetzlichen Institutionalisierung ebenso wie in seiner Interpretation durch die Rechtsprechung erfahren hat, läßt ihn den gesamten Komplex jedoch nicht mehr umfassen. Im übrigen hat sich "Raumplanung" oder "Räumliche Planung" inzwischen auch weitgehend als Oberbegriff für Orts-, Stadt-, Regional- und Landesplanung durchgesetzt.

Vielfach werden im einzelnen Methoden und Technologien aus den verschiedenen Disziplinen zur Raumplanung erörtert, jedoch gibt es eine allgemeine Theorie

---

64 Siehe dazu auch: K. Müller-Ibold: "Planung", in: Handwörterbuch der Verwaltung und Organisation, Fn. 44.

der Raumplanung an sich nach wie vor nicht. Gerd Albers[65] findet dafür folgende Interpretation:
Solche Sachverhalte nennen Leute, die am Vokabular der Zeit Fühlung halten, heutzutage ein System und tatsächlich scheint dieser Begriff besser geeignet, den Wirkungszusammenhang von physischen Elementen, institutioneller Infrastruktur und menschlichem Verhalten zu verdeutlichen, als das früher so gern gebrauchte Wort vom Organismus. Allerdings möchte ich nicht ausschließen, daß in der Überbetonung mathematischer Kategorien ähnliche Fallstricke liegen könnten, wie in der organizistischen Interpretation. Dieses Bewußtsein der vielfältigen und unüberschaubaren Verflochtenheit hat eine eigentümliche, in sich widersprüchliche Situation zur Folge. Auf der einen Seite wächst der Raumplanung im politischen Urteil ein weit größeres Gewicht zu, als sie je besaß, auf der anderen Seite büßt sie jene Eigenständigkeit ein, die in der ersten Jahrhunderthälfte mit dem sozialen Engagement und der ganzheitlichen Schau ihrer Vertreter verknüpft war. Im gleichen Maße schwindet die Sicherheit über die Ziele, die mit der Planung anzustreben seien, wie sie aus vielen älteren Lehrbüchern hervorleuchtet. Sie weicht einer kritischen, skeptischeren Einstellung. Die Diskussion um das Leitbild, die vor einigen Jahren die Gemüter bewegte, war ein Anzeichen dafür.
Noch weitgehender äußert sich Andreas Faludi[66]:
Eine Planungstheorie macht ein höchstes Maß von Abstraktion erforderlich. Dies bedeutet die Loslösung vom Objekt. Das Objekt in seinem Bezug auf geschichtliche Eigentümlichkeit oder andere Prämissen kann nur dahin führen, daß eine Theorie einseitig verfälscht wird.

Planungstheorie, die diesem Niveau der Verallgemeinerung entspricht, muß vom Gegenstand der Planung losgelöst sein. Der Planungstheoretiker studiert demnach weder diesen noch dessen wünschenswerten Zustand, sein Studienobjekt ist der Planende an der Arbeit, die Ideen, die in seiner Arbeit wirksam werden, die institutionellen Organisationsformen von Planung, die Wirksamkeit von Planung als Instrument des gesellschaftlichen Steuerungsprozesses sowie die Interaktion von Planung mit anderen Elementen des gesellschaftlichen Gesamtsystems.

Ich teile jedoch die Auffassung Faludis nicht, sofern er bei der Raumplanung den generellen Begriff des Raumes als Objekt bezeichnet. Zuzustimmen wäre Faludi, wenn er lediglich die im einzelnen durch die Planung behandelten Objekte meint. Im weiteren Verlauf der Erörterung werden wir noch darauf zurückkommen.

Insbesondere vermag ich Faludi nicht zu folgen in der Meinung, daß das Objekt in seinem Bezug auf geschichtliche Eigentümlichkeiten oder andere Prämissen nur dahin führen könne, daß eine Theorie einseitig verfälscht werde, wenn er mit "Objekt" den Raum - die physische Umwelt des Menschen - im allgemeinen meint.

Dies mag für eine allgemeine Planungstheorie zutreffen. Für eine Theorie der Raumplanung bedeutete diese Auffassung, daß wir uns am Spezifikum der Raumplanung, nämlich den allgemeinen wie historischen Bedingungen, die durch den zu beplanenden Raum selbst ausgelöst werden, vorbeibewegen. Im notwendigen Sy-

---

[65] Gerd Albers: Festvortrag Jahrestagung 1969 des Deutschen Verbandes für Wohnungswesen, Städtebau und Raumplanung, "Raumplanung und Politisches Bewußtsein". Kleine Schriftenreihe des Verbandes, Nr. 20.
[66] Andreas Faludi: "Planungstheorie", in: Stadtbauwelt Nr. 23 vom 29.9.1969.

stembezug ist deshalb zwar nicht erforderlich, daß wir uns in einer Raumplanungstheorie mit den konkreten Bedingungen jeweils einzelner Räume auseinandersetzen. Wir müssen jedoch aufzeichnen, wann und wo das physische Element "Raum", das ja gleichzeitig Teil des "Objekts" ist, allgemein gesehen wirksam wird und in welchem Sinnzusammenhang es behandelt werden muß. Andernfalls begäben wir uns der Möglichkeit, über den Inhalt der Raumplanung zu diskutieren.

Zu jeder Zeit, in der wir planen, überragt nämlich das vorhandene Bauvolumen weit dasjenige, das als neues Volumen in überschaubarer Zeitabfolge hinzukommend geplant und gebaut wird. Damit wird die vorhandene Substanz zu einem elementaren Systembezug, den wir nicht vernachlässigen dürfen. Im so beschriebenen Sinn müssen bei einer Raumplanungstheorie die historischen Nutzungen und Investitionen in ihrer Wirkung Teil der Theorie sein. Im Laufe der nächsten Kapitel werde ich jeweils im Bezugssystem darauf eingehen. Schließlich dient Planung vom theoretischen Grundsatz her der Entscheidungsfindung für Handlungen. Handlungsbedürfnisse leiten sich aus ganz konkreten Situationen ab. Auch aus diesem Zusammenhang ergibt sich bei der räumlichen Planung die Notwendigkeit, im Systembezug die Handlungsbezogenheit und damit die konkrete Situation einzubauen und in weiteren Kapiteln zu erörtern.

Eine erste Definition der räumlichen Planung könnte deshalb etwa folgendermaßen lauten: "Die Aufgaben räumlicher Planung ergeben sich aus der Notwendigkeit einer systematischen Vorsorge für die Veränderung der physischen Umweltbedingungen im Hinblick auf soziale, ökonomische und ökologische Entwicklungen und daraus resultierender Anforderungs- und Veränderungsbedürfnisse bezüglich der besiedelten Umwelt."

Außerdem erscheint es angebracht, einige weitere Begriffe näher zu erörtern. Es scheint notwendig, dabei in einfacher Form einige Begriffe einander gegenüberzustellen, um exemplarisch deutlich zu machen, daß "Planung" unter bestimmten spezifischen Definitionskriterien zu sehen ist.

Städtebauliches Entwerfen und Stadtplanung

Unter "Städtebaulichem Entwerfen" verstehe ich im Gegensatz zu "Stadtplanung" das Geschehen beim Entwurf von Gebäudegruppen im technischen und architektonisch-gestalterischen Sinn. Diese Maßnahmen haben zeitlich und räumlich einen geschlossenen Charakter und relativ statische Eigenschaften.

Es geht dabei um quantitativ, örtlich und zeitlich klar festgelegte Maßnahmen mit Endgültigkeitscharakter und direktem Bezug zum Erstellen von baulichen Anlagen. Es geht dabei um den umweltfreundlichen, menschenwürdigen und -maßstäblichen wie ökonomisch vertretbaren Entwurf einer endgültig zu erstellenden Siedlung oder ähnlicher Gebilde! Im Gegensatz dazu ist Stadtplanung als ein Prozeß zu verstehen, angefangen von der Formulierung raumrelevanter gesellschaftspolitischer Ziele bis zur Umsetzung dieser Ziele in raumbezogene Programme und Pläne. Stadtplanung bedeutet Veränderungen, die kontinuierlich erfolgen, Stadtplanung agiert und reagiert auf sie vorsorglich.

Bei den Plänen geht es z.B. um die Entscheidung über Dimensionierung, Zuordnung und Standorte von Wohn- und Arbeitsflächen und deren Dichte, von öffentlichen und privaten Dienstleistungen, Netzen und Knoten oder Haltepunkten der Verkehrsmittel sowie der Wechselbeziehungen dieser Standorte untereinander. Eine Stadt lebt, verändert sich von Tag zu Tag. In ihr verändern sich ständig auch die Prämissen, die bei einer Planung Pate gestanden haben, häufig durch externe Einflüsse. Es geht dabei um die Nutzungsdichte, -verteilung, -zuordnung und -vernetzung. Die Stadtplanung hat deshalb einen kontinuierlichen "Entwicklungscharakter" und ist "unendlich" im zeitlichen Ablauf, zumal wenn wir ihre "Fortschreibung" im Auge haben, was unerläßlich ist.

Räumliche Entwicklungssteuerung
Planung bedeutet den Willen, einer Entwicklung nicht ihren Lauf zu lassen, sondern sie zu verhindern, zu steuern oder zu verändern. Erfahrung hat uns gelehrt, auf Anzeichen zu reagieren und drohenden Gefahren handelnd zu begegnen. Dies geschieht überwiegend im Sinn von Anpassungshandeln. Es wird bislang immer noch mehr reagiert als agiert. Um mit Erfolg planen zu können, muß man nicht nur eine Gefahr erkennen oder ein Ziel haben, sondern eine Vorstellung über einen anderen, besseren Zustand oder Weg entwickeln, kurz: planen.[67]

Dazu Gerd Albers[68] über die Aufgaben des Planers:
Ich sehe die Aufgabe des Planers darin, durch Umsetzung politischer Ziele in räumliche Pläne alternative Wege zu erkunden, ihre voraussichtlichen Bedingungen, Implikationen und Konsequenzen zu klären und aufzuzeigen, hieraus eine Empfehlung für die politische Entscheidung abzuleiten und über diese Schritte der politischen Instanz Rechenschaft zu geben. Für diese Stellungnahme wird der Planer sich auf wissenschaftliche Methoden der Analyse und der prognostischen Zusammenschau stützen müssen. Er wird bei der Empfehlung seine eigene Stellungnahme und seine eigene Wertung nicht unterdrücken können und dürfen, er sollte sie klarstellen. Wenn der Planer auf diese Weise den Handlungsspielraum erkundet und die gangbar erscheinenden Alternativen der politischen Instanz präsentiert hat, wäre es wiederum Sache der politischen Entscheidungsgremien (Parlament, Rat, Regierung, Magistrat usw.), zwischen diesen Alternativen zu wählen, erst dann kann man sinnvoll einen Plan im Detail erarbeiten. Aus diesem Grunde ist es schwierig, verbindliche Zielvorstellungen - "Leitbilder" - generell zu formulieren, um etwa in der Nachfolge der Renaissance-Idealstädte in einem statischen Plan die Darstellung eines erstrebenswert scheinenden Zustandes wiederzugeben.

Die systematische Vorsorge für die Veränderung der physischen Umwelt setzt allerdings voraus, daß die Gesellschaft sich verändert und fortentwickelt. In der räumlichen Planung geht es dabei um die Interdependenzen von einzelnen und Gruppen untereinander sowie um die Nutzung des Raumes durch diese. Die dynamische Entwicklung wird also durch Akteure bestimmt, die sowohl als Individuen als auch als Gruppen in Erscheinung treten.

Die Akteure haben unterschiedlichste Charakteristika, die z.B. als Universität Forderungen an einen Standort stellen oder als eine sehr heterogene Gruppe einer Stadtbevölkerung, die eine bestimmte Freizeiteinrichtung auf demselben Standort verlangt. Es kommt zum Anspruch, über die Nutzung von Grund und Boden zu verfügen. Über diesen Ansprüchen kommt es zu einem Konflikt, dessen Lösung

---

67 Siehe auch: Jakob Maurer: "Grundzüge einer Methodik der Raumplanung", Fn. 1.
68 Gerd Albers: "Raumplanung und politisches Bewußtsein", Festvortrag Jahreshauptversammlung 1969 des Deutschen Verbandes für Wohnungswesen, Städtebau und Raumplanng, kleine Schriftenreihe des Verbandes.

einer Entscheidung bedarf. Es wird die Bestimmung über die Verfügungsmacht erforderlich. Planung zielt dabei darauf ab, diesen Konflikt zu antizipieren und durch ein vorweggenommenes Entscheidungsmodell sozusagen im Vorfeld zu lösen, zumindest jedoch in seiner Härte zu minimieren, ehe er akut auftritt und dann nur noch durch eine oft sehr harte Adhoc-Entscheidung zu lösen ist. Es handelt sich dabei um einen gesellschaftlichen Regelungsprozeß, der die Planung verlangt. Die Planung wird hier Gewichte und Möglichkeiten sowie positive und negative Direkt- oder Folgewirkungen mittels alternativer Modelle aufzeichnen müssen, die sie aus allgemeinen und speziellen Zielvorstellungen ableitet. Diese Modellalternativen dienen sozusagen der "vorweggenommenen" politischen Entscheidung über den Konflikt. Insgesamt handelt es sich um einen Planungsprozeß. Wie stark zum Beispiel Konkurrenz und Konflikte in den Standortansprüchen sind, zeigt in ganzer Breite die Bodenpreisentwicklung.

Dieser Prozeß findet nicht seinen Abschluß mit einer einmaligen Entscheidung über Standort und Dimension. Die gesellschaftliche Entwicklung nimmt mit ihren Veränderungen eine so zentrale Stellung ein, daß in der Regel eine einmal getroffene Entscheidung neue Probleme schon in sich trägt. Spätere Entwicklungen machen die einmal getroffene Entscheidung möglicherweise wieder fraglich. Auch dieses Problem fordert den Planungsprozeß. Nach Ablauf von z.B. 50 Jahren nach einer Standortentscheidung sind beispielsweise Struktur und Dimension einer Universität so verändert, daß der ursprüngliche Standort zur Erfüllung der Aufgaben allein nicht mehr ausreicht. Erneut treten Grundsatzfragen auf, ob diese Universität insgesamt verlegt werden muß, um ihr eine Weiterentwicklung zu ermöglichen oder ob ein zweiter Standort für Teile der Universität gewählt werden kann oder muß. Hier zeigt sich die ständige geschichtliche Bezogenheit der Raumplanung; alle weiteren Planungen - auch die nach 100 Jahren - hängen von der ersten Standortentscheidung in irgendeiner Form ab. Mehrere tausend Jahre hat der große Kanal in China in einschneidender Weise als von Menschenhand geplante und ausgeführte Infrastruktureinrichtung Standortentscheidungen vorbestimmt.

Statik der Umwelt und Planung

Die Nutzung des Raumes, der geographische, topographische, ökologische Charakteristika wie auch technische, gebaute Anlagen aufweist, ist, verglichen mit den schnellen Veränderungen gesellschaftlicher Strukturen und Verhaltensweisen, von nahezu statischem Charakter. Es ist ausgeschlossen, daß die Nutzung des Raumes sich automatisch den sich weiterentwickelnden Bedürfnissen der Gesellschaft von selbst anpaßt oder gar diesen vorauseilt. Neben Konflikten zwischen den Akteuren untereinander entsteht daher die Inkongruenz zwischen der Veränderung der gesellschaftlichen Entwicklung einerseits und der Beständigkeit in der Nutzung des Grund und Bodens sowie der mit ihm verbundenen baulichen Anlagen andererseits. Schließlich geht es auch darum, daß der Raum - insbesondere in seinen ökologischen Bedingungen - bei weitem nicht alle Ansprüche wird erfüllen können!

Hierarchie der Planung

Eine weitere Differenzierung räumlicher Planung bezieht sich auf die hierarchische Struktur des Raumes, nämlich in "Raumordnung", "Landes-", "Regional-", "Stadt-" und "Orts-Planung". Im weiteren Verlauf werden wir auf diese Begriffe noch detaillierter eingehen müssen, weshalb wir an dieser Stelle auf eine weitere Erörterung verzichten können.

Offenheit und Geschlossenheit von Planung

Ein bedeutungsvoller Problemkreis bei Entscheidungsprozessen liegt in der immer wieder verlangten Offenheit von Planungen (gegenüber Veränderungen) einerseits und der Geschlossenheit von Planungen, um handlungsfähig zu sein, andererseits. Dabei entsteht folgender Konflikt:

a) Die Durchführung und Geschlossenheit von Planungen verlangt für alle Verbindlichkeit und Verfahrensregeln. Solche Planungen müssen durch Pläne eine formelle Institutionalisierung erfahren. Institutionalisierte Verfahren und Beschlüsse kosten Zeit und sind relativ schwerfällig im Änderungsprozeß. Wir sprechen hier von formeller Planung (z.B. Flächennutzungspläne, Bebauungspläne usw.). Sie ist Voraussetzung dafür, daß konkrete Investitionen (Bau von Straßen, Krankenhäusern) erfolgen.

b) Schnelle effiziente Änderung und Offenheit von Planungen lassen eine formelle Institutionalisierung mit Verbindlichkeit für alle Beteiligten und Betroffenen kaum zu. Informelle Planungen unterliegen jedoch der Gefahr der Unverbindlichkeit und des Mißbrauchs, da politische Entscheidung und Kontrolle nicht allgemein geregelt sind (z.B. Stadtentwicklungsprogramme).

Planung und Plan

Planung enthält nicht nur globale Zielvorstellungen und ihre Umsetzung in soziale Aktionen, sondern auch Einzelaktionen, die nicht immer durch feste Pläne oder fixierte Programme bestimmt sind. Jegliche Art von räumlichem Plan kann deshalb immer nur ein Teil der räumlichen Planung in ihrer Gesamtheit sein. Ein Plan gibt ein konkretes Ziel zu einem bestimmten Zeitpunkt in einer bestimmten Form an und gibt die Zielvorstellungen als Momentaufnahme wieder. Raumplanung stellt sich jedoch als Prozeß dar und geht insofern sehr viel weiter als der üblicherweise verwendete Begriff des Plans. Insofern kann nur das Kontinuum und die Kombination zahlreicher Pläne und Programme Raumplanung sein. Kontinuum und Kombination sind sowohl sachlich als auch räumlich und zeitlich zu sehen. Räumliche Planung in Hamburg besteht z.B. deshalb ebenso in der Kombination von Entwicklungsmodell, Flächennutzungsplan, Programm-, Ordnungs- und Bebauungsplänen (einschließlich derer Folge- oder Komplementärpläne) untereinander wie mit dem Wohnungsbauprogramm, dem Modernisierungsprogramm, dem Schnellbahnbauprogramm, der mittelfristigen Investitionsplanung, der konkreten Liegenschaftspolitik usw. Raumplanung ist dabei nicht nur das Kontinuum in der Planungshierarchie, sondern auch das Kontinuum in der Fortschreibung der jeweiligen Pläne in sich. Wie ein solcher Komplex überhaupt zu bewältigen ist, soll einer der Hauptgegenstände dieser Buchreihe sein.

Wenn wir uns nunmehr weiteren Sachverhalten der räumlichen Planung zuwenden, werden wir dennoch zunächst immer auf allgemeine Planungsbegriffe und -interpretationen stoßen, die schon in diesem oder dem vorigen Kapitel hätten erörtert werden sollen. Die Entscheidung, sie jeweilig in den weiteren Kapiteln zu behandeln, beruht auf der Erfahrung, daß die Darlegung immer auch abhängig ist von der Verständlichkeit, die häufig nur durch beispielhafte Erläuterung erreicht werden kann.

2.3.2 Grenzen der räumlichen Planung

Natürliche und zeitliche Begrenzungen
Um die Grenzen der Planung darzulegen, muß nach Habermehl[69] auf ihre Grundlagen zurückgegangen werden. Es muß zuerst auf das hingewiesen werden, was nicht unmittelbar vom Menschen geplant werden kann. Es handelt sich vor allem um die Gegebenheiten der Natur, die der Mensch nicht geschaffen hat und daher auch nicht grundsätzlich ordnen und planen kann. Es sei hierbei - stellvertretend für vieles andere - auf Kreisläufe der Natur (Wasser, Sauerstoff usw.), also ökologische Prozesse, hingewiesen, was nicht ausschließt, daß Naturgegebenheiten erforscht, erklärt, berechnet und hinsichtlich ihrer Anwendung und Ausnutzung Diagnosen und Prognosen gestellt werden. Das Entdecken und Verwerten der Natur ist das Jahrtausende alte Problem der Menschheit. Vom Untergang des sagenhaften Atlantis über die Erschöpfung der Öl-, Wasser- bzw. Kohlevorkommen bis zur Dürre oder einem verregneten Sommer in unseren Tagen spannt sich hierbei ein weiter Bogen. Noch wird allerdings schwerer Raubbau an der Natur betrieben, also Veränderung im negativen Sinn.

Geplant wird für zukünftige Situationen. Planung ist jedoch kein Wundermittel, mit dem man etwa den Zeitbegriff aufheben und die Zukunft in die Gegenwart verlagern könnte. Die Möglichkeiten der Planung bestehen lediglich darin, die Zukunft in die Gegenwart durch Pläne zu projizieren bei schrittweiser Heranführung an die Wirklichkeit. Diese Begrenzung ist zeitweilig durch übertriebenen Planungsenthusiasmus verdeckt worden. Der ernüchternde und manchmal entmutigende Unterschied von Plan und Wirklichkeit läßt diese Grenze jedoch unmißverständlich hervortreten. Ebenso wenig wie die Zeit durch Pläne vorgeholt werden kann ist es möglich, diese rückwärts laufen zu lassen. Durch Anweisungen und Pläne kann man einmal geschaffene Tatsachen nicht wegradieren.

Die menschlichen Grenzen
Wer plant, unterstellt nach Habermehl, daß die menschlichen Fähigkeiten ausreichen um in kritischen Bereichen planen zu können. Man kann jedoch ebenso sicher davon ausgehen, daß der Mensch nicht nur vernunftgemäß denkt und handelt, sondern auch irrational, und daß die Aufnahme- und Kombinationsfähigkeit des menschlichen Gehirns begrenzt ist. Es kann also eine erfolgreiche und sachbezogene Planung in allen denkbaren Fällen, und insbesondere an den Grenzen des Irrationalen und bei Verdichtung zu hochkomplexen Vorgängen, nicht a priori erwartet werden. Auf allen Lebensgebieten nimmt die Planung, fortschreitend von den sachlichen zu den menschlichen Problemen sowie von den einfachen und übersichtlichen Verhältnissen zu den umfassenden und komplizierten Systemen, bei Ansteigen des Planungsrisikos an Zuverlässigkeit ab. Bei der weitreichenden Unkenntnis planerischer Möglichkeiten ist der Glaube an planungsfreie Selbstordnungen in manchen Bereichen verständlich. Andererseits kann nicht übersehen werden, daß al-

---

[69] Habermehl, Fn. 45.

le umfassenden Planungen durch laufende Kontrolle und Rückkopplung bis hin zur Überprüfung des Ziels fortdauernder Natur oder konsekutive Planungen sind, bei denen auftretende Mängel nach und nach beseitigt werden können.

Bei den Folgen der Planung und ihrer Umsetzung stellt sich immer das Problem von Bindung und Freiheit des Menschen. Die Planung stößt, soweit sie sich an Dritte wendet, mit Bindungen in Bereiche vor, die zum Freiheitsraum von Menschen und Einrichtungen gehören, um den gleichen oder anderen Menschen und Einrichtungen bestimmte Freiheiten zu garantieren oder zu beschaffen. Wir beabsichtigen also etwas zum Vorteil von bestimmten Menschen, das zum Nachteil anderer führen kann, oft führen muß. Dieser Konflikt drückt sich schon im Artikel 14 des Grundgesetzes[70] aus, der einerseits das Eigentum schützt, gleichzeitig seine Sozialpflichtigkeit postuliert. Dem Vorwurf, daß Planung im einzelnen menschliches Schöpfertum auch zerstört und die Vielfalt menschlicher und sachlicher Entwicklungsmöglichkeiten vermindert, steht die Einsicht gegenüber, daß sie andererseits auch Wahlmöglichkeiten vergrößert. Diese Doppelfunktion ergibt sich aus dem System der miteinander konkurrierenden und ineinander verschachtelten Freiheiten und Bindungen, in das die Planung fördernd oder hemmend eingreift. Dabei kann nicht übersehen werden, daß sich durch die Entwicklung der Technik und den Ablauf der sozialen Prozesse der Freiheitsraum des Menschen verändert. Dem Gewinn an allgemeinen, rechtlichen, politischen und technisch bedingten Freiheiten stehen Bindungen auf den gleichen Gebieten gegenüber, die alles in allem erkennen lassen, daß sich der Freiheitsraum des Menschen zwar verändern, jedoch nicht beliebig vergrößern läßt.

Die Grenzen zwischen Bindung und Freiheit sind fließend und in der Regel auch nach Zeit und Umständen verschieden, abgesehen davon, daß sie von Schlag- und Modeworten überdeckt sind, die das Ganze nicht selten verschleiern. Bindung und Freiheit müssen den Wertsetzungen auf verschiedenen Lebensgebieten entsprechen, die wiederum in Ordnungen gefaßt sind. Ordnungen und nicht Planungen bestimmen das Ausmaß von Bindung und Freiheit. Planungen sind in der Regel nur Instrumente für die Herstellung von sinnvollen Ordnungen. Eine Gegenüberstellung von Planung und Freiheit ist deshalb nicht möglich, weil es sich hierbei nicht um wertgleiche Größen handelt. Wenn auch Planung als Instrument durch die Art und Weise ihres Vorgehens die Grenzen von Bindung und Freiheit näher konkretisiert, so bewegen sich doch Bindung und Freiheit auf einer höheren Ebene, nämlich der der Wertsetzung, die nicht Teil der Planung ist, sondern deren Sollgeber. Wenn festgestellt wird, daß Ordnung und Freiheit begrifflich nicht der Planung gegenübergestellt werden können, so muß die Ordnung der Planung ein Mindestmaß an Freiheit zubilligen, weil der für die Planung letztendlich Verantwortliche Wahlmöglichkeiten behalten muß. Auf eine andere Art ist rationelle Planung nicht möglich. Planung ist also nur dort möglich und sinnvoll, wo die Ordnung Spielräume offen läßt. Gewährt eine Ordnung keinen Spielraum, dann wird sie zur Norm. Die Bestimmung von Freiheiten und Bindungen ist einer der vordringlichsten Aufgaben der Rechtsetzung einschließlich der dazu erforderlichen Verfahrensregeln.[71]

---

70 Grundgesetz für die Bundesrepublik Deutschland, Fn. 15.
71 Siehe hierzu auch: M. Horkheimer, K. Rahner, C. F. v. Weizsäcker: "Über die Freiheit", Stuttgart, Berlin 1965.

Die sachlichen Grenzen
Sachliche Grenzen ergeben sich aus der eigentlichen Planungsfunktion. Vorgänge und Tatsachen, die nicht Gegenstand von Aufgaben und Zielen sind und keiner menschlichen Ordnung bedürfen, sind kein Tätigkeitsfeld der Planung. Entgegen einer weitverbreiteten Meinung muß jedoch darauf hingewiesen werden, daß die Planung keine Probleme lösen kann, weil sie als Instrument keine Entscheidungskompetenz hat. Sie soll Probleme sichtbar machen, Gestaltungs- und Maßnahmenalternativen aufzeigen und Entscheidungsfolgen darstellen, entscheiden müssen die dafür legitimierten Träger. In den jeweiligen Wertsetzungen und Ordnungen muß das anstehende Problem bereits definiert sein. Dies wird nicht ohne Schwierigkeiten und Irrwege abgehen, doch die Grundlage muß bereits gegeben und das Undurchführbare muß schon vorher ausgeschieden sein. Offenbarer Unsinn und nicht zu Ende gedachte Aufgaben lassen sich auch durch Planung nicht in sinnvolle Zwecke umwandeln. Ein Fahrplan, der Züge vorsieht, die für den Zeitraum seiner Gültigkeit nicht verfügbar sind, macht auch die beste Planung nicht praktikabel. Ein Denkfehler oder die Vorgabe unzutreffender Daten ergeben ein unbrauchbares Ergebnis.

Für die Planung ergibt sich eine weitere Grenze durch Umfang, Qualität und Zeitdauer der Aufgabe, für die sie wirksam ist. Es ist zwar eine Zwangsvorstellung, daß einmal begonnene Planungen beibehalten werden müssen, doch Planung neigt ihrer Natur nach auch zu unnötiger Dauer. Pläne haben auch durch die die Planung tragenden Machtverhältnisse das Signum von Dauerhaftigkeit.

Als Ergebnis können wir festhalten: Bei der ständigen Veränderung von Sachverhalten und Fakten entstehen zahlreiche Grenzen für die Planung.

Die verfassungsmäßigen, gesetzlichen Grenzen
Das Grundgesetz schützt das Grundeigentum expressiv verbis (Artikel 14, 1). Dieser starke Schutz erschwert manche Entwicklung, schnürt die Freiheit räumlicher Planung sehr wirkungsvoll ein.

Dazu v. Nell-Breuning[72]:
Die Sozialbindung des Grundeigentums ist zwar in unserer Verfassung verankert (Art. 14, 2 GG); sie wird von Legislative und Rechtsprechung jedoch nur einschränkend interpretiert. Je knapper der Boden wird, um so schärfer prägt sich die individuelle Seite des Grundeigentums im Denken der Eigentümer, aber bis in die allerjüngste Zeit auch in der rechtlichen Gestaltung des Grundeigentums aus; die soziale Seite, obwohl sie sachlich immer größeres Gewicht erlangt, verkümmert im Bewußtsein der Eigentümer, aber anscheinend auch im Bewußtsein der Rechtswissenschaft und der Organe unserer Rechtsprechung.

Andere sehen in der generellen Formulierung der "Sozialbindung" keine Handhabe dafür, jede städtebauliche Fehlentwicklung damit zu begründen und ständig nach Enteignung oder freiwilliger Hergabe von Grundstücken zu rufen, da Artikel 14, 1 GG zunächst den besonderen Schutz des Eigentums artikuliert. Das gleiche gilt für die Preisbindung bei Wohnungsmieten. Das Baugesetzbuch setzt eindeutige Grenzen für die Enteignung.

---

72 Oswald v. Nell-Breuning: "Die Funktion des Grundeigentums in der Rechts- und Sozialordnung unserer Zeit", Auszug in "Boden III", Band 3, Taschenbücher des Deutschen Verbandes für Wohnungswesen, Städtebau und Raumplanung e.V, Bonn 1968.

Im übrigen war es interessant, von den Prager Stadtplanern zur Zeit der Dubcèk-Ära zu hören, daß die Vergesellschaftung oder auch Verstaatlichung des Grund und Bodens keineswegs die Verfügbarkeit von Grund und Boden erhöhe. In der Regel sei irgendwelchen Institutionen das Nutzungsrecht übertragen worden. "Weiße Flecken" in den Nutzungsrechten von Grundstücken habe es nicht gegeben und könne es nicht geben. Es handelte sich in der Regel um sehr starke Institutionen, wie etwa Ministerien, Wohnungsbau-, Landwirtschafts-, Industrie- Straßenbau-, Bahn-, Post-, Militär- und andere Behörden oder Kombinate. Derlei Institutionen hätten, einmal im Besitz des Nutzungsrechts, nahezu nie die Verfügungsgewalt wieder aufgegeben. Die Beweglichkeit und tatsächliche Bewegung von Grundstücken im "Westen" sei wesentlich höher als im "Osten" gewesen. Im "Westen" habe man wenigstens über den Preis etwas bewegen können, im "Osten" habe man über gar kein Instrument verfügt. Wie wahr dieser Ausspruch war, zeigen die Probleme in den neuen Bundesländern. Bislang haben deshalb in sozialistischen Ländern Sozialisierung und Verstaatlichung von Grund und Boden eher eine sozial orientierte Beweglichkeit des Grund und Bodens behindert als gefördert!

Die Verfügungsgewalten sind also zu unterscheiden nach
- Eigentumsrechten,
- Besitzrechten und
- Nutzungsrechten.

Dieser kurze Exkurs zeigt uns, daß alle Ansätze, die sich allein im Bereich der Eigentumseinschränkung bewegt haben, keinen Erfolg haben konnten, weil die Komponenten "Besitz"- oder "Nutzungsrecht" als Verfügungsgewalt immer wieder negiert wurden. Inzwischen sind die "Besitzansprüche" (siehe Mieterrecht im Wohnungswesen) so stark geworden, daß Lösungen nur im Zusammenhang von Eigentümer-, Nutzungs- und Besitzrechten angepeilt werden können.

Die Grenzen im Zeitablauf des Vollzugs

Der Entschluß, etwas Geplantes zu verwirklichen, ist nach Habermehl[73] einer systematischen Darstellung noch verhältnismäßig leicht zugänglich, weil die jede Planung einschließende Ist-Aufmachung (Ist-Statistik) als Ausgangstatbestand in einem gegenwärtigen Zeitpunkt und deren Gegenüberstellung mit der als Datenvorgabe für die Zukunft erscheinende Soll-Aufmachung (Planzielvorgabe für den künftigen Zeitpunkt) technisch und logisch ohne weiteres möglich sind. Die Schwierigkeiten setzen im Augenblick des Planvollzugs selbst ein. An Stelle des linearen oder flächenhaften Schemas der Plankonzeption tritt nun die Realisierung in Raum und Zeit ein. Es ist kein Geheimnis, daß die Probleme der 4. Dimension, des Planablaufs in der Zeit, die am schwierigsten zu bewältigenden Fragen aufwerfen. Die Ersetzung einer Logik der linearen Kausalität durch komplizierte Wahrscheinlichkeitserwartungen auch menschlicher Verhaltensreaktionen ist ein schwerer und enger Gang. Ich habe immer wieder in der Praxis erleben müssen, daß ein Teil der Mitglieder von politischen Körperschaften (Stadt-, Regional- und Landesparlamente) dazu neigten, mit der Beschlußfassung und förmlichen Festsetzung eines Plans die Angelegenheit als erledigt zu betrachten. Sie taten sich oft selber schwer, dann auch die Vollzugsentscheidungen unter bestimmten Zeitrahmen zu treffen. Niemand sollte unterschätzen, wie wenig die Mitglieder z.B. eines Rates

---

73 Vgl. Habermehl, Fn. 45.

einer Stadt bereit sind, sich selbst zeitlich zu "disziplinieren"! Vielfach ist solchen Mitgliedern ihre Verantwortlichkeit über das Mandat, das sie auch in dieser Hinsicht angenommen haben, nicht sonderlich bewußt.

Planungsrecht
Ein besonders schwieriges Problem stellt nach Kern[74] die rechtswissenschaftliche Erfassung von Planungsvorgängen auf ökonomischem Gebiet dar. Er verweist darauf, daß die Technik der Rechtswissenschaft und Gesetzgebung in ihrer Praxisanwendung den Regeln der linearen Kausalität verhaftet[75] ist und fährt fort:
Ökonomische Planungen dagegen und deren Abläufe sind nur zu einem Bruchteil lineare Vorgänge, jedenfalls nur zu einem geringen Teil mit linearen Methoden erfaßbar, da sie ihrer Natur nach mehrdimensional sind. Sie können deshalb als Ganzes mit der herkömmlichen Rechtstechnik kaum erfolgreich angegangen werden. Diese Feststellung mag insofern überraschen, als der Rechtspraxis und der Planungspraxis scheinbar gleiche Grundsachverhalte unterliegen: die Anpassung oder Angleichung von Tatsächlichem an vorgegebene normative Regelungen. Die Rechtstechnik der Daseinsvorsorge, vor allem in der Sozialgesetzgebung, oder die durch sogenannte Maßnahmengesetze geregelten Gegebenheiten weisen eine erhebliche Ähnlichkeit mit ökonomischen Planungssachverhalten auf.

Durch Rechtsnormen gesteuerte Abläufe halten sich jedoch in der Regel im Bereich der linearen Effektivität, deren Berechenbarkeit darin liegt, daß Ungenauigkeiten nur auf die Unzulänglichkeit der zu erfassenden statistischen Sachverhalte oder deren Fortschreibung zurückzuführen sind.

Anders liegen die Dinge bei komplexeren Ablaufplanungen. Schwierig sind deshalb die Zusammenhänge im folgenden Fall. Werden in einem Hoheitsgebiet durch Gesetz z.B. Autobahngebühren (Maut als scheinbar "gerechter" Ausgleich für deutsche gegenüber ausländischen Verkehrsteilnehmern) eingeführt, wird sich ein nicht unerheblicher Anteil des Verkehrs auf Land- und Stadtstraßen verlagern mit nachstehenden Folgen:
- erheblich erhöhte Lärmstörungen in Städten und Dörfern, insbesondere nachts (LKW-Verkehr), dadurch
- bedenklich erhöhte Gesundheitsrisiken,
- erhöhte zusätzliche Unfallgefahren und
- wesentlich erhöhte Instandhaltungs- und -setzungskosten bei allen betroffenen Land- und Stadtstraßen (nicht sonderlich gut ausgebaut für heutige Achslasten).

Der Bund kann in einer linearen Beziehung seine Vorteile einfach feststellen. Niemand wird die Gesamtkosten, die der Bund auf Kommunen, Länder, Unfall- und Krankenversorgungsträger etc. abzuwälzen gedenkt, und den daraus entstehenden volkswirtschaftlichen Schaden ermitteln können. Nicht gerade eine feine Art der Abwälzung von Lasten! Insbesondere müßte den Kommunen ein ganz erheblicher Anteil an den Mauteinnahmen zum Ausgleich gezahlt werden.

Nach E. Joseph Kaiser[76] vollzieht sich Planung in einem Kraftfeld, in dem Macht und Vernunft nicht unbedingt koinzidieren. Sie hätten im Gegenteil oft ge-

---
74 Siehe Kern: Fn. 51.
75 Siehe hierzu auch M. Bullinger: "Umbildung des Verwaltungsrechts durch Planung in der DDR", in: J. Kaiser: "Planung I", Baden-Baden 1968.
76 Vgl. Joseph E. Kaiser, Fn. 53.

nug konträr gewirkt. Planung und Planverwirklichung seien Kategorien, die Sachverstand und politische Macht unter den Bedingungen der modernen Welt in eine enge Beziehung zueinander bringen. Dabei ist außerdem zu bedenken, daß staatliche Planung immer viele betrifft, also auch immer einen, wenn auch begrenzten Teil negativ trifft. Sie trifft auch nicht nur Individuen, sondern auch andere staatliche Organe, wie wir gesehen haben. Dafür sind Kontrollen gegen Machtmißbrauch zwingend erforderlich.

In einem demokratischen Rechtsstaat muß sich deshalb Planung innerhalb der Ordnung des Rechts bewegen. Planung operiert dabei nicht nur im Bereich der Anwendung des Rechts. Wäre sie nur Ausführung von Gesetzen, dann würde ihre Ordnung geringere Schwierigkeiten bereiten, als sie es in wachsendem Maß (Planbeteiligung) tut. Deshalb sind Verfahren und Kontrolle wichtige Elemente unseres Planungsrechts.

Planung nach Kaiser ist jedoch umfassender und kann die Wurzeln einer Rechtsgemeinschaft berühren. Planen verengt nicht nur die Wahlmöglichkeiten, wie bei der zentralen Planwirtschaft, sondern erweitert sie auch (Alternativenfindung). Die Analyse der zukünftigen Möglichkeiten dieser oder jener als möglich erwiesenen Zukunft ist die Formulierung von Wahlmöglichkeiten. Um dieses "Vermögen" geht es.

Die Grenzen durch den Planungsraum

Das Staatsgebiet, das Landes- oder Gemeindegebiet sind normale Fälle eines Planungsraums. Das folgt aus der prinzipiell universellen Planzuständigkeit der öffentlichen Gewalt. *"Die Wahrung der Einheitlichkeit der Lebensverhältnisse"* (Art. 72 Abs. 2 Ziff. 3 GG[77]), die Herbeiführung einer annähernd gleichen Höhe des Lebensstandards in allen Gebietsteilen etc. sind Staatsaufgaben von großer Bedeutung. Sie zählen zu den Grundlagen unseres Gemeinwesens.

Da Stadtplanung von politischer Bedeutung ist, bedarf es für sie ebenfalls einer eindeutigen Abgrenzung desjenigen Raumes, über den die legitime Entscheidungskörperschaft (Rat) befugt ist, Entscheidungen zu treffen. In unserem bundesstaatlichen System ist deshalb das "Gemeindegebiet" bei der Stadtplanung ähnlich zu sehen wie das Staatsgebiet im vorangegangenen Absatz. Allerdings haben wir schon erörtert, welche Grenzen durch Verstädterung und Urbanisierung des Umlandes der Städte (Pendlerentwicklung u.a.) entstanden sind, die für die Stadtplanung immer schwerer zu überwinden sind.

---

77 Grundgesetz für die Bundesrepublik Deutschland, Fn. 15.

3. Faktoren als Auslöser von Planungserfordernissen

3.1 Allgemeine Faktoren als Auslöser von Ordnungsbedarfen

3.1.1 Gesellschaftliche Entwicklung als Auslöser von Veränderungsbedarfen

Allgemeines
Der Prozeß permanenter Gesellschaftsentwicklung erweist sich, wie wir gesehen haben, als ein ausschlaggebender Bedarfsfaktor für Veränderungen, Handlungen und sich anpassender Ordnungen. Wir werden uns also näher mit seinen Auswirkungen beschäftigen müssen. Insbesondere ändert sich auch die Struktur der Bedarfe der Gesellschaft, mit ihnen ändern sich die Verhältnisse des Marktes in der sozialen Organisation und deren Nutzung des Raumes. Faktoren besonderer Problematik im Rahmen dieser Veränderungen sind die zunehmende Intensität und Geschwindigkeit dieser Veränderungen. Bei dem hohen und schnell anwachsenden Konsum- und Produktionsbedarf erhöht sich gleichermaßen das Ausmaß und die Intensität der Investitionen. Die Zunahme vollzogener Infrastrukturmaßnahmen macht die Struktur des Raumes jedoch mengenmäßig und kostenmäßig ständig weitgehend unnachgiebiger gegenüber Veränderungen. Je stärker z.B. ein Schnellbahnnetz schon ausgebaut ist, desto mehr bestimmt es alternative Planungsvorstellungen vor und desto mehr engt es den Spielraum für Alternativen ein. Die im Gegensatz dazu notwendige Flexibilität bei der steigenden Geschwindigkeit der Veränderungen impliziert daher umso mehr die Formulierung rechtzeitiger alternativer Handlungsstrategien durch die Planung.

Die im vorausgegangenen Kapitel kurz dargestellte Zunahme der Bevölkerung und ihre Konzentration auf Teilräume sind sowohl quantitative (Verstädterung) als auch qualitative (Urbanisierung) Erscheinungen des Entwicklungsprozesses. Sie und der technische Fortschritt haben eine Kettenreaktion außergewöhnlicher Ereignisse qualitativer und quantitativer Art hervorgerufen.

Bedeutungsvoll war, wie wir schon erörtert haben, der Schritt zur Seßhaftigkeit durch den Menschen. Die gezielte Bearbeitung des Bodens und die Domestizierung von Tieren erlaubten es dem "siedelnden Menschen" (einschließlich der Nomaden), gegenüber dem "Jäger" und "Sammler" mehr Produkte zu erzeugen, als er für den eigenen Bedarf benötigte. Er begann zu handeln. Bei jeweils steigender Produktion durch eine steigende Anzahl Niedergelassener entstand der Bedarf nach einem Ort des Austauschs, des Handels, also dem Markt, dem Marktplatz und schließlich dem zentralen Standort. Am Ort des Handels ließen sich konsequenterweise Makler, ergänzende Handwerker (z.B. Schmied für Eisenpflüge und Pferdebeschlag) sowie Dienstleistungsanbieter nieder. So entwickelte sich der zentrale Ort für allerlei Dienstleistungen, z.B. der sich langsam herauskristallisierende öffentliche Dienst für Gemeinschaftsaufgaben und das Transportgewerbe bis hin zum heutigen modernen Kommunikationsdienst usw.

Die verminderte Säuglingssterblichkeit und die Erhöhung der mittleren Lebenserwartung sind Folgen medizinischer und hygienischer Erkenntnisse und Maßnahmen. Die dadurch entstandene Vermehrung der Menschheit hat das erhöhte

Bedürfnis sowohl nach intensiverer Nutzung der Landflächen als auch nach mehr Möglichkeiten der Produktion und der Kommunikation geweckt, während der technische Fortschritt zum Teil die Möglichkeit zur Befriedigung dieser Bedürfnisse, z.B. durch Maschinen, PKW, Telefon, Telefax, Fernschreiber usw., geschaffen hat. Andererseits lösten die Mittel des technischen Fortschritts neue schwerwiegende Probleme aus. Der Bedarf nach diesen Mitteln hat die Produktion an Gütern zunächst erheblich gefördert. Die hohe Güterproduktion, das hohe Kommunikationsbedürfnis u.a. haben als weitere Kettenreaktion den Bedarf an Dienstleistung geweckt. Schließlich hat der technische Fortschritt dazu geführt, daß die menschliche Arbeitskraft durch mechanische Arbeitskraft ersetzt werden konnte. In neuester Zeit ist die automatische Arbeitskraft hinzugekommen. Damit wurde die Voraussetzung gegeben, daß das Produktionsaufkommen je Kopf der Bevölkerung sowohl im Bereich der Güterproduktion als auch der Dienstleistungsproduktion erheblich anstieg. Diese Grundlage der Wohlstandsgesellschaft ermöglichte die Einschränkung der Zeit, die pro Kopf der Bevölkerung für die Erstellung der Leistung erforderlich ist. Dem Menschen steht zunehmend Freizeit zur Verfügung. Es entstand dadurch ein hoher Konsumbedarf der Bevölkerung. Als nächste Folge der Entwicklung zeigte sich bei der Komplexität des Geschehens, daß in steigendem Maß Aufgaben der Allgemeinheit übertragen wurden, und zwar sowohl im Sinne der Ordnungssteuerung als auch im Sinne einer Initialzündung für Entwicklung. Der Bereich "öffentlicher Dienst" zeigt damit ebenfalls eine stark wachsende Tendenz.

Im übrigen verweise ich auf das Kapitel zur "Urbanisierung", das deutlich den Entwicklungsprozeß der Gesellschaft erkennbar macht.

Entwicklung der Wirtschaftsstruktur
Wir haben gesehen, wie die Auflösung der Identität von Arbeitsplatz und Wohnplatz in immer stärkerem Maß vorangeschritten ist und wie die Struktur der Stadt dadurch beeinflußt wurde. Ursache dieser Entwicklung ist die hochindustrialisierte Wirtschaft.

Wir haben schon bei der Erörterung der Verstädterung und Urbanisierung als Entwicklungsprozeß gesehen, daß als Ursprung der Stadt mehrere Faktoren in Frage kommen, nämlich im wesentlichen
- Verteidigungs- und Herrschaftsstandort,
- Verkehrs- und Marktstandort und
- Güterproduktionsstandort

Bedeutungsvoll ist in diesem Zusammenhang die ständige Veränderung in der Gewichtigkeit der einzelnen Ursprungsfaktoren, da sie im Laufe der Zeit alle zur Stadtwerdung der einzelnen Standorte beigetragen haben, mit verschiedener Einflußstärke.[78]

Die Entwicklungskurven nach Fourastié[79] zeigen generell, daß in den hochindustrialisierten Ländern die tertiären Wirtschaftsgruppen begonnen haben, in der Zahl der Arbeitsplätze eine dominierende Rolle zu spielen. Fourastié spricht in diesem Zusammenhang von drei Phasen der Entwicklung (Grafik 4).

---

78 Vgl. Hillebrecht, Müller-Ibold, Fn. 9.
79 Vgl. Jean Fourastié, Fn. 41.

Die primäre Zivilisation
In ihr dominieren die Zweige der sog. primären Wirtschaftsgruppe (Land-, Forst- und Fischwirtschaft) mit einem Anteil von 80 % aller Arbeitsplätze. Aus diesem Grunde war die Gesellschaftsform und auch ihr äußerlicher Ausdruck, nämlich die Stadt, keinen außergewöhnlichen Änderungen über kurze Zeitspannen unterworfen. Diese Zivilisationsform hatte sich über Jahrhunderte kaum verändert.

Übergangsperiode
Mit dem Beginn der Industrialisierung wurden Kräfte frei, die einen Bedarf entwickelten, der nicht mehr durch nur 10 % aller Arbeitsplätze in der sog. sekundären Wirtschaftsgruppe (güterproduzierende Wirtschaft) befriedigt werden konnte. Die Zahl der Arbeitsplätze stieg zunächst in der sekundären Wirtschaftsgruppe außerordentlich stark an, während sie in der primären Wirtschaftsgruppe schnell absank. Auch waren in der primären Wirtschaftsgruppe anfänglich die Rationalisierungserfolge groß, die Arbeitskräfte sozusagen "freigaben". Die industrielle Produktion machte dann Dienstleistungen erforderlich, die nunmehr die Zahl der Arbeitskräfte in den tertiären Wirtschaftsgruppen (Handel, Banken, Versicherungen, Dienstleistungen) ansteigen ließen. Die Folge war, daß die Arbeitsplätze in der primären Wirtschaftsgruppe weiterhin stark absanken, weil nur sie die Reserve für den Arbeitsplatzzuwachs der beiden anderen Wirtschaftsgruppen bieten konnte. Nun begannen sich Mechanisierung und Automation bemerkbar zu machen. Es wurden durch die Steigerung der Produktivität Kräfte in der sekundären Wirtschaftsgruppe frei. Dort, wo die Arbeitsleistung durch Mechanisierung und Automation in ihrer Produktivität nicht gleichermaßen zu steigern war, stieg der Bedarf an Arbeitskräften weiter an. Die tertiären Wirtschaftsgruppen gewannen die Überhand und saugten die frei werdenden Arbeitskräfte der sekundären Wirtschaftsgruppe auf.

Die Gesellschaftsform wurde in solchen Zeiten außerordentlichen Schwankungen ausgesetzt, die bis heute andauern. Deshalb mußte auch das Gesicht der Stadt sich schnell und grundlegend ändern. Es wird heute oft bedauert, daß die im Mittelalter vorhandenen Wertrelationen verloren gegangen sind und daß dadurch der Städtebau maßstabslos geworden ist. Es muß bezweifelt werden, ob sich überhaupt innerhalb dieser von Fourastié als Übergangsperiode bezeichneten Zeit Wertrelationen konstanter Natur entwickeln konnten, wenn die Gesellschaftsform in dieser Zeit ständigen Änderungen unterworfen war.

Die tertiäre Zivilisation
In ihr werden in Zukunft die tertiären Arbeitsplätze mit einem Anteil von 80 % den Ausschlag geben. Die Gesellschaftsform, die in der Übergangsperiode sozusagen dynamisch war, wird nach Fourastié dann wieder einen mehr statischen Charakter bekommen, so wie in der primären Zivilisation. Es ist denkbar, daß sich dann wieder über Jahrhunderte nur wenig verändert. Wir können die Hoffnung haben, daß dann auch das Gesicht der Stadt keinen so starken strukturellen Veränderungen unterworfen ist und sich wieder konstante Wertrelationen in Städtebau und Raumordnung entwickeln lassen. Allerdings sind solche Gedankenspiele zur Zeit noch mehr Spekulationen als Prognose. Zunächst soll uns die Grafik 4 in Kurven die Entwicklung veranschaulichen. Wir sollten hier schon im Auge haben, daß die tertiären Wirtschaftsgruppen zunächst aus Gründen der Fühlungsvorteile in die City drängen. Inzwischen haben Motorisierung und Kommunikationstechnik diesen Führungsvorteil abgeschwächt.

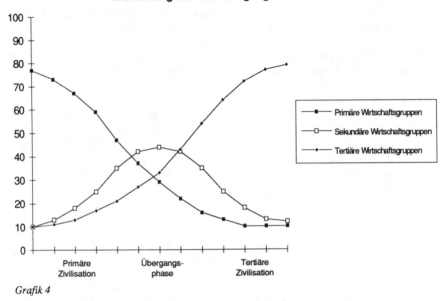

Grafik 4

Parallel mit der von Fourastié[81] aufgezeichneten und tatsächlich auch eingetretenen Entwicklung entstand also zunächst das Bedürfnis bei den tertiären Arbeitsplätzen in wesentlich stärkerem Maße als bei den anderen Wirtschaftsgruppen, aus Gründen der "Fühlungsvorteile" einen Standort in zentralen Lagen, zunächst primär in der City, zu erhalten. So entstand ein enormer Druck auf die City-Randlagen.[82] In den 60er und 70er Jahren hat insbesondere der deutsche Städtebau relativ erfolgreich in der Art darauf reagiert, daß er

- Zentrenkonzeptionen entwickelte, mit einer Hierarchie zentraler Standorte und mit spezifischen City-Entlastungszentren, wie etwa das Entwicklungsmodell mit der Geschäftsstadt Nord mit ca. 30.000 Arbeitsplätzen in Hamburg;
- Modernisierungs- und Revitalisierungsprogramme für die älteren Wohn- und Mischquartiere ins Leben rief, die am stärksten dem Umwandlungsdruck ausgesetzt waren. Diese Programme sollten insbesondere die Wohnnutzung in den Quartieren stärken;
- die Behinderung von Nutzungsänderungen durch kräftige Beschränkungen im bauordnungsrechtlichen Bereich einführte.

Noch einmal muß betont werden, daß Wirtschafts- und Arbeitsplätze nach Struktur, Charakteristik, Nutzungsdichte, Standortbedürfnis u.a. sich kontinuierlich ändern. D.h., daß die Stadtplanung ständig diese Entwicklung beobachten muß, um ggf. Folgerungen zu ziehen und nach dem Ergebnis eine Handlung (z.B. Revision bisheriger Pläne) zu initiieren.

---

80 Quelle: Müller-Ibold: "Die Stadtregion als Raum zentraler Orte", Fn. 8.
81 Vgl. Jean Fourastié, Fn. 41.
82 Siehe hierzu auch: B. Rhode: "Die Verdrängung der Wohnbevölkerung durch den tertiären Sektor", Beiträge zur Stadtforschung, Bd. 2, Frankfurt 1977.

Entwicklung der Bevölkerungsstruktur

Die Erwerbstätigkeit der Bevölkerung

Auf den ersten Blick mag es erstaunlich wirken, daß besonderes Gewicht auf die Erwerbstätigkeit der Bevölkerung gelegt wird. Für den Stadtplaner wirkt sich das Anwachsen der Arbeitsplätze in der Zahl der Einwohner aus, die zur Befriedigung des Arbeitskräftebedarfes erforderlich ist. Der Stadtplaner muß diese Bevölkerung in einer dazu erforderlich Zahl von Wohneinheiten zu möglichst guten Bedingungen unterbringen. Ein Beispiel (Stadt Kiel) soll die Bedeutung dieses Faktors veranschaulichen.

Man spricht von der zur Besetzung der Arbeitsplätze mit Beschäftigten erforderlichen "Mantelbevölkerung". Die Ermittlung der erforderlichen Mantelbevölkerung hängt von zwei Verhältnisfaktoren ab, nämlich
- dem Verhältnis zwischen Bevölkerung und den "Erwerbsfähigen" dieser Bevölkerung und
- dem Verhältnis zwischen den Erwerbsfähigen und den tatsächlich "Erwerbstätigen" (= "Erwerbsquote").

Diese Verhältnisfaktoren sind keineswegs konstant. Sie schwanken z.T. erheblich, z.B. hervorgerufen durch besondere Ereignisse wie etwa ein Krieg, in dem ein großer Teil der erwerbsfähigen Frauen und insbesondere Männer getötet wird.

Die Erwerbsfähigkeit definiert sich dadurch, daß ein Bürger durch einen Ausbildungsabschluß die Fähigkeit erlangt hat, einen Beruf auszuüben bis zu dem Tag, an dem er durch Erreichen der Altersgrenze in den "Ruhestand" tritt. Bei der Erwerbsfähigkeit spielt es keine Rolle, ob der Bürger tatsächlich berufstätig oder arbeitslos ist.

Die Erwerbstätigkeit definiert sich dadurch, daß ein Bürger tatsächlich aktiv am Erwerbsleben teilnimmt.

Aus der Definition heraus erkennen wir nun, daß es erhebliche Schwankungen in diesen Gruppen geben kann. Der Erwerbsfähigkeitsanteil der Bevölkerung wird bestimmt durch:
- Die Zahl der noch in der Berufsausbildung befindlichen Jugendlichen.

Der Anteil der Jugendlichen an der Gesamtbevölkerung hat in den letzten Jahrzehnten zwar abgenommen. Gleichzeitig hat sich aber die durchschnittliche Zeit der Berufsausbildung deutlich verlängert. Vor noch nicht einmal hundert Jahren gab es noch einen erheblichen Anteil ungelernter Arbeiter. In der Zwischenzeit ergreifen obendrein immer mehr Jugendliche Berufe, die eine immer längere Ausbildung nach sich ziehen! In der Summierung dieser Wirkungen hat der Anteil derjenigen zugenommen, die noch nicht in das Berufsleben eingetreten sind.[83]
- Die Zahl der aus Altersgründen nicht berufstätigen Bürger.

Der Anteil der älteren Menschen an der Gesamtbevölkerung hat noch stärker zugenommen, als der Anteil der noch nicht in das Berufsleben eingetretenen Bevölkerung. Die Erhöhung der allgemeinen Lebenserwartung in den letzten Jahrzehnten ist allseits bekannt. Hierzu kommt nun noch, daß in den letzten Jahr-

---

[83] Hans. G. Peisert: "Neue Städte - Beispiele für Forschungsaufgaben der Stadtsoziologie", in: "Berichte aus dem Soziologischen Seminar der Universität Tübingen", Nr. 2, 1964.

zehnten die Altersversorgung erst voll wirksam geworden ist, und daß das durchschnittliche Rentenalter gesunken ist.

Siehe dazu Grafik 5, die eine abstrahierte Entwicklung der Alterspyramide etwa der letzten 100 Jahre zeigt (erste drei Figuren, von links nach rechts) mit einem nicht spezifizierten Zeitpunkt der Zukunft (letzte Figur). Wir erkennen zunächst einmal die Zunahme des Alters der Bevölkerung. Die Spitzen zeigen einen Anstieg von etwa 70 Jahren bis zu 100 Jahre. Die Pyramide wandelt sich langsam zu einem rechteckigen Gebilde. Der nach oben sich ausdehnende Bauch zeigt deutlich, daß der Anteil der alten Bevölkerung enorm angestiegen ist und weiter steigen wird.

Die dunkle Schraffur zeigt uns an, daß die noch in der Ausbildung befindliche Bevölkerung einen steigenden Anteil an der Gesamtbevölkerung hat. D.h., daß der Anteil der Erwerbsfähigen an der Gesamtbevölkerung von dieser Seite abgenommen hat.

Die hellere Schraffur zeigt uns die schon beinahe dramatisch zu nennende Zunahme desjenigen Bevölkerungsanteils, der aus Altersgründen nicht am Erwerbsleben teilnimmt. Dieser Anteil an der Gesamtbevölkerung ist signifikant gestiegen und wird es in nahezu dramatischer Größe weiter tun, wie wir aus der Rentendiskussion immer wieder erfahren. Dabei wäre der Anteil dieser Gruppe noch größer, wenn es nicht den Krieg gegeben hätte. Es sind die Jahrgänge, die am Krieg teilgenommen haben, die heute diese Altersgruppe bestimmen. Wir können also durchaus davon ausgehen, daß diese Gruppe noch stärker wird, je mehr sich die Verhältnisse normalisieren.

Insgesamt muß und mußte sich der Anteil der Erwerbsfähigen an der Gesamtbevölkerung (weißes Feld in Grafik 5) erheblich verringern. Die Zahl der Erwerbstätigen hat sich nicht analog zur Zahl der Erwerbsfähigen verringert, weil die Erwerbstätigkeit der Frauen deutlich zugenommen hat. So ist die Erwerbsquote, auf die es letztlich ankommt, mit erheblichen Zwischenschwankungen erst leicht abgesunken, wird jedoch in Zukunft eine deutliche Abwärtskurve nehmen, weil die demographischen Strukturdaten es nicht anders zulassen werden.

Entwicklung der Erwerbsquote in der Stadt Kiel:

1939	männlich	71,8 %
	weiblich	25,6 %
	zusammen	49,1 %
1961	männlich	62,2 %
	weiblich	28,0 %
	zusammen	44,1 %
1989	männlich	59,3 %
	weiblich	36,7 %
	zusammen	47,4 %

Alle Anzeichen sprechen dafür, daß die Erwerbsquote in absehbarer Zukunft auf 44 % und darunter fallen wird. Was heißt das für die Stadtentwicklung? Es bedeutet, daß für eine Zahl von beispielsweise 100.000 Arbeitsplätzen

1939   100.000 x 2.037 = 203.700 Einwohner und
1989   100.000 x 2.110 = 211.000 Einwohner und
2039   100.000 x 2.273 = 227.300 Einwohner

als Mantelbevölkerung erforderlich waren bzw. vermutlich sein werden. Diese Zahlen sind noch nicht gravierend. Erst wenn ihre Entwicklung auch noch in Zusammenhang mit der Entwicklung des Wohnungsbedarfs gebracht wird, können wir ihre volle Bedeutung ermessen.

Veränderung der Alterspyramide

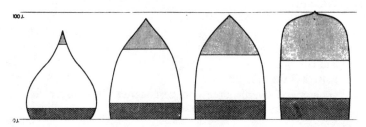

Folgerungen:
a. Steigender Anteil älterer Personen - sinkendes gesetzliches Rentenalter - progressiv steigender Anteil von aus dem Erwerbsleben ausgeschiedenen Personen.
b. Längere Ausbildung - größerer Anteil längerfristiger Ausbildung - progressiv steigender Anteil noch nicht in das Erwerbsleben eingetretener Personen.
c. Verminderter Anteil der Erwerbstätigen (sinkende "Erwerbsquote").

Grafik 5 ▨ Ausbildungsalter   ☐ Erwerbsfähigkeitsalter   ▦ Rentenalter

Die Haushaltsgröße und der Wohnungsbedarf

Wir haben gesehen, daß ein bestimmtes Verhältnis zwischen Arbeitsplätzen und Mantelbevölkerung besteht. Da diese Mantelbevölkerung wiederum Wohnplätze beansprucht, gibt es auch ein bestimmtes Verhältnis von Arbeitsplatz zu erforderlichem Wohnplatz. Dieses Verhältnis ist für den Stadtplaner von größter Bedeutung, da er sich mit diesem Geschehen letztlich auseinandersetzen muß, weil der Wohnungsbau, wie wir später noch intensiver erörtern werden, für die Stadtentwicklung eine wesentliche Bedeutung hat. Parallel mit der sinkenden Erwerbstätigkeit können wir eine sinkende durchschnittliche Personen-Haushaltsgröße beobachten. Es ist zunächst wichtig zu wissen, für wieviele Haushalte eine Wohnung benötigt wird. Nach den Forderungen aller Nachkriegsregierungen soll für jeden Familienhaushalt und für rund zwei Einpersonenhaushalte je eine Wohneinheit als Zielvorgabe der Politik zur Verfügung gestellt werden. Damit läßt sich theoretisch der Bedarf an erforderlichen Wohneinheiten durch eine sogenannte "bereinigte" Haushaltszahl ermitteln. Diese sogenannte "bereinigte" Haushaltszahl ermöglicht auch die Ermittlung einer durchschnittlichen "bereinigten" Haushaltsgröße. Diese Haushaltsgröße ist von dem Wert 3,2 im Jahre 1939 auf 2,1 im Jahre 1989 abgesunken. Das heißt, daß im Jahre 1939 theoretisch für 3,2 Einwohner eine Wohneinheit erforderlich war, während wir heute für durchschnittlich 2,1 Einwohner eine Wohneinheit benötigen. Sinkt also die durchschnittliche Haushaltsgröße, dann steigt automatisch der durchschnittliche Bedarf an Wohneinheiten.

Die Durchrechnung eines theoretischen Modells soll uns zeigen, wie diese Faktoren sich auswirken können. Gehen wir davon aus, daß in Kiel beispielsweise die Zahl der Arbeitsplätze von 1939 bis 1989 mit 140.000 ständig konstant geblieben wäre. Es hätte sich durch die Strukturwandlungen folgende Steigerung an Bedarf an Wohneinheiten ergeben, wobei sich der Bedarf aus der Multiplikation der Arbeitsplätze mit dem Erwerbsfaktor ($\frac{100}{\text{Erwerbsquote}}$) dividiert durch die bereinigte Haushaltsgröße errechnet:

1. Bei konstanter Erwerbsquote und konstanter "bereinigter" Haushaltsgröße wären erforderlich gewesen:
   1939 und 1989 (140.000 x 2.04): 3.2   = 89.000 WE
2. Bei veränderter Erwerbsquote, jedoch konstanter "bereinigter" Haushaltsgröße wären erforderlich gewesen:
   1939 wie vor   = 89.000 WE
   1989 (140.000 x 2.11): 3.2   = 92.000 WE
3. Bei veränderter Erwerbsquote und veränderter "bereinigter" Haushaltsgröße waren erforderlich
   1939 wie vor   = 89.000 WE
   1989 (140.000 x 2.11): 2.1   = 141.000 WE

Wir sehen an diesem Beispiel, daß ein doppelt progressives Wachstum im Bedarf an Wohneinheiten wirksam war und ist. Selbst bei gleicher Arbeitsplatzzahl wäre theoretisch für die dafür erforderliche Mantelbevölkerung der Bedarf an Wohneinheiten im Zeitraum von 50 Jahren um 57 % (!) gestiegen.

Zunächst wird man nun sagen, daß die Wohneinheiten, entsprechend der kleineren Haushaltsgröße, auch kleiner geworden sind, also weniger Fläche beanspruchen würden. Leider stimmt diese Rechnung nur begrenzt, da der Trend zur größeren Wohnung, aufgelockerten Bauweise und zum Eigenheim den Flächengewinn längst wettgemacht hat. Außerdem muß man wohl annehmen, daß bei weiter wachsendem Wohlstand und bei weiter anhaltendem Interesse am Eigenheim auch die Durchschnittsgröße der Wohnung wachsen wird, selbst wenn die Durchschnittsgröße der Haushalte weiterhin klein bleibt.

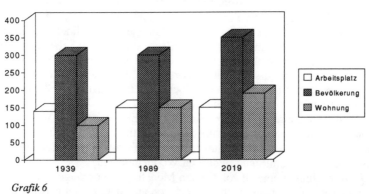

Grafik 6

Da in der gleichen Zeitspane innerhalb der Stadt Kiel jedoch nur ein wesentlich geringerer Bestand an Wohneinheiten vorhanden war, mußte die Differenz entweder durch Doppelbelegungen von Wohnungen (Untermiete) oder außerhalb der Stadtgrenze (Pendler) gedeckt werden. Wir erkennen als Ursache für die Pendler und die Untermieter nicht nur einen starken Überhang an Arbeitsplätzen, sondern die doppelt progressiv wirkende Expansion durch die sinkende Erwerbsquote und die verminderte Haushaltsgröße.

Aus dieser Berechnung können wir schließlich einen Arbeitsplatz-Wohnplatz-Index ermitteln, der, ebenso wie die Erwerbsquote und die Haushaltsgröße, Schwankungen unterworfen ist, da er sich aus diesen beiden Faktoren zusammensetzt. Dieser Index hatte theoretisch die Werte 1,57 für 1939 und 1,00 für 1989. Wir benötigten also im Durchschnitt im Jahre 1939 für 1,57 Arbeitsplätze eine Wohnung, während im Jahre 1989 schon für einen Arbeitsplatz eine Wohnung erforderlich war.

Es liegt auf der Hand, daß solch eine dynamische Entwicklung fast automatisch ein zwingendes Planungserfordernis für Wohnbaugebiete und deren Folgebereiche auslöste.

Zukünftige Entwicklungserwartungen
Nach Erika Spiegel[84] wird gerade die nächste Zukunft sich rasant beschleunigende Veränderungen bringen, die in ihrem Tempo und ihrer Wirkungstiefe von den Institutionen unserer Gesellschaft nur schwer bewältigt werden können.

Die Unterschiede in der ökonomischen, sozialen und demographischen Entwicklung zwischen den entwickelten und den Entwicklungs-Ländern werden in den nächsten Jahrzehnten, wie wir in Kapitel 1.1.2 schon erörtert haben, noch weiter auseinanderklaffen. Die Sozial-Konferenz der Vereinten Nationen 1995 zur Armut in der Welt betonte eindrucksvoll die Bedeutung dieses Themenbereiches. Dabei wird sich eine sehr unterschiedliche Entwicklung ergeben, weshalb eine allgemeingültige Aussage wohl kaum möglich sein wird.

Folgen der Entwicklung
Die rasante Entwicklung der letzten Jahrzehnte im Bereich der Technik, der Naturwissenschaften, der Medizin, Biologie u.a. wird sich in noch weiter sich beschleunigenden Veränderungen in der Gesellschaft und ihren Bedürfnissen wie auch Verhaltensweisen niederschlagen. So werden z.B. und unter vielem anderem die moderne Kommunikationstechnologie, Superelektronik, Lasertechnik, Gentechnologie neue noch nicht einmal in Ansätzen erkennbare Rahmenbedingungen schaffen, auf die es ständig neu zu reagieren gilt.

Leider reagieren die oft zugegebenermaßen überforderten Entscheidungsträger in unserem gesellschaftlichen Leben relativ träge auf die Anforderungen der heutigen Gesellschaft. Es wird bald an der Zeit sein, daß an die Vertreter der Entscheidungskörperschaften bestimmte, nachzuweisende Mindestqualifikationsansprüche gestellt (vielleicht auch festgelegt?) werden, damit die Bewältigung der Zukunft ausreichend gesichert wird.

Entwicklung der Raumstruktur
In steigendem Maße werden Informationen an jedem Standort ebenso erreichbar wie abrufbar und können von jedem Standort aus gesendet werden. Dies kann auf den Wegen der Schrift, der Grafik, der Akustik, ja sogar des lebendigen Bildes geschehen. D.h. theoretisch könnten eine Vielzahl von Personen von ihrem "Arbeitszimmer" in ihrer Wohnung aus den größten Teil ihrer Arbeit verrichten. D.h. wie-

---

84 Erika Spiegel: "Sozio-kulturelle und sozio-ökonomische Veränderungen in den neunziger Jahren", in: Papers and Proceedings, Jubilee Congress des Internationalen Verbandes für Wohnungswesen, Städtebau und Raumplanung, Den Haag 1988.

derum, die sogenannten "Fühlungsvorteile" von Arbeitsplätzen in zentralen Standorten verlieren in letzter Zeit an Bedeutung. Ob jedoch aus anderen Gründen nicht Beschäftigte einen physischen Kontakt zu anderen in ihrer Berufswelt fordern werden, ist, was die Wirkung solcher Bedürfnisse angeht, noch nicht endgültig abgeklärt.

Andererseits ist der Weg von der Wohnung zum Arbeitsplatz und zurück längst nicht mehr dominierend unter allen Fahrtenzwecken. Freizeit, Besuche, Erledigung von Geschäften außerhalb des Berufslebens usw. haben Fahrtmotivationen mit enormen Steigerungsraten ausgelöst, die bislang bei vielen Entscheidungsträgern immer noch relativ unbekannt sind. Diese Fahrtenzwecke haben die tägliche Berufsfahrt als dominierendes Fahrtmotiv längst verdrängt. Im nächsten Kapitel werden wir uns deshalb noch speziell mit dem Mobilitätsbedürfnis als Faktor von Veränderungen auseinandersetzen, um deutlich zu machen, weshalb gerade diesem Element besondere Beachtung zukommen muß.

In den letzten Jahrzehnten haben fixierte Zeitstrukturen unseren Lebensrhythmus bestimmt, wie etwa geregelte Arbeits- und Ladenöffnungszeiten, öffentliche Feiertage usw. usw. Seit zwei oder drei Jahren beginnen sich diese Strukturen aufzulösen. Sowohl die aus Konkurrenzgründen notwendige bessere Auslastung des Maschinenparks in der Industrie als auch die flexiblere Anpassung der Fertigung von Produkten entsprechend dem zeitlich spezifisch differenzierten Mengenbedarf haben größere Flexibilität in der Arbeitszeit hervorgerufen. Die stark gestiegenen Bedarfe an Teilzeitarbeit haben ganz neue Formen der Zeiteinteilung (wie z.B. das "Job-Sharing" und anderes) provoziert.

Wir werden weiterhin mit möglicherweise noch beschleunigtem Tempo erleben, daß der Strukturwandel der Wirtschaft sich fortsetzt, z.B. in ganz neuen Dienstleistungsbereichen (wovon einige schon vorprogrammiert sind, etwa der Bereich der Altenpflege und der Kindertagesbetreuung). Dabei wird von erheblicher Bedeutung auch sein, wieviel neue Arbeitsplätze im Saldo gegen den Verlust von Arbeitsplätzen geschaffen werden können. Sicherlich erleben wir zur Zeit erst den ersten Boom an ökologisch orientierten Industrie- und Dienstleistungen, sodaß ein ausgeprägter Pessimismus noch nicht am Platze ist. Natürlich können wir auch hier nicht außer acht lassen, daß dabei die Erwerbsquote eine bedeutende Rolle spielen wird. Hier scheint es jedoch so zu sein, daß die Alterung der Bevölkerung ihren Anteil zum Abbau der Arbeitslosigkeit beitragen wird. Sicherlich wird die Altersversorgung dabei vor große Probleme gestellt sein, wenn wir uns die demographische Entwicklung vor Augen führen. Zu vermuten ist, daß zunächst noch die weibliche Erwerbsquote ansteigen wird, insbesondere, wenn die Zeitdisposition für die Arbeit immer flexibler wird, was den erwerbstätigen Frauen und solchen, die allein erziehen, zugute kommt.

Wir erleben heute schon, daß der informelle Arbeitsmarkt zunimmt. Er wird vermutlich weiter wachsen. Dazu kommt noch, daß der europäische Binnenmarkt in steigendem Maß Arbeitsimmigrationen auslöst, deren Auswirkungen noch gar nicht übersehen werden können.

Die Veränderungen bei den privaten Familien- und Haushaltsstrukturen haben wir schon erörtert. In Zukunft werden diese Veränderungen noch durch die sich ständig verschiebende Altersstruktur verstärkt. Hinzukommt, daß sich neue Typen der Familien und privaten Haushaltungen entwickelt haben, die das Strukturbild verändern. So sind hinzugekommen:

- jüngere bis ältere "Singles",
- "eheähnlich" zusammenlebende Paare, die jedoch noch oft zur "Sicherheit" eine "Zweitwohnung" haben,
- "alleinerziehende Elternteile",
- "Wohngemeinschaften" und andere.

Der daraus resultierende Bedarf wird, soweit er finanzierbar ist, sich auch in Zukunft weiter in erhöhter Nachfrage nach mehr Wohnraum niederschlagen.

Die Hoffnung, wir wären endlich einer Sättigung des Wohnungsmarktes näher gekommen, ist deshalb noch für einige Zeit trügerisch. Nach wie vor wachsende Einkommen (insbesondere auch in steigendem Maße Erträge aus familiär angesammelten Vermögen und durch zweifaches Einkommen im Haushalt) lassen diese Bedarfe auch finanzierbar erscheinen, wobei außerdem noch die Nachfrage nach größeren Wohnungen steigen wird. Wir beobachten schon heute, daß diese besondere Nachfrage einen ganz spezifischen Verdrängungseffekt auslöst. Es handelt sich um Verdrängungen aus Gebieten, die zumindest tendenziell in ihrer Lebensqualität eine positive Entwicklung aufweisen. Die Verdrängten sind insbesondere private Haushaltungen mit nur einem Verdiener und Kindern, und noch mehr die Problemgruppen, wie etwa Obdachlose, Suchtanfällige, Arbeitslose, Niedrigverdienende usw.

Die Wohnungsförderung in der Bundesrepublik geht vom Grundsatz der Förderung der breiten Schichten der Bevölkerung aus. In den alten Bundesländern ist vermutlich dieser Grundsatz überholt. Es bedarf nicht mehr so sehr des Vorrangs der Förderung breiter Schichten, sondern des Vorrangs spezifischer Gruppen, die durchweg durch ihre finanzielle Förderungsbedürftigkeit gekennzeichnet sind, und denen wahrscheinlich wesentlich wirksamer durch individuelle Förderung geholfen werden kann (was nicht bedeuten muß, daß das gesamte heutige System abgeschafft werden müßte). Vor allem die kommunalen und staatlichen Wohnungsbaugesellschaften sind hier in der Verantwortung, spezielle Programme für diesen Problemkreis aufzustellen und durchzuführen; schließlich lag in solchen Aufgaben einmal das Motiv von seiten der öffentlichen Hand, derlei Gesellschaften zu gründen. Dieser Aspekt scheint in den letzten zwei Jahrzehnten ein wenig aus dem Blickfeld geraten zu sein.

Es ist anzunehmen, daß das Leben in der Stadt und auf dem Lande kaum noch wahrnehmbare Unterschiede aufweisen wird, daß die Ansprüche der jeweiligen Bevölkerungsschichten sich immer weniger voneinander unterscheiden werden. Es wird deshalb in Zukunft nicht leicht sein zu antizipieren wie das urbane Leben etwa im Gegensatz zum ländlichen Leben und umgekehrt gestaltet werden muß.

Mobilitätsentwicklung als besonderer Veränderungsfaktor
Das Anwachsen des Mobilitätsbedürfnisses hat vielfache Gründe, die nicht alle auf einen Nenner zu bringen sind:
- Bedarf an bzw. auch der von Politikern immer wieder betonte Anspruch des Bürgers auf vielfältige Beziehungsmöglichkeiten (z.B. Wechsel des Arbeitsplatzes, Berufskarriere, Berufsfortbildung, Umschulung, allgemeine Weiterbildung, Geschäftsgänge, Aufsuchen der sozialen und gesundheitsfürsorglichen Einrichtungen, kulturelle Veranstaltungen, diverse Urlaubsformen, Freizeitvergnügen, Sport, Besuche aller Art usw.), Sachverhalte, die sich in der heutigen Dimension

erst in den letzten zwanzig Jahren entwickelt haben und sich noch weiter entwickeln werden;
- Anstieg des allgemeinen Wohlstandes (Steigerung des Einkommens aus Erträgen des Vermögens zusätzlich zum Arbeitslohn) mit der Wirkung, daß die Zahl der PKW pro Kopf der Bevölkerung stark angestiegen ist und weiterhin ansteigt und dadurch die Bewegungsmöglichkeiten erweitert werden, mit der Wirkung eines erhöhten Potentials in der Gesamtverkehrsleistung der Bevölkerung (siehe Grafiken Nr. 7 und 8).

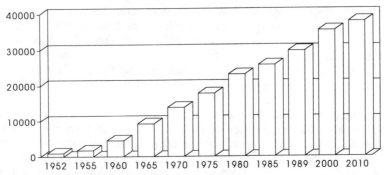

Entwicklung des PKW-Bestands[85]
in der Bundesrepublik Deutschland 1952-2010
(in Tausend)

Grafik 7

- Verkürzung der Arbeitszeit mit häufig heute schon einem freien Freitagnachmittag oder einem verkürzten täglichen Arbeitsnachmittag, was wiederum zur Steigerung der Zahl von anderen Aktivitäten führt, mit der Motivation zu erhöhten Verkehrsaufkommen;
- Arbeitszeit, die immer flexibler wird, die Teilzeitbeschäftigung, das sog. "Time-" oder "Job-Sharing", mit der weiteren Folge für den Bürger, sich spezifische Freizeiträume für die oben genannten Zwecke zu verschaffen, die weitere Motivationen für erhöhte Verkehrsbewegungen erzeugen;
- die Gleichstellung der Frau mit Ausweitungen ihrer Mobilitätsbedürfnisse und -fähigkeiten usw., usw.

Die Steigerung dieses Mobilitätsbedürfnisses drückt sich in einer ungeheuren Zunahme des Personenverkehrsaufkommens aus, das sich laut Bundesverkehrsministerium in den alten Bundesländern in den letzten zwanzig Jahren um rd. 40 % gesteigert hat, ohne daß etwa die Bevölkerung nennenswert angestiegen wäre. Bei dieser Entwicklung ist der Individualverkehr überproportional um rd. 60 % angestiegen. Der PKW-Bestand stieg in 20 Jahren von rd. 17 Millionen auf rd. 30 Millionen. Dabei ist herauszuheben, daß es sich um das Mobilitätsbedürfnis der breiten Schichten der Bevölkerung handelt und nicht etwa einiger weniger Privilegierter. Wenn also Barrieren gegen den PKW aufgebaut werden, trifft es nicht so sehr den

---

85 Quelle: Deutsches Institut für Wirtschaftsforschung: "Projektion des PKW-Bestandes für die Bundesrepublik Deutschland bis zum Jahr 2010", DIW Wochenbericht 36/1989, Berlin.

Privilegierten, sondern "Otto-Normalverbraucher", die Masse der Arbeitnehmer, die in ihrer Mobilität behindert werden. Es ist die Masse der ganz normalen Arbeitnehmer, die jeden Morgen pünktlich am Arbeitsplatz erscheinen muß und ihn entsprechend erst am Nachmittag verlassen kann. Wenn sie zur Benutzung des Massenverkehrsmittels (womöglich noch mit Umsteigen) gezwungen werden soll, ist zu beachten, daß dies in der Regel und im Mittel in jeder Richtung mindestens (!) 15 Minuten verlängerte Fahrzeit bedeutet, also ein Verlust von 30 Minuten an jedem Arbeitstag (2,5 Stunden zusätzliche Belastung pro Woche), in den großen Verdichtungsräumen doppelt so viel. Ein solcher Verlust geht ab von der Freizeit, die sowieso heutzutage vielfach zum Teil für Bildung, Fort- und Weiterbildung oder präventive Umschulung genutzt werden muß.

Personenverkehrsaufkommen[86]

	Beförderte Personen in Mio.				Veränderung p.a. in %		
	1970	1979	1989	2000*	1970/79	1979/89	1989/2000*
Öffentlicher Personenverkehr	7.244	7.713	6.820	7.014	+ 0,7 %	- 1,2 %	+ 0,25 %
- Eisenbahn	1.053	1.087	1.138	1.269	+ 0,4 %	+ 0,5 %	+ 1,0 %
- Straßenverkehr	6.170	6.590	5.627	5.627	+ 0,7 %	- 1,6 %	± 0,0 %
- Luftverkehr	21,3	36,2	55,86	117,6	+ 6,1 %	+ 4,4 %	+ 7,0 %
Individualverkehr	23.120	28.400	31.910	37.588	+ 2,3 %	+ 1,2 %	+ 1,5 %
Gesamter Personenverkehr	30.654	36.473	39.088	45.000	+ 2,0 %	+ 0,7 %	+ 1,5 %

Grafik 8 * geschätzt

Innerhalb der Stadt Kiel benötigen die Berufstätigen für den Hinweg zur Arbeitsstätte im Durchschnitt rd. 15 Minuten, die Pendler dagegen im Durchschnitt rd. 34 Minuten, also mehr als das Doppelte. Von den Pendlern fahren zur Arbeitsstätte noch rd. 23 % länger als 45 Minuten. Sie kommen z.T. aus Hamburg, Lübeck, Flensburg und ähnlich weit entfernt liegenden kleineren Orten.

Wer immer also die PKW-Benutzung erschweren will, sollte wissen und dies auch unmißverständlich aufklärend sagen, daß er damit der Masse der Arbeitnehmer eine Last im Interesse der Allgemeinheit aufbürdet. Grafik 9 zeigt uns, wie stark selbst geringer verdienende Familien motorisiert sind, daß selbst Haushalte mit sehr niedrigem Einkommen sich einen PKW aus Mobilitätsbedürfnissen leisten müssen, weil ihnen im Einzugsbereich von öffentlichen Nahverkehrsmitteln ausreichender und bezahlbarer Wohnraum nicht zur Verfügung steht. Anders läßt sich wohl kaum erklären, daß über 70 % aller privaten Haushalte mit einem Haushaltseinkommen von DM 1.800-2.500 netto pro Monat einen PKW besitzen.

Man sollte sich auch keinerlei Illusionen hingeben, daß etwa ein öffentliches Nahverkehrsmittel entwickelt werden könnte, das den oben beschriebenen Vielfalt-Ansprüchen gerecht würde. Wenn wir den PKW als Volksbewegungsmittel belasten oder verdrängen, werden wir es auch insbesondere demjenigen Bürger schwer machen, der dynamisch ist, weiterkommen will als normaler Arbeitnehmer. Wir sollten den Mut haben, diesen Sachverhalt dem Bürger auch ehrlich zu sagen.

---

86 Quelle: Bundesminister für Verkehr: "Verkehr in Zahlen", veröffentlicht durch das Deutsche Institut für Wirtschaftsforschung, Berlin, diverse Wochenberichte, 1989.

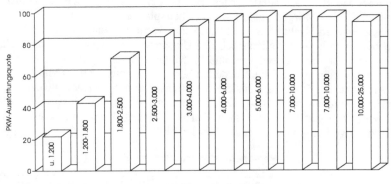

Grafik 9   Monatliches Haushaltseinkommen von ... bis unter ... DM

Allein die Zahlen zeigen an, daß nicht nur neue Wege in der Verkehrspolitik beschritten werden müssen, sondern, daß es auch bei den verschiedenen Verkehrssparten spezifische (auch neue) Funktionen gibt, die zu überprüfen sind. Es ist auch die Frage zu erörtern, inwieweit die öffentliche Hand Aufgaben, die sie bislang wahrnehmen mußte, in private Trägerschaften überleiten sollte. Ein Beispiel ist die Benutzung der Schienenstränge der Bahn AG durch Straßen- oder Schnellbahnen des ÖPNV. Insbesondere muß deutlich werden, daß neue Wege unausweichlich auch bedeuten, daß neue Geldmittel mobilisiert werden müssen, wenn man diese neuen Wege will. Ohne solche Mittelmobilisierung bleibt jede Proklamierung verbesserter Verkehrsmittel Schall und Rauch. Es wird also eine erneute Aktion notwendig, wie sie schon einmal durch die Kommunen, vertreten durch den Städtetag, mit Erfolg initiiert wurde, nämlich diejenige, die zum Gemeindeverkehrsfinanzierungsgesetz geführt hat.

Betrachtet man alle Maßnahmen zur Förderung des Öffentlichen-Personen-Massen-Nahverkehrsmittels (Bahn und Bus), dann muß man zum Ergebnis gelangen, daß es nicht gereicht hat. Alles deutet darauf hin, daß auch ein erhebliches Mehr an Einsatz und Geld nicht den gewünschten Effekt bringen kann.

Grafik 10 zeigt uns nur allzu drastisch, daß das relative Aufkommen des Öffentlichen Personennahverkehrs in der Bundesrepublik seit 1981 ständig abgenommen hat, trotz erheblicher Subventionierung und anderer Unterstützungen (z.B. auch Behinderungen des Individualverkehrs). Dagegen ist der Anteil des Individualverkehrs im gleichen Zeitraum trotz aller Erschwernisse nach erfreulichem Rückgang Ende der 70er Jahre wieder überproportional angestiegen.

Ende der 70er Jahre zeichnete sich ein zeitlich befristeter Wohnungsüberhang in der Bundesrepublik ab. Es standen Tausende von Wohnungen leer. Die öffentliche Förderung des Wohnungsbaus wurde richtigerweise heruntergefahren. Bis dahin waren die politischen Folgeentscheidungen plausibel, nachvollziehbar und notwendig.

---

[87] Quelle: Deutsche Bank, Volkswirtschaftliche Abteilung "Verkehr 2000", Frankfurt 1990.

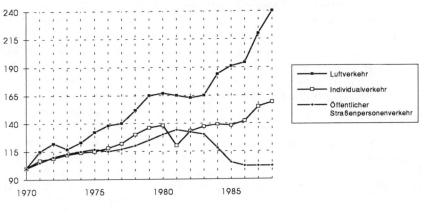

Grafik 10

Die damals im kommunalen Bereich maßgeblichen Parteien haben dann jedoch einen schwerwiegenden politischen Entscheidungsfehler gemacht. Sie fuhren nicht nur die Finanzierung herunter, sondern stoppten die weitere planungsrechtliche Ausweisung, die vorbereitende äußere Erschließung und die sinnvoll betriebene Liegenschaftspolitik für Wohnbauland.

Viele Experten haben versucht, klar zu machen, daß die weitere statistisch nachweisbare Verminderung der durchschnittlichen Haushaltsgröße und der daraus automatisch folgenden Verminderung der Belegungsziffer der Wohnungen sehr schnell wieder zu Wohnungsmangel in den Städten führen werde. Zwar könne man die öffentliche Wohnungsbauförderung sehr schnell, sogar innerhalb eines Jahres (Nachträge in den öffentlichen Haushalten), drastisch hochfahren; eine förmliche Planausweisung, die dann erst zulässige äußere Erschließung und die Klärung der Eigentumsverhältnisse für Wohnbauland sei eine Angelegenheit, die aus gewollten politischen Gründen (Transparenz der Verfahren, erweiterte Bürgerbeteiligung usw., usw.) in den Städten jedoch inzwischen Jahre in Anspruch nehme, wenn es um größere Dimensionen gehe. Dagegen könnten auf dem "Flachen Land" der Stadtregionen sehr viel schneller durch viele, viele kleinste Baumaßnahmen Wohnungen in großer Zahl sozusagen in Streulage ohne ÖPNV-Anschuß entstehen - eine höchst bedenkliche Situation. Im März 1980 hielt der Deutsche Städtetag eine wohnungspolitische Fachtagung unter dem Motto "Neue Wohnungsnot in den Städten" ab, die allgemeine Beachtung fand - nur nicht bei vielen Mitgliedern kommunaler Ratsversammlungen! Man wollte die Warnungen nicht hören. Die "Nicht-Politik" der 80er Jahre ohne vorsorgliche Ausweisung und Erschließung von Wohnbauland endete dann auch in der bekannten Misere. Nicht so allgemein bekannt ist, daß diese Misere auch verantwortlich ist für die starke Rückläufigkeit der ÖPNV-Mittel (siehe Grafik 10). Die Bürger mußten aufs flache Land ziehen, wo der ÖPNV-Anschluß häufig zwangsläufig so schlecht war, daß sie zum Indivi-

---

88 Quelle: Bundesminister für Verkehr: "Verkehr in Zahlen", Fn. 86.

dualverkehrsmittel wechseln mußten. Es fällt der Knick der Leistungskurve der ÖPNV-Träger ab 1981 auf. Noch weniger sind die daraus resultierenden katastrophalen Umweltfolgen den Entscheidungsträgern bewußt. Insbesondere wurden damit jedoch in starkem Maß Alternativen für die Mobilitätsbedürfnisse eingeschränkt.

Es ist dringend an der Zeit, umzudenken und darüber nachzudenken, ob nicht auch ein Individualverkehrsmittel, das schadstoffarm oder -frei (Elektro- oder Wasserstoffmotor), nicht größer als der heutige VW-Polo (erhebliche Erschwernisse für alle Wagen oberhalb dieser Größe durch gesetzliche Vorschrift), mit einem Verbrauch von weniger als 3 Liter/100 km und in der inneren Stadt bestimmten Operationsvorgaben untergeordnet, entwickelt werden muß.

Auch in der Zukunft werden die steigenden Mobilitätsbedürfnisse der privaten Verkehrsteilnehmer vor allem im Individualverkehr auftreten. Zu den Faktoren dieser Entwicklung gehören, neben Veränderungen im Umfang und Struktur der Bevölkerung, vor allem anhaltende Zuwächse bei den privaten Einkommen und Vermögen, Veränderungen der Mobilitätskosten, zunehmende Freizeitaktivitäten (immer mehr Freizeit) und insbesondere die hohe Präferenz, die Mobilität bei den Nutzern von privaten Verkehrsmitteln hat. Das Wachstum des PKW-Bestandes, das in den letzten 20 Jahren stets unterschätzt wurde, läßt sich nicht nur ökonomisch erklären. Gerade für die Masse der Arbeitnehmer gilt das Auto als unentbehrlich; seine zumindest potentielle Nutzung ist leider zu einem eigenständigen Wert geworden. Hierbei treten Wirtschaftlichkeitserwägungen weitgehend in den Hintergrund. Deshalb sind oft Preismaßnahmen im öffentlichen Personenverkehr nicht sonderlich wirksam, ein Faktor, der immer wieder übersehen wird.

Eine beträchtliche Zahl der in den Städten arbeitenden Bürger ist gezwungen, einen PKW zu benutzen, weil Politiker aller Schattierungen mehr oder weniger säumig waren, rechtzeitig richtig zugeordnete Wohnbaugebiete konzentriert auszuweisen. Die Erhöhung der Leistung der öffentlichen Nahverkehrsmittel kostet überproportional zusätzliche Geldmittel. Niemand sollte sich der Illusion hingeben, daß mehr Qualität nichts koste. Im Gegenteil, eine spürbare Verbesserung der Leistung im öffentlichen Personennahverkehr wird sehr viel mehr Geld kosten. Es fragt sich, bei der z.Zt. stattfindenden Bedarfsverstärkung an Kindertagesheimen und Alteneinrichtungen einerseits und gleichzeitiger Schließung von Stadtteilbibliotheken und anderen Serviceleistungen für den Bürger, woher denn das Geld für eine spürbare Verbesserung der Leistung der öffentlichen Nahverkehrsbetriebe, wie ständig beschworen wird, eigentlich kommen soll.

Der Personenverkehr wird auch stark durch Veränderungen in der Altersstruktur und in den Verhaltensweisen der Bevölkerung beeinflußt. Bis zum Jahr 2000 wird vermutlich der Anteil der mehr als 59 Jahre alten Personen an der Gesamtbevölkerung in der Bundesrepublik um gut 2 Prozentpunkte auf reichlich ein Viertel zunehmen. Daraus ließe sich der Schluß ziehen, daß dadurch die Mobilitätsbedürfnisse der Bevölkerung geringer werden, wobei jedoch übersehen würde, daß die ältere Generation heute wesentlich aktiver und mobiler ist als gleichaltrige Gruppen in den Jahrzehnten davor. Für diese Verhaltensänderungen ist nicht nur der Wertewandel. sondern auch der spürbare Zuwachs bei Einkommen und Vermögen ebenso verantwortlich wie der eben erst heute zur Verfügung stehende PKW, den die heutigen Altersgenerationen schon von Jugend an gewohnt sind, ihn also wesentlich "unbekümmerter" und deshalb intensiver nutzen als die früheren Generationen alter Menschen.

In Zukunft ist auch mit einem erhöhten Grad der Motorisierung bei Frauen und Ausländern zu rechnen. Im Jahr 1988 entfielen auf 1.000 erwachsene Frauen lediglich rund 240 PKW, auf 1.000 erwachsene Männer dagegen 830 PKW. Für die Zukunft ist eine stärkere Angleichung des Mobilitätsverhaltens der Frauen an das der Männer und damit auch ein deutlicher Anstieg des Motorisierungsgrades zu erwarten. Ein Erklärungsgrund hierfür ist auch die zunehmende Erwerbstätigkeit der Frauen, was bei wachsender Teilzeitbeschäftigung sich noch wirksamer niederschlagen wird.

Die Kosten des Automobils sind für die privaten Haushalte in ihrer subjektiven Einschätzung nicht nur im Verhältnis zu ihrem Einkommen günstig, sondern auch im Vergleich zu den Kosten für die Benutzung des wichtigsten konkurrierenden Verkehrsträgers, der Eisenbahn (siehe Grafik 12). Vor allem folgende Faktoren sind hier von Bedeutung:

- Beim Auto spielt es für die Gesamtkosten so gut wie keine Rolle, ob das Fahrzeug mit einer oder vier Personen besetzt ist; die Fahrtkosten pro Kopf sinken entsprechend. Damit verfügt das Auto besonders bei Familien- und Urlaubsreisen über eindeutige Wettbewerbsvorteile gegenüber der Bahn, die diese auch durch Sondertarife nur schwer ausgleichen kann.
- Das Auto wird wegen seiner flexiblen und für alles geltenden Einsetzbarkeit erworben. Es wird benutzt für die Wege zur Arbeit, Freizeit, Besuche, Fort- und Weiterbildung, Urlaube usw. Es ist jederzeit und sofort einsatzbereit, das ÖPNV-Mittel nicht. Die fixen Kosten werden auf alle diese Aktivitäten bezogen und umgelegt.
- Ein PKW wird deshalb in jedem Fall erworben und genutzt. Der Fahrtzweck Beruf ist derjenige, der besonders stark ÖPNV-orientiert ist. Die Fahrt- und Reisezwecke Freizeit, Geschäfte, Besuche, Aufsuchen von Dienstleistungen, Einkauf, Fort- und Weiterbildung usw. sind in ihren Termin- und Ablaufrahmen wenig ÖPNV-freundlich. Gegenüber dem Fahrtzweck Beruf sind sie jedoch im Anteil an der Gesamtfahrleistung gewaltig gestiegen (siehe Grafik 11). D.h. auch aus der Charakteristik der Fahrtzwecke heraus betrachtet, sind die ÖPNV-Mittel stark benachteiligt.
- Autobesitzer kalkulieren deshalb üblicherweise nicht die tatsächlichen, vollen Kosten pro Fahrtkilometer, sondern zumeist nur die Betriebskosten für Kraftstoffe und Öl.
- Die Bahn muß sich dagegen an ihre festen Tarife halten, die - zumindest im Prinzip - die gesamten anfallenden Kosten abdecken sollen und nicht nur die variablen. Um es noch einmal zu wiederholen: Der Bürger schafft sich einen PKW für die Vielzahl seiner Fahrtzwecke an; wenn der PKW dann schon in der Garage oder auf dem Parkplatz steht, die Fixkosten also schon bezahlt sind, benutzt er natürlich auch den PKW für den Berufsweg. Im Verhältnis zu den zusätzlich zu den Fixkosten des PKW entstehenden Fahrscheinkosten des ÖPNV setzt er zum Vergleich richtigerweise die PKW-Betriebskosten an. Er denkt nicht daran, dann in "Umwelteinsichtigkeit" die Kosten des ÖPNV auch noch zusätzlich zu übernehmen.

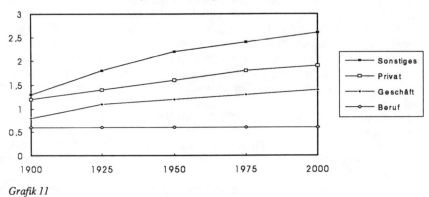

Grafik 11

- Das Eisenbahnfahren dagegen ist in den letzten Jahren regelmäßig und überproportional teurer geworden. Zwischen 1980 und 1988 sind die normalen Beförderungstarife trotz steigender Subventionierung um rund 50 % gestiegen, nahezu doppelt so stark wie die Kfz-Kosten. Allerdings hat die Bahn zur Stärkung ihrer preislichen Wettbewerbsfähigkeit in der Vergangenheit eine Vielzahl von Sondertarifen (z.B. das 15-Mark-Ticket) eingeführt.

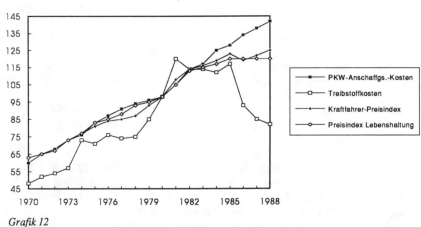

Grafik 12

Beim "Time-" und "Job-Sharing" ebenso wie bei der gleitenden Arbeitszeit verstärkt sich die Neigung zur Benutzung des PKW, weil die Arbeitszeiten in diesem Bereich nicht unbedingt während der "Rush-Hour" beginnen und enden, wodurch

---

89 Quelle: Bundesminister für Verkehr: "Verkehr in Zahlen", Fn. 86.

wiederum die PKW-Benutzung angereizt wird, zumal in diesen Verkehrszeiten außerdem die öffentlichen Verkehrsmittel weniger häufig fahren.

Insofern liegt es auch nahe, dann den PKW für die anschließende Freizeitaktivität und anderes zu benutzen. Das heißt, daß der PKW auch für spontane Besuche, insbesondere über längere Mittelstrecken, die noch an einem Tag oder Wochenende bewältigt werden können, in verstärktem Maße eingesetzt wird. Diese Tendenz ist steigend.

Die Kombination von Wohlstand und erheblich verlängerter Freizeit (35-Stunden-Woche plus mehr Urlaubstage plus vorzeitiger Ruhestand) erzeugen völlig neuartige Verkehrsleistungen, die wiederum völlig neue Bedarfe entlang der Verkehrswege auslösen, insbesondere bei steigender Bevölkerungszahl.

All diese Faktoren sind in Kombination etwa Ende der 70er Jahre wirksam geworden und haben sich seither verstärkt. Folge: Der bedrohliche Leistungsknick bei den ÖPN-Verkehrsmitteln seit 1981.

Also auch aus diesen Veränderungsprozessen heraus wird ständig ein Planungserfordernis immer wieder neu erzeugt.

3.1.2 Änderungsbedarfe als Auslöser von Handlungsbedarfen

Eine wichtige Feststellung können wir also nach dem bislang erörterten machen: Die Stadtplanung von heute und wohl noch mehr von morgen ist geprägt durch Veränderungsbedarfe, daraus resultierenden Anforderungen und insbesondere der Beschleunigung der Veränderungsprozesse. Da die Änderung in der Nutzung von Grund und Boden nicht zuletzt wegen der in ihr stehenden Investitionsvolumen "schwerfällig" ist, sind daraus entstehende Probleme vorprogrammiert.

Dieser Sachverhalt bedeutet eine ungeheure Herausforderung an die Stadtplanng und die, die dafür verantwortlich sind. Das sind die Planer, die planverantwortlichen Entscheidungsträger ebenso wie die Interessierten und Betroffenen.

Wir wissen wohl, daß die Planungsprozesse wegen der sehr viel komplizierteren Inhalte wie auch Entscheidungsabläufe immer langwieriger werden (z.T. aus Gründen wie der Bürgerbeteiligung, z.T. aus Gründen der Entscheidungsangst heutiger Entscheidungsträger). Diese Veränderungsbedarfe sind, wie wir gesehen haben, sehr vielschichtiger Natur. Sie entspringen
- einer Veränderung von Strukturen, wie etwa die Veränderung der Sozial- und Wirtschaftsstruktur,
- einer Veränderung des Verhaltens durch den technischen Fortschritt einerseits und der Verhaltensänderung andererseits aus der Kombination dieser Veränderungssachverhalte, und
- einer Veränderung der Ansprüche, die sich aus den genannten Entwicklungen ergeben, z.B. durch wachsenden Wohlstand usw.

In der überwiegenden Zahl der hier angesprochenen Sachverhalte handelt es sich um Vorgänge, auf die der einzelne wenig Einfluß hat, weil es sich um strukturelle Sachverhalte handelt, die aus Entwicklungen resultieren, die (wie beispielsweise Erhöhung des Wohlstands) niemand behindern will.

So bewirkt der Faktor der sich beschleunigenden Veränderungen ein dringendes Bedürfnis nach kollektiver Handlung. Es dürfte nunmehr nicht überraschen, daß ständige Veränderungen das Erfordernis auslösen, entsprechend rechtzeitig vorsorglich oder auch reaktiv zu handeln.

Wenn wir uns wegen der Folgen negativer Veränderungen bedroht fühlen, reagieren wir nahezu unwillkürlich mit dem Wunsch oder dem Bedürfnis, die Zukunft wie Wahrsager voraussagen zu können, um diese Bedrohung mittels irgendwelcher daraus abgeleiteter Handlungen abzuwenden. Darüberhinaus haben nachdenkliche Menschen sich immer wieder z.B. aus Erfahrungen heraus - auch ohne direkte Bedrohungssituation - bemüht, mögliche Gefahren zu antizipieren und/oder ihre eigene Situation und Position durch Handlungen zukunftsorientiert zu verbessern. Dieses Bemühen reicht bis zu der langfristigen Zielsetzung: "Meine Kinder sollen es besser haben als ich." Viele Menschen haben deshalb nicht nur Veränderungen in ihrer persönlichen Situation, sondern auch des für ihre Nachkommen maßgebenden Rahmens, Umfeldes oder der dafür erforderlichen allgemeinen Voraussetzungen im Auge gehabt. Der Mensch begann also auch darüber nachzudenken wie er wohl auf Grund von erfolgten Veränderungen oder von Veränderungbedürfnissen vorsorglich handeln müsse oder könne, um sich selbst zu schützen oder eigene Situationen zu verbessern.

Die kontinuierlichen Veränderungen lösen demnach einen Bedarf nach Handlung aus.

3.1.3 Handlungsbedarfe als Auslöser von Ordnungsbedarfen

Die vorausgegangenen Kapitel zeigen uns schließlich, daß die Handlungsbedarfe, die sich aus den kontinuierlichen Veränderungen in unserer Gesellschaft ergeben, Orientierungsrahmen, auch räumlicher Art, erfordern. Das Bedürfnis nach solch einem Orientierungsrahmen führt zum Bedarf nach einem rahmengebenden Ordnungssystem, das in der Lage ist, auf die ständigen Veränderungen flexibel zu reagieren, oder so robust ist, daß es nicht ständig selbst geändert werden muß.

Übergeordnetes Ordnungssystem
Der übergeordnete Rahmen, unsere Umwelt und die natürlichen Gegebenheiten basieren auf Faktoren, die unabhängig vom Menschen existieren und durch menschliche Einwirkung nur wenig beeinflußt werden können. Naturkatastrophen (Erdbeben, Fluten, Orkane, Dürren usw.) erinnern immer wieder daran, daß wir in einer neutralen und z.T. lebensgefährlichen Umwelt leben, die vom Menschen zwar erforscht und immer stärker genutzt, auch gestört, ja zerstört, jedoch nicht bestimmt und generell geordnet werden kann. Es handelt sich hierbei um Bereiche, in denen der Mensch zwar handelnd tätig ist, die ihm jedoch sachlich und zeitlich erhebliche Grenzen setzen. Alles natürlich Gegebene ist zwar partiell auf den Menschen zugeschnitten, unterliegt jedoch eigengesetzlichen Abläufen, die er wiederum nur partiell "steuern" kann. Allerdings könnte er eins: Mit einem umfassenden Atomschlag oder langsamer Vergiftung alles, sich selbst eingeschlossen, zerstören.

Ordnungsanforderungen als Planungsvoraussetzung
Die menschliche Gemeinschaft verhält sich nach einer Vielzahl von Regeln, die gewissen Ordnungssystemen unterliegen. Erst auf der Grundlage solcher Ordnungssysteme können sich Institutionen und Planungen entwickeln. Nur durch Ordnungssysteme kann der Mensch zumindest teilweise Begrenzungen auflockern, die ihm die Natur und sein Umfeld setzen; aufheben wird er sie nie können. Ord-

nungen sind immer wieder auch Selbstbegrenzungen, und ihre Namen bezeichnen den jeweils anstehenden Ordnungsbereich wie etwa "Raumordnung". Die Freiheit von Menschen und Institutionen wird hierdurch einerseits gesichert und andererseits auch beschränkt, um höher bewerteten Freiheiten zu dienen. Freiheit und Ordnung sind Pole, und es wird immer eine Frage bleiben, ob ungehinderte Entfaltung höher oder geringer zu bewerten ist als Ordnung und Sicherheit.

3.2 Ordnungsbedarfe als Auslöser von Planungserfordernissen

Die unterschiedlichen Zielvorstellungen und Entwicklungstendenzen müssen nach Habermehl[90] aus den erörterten Gründen in ein jeweils zu entwickelndes Ordnungssystem eingebettet werden. Es sei Aufgabe der Ordnung, widerstreitende Gesichtspunkte zu koordinieren und innere Spannungen und Widersprüche aufzuheben. Nicht zuletzt müsse die Ordnung Hindernisse beseitigen, die sich den angestrebten Zielen entgegenstellen. Hierzu seien nicht nur Ordnungsgrundsätze und Ordnungspläne erforderlich, die Grenzen und Rang der Ordnungen festlegen, sondern die Tätigkeit des Ordnens selbst sowie Phantasie, Urteilsfähigkeit und Beweglichkeit, um die Ordnungen nicht erstarren zu lassen, sondern mit Leben zu füllen und an den Gegebenheiten und Zielen auszurichten. Dabei sei es nicht von erstrangiger Bedeutung, ob die Ordnungen nach und nach gewachsen und vielfach abgeschliffen wurden oder das Ergebnis eines einmaligen Entwurfs sind. Entscheidend sei jedoch, daß die Ordnungen trotz aller Weitläufigkeit feste Abgrenzungen aufweisen, um ihre Dauer und Origanisation zu garantieren. Er fährt fort:

Mag das Ordnungsgefüge noch so vielschichtig sein, es bleiben immer fest begrenzte Ordnungsaufgaben: Vor allem ist es notwendig, die Ziele festzulegen, denen die Ordnung dienen soll. Alle Zielvorstellungen enden in Leitbildern über den besten Zustand einer Sache. Dabei ist es nicht ausgeschlossen, daß utopische Grund- oder Teilvorstellungen zugrunde gelegt werden. Darüber hinaus begleitet die Utopie auch die Ordnungen mit ihren Leitbildern in allen ihren Stadien, um diese zu befruchten, abzulenken oder in die Irre zu führen. Die Leitbilder unterliegen wie die Ordnungen der Veränderung sowie unter Umständen der Verdichtung zu Ideologien und der Auflösung in koordinationslos für sich bestehende Einzelforderungen. Die Leitbilder orientieren sich an Wertmaßstäben, die anzeigen, was man will und was man nicht will. Gerade in unserer hochtechnisierten und weitgehend auf die Planung angewiesenen Gegenwart ist es von entscheidender Bedeutung, daß der Rahmen für die Werkzeuge abgesteckt wird. Weil die Planungsinstrumente blind gegenüber ihren Zwecken sind und dem Guten wie dem Bösen und dem Richtigen wie dem Falschen mit gleicher Präzision dienen, ist es unabdingbar, Prioritäten, Ziele, Leitbilder, Wertsysteme festzulegen und letzten Endes Ordnungen festzusetzen, in die alles eingebettet ist.[91]

Die Rückorientierung an der Ordnung und ihren Leitbildern ist keine Frage der Qualität, des Umfanges oder des Trägers der Aufgabenerfüllung. Ein kleiner Betrieb in der Landwirtschaft bedarf lediglich der Bezugnahme auf bestimmte Gegebenheiten und Richtsätze, die seine Ordnungen ausmachen. Die Serienproduktion von Kraftwagen und Flugzeugen, der Wohnungsbau, eine Bibliothek, der Bereich

---

90 Peter Habermehl, Fn. 45.
91 Siehe hierzu auch: K. Steinbruch: "Falsch programmiert", Stuttgart 1968.

einer Bank, die Praxis eines Arztes, sie alle unterliegen ausgeprägten Ordnungsvorstellungen auf der Grundlage richtungsweisender Leitbilder sowie wahrzunehmender Aufgaben und gesetzter Ziele. Auch die Haushaltspläne der öffentlichen Körperschaften haben in der Finanzordnung ihre Grundlage. Der Raumplanung und nicht zuletzt der Wirtschaftsplanung liegen entsprechende Ordnungsvorstellungen und Leitbilder zugrunde. Die Rechtsordnung mit ihren vielen Verzweigungen bei Rechtsetzung und Rechtsprechung greift tief in alle Lebensbereiche ein. Nicht zuletzt ist hier die Verfassung als Ordnungsfaktor höchsten Ranges zu nennen.

Derlei Bedarfe an Ordnungssystemen lösen unweigerlich das "Erfordernis" an Planung aus. Dabei steht beides in einem Beziehungsfeld wechselnder Natur. Es ist ein wenig wie bei der Frage nach dem Ei und der Henne, denn das Erfordernis an Planung löst wiederum einen Bedarf an Ordnungssystemen aus.

Das "Planungserfordernis" und die damit eng verknüpfte "Planungspflicht" spielen im Baugesetzbuch eine zentrale Rolle. Danach besteht eine Planungspflicht sofern und sobald ein Planungserfordernis entsteht. Die Pflicht entsteht also von der Sache her ebenso wie zeitlich. Die Gemeinde kann also auch zeitlich ihre Entscheidung zur Planung nicht hinausschieben. Dieser Punkt ist von kardinaler Bedeutung, weil die kommunalen Politiker in steigendem Maß dazu neigen, unangenehme Entscheidungen nicht zu fällen, zumindest aber lange hinauszuzögern. Vielfach können sie deshalb nicht entscheiden, weil sie sich auch scheuen, zunächst einmal die erforderlichen Ordnungsvorstellungen zu artikulieren.

Nun muß man zugeben, daß das "Planungserfordernis" als Vorgabe für eine "Planungspflicht" für den Halblaien, den Kommunalpolitiker ja darstellen, nicht in jedem Fall sofort und so recht deutlich wird. Deshalb wurde der Ursachensequenz, die zum Planungserfordernis führt, an dieser Stelle nicht unerheblicher Raum gegeben. Dies war umso mehr notwendig, weil im Baugesetzbuch selbst zum Inhalt, was denn ein Planungserfordernis auslöse oder wann ein solches Erfordernis bestehe, wenig gesagt ist.

3.2.1 Erfordernisse räumlicher Orientierung

Die allgemeine Formulierung, daß die Planung die Vorstellung von der Zukunft vermitteln soll, reicht zur näheren Bestimmung der Funktion der räumlichen Planung nicht aus. Es muß vielmehr sehr speziell nach den Anlässen zur Planung, dem räumlichen Bezug und den näheren Beweggründen und Umständen gefragt werden. Bei der komplexen Natur der Planung war hierbei sowieso nicht nur eine Antwort zu erwarten. Die Spezialisierung der Planung hat zu besonderen Namen geführt, die zugleich Wegweiser und Unterscheidungsmerkmal sind, aber auch verwirrend sein können. Zunächst bedarf die Gesellschaft ganz generell auch einiger räumlicher Orientierungsmarken, nach denen sie sich richten kann.

Ein Spezifikum räumlicher Planung liegt nach dem Vorangegangenen in der räumlichen Verteilung und Zuordnung von sozio-ökonomischen Funktionen. Diese Funktionen schlagen sich, je nach Bedürfnis, durch besondere Einrichtungen nieder - z. B. Wohnungen, Schulen, Einkaufsmärkte, Schwimmbäder -, die im Sinne eines Marktes einen speziellen Standort zur Nutzung einer speziellen Fläche zur Deckung des Bedarfs benötigen. Eine solche Interpendenz von räumlichen und sozio-ökonomischen Faktoren stellt die Besonderheit der Raumplanung dar.

Schon eingangs treten allgemeine Kategorien wie "Bedarfsdeckung" und "Markt" auf. Die Anwendung dieser Begriffe in solch globaler Form kann zu Recht, bei der Vielfalt der Funktionen und Interpendenzen z. B. in einem Stadtgefüge, angegriffen werden. Dennoch soll hier das Risiko der extremen Vereinfachung eingegangen werden, um die Systematik verständlich machen zu können.

Akteure im Rahmen räumlicher Nutzungen
Schon eingangs ist unter den Begriffen dargestellt, daß Bedürfnis und Bedarfsdeckung an Raumnutzung "Akteure" voraussetzen, die zunächst unter Bezug zum Markt in zwei Grundtypen unterteilt werden können - die Anbieter von Gütern und Dienstleistungen einerseits sowie die Konsumenten der Güter und Dienstleistungen andererseits. Beide Typen treten sowohl permanent als auch sporadisch am Markt auf. Die ersten grundlegenden Arbeiten, deren theoretischer Ansatz noch heute gültig ist, stammen von v. Thünen[92] und Christaller.[93] Sie haben die hier angesprochene Thematik entwickelt und weltweite Bedeutung gefunden.

Die Anbieter
Als Anbieter treten in der Regel die Betriebe im weitesten Sinn (einschließlich der öffentlichen Verwaltung) auf. Ein Betrieb tritt auch sporadisch beim Neubau oder bei der Erweiterung seiner Gebäude an einem bestimmten Standort auf einer bestimmten Fläche als Nachfrager von Flächen auf. Er tritt permanent als Nachfrager von Arbeitskräften an demselben Standort mit derselben Fläche auf. Zu erwähnen ist darüber hinaus, daß natürlich Betriebe auch im weiteren Sinne als Konsumenten auftreten, wie z. B. der Gewerbebetrieb als Benutzer von Dienstleistungen wie Banken, Versicherungen usw.

Die Konsumenten
Als Konsument treten im Regelfall zunächst die privaten Haushalte auf. Sie treten permanent in der Benutzung laufender Dienstleistungs- und Warenangebote (täglicher Bedarf) auf und permanent wie auch sporadisch bei den verschiedenen sozialen und kulturellen Angeboten (Theater usw.). Der Personenhaushalt als Konsument mit Bedarfen tritt zunächst als Arbeits- und Wohnungssuchender am Markt auf.
Der räumliche Planungsbezug erfolgt dadurch, daß für solche Funktionen - bei gleichem Standortbedürfnis - Konkurrenz an Flächen entsteht. Beide Typen bedürfen also eines Orientierungsrahmens. Deshalb bedarf das Standortbedürfnis solcher Funktionen einer Steuerung, d. h. eines räumlichen Systems der Verteilungs- und Zuordnung. Dieses Bedürfnis nach einem Verteilungs- und Zuordnungssystem wird im wesentlichen durch das Auftreten des Problems der Reichweite bei Standorten erzeugt. Die quantitative Unveränderbarkeit an Flächen - insbesondere bei gleichen Standortansprüchen - und das Problem zu großer Reichweiten erzeugen als Kettenreaktion einen Rationierungseffekt, der eine Hierarchie bedingt, je nachdem, ob und wie die Bedarfsdeckung räumliche Dichte oder die Überwindung größerer Reichweiten verlangt bzw. gestattet. Man kann davon ausgehen, daß nicht al-

---
92 J. H. v. Thünen: "Der isolierte Staat in Beziehung auf Nationalökonomie und Landwirtschaft", Stuttgart 1826.
93 W. Christaller: "Zentrale Standorte in Süddeutschland", Jena 1933.

le Akteure gleichmäßig und mit derselben Intensität alle Märkte in Anspruch nehmen; es wird ein Verhalten hervorgerufen, wodurch die Bemühungen um die Erreichbarkeit eines Marktes umso stärker sind, je höher das Bedürfnis nach Bedarfsdeckung ist. Zu berücksichtigen ist allerdings, daß die Bewußtseinsbildung, was das größte Bedürfnis sei, oder auch Faktoren des Beharrens Verschiebungen im Veränderungsprozeß hervorrufen können. Wenn sich beispielsweise der Arbeitsplatz eines Individuums verändert, so ist nicht gesagt, daß der Wohnstandort ebenfalls sofort oder überhaupt geändert wird, weil entweder das Wohnungsangebot nichts bietet, die alte soziale Umwelt - Bekanntenkreis, Kegelklub usw. - das Individuum am Wohnstandort hält oder die Summe der Standortbedürfnisse der übrigen Familienmitglieder den Wohnstandort beibehalten läßt. Es wird also immer rationale ebenso wie irrationale Bedingungen geben, die eine oft auch nur scheinbare irrationale Entscheidung in der Teilnahme an den verschiedenen Teilsystemen des Standortmarkts hervorrufen.

3.2.2 Erfordernis an Standortorientierungen von Aktivitäten

Die räumlichen Faktoren des Standortes, also die Fläche, die Dichte und die Reichweite wirken als Zugänglichkeitsschwellen unterschiedlichen Gewichts bei der Teilnahme an den verschiedenen Märkten. Es gibt natürlich eine Reihe von Märkten, die von solchen räumlichen Faktoren nicht beeinflußt werden. Der kontinuierliche Veränderungsprozeß scheidet auch laufend Märkte aus ihrer Standortgebundenheit aus oder bringt neue Märkte in die Standortgebundenheit ein. So sind z. B. die Hauptverwaltungen großer Konzerne beim Distributionsmarkt der eigenen Güter im Laufe der Zeit unabhängig vom Standortfaktor geworden, nicht unbedingt hingegen beim Arbeitsmarkt. D. h. sie könnten aus den Gesichtspunkten des Distributionsmarktes der eigenen Güter durchaus im Bayerischen Wald oder Oberharz angesiedelt sein, nicht jedoch aus den Gesichtspunkten des Arbeitsmarktes und in mittelbarem Zusammenhang auch des Wohnungsmarktes.

Für die Analyse in der räumlichen Planung von Städten und Regionen haben jedoch nur solche Märkte Bedeutung, bei denen räumliche Faktoren Zugänglichkeitsschwellen auslösen, die Konflikte im Anspruch an Standorte und Flächen gleichermaßen hervorrufen. Dabei handelt es sich um unmittelbare Faktoren, wenn die Deckung des Bedarfs direkt auf dem Grundstücksmarkt (Standort und Fläche) erfolgen muß (in der Regel für Anbieter), oder um mittelbare Faktoren, wenn die Deckung indirekt auf dem Grundstücksmarkt durch zumutbare Entfernung (Reichweite) erfolgen muß (in der Regel für Konsumenten), wobei beides miteinander verflochten ist.

Die Aktivitäten der Akteure - z. B. die Standortwahl eines Betriebes oder die Einkaufsgewohnheiten eines Haushaltes - sind sogar vielfältig untereinander verflochten. Sie sind bedingt durch Fähigkeit und Bereitschaft, jeweils größeren oder geringeren Aufwand (Kosten, Zeit, sonstige Erschwernisse oder Störungen) für die Teilnahme an den verschiedenen Märkten zu betreiben; sie erzeugen damit eine bestimmte Hierarchie der Bedürfnisse mit differenzierten Kategorien der Standortanforderungen. Insgesamt entsteht ein System der Standortverteilungen und -zuordnungen. Ganz allgemein kann dieses Verteilungs- und Zuordnungssystem durch folgende Faktoren beeinflußt werden:

Um die Entfernung zu einem Standort, der zur Bedarfsdeckung dient, auf zumutbare Zeitbelastung einzuschränken, muß eine höhere Bebauungsdichte (möglicherweise damit auch höhere Kosten) in Kauf genommen werden. Umgekehrt muß eine größere Entfernung in Kauf genommen werden, wenn die Befriedigung eines wichtigen Bedarfs geringe Dichten verlangt (z. B. der horizontale Betriebsablauf bei der Güterproduktion). Dadurch ergibt sich eine komplementäre Beziehung von Bebauungsdichte und Reichweite.

Bei der Erörterung von Theorien der räumlichen Planung wird sich immer, wie wir schon erörtert haben, ein Teil - insbesondere der der Systemtheorien - auf einem Abstraktionsgrad bewegen, der sich auf die Planung an sich, unabhängig vom Raum, bezieht. Die Frage wäre also zu stellen, welches das besondere Spezifikum räumlicher Planung ist, wenn man bedenkt, daß lediglich die Erwähnung des Bezuges zum Raum, also zur Lokalisierung, nicht reicht. Wo aber wäre im abstrakt-theoretischen Bereich der Bezug zum Raum durch eine spezifische Definition herzustellen? Sie liegt m. E. in der Entwicklung einer Kombination von spezifischen Bezugssystemen, die den zu nutzenden Raum gliedern, strukturieren und ordnen und die wir im Einzelnen im nachfolgenden Kapitel erörtern werden.

Unter zahlreichen Aspekten dürften dazu Nutzungsverteilung, -zuordnung und -dichte, Zoneneinteilung und Zentralitätsstruktur hervorragende Rollen spielen. Ausgehend von der These, daß eine der Komponenten räumlicher Planung die vertikale und horizontale Verknüpfung verschiedener Planungsebenen darstellt und dafür ein durchgehendes Bezugskriterium gesucht werden müßte, bietet sich hierfür eine Systematik der Nutzungsverteilung und -zuordnung an. Sie könnte für die vertikale Verknüpfung der Planungsaktivität ebenso einen integrierenden Faktor darstellen wie für die horizontale Verknüpfung von Einzelfragen.

Es geht also darum wo neue Wohnflächen anzusiedeln sind, welche Folgerungen daraus für die Versorgungsdienstleistungen privater wie öffentlicher Natur zu ziehen sind. Weiterhin ergeben sich daraus wiederum Fragen nach der optimalen Verkehrsanbindung usw. Schließlich gilt es auch daraus das System der zentralen Standorte weiterzuentwickeln und ggf. auszubauen. Darüberhinaus wird jede Stadt Sorge dafür tragen, daß vorsorglich im Gesamtzusammenhang festgelegte Gewerbe- und Industrieflächen ausgewiesen werden. Die Verteilung und Zuordnung von Nutzungen ist ebenso bestimmend für die verschiedenen Ebenen der Landesplanung, Regionalplanung und Stadtplanung, wie sie der Bezugspunkt ist für die Verkehrsplanung, Sozialplanung, Bildungsplanung u. a. Dies gilt es im folgenden darzustellen.

Es geht also hierbei z.B. um die "Verknüpfungsfunktion" der zentralen Orte. Für die Raumordnung und Landesplanung stellen sie, je nach Hierarchieposition und Ausbaugrad, ein Förderkriterium an öffentlichen Mitteln dar, während sie für die Regional- und Stadtplanung Bezugspunkte für die Nutzungsverteilung und Infrastrukturausrichtung sind.

Wenn wir uns jedoch mit Faktoren auseinandersetzen, die die räumliche Planung selbst aktiv setzt - ich will diese hier deshalb dynamische Ordnungssysteme nennen -, werden wir auch Faktoren erläutern müssen, die - kaum veränderbar - bei der Ordnung des Raumes zu berücksichtigen sind. Ich meine solche Elemente wie die Landschaft, die Topographie, den Wasserhaushalt, die geographische Struktur, das Klima, die Ökologie, die vorhandene Baustruktur u. a., die Rahmenbedingungen für die von Menschen geplante Ordnung setzen, also auch Bezugssysteme darstellen.

3.2.3 Erfordernis ordnender Bezugssysteme

3.2.3.1 Naturräumliche und klimatische Struktur als ordnendes Bezugssystem

Bei der Erörterung des anstehenden Themas sei vorangeschickt, daß es in einem dicht besiedelten und hochentwickelten Land nur ausnahmsweise eine echte Naturlandschaft gibt. In der Regel besteht in solchen Ländern das Umland der Städte flächendeckend aus Kulturlandschaft, ist also schon von Menschenhand geformt.

Natürliche wie kultivierte Landschaften sind eine der Lebensgrundlagen der Bevölkerung. Sie sind Quelle für Nahrungsmittel, Rohstoffe, Energie, Wasser, Luft, aber auch zwangsläufig Raum für menschliche Siedlung. Es liegt auf der Hand, daß zwischen diesen Nutzungsbedarfen Konflikte entstehen.

Die natürliche wie die kultivierte Landschaft (geologische und topographische Struktur, Wasser, Klima, Fauna und Flora) bilden ein ökologisches Gebilde, das schwierig zu erfassen ist und gleichzeitig ein Wirkungsgefüge mit der städtebaulichen Nutzung darstellt.

Die natürliche wie die künstliche Landschaft bilden eine Umwelt mit Gewässern, ihren Läufen und Formen, ihren Tälern, Höhenlagen und Ebenen, deren Struktur in hohem Maße zu beachten ist und zusammen mit den ökologischen Aspekten ein wesentliches Bezugssystem darstellt. Dieser Bezug wird umso zwingender, je stärker die natürliche wie künstliche Landschaft im Zuge der Konzentration der Bevölkerung, bei außerdem noch gleichzeitig sich ausdehnenden städtischen Nutzungsansprüchen, durch Bebauung, Verkehr, Ausbeute von Bodenschätzen, wasserwirtschaftlichen Maßnahmen, Ausbeutung des Bodens (z.B. durch Überdüngung) in einem noch nie dagewesenen Maße belastet wird.

Diese Umwelt ist auch maßgeblich für das Stadtklima. Es ist unbestritten, daß zu den allgemeinen Schäden, denen die Menschen mehr oder weniger gleichmäßig ausgesetzt sind und denen die "städtische Umwelt" Vorschub leistet, nicht zuletzt auch Schäden durch das Klima zu zählen sind. Die besonderen Verhältnisse der Luftqualität und -feuchtigkeit sowie die Windentwicklung im städtischen Raum sind Ursache verschiedenster Erkrankungen oder fördern sie.

Es gilt also ein System der Frei-, Wasser- und Grünflächen zu erhalten und zu entwickeln, das in der Lage ist,

- das städtische Kleinklima möglichst günstig zu regulieren,
- die Frischluftversorgung aller Stadtteile zu ermöglichen,
- bei Defiziten einer Art Ausgleiche durch eine andere Art zu erzeugen, usw.

Insofern spielen die Systeme der Landschaft und des Klimas eine erhebliche Rolle als Bezugssystem. Beispielsweise bilden die Fluß- und Talauen sozusagen "Luftkorridore", die im Zusammenwirken mit öffentlichen Parks, Stadtforsten und Kleingartengebieten zu einem "Korridornetz" ausgebaut werden müssen. Welche Bedeutung der Gesetzgeber diesem Ziel zumißt, läßt sich an der Häufung der damit im Zusammenhang stehenden Begriffe, wie "menschenwürdige Umwelt", "naturräumliche Grundlagen", "Sport, Freizeit und Erholung", "Landschaftsbild", "Umweltschutz, Naturschutz und Landschaftspflege", "Naturhaushalt von Wasser,

Luft und Boden" und "Klima" im ersten Paragraphen des BauGB[94] erkennen. Diese Flächen stellen als Bezugskriterium der Planung Negativzonen für Bebauung dar.

3.2.3.2 Zentralitätsstruktur als ordnendes Bezugssystem

Jede wie auch immer gestaltete Gesellschaft verlangt für ihre Einzelglieder eine optimale Versorgung zur Absicherung des Lebensstandards sowohl aus ideeller als auch aus materieller Sicht. Insbesondere werden - meist durch die Verfassung der jeweiligen Gesellschaft gefordert - gleiche Chancen für den einzelnen im jeweiligen Lebensraum verlangt. Der Sachverständigenausschuß der Bundesregierung für Raumordnung hat in seinem 1961 herausgegebenen Gutachten unterstrichen, daß es in besonderem Maße die Verantwortung des Staates sei, für eine ausgeglichene Raumordnung zu sorgen, weil das menschliche Leben in seiner raumgemeinschaftlichen Bezogenheit und in seinen räumlichen Bedingtheiten das ausschlaggebende Substrat bilde. Dieses SARO-Gutachten hat zu den wertbildenden Bedingungen gerechnet:
a)   tägliche Erreichbarkeit der Arbeitsstätte unter zumutbarem Zeitaufwand;
b)   angemessene Verdienstmöglichkeiten;
c)   ausreichende Ausstattung mit den für die Lebensführung üblicherweise erforderlichen Einrichtungen öffentlicher und privater Art;
d)   familiengerechte Wohnweise;
e)   Einzugsbereiche von Erholungsgebieten.

Arbeitsstätten und Ausstattungen mit den für die Lebensführung üblicherweise erforderlichen Einrichtungen öffentlicher und privater Art können jedoch nicht in jeder beliebigen Zahl und an jedem beliebigen Standort geboten werden. Ein Katalog von Bedingtheiten schränkt die totale Erfüllung solcher Forderungen ein. Hier entstehen Probleme, die Entscheidungen mit geplanter standortbezogener Prioritätsfolge verlangen. Mehrere Faktoren beeinflussen die Standortbedingungen der für die Versorgung der Bevölkerung notwendigen Einrichtungen.

Diese bedeutende Zielsetzung der Versorgung der Bevölkerung haben die Gesetzgeber durchweg gewürdigt, indem sie sie an zentraler Stelle im Bundesraumordnungsgesetz, den Landesplanungsgesetzen und im Baugesetzbuch plazierten. Insofern schien es auch angemessen, die wesentlichen räumlichen Gesichtspunkte dieser Zielsetzung als rahmensetzenden Faktor entsprechenden Raum in den nachfolgenden Seiten zu gewähren.

Die Versorgungsnachfrage

Der Bedarf der Bevölkerung richtet sich in der Versorgung an Gütern und Dienstleistungen nach niedrigwertigen, mittelwertigen und hochwertigen Versorgungsleistungen. Der Charakter dieser Leistungen bestimmt in der Regel die Häufigkeit der Inanspruchnahme oder Erwerbs dieser Güter und Dienstleistungen im Sinne eines kurzfristigen, mittelfristigen und langfristigen Konsumbedarfs. Lebensmittel werden beispielsweise in hohem Maße konsumiert und damit häufig "nachgefragt", Bekleidung wird viel seltener gekauft. Nur im Abstand von Jahren wird ein neues

---

94 BauGB v. 8.12.1986 (BGBl. I S. 2191 BauGB), Fn. 48.

Auto, ein Kühlschrank oder ähnliches erworben. Da die Summe der Benutzer die Tragfähigkeit der anzubietenden Güter und Dienstleistungen bestimmt, ergibt sich nach der Quantität eine sehr unterschiedliche angebotsbezogene Benutzergruppe. Die Tragfähigkeit der Güter- oder Dienstleistungsangebote ist abhängig vom Umsatz. Der Umsatz ist wiederum abhängig vom Lebensstandard der Benutzer. Bei durchschnittlich niedrigem Lebensstandard der Benutzer ist die Nachfrage der Bevölkerung nach mittel- und langfristigen Gütern geringer als bei durchschnittlich hohem Lebensstandard. Das heißt, daß die zugeordnete Benutzergruppe bei durchschnittlich niedrigerem Lebensstandard größer sein muß als bei hohem Lebensstandard. Diese Kausalzusammenhänge sind schon von Christaller[95] sehr plausibel dargestellt.

Die "Reichweite" wird u. a. auch von gesellschaftlichen Zielsetzungen beeinflußt. Wenn z. B. eine durch politische Zielsetzung bedingte Sozialgesetzgebung jedem Mitglied der Gesellschaft unterschiedslos die ärztliche Versorgung garantiert, ist die Komponente marktwirtschaftlich orientierter Daten zur Bestimmung der Zentralität für diesen Bereich verwischt. Das oben dargestellte Prinzip gilt also stärker für den privaten Konsum. Sozio-kulturelle Dienstleistungen wie Schulen und Gesundheitsdienste sind nicht allein vom "Lebensstandard" abhängig, sie stehen jedem, auch Geringverdienern, zur Verfügung. Insofern ist, wie wir noch sehen werden, die sozio-kulturelle Zentralitätsstruktur zum Teil von anderen Faktoren abhängig als die ökonomische Zentralitätsstruktur. Aber auch dann noch unterliegt sie Bedingtheiten, die ein Prioritätssystem erfordern.

Die Versorgungsreichweite
Bei unterschiedlicher Mindestgröße der Benutzergruppen ergibt sich ein ebenso unterschiedlicher Einzugsbereich des jeweiligen Dienstleistungs- oder Güterangebotes. Bei unterschiedlicher Verteilungsdichte der Benutzer ergibt sich daraus gleichfalls ein unterschiedlicher Einzugsbereich. Das heißt, daß die strukturelle Reichweite der Güter und Dienstleistungen von bestimmten Bedingungen abhängig ist. Gleichzeitig führen gleichartige Einzugsbereiche, in deren theoretischer Mitte das Güter- oder Dienstleistungsangebot liegen sollte, zu einer Häufung von Angebotsinstitutionen an einem Ort. Die Summen annähernder Reichweiten und damit gleicher oder ähnlicher Einzugsbereiche von Güter- und Dienstleistungsangeboten mit ihrer Häufung in bestimmten Standorten führt zu einem System zentraler Standorte (siehe Grafik 13).

Zentrale Standorte niedrigen Ranges haben bei einer relativ geringen Einwohnerzahl wenig differenzierte Versorgungseinrichtungen mit einem Angebot von zentralen Gütern geringer Reichweite (Figuren a u. b). Zentrale Standorte höheren Ranges haben neben der größeren Zahl von wenig differenzierten Versorgungseinrichtungen zusätzlich auch Einrichtungen mit einem Angebot an zentralen Gütern mit geringer spezifischer Nachfrage und großer spezifischer Reichweite. Die Größe des Bezugsgebietes eines zentralen Standortes wird demnach durch die örtlich angebotenen zentralen Güter mit der größten spezifischen Reichweite und der geringsten spezifischen Nachfrage bestimmt. Danach nimmt auch in einem bestimmten Gebiet die Zahl der einem bestimmten Rang zugeordneten zentralen Standorte mit steigendem Rang ab. Mehrere zentrale Standorte niedrigen Ranges mit entspre-

---

95 Walter Christaller: "Die zentralen Orte in Süddeutschland", Fn. 93.

chend kleinem Bezugsgebiet sind - zusammengefaßt - für einen höherrangigen zentralen Standort Bezugsgebiete (Figur f). Je nach den Merkmalen der einzelnen Versorgungsfunktionen ordnet sich eine bestimmte Zahl von niedrigrangigen Bezugsgebieten deshalb in das höherrangige Bezugsgebiet ein. So entsteht ein hierarchisches System wechselseitig voneinander abhängiger Versorgungsreichweiten und damit auch zentraler Standorte verschiedenen Ranges. Solche Agglomerationen an bestimmten Standorten erzeugen in sich ein neues Feld der Bezüge, insbesondere über den Aspekt der Mobilität. Natürlicherweise sind deshalb solche Agglomerationen Erzeugungsfaktor und Bezugspunkt für Wohngebiete und Kommunikationseinrichtungen sowie umgekehrt, also Basis für ein Zuordnungssystem.

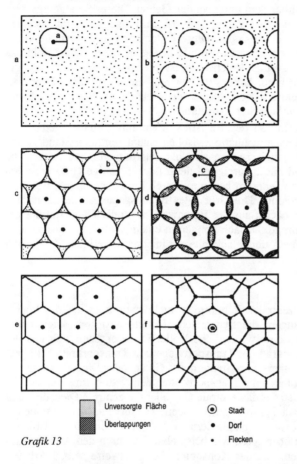

Zentrale Plätze nach W. Christaller[96]

Grafik 13

Unversorgte Fläche
Überlappungen

◉ Stadt
• Dorf
• Flecken

Die theoretische räumliche Verteilung und Zuordnung solcher zentraler Standorte ergibt sich zunächst über die Annahme, daß die Summe des Aufwandes für die Versorgung mit den verschiedenartigen Gütern ein Minimum anstrebt. Insofern wird die Wechselwirkung zwischen Zentralitätsgefüge und Verkehr besonders deutlich. Unter diesen Voraussetzungen und der weiteren idealisierenden Annahme einer gleichmäßig verteilten Bevölkerung leitete Christaller das hierarchische gleichmäßige System von sich einordnenden regelmäßig sechseckigen (bienenwabenartigen) Bezugsflächen ab, in deren Mittelpunkt jeweils der zugehörige und zuzuordnende zentrale Ort liegt (Figuren e u. f). Dieses hierarchische System der zentralen Orte wird ebenso durch ein hierarchisch geordnetes Verkehrs- bzw. Kommunikationssystem organisiert und zusammengehalten. Über das Kommunikationssystem

---

96 Quelle: W. Christaller: "Zentrale Orte in Süddeutschland", Fn. 93.

besteht eine wechselseitige Beziehung zwischen den zentralen Standorten unterschiedlichen Ranges.

Christaller definiert Zentralität als das Maß des Bedeutungsüberschusses eines zentralen Standortes gegenüber dem umgebenden Gebiet. Dieser Bedeutungsüberschuß wird gemessen an Gütern (Waren, Dienste, Informationen), mit welchen zentrale Standorte ihr Umland versorgen. Diese Güter können als zentrale Güter bezeichnet werden. Ist ihre auf einen Einwohner bezogene spezifische Nachfrage groß, dann besitzen sie eine geringe Reichweite, ist ihre spezifische Nachfrage gering, so ist ihre Reichweite groß. Unter "Reichweite" eines zentralen Gutes versteht Christaller die Grenzentfernung zwischen dem letzten verteilenden Anbieter (Distributor) und dem Endverbraucher (Konsument).

Die hier verwendete Definition des Begriffes "Zentralität" stellt - gedanklich und geographisch - einen Zusammenhang zwischen einem zentralen Standort und seinem Bezugsgebiet her. Dabei ergeben sich als determinierende Faktoren die Reichweite eines Gutes und die dadurch definierte flächenmäßige Größe des Bezugsgebietes. Diese werden wiederum bestimmt durch Einwohnerdichte, Beschäftigungsdichte oder Umsatzdichte. Die Größe des Bezugsgebietes eines zentralen Standortes bestimmt sich zunächst aus der Reichweite zentraler Güter mit der geringsten spezifischen Nachfrage. Danach können in einem abstrakten System Modelle von Standortverteilungen und Flächenbezug in ihrer jeweiligen Zuordnung behandelt werden.

Der Versorgungsaufwand

Die hierarchische Struktur zentraler Standorte ist nicht statisch zu sehen. Abgesehen von anderen Bedingungen, die dynamische Effekte auslösen, spielen beispielsweise Transportkosten eine wesentliche Rolle. Diese ergeben sich aus der Entfernung, aus dem Ausbaugrad der Transportwege und Transportmittel. Je größer die Entfernung des Benutzers zum Standort des Güter- oder Dienstleistungsangebotes ist, desto mehr schränken die Transportkosten den Nettobetrag ein, den der jeweilige Benutzer gewillt ist, für das zentrale Gut oder die zentrale Dienstleistung aufzuwenden. Ein besonderer Hinweis gilt hier dem Zeitaufwand der in monetäre Einheiten in die Transportkosten einzugliedern ist. Die Bedeutung dieses Effektes wird durch Besonderheiten überlagert, wie beispielsweise durch den Arbeitsplatz-Standort eines Konsumenten. Hat der Konsument beispielsweise seinen Arbeitsplatz im Bereich eines Standortes von Angeboten höherer, mittlerer und niedriger Dienstleistungen und Güter (City oder Einkaufszentrum), dann entstehen ihm in der Regel zur Inanspruchnahme dieser Güter oder Dienstleistungen keine zusätzlichen Kosten im Verkehrsaufwand. Mit der Entwicklung moderner und schneller Transportwege und insbesondere ihrer Bündelung ergeben sich für die Benutzer ebenso wie für den Standort des Güter- und Dienstleistungsangebotes in der Niederlassung durch diese Verkehrsanlagen bestimmte Prioritäten. Es treten gebündelte Verdichtungen auf; sie verschieben Häufigkeit und Reichweite des Güter- oder Dienstleistungsangebotes.

Kumuliert sich an dem Standort des Angebotes von Gütern und Dienstleistungen der Fächer und die Dimension dieser Angebote, dann entsteht auch ein mittelbarer Effekt, indem diese Institutionen wiederum eine Versorgungsnachfrage für sich erzeugen. Beispielsweise bedarf der Betrieb X einer Versorgung durch eine

Bank Y oder durch einen Verkehrsstrang Z. Die Kumulation zentraler Dienste und zentraler Güter erzeugt also aus sich heraus weitere Dienstleistungs- und Güternachfragen. Die Tendenz der Zunahme in den arbeitskräfteabhängigen Dienstleistungsbetrieben zieht in den Standorten von Angeboten zentraler Dienste und Güter Arbeitskräfte heran, die nicht automatisch in der Versorgungsreichweite der dort angebotenen Dienstleistungen und Güter wohnen. Sie nehmen jedoch vielfach die Dienstleistungen und Güterangebote am Arbeitsplatz in Anspruch und nicht im Bereich der Reichweite solcher Angebote ihres eigenen Wohnbezirks. Dadurch kommt eine kumulative Wirkung in die Zentralitätsentwicklung. Diese Kumulationswirkung ist beispielsweise eine der Komponenten, die zu Agglomerationen führen und Bezugspunkte des Kommunikationssystems bilden. Z. B. werden die Innenstädte auch in nicht unbeträchtlichem Ausmaß vom Konsum der in ihrem Bereich tätigen Beschäftigten getragen.

Zusammengenommen zeigen diese Faktoren, daß das theoretische Bild des Christallerschen Systems der zentralen Standorte mit seiner abstrakten Voraussetzung gleicher disperser Verteilung mit gleichen Verdichtungserscheinungen zwar im argrar-strukturierten Raum Geltung haben kann, daß aber solche Voraussetzungen für den industriell entwickelten Raum nicht voll gelten, sondern durch andere Einflüsse Verschiebungen erfahren. Insbesondere zeigt sich demnach, daß die kumulative Wirkung der Zentralität in immer stärkerem Maße den zentralen Standort zum Zuordnungselement nahezu aller wichtigen Standorterscheinungen macht, insbesondere, wenn man bedenkt, daß ein räumliches Zuordnungs- und Verteilungssystem im wesentlichen durch Konzentration und Agglomerationen seine Bedingungen erfährt. Weiterhin zeigen diese Überlegungen, daß es sich dabei um Agglomerations-, Konzentrations- und damit letzten Endes um Verteilungs- und Zuordnungsvorgänge handelt mit der Bestimmung von Nutzungsquantität und Nutzungsqualität von Standorten und Flächen. Es hat sich schließlich gezeigt, daß Reichweiten und Angebotskonzentrationen Relativitätsfaktoren unterliegen.

Hierarchie zentraler Standorte
Christaller hat nach bestimmten Merkmalen der Verteilung, der Reichweiten und der Größe von Orten eine Hierarchie entwickelt, die er mit großen Buchstaben versehen hat, wie beispielsweise der M-Typ, der A-Typ, der L-Typ, der P-Typ. Diese verschiedenen Typen hat er in eine Hierarchie gesetzt, deren Ergebnis etwa folgendermaßen aussieht:
a) Die zentralen Orte sind nach bestimmten Regelmäßigkeiten über das Land verteilt, und zwar so, daß um einen größeren Ort (etwa der P-Typ) ein Kranz kleinster zentraler Orte (M-Typ) liegt; weiter schließt sich ein Kranz von kleinen Orten (A-Typ) an; hierauf nach der Peripherie hin ein zweiter und dritter Kranz kleinster Orte (M-Typ); auf der Peripherie selbst befinden sich mittlere Orte vom K-Typ; ebenso geht die Gesetzmäßigkeit nach oben hin weiter.
b) Es gibt ganz bestimmte, zwangsläufig aus den Gesetzen der Ökonomie folgende Größentypen, sowohl von zentralen Orten wie von deren Ergänzungsgebieten, und zwar Wesenstypen und nicht Ordnungsklassen.
c) Die Anzahl der zentralen Orte wie ihrer Ergänzungsgebiete, die jedem einzelnen Typ zuzurechnen sind, schreitet in geometrischem Sinn von dem höchsten zum niedrigsten Typ hin voran (siehe Grafik 13).

Dieses starre Schema ist in mancher Hinsicht unvollkommen, es ist in dieser Strenge sogar nicht richtig. Es sollen daher Faktoren, unter deren Einfluß es wesentliche Veränderungen erfährt, betrachtet werden. Das Schema soll also der Wirklichkeit angenähert werden. Die in Wirklichkeit unterschiedliche Verteilung der Bevölkerung und die unterschiedliche Bevölkerungsdichte infolge von Bodenverhältnissen, Industriestandorten usw. bewirken an einer Stelle eine Ausdehnung, an anderer Stelle eine Verengung des Ergänzungsgebietes, also Abweichungen vom Typ - der größere zentrale Ort hat ein größeres M- und A-Gebiet als der kleine zentrale Ort; der wohlhabende Sektor des Systems hat ein enges, der ärmere ein weites Maschennetz der zentralen Standorte; die Wegsamkeit und die Tatsache, ob alt oder jung besiedelt, spielen eine Rolle; die Preisunterschiede der zentralen Standorte bewirken eine Ausdehnung derjenigen Gebiete, in denen das zentrale Gut billiger produziert wird usw. Es mag sein, daß etwa die Bedeutung als B-Ort geteilt ist und zwei kleineren Orten BA und BB zufällt oder daß etwa ein A-Ort ausfällt (weil weite unfruchtbare Landstrecken, Wüste, Moor, Gebirge, mit dünner Bevölkerung vorliegen), dafür aber die benachbarten A- und M-Orte stärker entwickelt sind.

Ebenso sagen die reinen Einwohnerzahlen über eine Bevölkerung wenig aus, da ein wesentlicher Faktor im Verhältnis von Stadtfläche einerseits und Umlandbevölkerung andererseits liegt.

Es dürfte deutlich geworden sein, daß der Strukturierung durch zentrale Standorte in einer wie auch immer gearteten Dimension, Verdichtung und Hierarchie sowie der in ihnen liegenden Veränderungspotentiale eine herausragende Bedeutung zukommt. Sie ist als Orientierungs- und Bezugsrahmen unerläßlich.

Interessant ist die Entdeckung des amerikanischen Geographen G. William Skinner[97], daß in der nordchinesischen Ebene die räumliche Struktur, Zuordnung und Verteilung von Tausenden von Dörfern und zentralen Orten der Theorie Walter Christallers entsprechen, einschließlich der von Christaller selbst artikulierten Abweichungen.

Wenn man nun die Entdeckung Skinners über die Verteilung der Dörfer und zentralen Orte noch mit der Städtehierarchie Chinas nach den aus der Zeit der Zhou-Dynastie (ca. 1120-220 v. Chr.) stammenden, vom Staatsgelehrten Meng-tse (372-289 v. Chr.) beschriebenen und etwa 2.500 Jahre gültigen kaiserlichen Vorschriften verknüpft, stehen wir vor dem erstaunlichen Phänomen, daß es offensichtlich schon vor über 2.000 Jahren in China so etwas wie eine Landes- und Regionalplanung gegeben hat, deren Grundprinzipien noch heute auch bei uns Gültigkeit haben. Nach Benevolo[98] gab es in China drei Grundkategorien in der Städtehierarchie (genannt: Zheng, Jie und Du). Die niedrigste Stufe enthielt zwei Unterkategorien ("kleine" und "große" Zheng-Stadt). Oberhalb der "Du-Stadt" sind noch die Hauptstädte (Provinz- und Reichshauptstadt) angesiedelt mit nicht festgelegten Größenordnungen (siehe Grafik 14).

Diese Städte hatten die bislang schon allgemein erörterten Funktionen des Marktes, des staatlichen Verwaltungssitzes, der Verteidigung (auch für die umliegende

---

97 G. William Skinner: "Marketing and Social Structure", in: Plural China, Journal of Asian Studies, Nr. 24, 1965.
98 Vgl. Benevolo, Fn. 6.

Landbevölkerung), des Kult- und Kulturzentrums usw., abgestuft, je nach ihrem Hierarchierang.

Diese Städte verfügten in der Regel über zwei Mauerringe, wovon der innere Mauerring dasjenige Gebiet umschloß, in dem die eigentliche städtische Bevölkerung lebte, während das Gebiet zwischen innerem und äußerem Mauerring dem Gemüse- und Obstanbau in normalen Zeiten diente und in Kriegszeiten die flüchtige Bevölkerung aus der Umgebung mit dem Vieh aufnahm. Insofern waren diese Städte auch eng mit ihrem landwirtschaftlichen Umland verbunden. Dieses Bild zeigt sich noch heute, weil China nach wie vor stark von der Landwirtschaft geprägt ist und auf dem Land die Bevölkerung bislang nicht motorisiert ist.

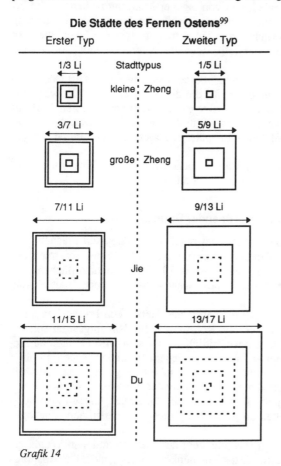

Grafik 14

Diese Städte waren baulich so organisiert, daß, wenn sie wuchsen und über die Kapazität ihrer Mauern hinaus ausgedehnt werden mußten, ein neuer Mauerring dort erstellt wurde, wo er nach den Regeln für die nächst höhere Kategorie von Stadt hingehörte, während die ursprünglich innere Mauer entweder abgerissen wurde oder als Mauer für einen Palast eines der Provinzfürsten diente. Das Maß aller Dinge war in China der Li (rd. 530 Meter). Kleinere Städte der Kategorie "Zheng" hatten eine Normenausdehnung ihres äußeren Mauerumfangs von 3 (Typ 1) = 1.590 m oder 5 Li (Typ 2) = 2.650 m. Im Falle der Erweiterung wurde eine neue äußere Mauer von entweder 7 = 3.710 m oder 9 Li = 4.770 m angelegt; die alte äußere Mauer wurde zur inneren Mauer umfunktioniert. Die Stadt des Typs Jie hatte eine vorschriftsmäßige Länge der äußeren Mauer von 11 oder 13 Li die Stadt vom Typ Du eine äußere Mauerlänge von 15 oder 17 Li. Diese Städte wurden in der Regel quadratisch angelegt. Die Chinesen haben auch Erörterungen über optimale Stadtgrößen geführt. Es ist also denkbar, daß diese Vorschriften aus Annahmen zu optimalen Stadtgrößen heraus entstanden sind.

---

99 Quelle: Meng-tse, chinesischer Staatsgelehrter (siehe auch Benevolo, Fn. 6).

Im Zentrum lag in der Regel das Verwaltungsviertel, bei größeren Städten zusätzlich der Palast. Die Stadt vom kleinsten Typ Zheng hatte eine Kapazität von maximal rd. 3.000 städtischen Einwohnern. Die berühmtesten Reichshauptstädte in der chinesischen Geschichte (Chang-An - heute Xian -, Hangzhou, Nanjing und Beijing) hatten vermutlich über eine Million Einwohner. Die äußere Mauer dieser Städte hatte jeweils eine Gesamtlänge von bis zu 100 Li (= 53.000 Meter oder 53 Kilometer!). Auch diese Städte zeigen in ihrem rasterartig Nord - Süd ausgerichteten Grundriß eine äußere und eine innere Mauer mit zentral gelegenem Palast mit eigener Mauer, die vermutlich einmal die innere Mauer bildete. In Beijing umfaßt die äußere Mauer die "Tataren-Stadt" oder auch "Innere Stadt", die innere Mauer die "Verbotene Stadt" mit dem wiederum von eigener Mauer umgebenen "Kaiserpalast" (letzterer in einer Ausdehnung von der Größe der Innenstadt Hannovers). Im Süden der Tataren-Stadt vorgelagert, wiederum mit eigener Mauer, die aber keinen neuen Ring um die Stadt darstellt, liegt die "Chinesenstadt" (oder auch "äußere Stadt").

Das Umfeld einer Stadt des Typs "Zheng" bestand aus etwa 30 bis 40 Dörfern in einem Umkreis von etwa 15 Kilometern, für die die Stadt zentraler Ort war bzw. heute vielfach noch ist. Diese Struktur erlaubte es, daß vom entferntesten Dorf aus die Stadt zu Fuß in maximal etwa eineinhalb Stunden zu erreichen war. Auf die innere Struktur dieser Städte werden wir in späteren Kapiteln noch einmal zurückkommen.

Insgesamt hat es sich also schon im alten hochentwickelten China um ein beachtliches zentralörtliches Bezugssystem gehandelt.

3.2.3.3 Wohnflächenverteilung als ordnendes Bezugssystem

Je nach Gebietsfläche und Größe einer Stadt machen die bebauten Flächen, einschließlich der übergeordneten Verkehrsanlagen, etwa 50-60 % des gesamten Gemeindegebietes aus. Davon sind wiederum etwa 50-60 % Wohnbauflächen, d.h. daß die Wohnbauflächen etwa 25-35 % des Gesamtgebietes einer Stadt ausmachen.

Diese Relationen zeigen, daß die Wohnbauflächen neben den Freiflächen allein schon wegen ihrer Quantität eine zentrale Rolle unter den Nutzungsarten spielen. Da die vorhandene Baumasse immer wesentlich größer sein wird als die neu hinzukommende, zu planende, stellen die vorhandenen Wohnbauflächen in ihrer Struktur und quantitativen Verteilung eine wesentliche Bezugsgröße dar. Auch in den relativen Größenordnungen der neu zu planenden Gebiete spielen sie eine gleich große Rolle. Standorte nahezu aller anderen Nutzungen müssen zumindest in der Phase abwägender Entscheidungen auch auf diese Wohnbauflächen bezogen werden.

Im Mittelpunkt aller räumlichen Planung steht der Mensch und sein Wohlergehen in weitestem Sinn. Zum Kern dieses Themenkomplexes gehört der Anspruch auf ein angemessenes Dach über dem Kopf für jede Familie. Zu der quantitativen Bedeutung gesellt sich deshalb insbesondere auch die qualitative Bedeutung der Wohnbauflächen nach ihrem Standort, ihrem Bezug und ihrer Zuordnung zu anderen Stadtfunktionen. Immerhin verbringt der Mensch den größten Zeitraum seines Lebens in seiner Wohnung.

An dieser Stelle werden wir zunächst die Quantität, Verteilung und Standortqualität von Wohnbauflächen erörtern, weil es uns hier um die Bedeutung im Bezugssystem geht und nicht um weitere Einzelheiten. Die Gestaltung von Wohngebieten und die daran zu stellenden Anforderungen werden erst in einem späteren Kapitel im nächsten Band dieser Reihe behandelt.

Darüberhinaus gilt es natürlich auch, die Ausstattung von Wohnbauflächen mit den örtlichen Versorgungseinrichtungen zu beachten. Da wir uns hier jedoch mit den übergeordneten Standortbezügen auseinandersetzen, können wir an dieser Stelle die örtlichen Versorgungseinrichtungen zunächst noch vernachlässigen.

Im Kapitel 3.3.1 werden wir uns mit der Stadt als Raum sozialer Aktivitäten auseinandersetzen. Schon dieses Stichwort läßt uns vermuten, daß die Ansetzung neuer Nutzungen einen entsprechenden Bezug zu den bestehenden Wohnbauflächen ebenso berücksichtigen muß wie umgekehrt der Ansatz neuer Wohnbauflächen in ihrem Bezug zu den anderen Nutzungen.

Folgende Zuordnungskriterien für die Wohnbauflächen spielen eine herausragende Rolle:
- Erreichbarkeit der Hauptkonzentration an Arbeitsplätzen,
- Erreichbarkeit der übergeordneten öffentlichen und privaten Dienstleistungen,
- Erreichbarkeit der übergeordneten Freizeiteinrichtugen, einschließlich der dafür eingerichteten Freiflächen,
- ökonomischer Anschluß an öffentliche Nahverkehrsmittel,
- Abstand von Lärmerzeugern jeglicher Art (insbesondere Verkehr),
- Abstand von Emissionsquellen der Luftverschmutzung,
- Erreichbarkeit der Hauptmasse der übrigen Wohnflächen usw.

3.2.3.4 Infrastruktur als ordnendes Bezugssystem

Definition der städtischen Infrastruktur
Der Begriff "Infrastruktur" ist nach Isenberg[100] von den Amerikanern aus dem militärischen Bereich übernommen. Er bezeichnet all das, was außerhalb der eigentlichen Kampfausstattung an Einrichtungen zur Ausführung einer Operation erforderlich ist. Der Begriff "Infrastruktur" wurde im Laufe der letzten Jahrzehnte auch vom zivilen Bereich aufgegriffen, was zur Verständigung auf internationaler Ebene im übrigen beiträgt. Im zivilen Bereich ist Infrastuktur in etwa gleichzusetzen mit der raumgebundenen "Grundausstattung". Sie bildet die Voraussetzung für ein möglichst reibungsloses Funktionieren der alltäglichen Lebensvorgänge. Der Deutsche Verband für Wohnungswesen, Städtebau und Raumplanung verwendet in seinen "Begriffsbestimmungen aus dem Wohnungs- und Siedlungswesen, dem Städtebau und der Raumordnung"[101] den Begriff "Infrastruktur" nicht, sondern "Grundausstattung", den er folgendermaßen definiert:

Diejenigen öffentlichen und privaten Anlagen und Einrichtungen einer Ortschaft oder eines Ortsteils, die zur Befriedigung des täglichen Bedarfs der Bewohner notwendig sind, insbesondere Anlagen und Einrichtungen des Gemeinbedarfs, der Erschließung, des Handels, des Handwerks und der Dienstleistungen.

---

100 Gerhard Isenberg: "Die Städtische Infrastruktur", in: Aspekte der Stadtverwaltung, Heft 73, Deutscher Verband für Wohnungswesen, Städtebau und Raumplanung, Bad Godesberg 1967.
101 Deutscher Verband für Wohnungswesen, Städtebau und Raumplanung, Heft 68, 1965.

In die Grundausstattung sind nicht nur die Einrichtungen öffentlicher Art einzubeziehen, sondern auch die Betriebe der privaten Erwerbswirtschaft, insbesondere solcher der Dienstleistungen. Dies soll aber nach der Definition des Deutschen Verbandes nicht heißen, daß zur Grundausstattung alle lebensnotwendigen Dinge, die "Essentials" gehören. Was die Grundausstattung aus der Gesamtheit der "Essentials" hervorhebt ist, daß ihre Einrichtungen an den Raum gebunden sind. Sie dienen der Vorhaltung und Darbietung von Leistungen des laufenden Bedarfs.

Ein genaueres Hinsehen zeigt uns, daß der Begriff "Grundausstattung", wie er vom Deutschen Verband definiert wird, nicht ganz identisch ist mit dem, was unter "Infrastruktur" zu verstehen ist.

Wir haben erörtert, daß wir einer "Vorsorge" zur geordneten Raumstruktur bedürfen, für die wir wiederum Bezugspunkte benötigen. Als einen dieser Bezugspunkte haben wir die geordnete Zentralitätsstruktur und die Beziehungen der Einzelfunktionen zu ihr erkannt. Wesentliches Element der Zentralitätsstruktur und ihrer "Erschließung" ist die städtische Infrastruktur, die aus Gründen der Raumordnung ebenso wie aus Gründen der Kostengestaltung eine herausragende Bedeutung gerade in der Erschließung zentraler Funktionen erhält. Sie stellt deshalb einerseits ein wesentliches Strukturelement und andererseits obendrein in ihrem öffentlichen Teil auch ein wesentliches Steuerungsinstrument für die Planung und ihren Vollzug dar.

Das Baugesetzbuch[102] behandelt die Infrastruktur an mehreren Stellen unter verschiedenen Begriffen, wie "Gemeinbedarf", "Erschließung" u.a. sehr ausführlich, woran wir erkennen können, welche Bedeutung der Gesetzgeber der Infrastruktur beigemessen hat.

Die Bedeutung der Infrastruktur

Welche Bedeutung Infrastruktur haben kann, läßt sich besonders deutlich am Beispiel des "Großen Kanals" in China erläutern, eine der bedeutendsten Binnenwasserstraßen der Welt. Er ist 1.750 km lang (unser Mittellandkanal ist 320 km lang). Er verbindet die großen Wirtschaftsräume von Beijing, Tsianjing, Nanjing, Soozhou, Shanghai, Hangzhou u.a. als höchst intensiv genutzter Verkehrsweg. Er dient damit der Entwicklung eines Raums von schätzungsweise 600 Millionen Menschen. Die Verkehrsbelastung des Kanals ist derart stark, daß es sogar häufiger zu Staus kommt, was seine ökonomische Bedeutung unterstreicht. Mit zahlreichen Nebenkanälen ist er obendrein Erschließungsbasis für ein weitverbreitetes Netz von Nebenkanälen, das sowohl der Verkehrserschließung als auch der Bewässerung sehr großer Gebiete in der nordchinesischen Ebene dient. Der Kanal ist deshalb von größter ökonomischer, sozialer und ökologischer Bedeutung für das Land.

Besonders interessant ist, daß der Bau des Kanals im 6. Jahrhundert vor Christus geplant und in ersten Teilen begonnen wurde. Bis zum 6. Jahrhundert nach Christus hatte er eine Länge von 1.000 km erreicht. Dem Verfasser ist keine auch nur annähernd vergleichbare systematisch geplante Infrastrukturmaßnahme solchen Ausmaßes bekannt.

Die einzelnen Infrastruktureinrichtungen

Nach dem bislang erörterten Begriff lassen sich zur städtischen Infrastruktur die folgenden Elemente rechnen:

---

102 Baugesetzbuch (BauGB), Fn. 48.

Anlagen, die der "Erschließung" des städtischen Gebiets dienen
Sie sind meist langlebig und lassen sich auch als "technische" Infrastruktur bezeichnen. Sie bilden die Voraussetzung für eine räumliche Entwicklung und müssen in den Grundzügen vorhanden sein, ehe die eigentlichen Gebäude wie Wohnungen, Fabriken u.ä. errichtet und in Betrieb genommen werden. Es handelt sich also um "Vorleistungen".

Sie bestehen einerseits aus den festen Verkehrsanlagen wie Straßen und Plätzen für die innere und äußere Erschließung, andererseits aus den Verkehrsbetrieben auf Straßen, Schiene, gegebenenfalls auch auf dem Wasser, einschließlich des rollenden Materials.

Unter die technische Infrastruktur fallen sodann die "Public Utilities", die Versorgungsanlagen. Im Vordergrund steht das Verteilernetz - die Gewinnungsstätten können weit entfernt liegen - für Elektrizität, Gas sowie für das Frisch- und Brauchwasser. Schließlich gehören zu der technischen Infrastruktur die Anlagen, die der Erhaltung des Bestands und der Entsorgung dienen. Zum ersteren gehören städtische Bauhöfe, Feuerwehr usw., zum letzteren die Anlagen zur Beseitigung von Abwässern und Müll.

Einrichtungen des Gemeinbedarfs
Einrichtungen des Gemeinbedarfs sind in Anlehnung an das Baugesetzbuch in der Regel bauliche Anlagen und Einrichtungen, die der Allgemeinheit dienen, wie Schulen, kirchliche, kulturelle und sonstige für öffentliche Zwecke bestimmte Gebäude. Gemeinsam ist den Anlagen, daß sie unmittelbar dem Dienst am Menschen gewidmet sind, z.B. der Erziehung (Grundschulen, weiterbildende Schulen, Berufsschulen), der Bildung und dem Gottesdienst, der Gesundheit (Krankenhäuser, für die Gesundheit notwendige Grünanlagen einschließlich der Friedhöfe), dem Spiel (Kinderspielplätze) und dem Sport. Wieweit solche Einrichtungen die vorgenannten Merkmale der Infrastruktur erfüllen, hängt von den gebräuchlichen kulturpolitischen Vorstellungen ab. Für all das mag die Bezeichnung "Infrastruktur des Humanbereichs" angemessen sein. Im weiteren Sinne sind auch die Einrichtungen für die Lokalverwaltung und für die öffentliche Sicherheit (Polizei) einzubeziehen.

Zur städtischen Infrastruktur sind nach der räumlichen Stufung im allgemeinen nur solche Einrichtungen zu rechnen, die auf den Bedarf einer Region zugeschnitten sind; das sind Gebiete, die sich möglichst um ein Zentrum gruppieren. Strittig mag sein, ob unter den Begriff "städtische Infrastruktur" Einrichtungen fallen, die schwerpunktmäßig nach Niveau und Spezialisierung Sonderzwecken gewidmet sind, wie Hochschulen, Fachschulen für nur vereinzelt vorkommende Berufe, Theater von überregionalem Rang, Heilanstalten u.ä.m.

Bei der Infrastruktur des Humanbereichs handelt es sich um "Folgeleistungen"; der Bedarf an ihnen tritt, im Gegensatz zu den Vorleistungen der technischen Infrastruktur, erst auf, wenn die Haupteinrichtungen in Betrieb genommen werden.

Erwerbswirtschaftliche Folgeeinrichtungen
Zu den Folgeeinrichtungen sind auch die Anlagen zur Versorgung des weiteren Alltagsbedarfs zu rechnen. Hauptträger dieser Einrichtungen sind der Einzelhandel und das Handwerk, die Filialen von Banken und Sparkassen, sonstige Dienstleistungsbetriebe wie Friseure, das Gaststättengewerbe u.ä.

Zwar enthält das BauGB keine Definition des Begriffs Infrastruktur. Wenn wir jedoch den § 1, Absatz 5 durchleuchten, dann stehen die Anlagen der Infrastruktur im Vordergrund, ohne daß dies expressis verbis artikuliert ist. Nach Löhr[103] ist deshalb ein Baugebiet erst dann in vollem Umfang sozialgerecht nutzbar, wenn es "erschlossen", d.h. mit der erforderlichen Infrastruktur ausgestattet ist. Zu dieser Ausstattung gehören (siehe auch §§ 9, 55, 125 u. 127 BauGB):
- Der Anschluß an
  - das Straßennetz,
  - das Versorgungsnetz für Elektrizität, Wasser und Gas,
  - das Entsorgungsnetz für flüssige wie feste Abfallstoffe,
  - das Netz des öffentlichen Personennahverkehrs.
- Die Versorgung mit
  - Schulen, Kinderspielplätzen und Kindertagesstätten,
  - Sport- und Freizeiteinrichtungen, Grünflächen,
  - Ärzten, Apotheken und
  - sonstigen Einrichtungen zur allgemeinen Versorgung.

Diese Liste ist nicht erschöpfend und damit exemplarisch.

Die Gemeinden sind laut Auftrag des Grundgesetzes zur Sicherstellung dieser Infrastruktur verpflichtet. Es liegt nicht in ihrem Ermessen, die eine oder andere Versorgungsleistung zu vernachlässigen. Die Gemeinde muß allerdings nicht alle diese Einrichtungen von sich aus vorhalten. Sie kann solche Aufgaben an Dritte delegieren.

Einzelne Aufgaben werden im marktwirtschaftlichen System ohnehin von Privaten übernommen, wie etwa die medizinische Versorgung durch Ärzte oder Apotheken. Die Gemeinde muß jedoch für die Ansiedlung solcher Einrichtungen die planungs- und baurechtlichen Voraussetzungen schaffen, ggf. auch durch Sicherstellung von Grund und Boden.

Allein der Rang und die Stelle, die den Infrastruktureinrichtungen im BauGB eingeräumt wird, signalisieren ihren Stellenwert und machen deutlich, daß sie ein wesentliches Bezugssystem darstellen.

3.2.3.5 Die vorhandene Bausubstanz als ordnendes Bezugssystem

Bei der räumlichen Planung und Gestaltung können wir nicht vermeiden, uns mit der vorhandenen Substanz an von Menschenhand ausgeführten Investitionen auseinanderzusetzen. Diese Substanz ist in der Regel weitaus umfangreicher als die Substanz der in den planbaren Zeiträumen neu zu schaffenden Investitionen. Ein Indiz dafür ist die Diskussion in den ersten Nachkriegsjahren darüber, ob der Wiederaufbau der am stärksten zerstörten Städte an anderer Stelle erfolgen sollte. Diese Fragestellung verschwand sehr schnell wieder, als deutlich wurde, daß die noch erhaltene und gerade noch nutzbare Substanz außerordentlich groß und nicht sofort substituierbar war. Allein die technische Infrastruktur konnte nicht nur nicht sofort ersetzt werden, sondern war in ihrer vorhandenen, unzerstörten Substanz unverzichtbare Voraussetzung für die zunächst anstehenden Maßnahmen. Die vorhandene Substanz ist auch nur sehr langsam veränderbar - weil sie entweder nicht nur aus ihrem Vorhandensein heraus, sondern auch aus anderen Gründen erhaltenswert sein mag, oder die Veränderung sehr kostspielig ist.

---

103 Battis/Krautzberger/Löhr: "Baugesetzbuch", Fn. 48.

Schließlich kann und muß es bewußte Politik sein, die vorhandene Substanz sorgsam zu pflegen und ihrer Struktur und Nutzung nach zu erhalten. Ein Beispiel liegt in der Erhaltung historischer Stadtteiltypen - heute vielfach mit Milieuschutz umschrieben.

Die Struktur dieser vorhandenen und zu erhaltenden Substanz ist eine feste Vorgabe für räumliche Planung, die aus sich heraus das konkrete System der Nutzungsverteilung und -zuordnung, Zentralitätsstruktur, Zonierung und des Erschließungsnetzes weitgehend präjudiziert, zumindest jedoch eine Reihe von denkbaren Alternativen ausscheiden läßt.

Wer wollte wohl z.B. die in mehreren historischen Etappen entstandenen typischen hamburgischen Quartiere um Binnen- und Außenalster und an der Elbe heutzutage noch verändern oder gar verschwinden lassen? Wer wollte heute noch St. Georg oder die Wallanlagen völlig umstülpen? Wer wollte Eppendorf oder die Alstervororte total umstrukturieren?

Natürlich gibt es in der vorhandenen Bausubstanz auch vielfach zu beseitigende Mißstände. Deretwegen ist es jedoch in den seltensten Fällen notwendig, den gesamten Stadtteil zu "sanieren".

Die Bausubstanz bildet in sich eine wie auch immer geartete Struktur - sie ist zum Teil durch weitere Vorgaben ausgelöst, wie z.B. in Hamburg die Struktur der Wasserläufe - der Elbe, Alster oder Bille und der daraus entstandenen Topographie und besonderer Einzelpunkte ihres Netzes, z.B. auch der komplementär zu den Flußläufen entstanden künstlichen Kanäle.

Insofern erhält die "präventive" Instandhaltung (Substanzerhaltung) auch der städtebaulichen Einheiten eine herausragende Bedeutung. "Präventiv" meint, daß bauliche Anlagen oder Teile von ihnen gewartet, repariert, ersetzt oder erneuert werden, bevor sie voll ausfallen, verfallen oder zerstört sind und dadurch auch andere Teile bzw. Anlagen schädigen bzw. sogar noch zerstören. Welch riesige Probleme bei Nichtachtung des Prinzips der präventiven Instandhaltung entstehen können, zeigt der außerordentliche Zerfall im Gebiet der ehemaligen DDR.

Nicht die Treuhand oder neue Investoren, sondern das SED-Regime hatte schon vor der Wende die überwiegende Zahl der Betriebe in den ostdeutschen Ländern durch fehlende präventive Reinvestitionen "plattgemacht". Sie waren schon platt, ohne daß die Belegschaft es wußte. Ihre Produkte, nehmen wir exemplarisch den "Trabbi", waren so schlecht, daß selbst die eigene Bevölkerung sie nicht mehr kaufte.

3.2.4 Erfordernis geordneter Grund- und Bodenverhältnisse

Wirtschaft bedeutet, wie wir schon erörtert haben, Produktion und Konsum von Gütern und Dienstleistungen.

Produzieren heißt Güter für den Konsum bereitstellen. Dabei obliegt der Urproduktion die Gewinnung von Rohstoffen aus der Natur, der technischen Produktion ihre Umwandlung zu Fertigprodukten und der ökonomischen Produktion die Bereitstellung dieser Fertigprodukte sowie die Bereitstellung von Dienstleistungen und sonstigen Nutzungsrechten, z.B. an Grund und Boden durch Pachtverträge oder an Baunutzung durch das Planungsrecht.

Der Produktionsprozeß führt somit vom Rohstoff über das Halbfabrikat und Fertigprodukt zum konsumreifen Gut. Er verdeutlicht den Konsumreifeprozeß durch die Umwandlung konsumferner Güter höherer Ordnung in konsumreifere Güter niederer Ordnung.

Jede Produktion läßt sich auf drei Ausgangskräfte zurückführen: den Boden, die Arbeit und das Kapital. Man nennt sie Produktionsfaktoren.

Boden ist der zu sozialen und wirtschaftlichen Zwecken genutzte Naturraum. Die Bundesrepublik Deutschland (alt) hatte eine Grundfläche von ca. 360.000 km^2. Davon waren 85 Prozent zu land- und forstwirtschaftlichen Zwecken, 4 Prozent als Wohngebiete und 3 Prozent gewerblich-industriell genutzt. Auf diese 3 Prozent entfielen ca. 70 Prozent der Gesamtproduktion.[104]

Der Boden ist zunächst ein Standortfaktor. Erstrebt wird ein optimaler Standort. Das bedeutet eine verkehrsgünstige Lage für den Gütertransport, eine Anbindung an das besonders günstige Wasserstraßennetz, an die gut ausgebauten Schienenwege, an die Flughäfen und an die Autobahnen - an Verkehrsträger also, deren Kapazität je nach Bedarf unterschiedlich stark ausgenutzt wird.

Jedes Unternehmen muß sich beim Bezug von Rohstoffen und Halbfabrikaten sowie bei der Einstellung von Arbeitskräften nach der Lage auf den Beschaffungsmärkten und auf den Absatzmärkten, den Maßnahmen seiner Konkurrenten sowie nach den Wünschen der Abnehmer richten. Wirtschaftliches Ziel ist zunächst die Kostendeckung, darüber hinaus ein möglichst großer Überschuß der Einnahmen über die Ausgaben, also ein Gewinn.

Leitgedanke der Suche nach dem optimalen Standort ist der kilometrische Optimalpunkt. Eine möglichst günstige Entfernung zu Rohstoff- und Absatzmärkten will genauso bedacht werden wie die Lage auf dem Arbeitsmarkt und die Höhe der Energiekosten, so daß der Transport einer Tonne Material eines Kilowatts Energie oder die Bewegung der Summe aller Beschäftigten pro Kilometer ein Minimum kostet.

Darüber hinaus sind bei der Standortsuche heute mehr denn je außerwirtschaftliche Gesichtspunkte zu berücksichtigen. Wohnsiedlungen für die Arbeitskräfte und ihre Familien, Schulen für die Kinder müssen vorhanden sein oder geschaffen werden. Dazu kommen gute Einkaufsmöglichkeiten und Einrichtungen der Kultur- und Freizeitpflege. Diese Aufgaben können heute nur noch durch Zusammenarbeit von öffentlicher Hand und Wirtschaft gelöst werden.

Immer beeinflußt der Staat durch Strukturplanung und Raumordnung Standorte aller Art. Aus den Standortbedingungen erfährt der Produktionsfaktor Boden seine wesentliche Bewertung. Wir erkennen, daß dieser Faktor Boden eine wesentliche Rolle spielt; er ist in dem beschriebenen Sinn z.B. nicht beliebig vermehrbar.

Seit der industriellen Revolution haben sich die Anschauungen über die Bedeutung des Bodens als Quelle des Reichtums verändert. Durch den Einsatz von Kapital und maschineller Arbeit, auch in der landwirtschaftlichen Produktion, wurde die Bedeutung der Bodenleistungen, die durch Transformation in das Produkt eingehen, immer geringer. So wurde der Boden hauptsächlich als Standort betrachtet. Ganz neue Fragen traten auf. Es handelte sich nicht mehr um die Beziehung zwischen Faktoreinsatz und Ausbringungsmenge, sondern um eine Distanz zwischen Erzeugungsorten und Verbrauchsorten. Das Problem der Produktions- und insbesondere der Transportkosten rückt in den Vordergrund.

---

104 Bundesrepublik Deutschland: Landesbericht für die Wirtschaftskommission für Europa (ECE) der Vereinten Nationen, Bundesministerium für Raumordnung, Bauwesen und Städtebau und Bundesministerium für Wirtschaft, Bonn-Bad Godesberg 1987.

Neben dem einzelwirtschaftlichen Problem, dem Kostenproblem, gibt es natürlich auch noch ein gesamtwirtschaftliches Problem, und zwar im Rahmen einer regionalen Wirtschaftssituation. Hier handelt es sich beispielsweise um die Zuordnung von Wohn- und Erzeugungsgebieten oder von Verkehrs- und Absatzgebieten.

Im ganzen kann festgestellt werden, daß der Boden zwar als Produktionsfaktor an Bedeutung verliert, deshalb aber als solcher Faktor nicht bedeutungslos ist.

Völlig anders stellt sich die Entwicklungssituation bei den anderen Nutzungsfeldern des Bodens dar, nämlich bei den Wohn-, Freizeit-, Dienstleistungs-, Verkehrs- und Freiraumbedarfen insbesondere der städtischen Bevölkerung. In allen diesen Feldern ist der Flächenbedarf exponentiell gestiegen, man muß schon sagen explodiert, wie wir in späteren Kapiteln noch sehen werden. Diese Nutzungsbereiche stehen auch untereinander in einem engen Bezugsrahmen, so daß ihre Funktion nach wie vor sehr stark spezifisch raumbezogen ist, während Industrie und Gewerbe immer weniger spezifisch standortabhängig sind.

Wenn also der Grund und Boden insbesondere in seinen spezifischen Nutzungsanforderungen nicht vermehrbar ist, die spezifischen Nutzungsbedarfe der meisten Nutzungsfelder jedoch explosionsartig angestiegen sind, dann wird deutlich, daß kaum überbrückbare Konflikte in der Beanspruchung des Bodens für bestimmte Nutzungen entstehen.

In einem marktwirtschaftlichen System muß daraufhin der Preis des Grund und Bodens explosionsartig ansteigen. Er hat dies auch in den hochindustrialisierten Ländern weltweit getan. Die Preise sind zwar differenziert angestiegen, in der breiten Masse jedoch so, daß in vielen Fällen nicht nur in den Innenstädten, sondern auch in Gebieten, für die planungsrechtlich reines Wohnen vorgesehen war und ist, die Preise des noch unerschlossenen Bodens + Erschließungskosten eine erträgliche Mietgestaltung vielfach nicht mehr erlauben. Wir werden uns noch eingehend mit den Problemen der Bodenordnung auseinandersetzen. An dieser Stelle genügt das bisher Erläuterte, um verständlich zu machen, daß die Standort- und Eigentumsstruktur des Grund und Bodens ein starkes Bezugssystem mit erheblich rahmensetzenden Wirkungen darstellen.

Die außerordentliche Bedeutung des Grund und Bodens zeigt sich auch darin, daß das BauGB im ersten Kapitel, also im allgemeinen Städtebaurecht, den vierten, fünften und sechsten Teil ("Bodenordnung", "Enteignung" und "Erschließung") bodenordnerischen Fragen speziell widmet.[105] Mittelbar werden Fragen des Grund und Bodens, z.B. auch im Rahmen der Baunutzungsverordnung, an vielen anderen Stellen zusätzlich angesprochen.

3.3 Gesellschaftliche Bezugsfelder als Auslöser von Planungserfordernissen

3.3.1 Die Stadt als Raum sozialer Aktivitäten

Die Stadt ist der Raum, in dem sich soziales Leben abspielt, durch flüchtige und dauernde, spontane und vorgezeichnete Begegnungen und Gruppierungen. Wenn von Stadtplanung die Rede ist, wird der Soziologe an Kommunikationsformen und

---

[105] BauGB v. 8.12.1986, Fn. 48.

-flächen, also an "raumgebundene und raumbezogene Interaktionen" (Schmidt-Relenberg)[106] denken. Sein Denken bewegt sich gleichermaßen im Raum gebauter, urbaner Siedlung wie im Raum der sozialen Beziehungen.[107]

Urbanes Leben in der Stadt heißt mannigfaltige Begegnungen und Kontakte. Werte des Kommunikationspotentials dieser Art dürfen nicht hinter denen der Wirtschaftlichkeit und des reibungslosen Funktionierens zurücktreten, Städtebau hat mehr als eine Dimension. Wenn man den Stadtraum so oder so gestaltet, wird sich diese oder jene Konsequenz im sozialen Raum ergeben; oder wenn wir diese oder jene Werte verwirklichen wollen, müssen wir bestimmte, räumliche Voraussetzungen schaffen. Ebenso wie die ökonomischen Strukturen sind die sozialen Bedürfnisse einerseits wandelbar und andererseits abhängig von kulturellen Traditionen. Sie sind auch individuell und nach Gruppen verschieden. Deshalb erfordern sie vielfache Angebote innerhalb der gleichen Stadt; sie können unter Umständen miteinander konkurrieren, aber gewisse Grundbedürfnisse sind allgemeiner Natur. Der Mensch braucht Kontakte zum Informationsaustausch, zur Selbstbestätigung, zur Orientierungshilfe, zum Aufbau eines Wertsystems, aus Neugierbefriedigung und aus einem ganz natürlichen Geselligkeitsverlangen. Die Stadt als seine Umwelt muß dem Menschen also Kontaktmöglichkeiten bieten, sonst würde er in seinen lebensnotwendigen Beziehungen verkümmern und verarmen.[108]

Meßlatte für die Qualität einer Stadt ist also, ob sie durch ihre Größe, Struktur und Gliederung menschliche Entfaltung fördert oder verkümmern läßt. Eine Stadt soll so sein, daß man gerne in ihr lebt und sich in ihr aufgehoben fühlt; sie soll Erlebnisreichtum vermitteln, eine Umwelt sein, "die ein soziales Engagement aufkommen läßt" (Mitscherlich).[109] Daß eine Reihe unserer Städte mit z.T. monotonen Großsiedlungen diesen Erwartungen nicht entspricht, hat letztlich das Stigma der "Unwirtlichkeit" ausgelöst. Über die Kontakte in der unmittelbaren Nachbarschaft hinaus gilt es also Systeme für Standorte und Räume zu gestalten, die diesen Bedürfnissen Rechnung tragen.

So ist es z.B. für die Familie im islamischen Saudi-Arabien von grundlegend anderer Bedeutung als für die Familie bei uns, wenn der Tante Emma Laden an der Ecke ausstirbt und Einkaufszentren allenthalben entstehen. Frauen dürfen in Saudi-Arabien nicht Auto fahren. Selbst die Fahrt mit einem öffentlichen Nahverkehrsmittel ist nur unter bestimmten Bedingungen möglich. Das bedeutet, daß die Frau von der Bereitschaft des Mannes abhängig ist, wann mit dem PKW oder überhaupt eingekauft wird. Dem Mann obliegt wiederum eine stärkere, moralische "Pflicht", seine Frau, verwitwete Mutter, Schwiegermutter und Töchter zum Einkauf zu fahren, sofern und sobald es seine sonstigen Pflichten erlauben - für beide Parteien eine Last. Insofern spielen Kühlschrank und Kühltruhe nicht nur aus den klimatischen Gründen dieser heißen Region eine Rolle, sondern auch um, in stärkerem Maß noch als bei uns, mit einer Einkaufsfahrt pro Woche auszukommen. Da der

---

106 Schmidt-Relenberg: "Soziologie und Städtebau", in: Beiträge zur Umweltplanung, Hamburg 1968.
107 Siehe hierzu auch: H. Heuer: "Sozialökonomische Bestimmungsfaktoren der Stadtentwicklung", Schriften des Deutschen Instituts für Urbanistik, Band 50, Berlin 1977.
108 Siehe hierzu auch: E. Pfeil: "Großstadtforschung", Band 65, "Abhandlungen", Akademie für Raumforschung und Landesplanung, Hannover 1972.
109 A. Mitscherlich: "Die Unwirtlichkeit unserer Städte, eine Anstiftung zum Unfrieden", Frankfurt a.M. 1965.

saudische Familien-Haushalt im Schnitt zwar auch kleiner wird, dennoch in der Regel immer noch 7-10 Personen umfaßt (mittlere Haushaltsgröße, einschließlich Einpersonen-Haushalte, nahezu 6 Personen), sind allein zum Einkauf PKWs mit Kofferräumen von der Größe amerikanischer Wagen erforderlich. Im übrigen ist die Frau dort auf das fußläufige Umfeld der Wohnung im wesentlichen beschränkt. Die weitere Folge ist, daß ein Saudi, wenn er ein Grundstück für sein Haus kauft, häufig gleich vier oder fünf Grundstücke daneben für seine Söhne (selbst wenn sie noch gar nicht geboren sind) dazu kauft und bis zu 30 Jahre lang (bis die Söhne einen eigenen Hausstand gründen können) unbebaut liegen läßt. In der Regel wird er auch Brüder, Vettern und Stammesmitglieder zu bewegen versuchen, das Gleiche zu tun, um der Frau ein akzeptables "fußläufiges" soziales Kontakt- und Umfeld zu bieten. Ein solches Verhalten ist für den Städtebau verheerend! Die Stadtteile sehen z.T. so aus wie abgeräumte Trümmerstädte, in denen einige Häuser stehen geblieben sind. Das Ganze ist "unwirtlich" im wahrsten Sinn des Wortes. Dieses Verhalten hat verheerende Folgen auch für die ökonomische Erschließung von Wohngebieten, weil nach einer Neuerschließung dadurch große Teile jahrzehntelang unbebaut bleiben. Eine Ursache dafür ist, daß die öffentlichen Hände in Saudi-Arabien keinen Erschließungsbeitrag erheben.

Alexander Mitscherlich[110] hat unsere Städte als in hohem Maß "unwirtlich" im Sinne sozialer Aktivitäten bezeichnet. Er hat einen hohen Anspruch im Vergleich mit seit Jahrzehnten existierenden Stadtteilen erhoben. Dazu ist zu bemerken, um eine zu hohe Meßlatte zu vermeiden, die nicht erfüllbar ist:
- Jedes neue Stadtgebiet zeigt für eine Generation (wie wir in einem anderen Kapitel noch näher erörtern werden) eine unausgewogene Altersstruktur. Es gibt zu viele junge und zu wenig alte Menschen. Warum dieser Faktor wenig zu ändern ist, wird in einem späteren Kapitel behandelt.
- Wir können immer schneller bauen, ausschlaggebendes Grün, das einem Stadtteil den Charakter einer "Steinwüste" nimmt, nämlich ausgewachsene Bäume, wächst jedoch auch heute nicht schneller als vor hundert Jahren.
- Wir vermögen nicht mehr einen Stadtteil mit allerlei privaten Dienstleistungen, insbesondere den Tante Emma Läden an der Ecke, und anderem "auszustatten".

Ein Stadtteil kann deshalb erst nach einer ganzen Reihe von Jahren seine sozialen Funktionen voll erfüllen.

In diesem Zusammenhang empfiehlt sich z.B. das Studium der Entwicklungsgeschichte des Hamburger Stadtteils Harvestehude-Rothenbaum. In ihm befinden sich die Universität und andere "Institutionen" Hamburgs, wie etwa der "HSV" usw. Er ist durchsetzt und "vermischt" mit allerlei anderen Funktionen. Bundesweit gehört dieser Stadtteil wohl zu den urbansten und beliebtesten Quartieren. Wenn man jedoch die Zeitungen zur Zeit der Entstehung dieses Stadtteils liest, dann könnte man meinen, es handele sich um die Kritik Mitscherlichs an einem der heute neu angelegten Stadtteile (es genügte, die Namen auszutauschen). Er muß gräßlich "unwirtlich" gewesen sein! Nun könnte man natürlich einwenden, daß nicht so schnell gebaut werden sollte.

Dagegen ist jedoch wiederum einzuwenden, daß in den 50er und 60er Jahren in großen "Schüben" Millionen von Flüchtlingen in neuen Wohnbaugebieten untergebracht werden mußten. Sie hatten schon 10 und mehr Jahre in Lagern oder anderen

---
110 Alexander Mitscherlich, Fn. 109.

nicht erträglichen Situationen leben müssen und zu einem nicht zu unterschätzenden Teil soziales Gemeinschaftsverhalten verlernt oder überhaupt noch gar nicht gelernt. Sie mußten also schnell eine adäquate Wohnung erhalten, weswegen ein langsameres, schrittweises Bauen neuer Stadtteile sich von selbst verbot. Mitscherlichs Kritik ist also nur begrenzt gültig.

Neben der Wohnung als konstantem sozialen Raum kennen wir verschiedene Kommunikationsfelder, wie
- anonyme Kurzkontakte (z.B. öffentliches Nahverkehrsmittel),
- Kurzkontakte mit persönlicher Kenntnis (Bäcker, Postbote, Mitbewohner eines Hochhauses),
- mittel- bis langfristige Kontakte (Arbeitskollegen, Schullehrer, Arzt, usw.),

wobei beachtet werden muß, daß die sozialen Kontakte im Wohnumfeld von großem Gewicht sind. Einmal geht es um ein Sichbewegen in der Anonymität der Straßen, Ämter, Kaufhäuser und Verkehrsmittel. Die Kontakte, die hier entstehen, werden als Teilbegegnungen von Personen in segmentierten Rollen, z.B. als Käufer und Verkäufer, bezeichnet. Die Kontakte spielen sich ohne gegenseitige Kenntnis ab, durchzogen von ungeschriebenen Verhaltensregeln, verbunden mit Rücksichtnahme, Distanzverhalten und Höflichkeit, einem typisch großstädtischen Kommunikationsverhalten. Dazu Elisabeth Pfeil[111]:

Der Großstädter, der sich in der totalen Anonymität des Fußgänger- oder Autostromes treiben läßt, kann sich mit dem Gefühl beschwingter Teilhabe dem Gesamtleben der Stadt sympathisch verbunden fühlen. Wichtig ist es, Bescheid zu wissen, d.h. mit Dingen und Mitmenschen innerhalb dieses Anonymats umgehen zu können.

Großstädter bewegen sich jedoch keineswegs nur in anonymen Feldern, sondern auch in solchen der Vertrautheit. Diese liegen zunächst konzentrisch um die Wohnung, greifen aber auch in den Stadtraum hinaus. Es ist der Raum der Einkäufe für den täglichen Bedarf, in dem die nachbarlichen Gespräche und Handlungen nachbarschaftlicher Hilfsbereitschaft stattfinden, in dem Kinder spielen, Heranwachsende sich treffen usw. Untersuchungen haben ergeben, daß sich die sozialen Beziehungen in den Gesamtrahmen des städtischen Raumes eingliedern lassen, daß jedoch auch bei uns sich emotionale Bindungen an den eigenen Stadtteil verdichten. Nicht nur Familien in Saudi-Arabien, sondern auch bei uns, wenn sie in einem Stadtteil Fuß gefaßt haben, versuchen, Verwandte und Freunde "nachzuziehen". Sie lernen häufig neue Bekannte auf lokaler Ebene kennen, und zwar vorzüglich über die Schule. Großschulen, wie z.B. die Gesamtschulen in Hamburg aus den 70er Jahren mit 2.500 Schülern, haben diese soziale Funktion mehr oder weniger verloren, möglicherweise eine negative Nebenwirkung der Gesamtschule.

Das Wohnviertel wird von seinen Bewohnern selektiv benutzt: der durchlebte Raum ist immer kleiner als das Viertel selbst, nur ein Ausschnitt, der sich aus den Interaktionen des täglichen Lebens ergibt. Erst recht wird der Gesamtraum der Stadt nur selektiv in Benutzung genommen: Arbeitsstätten und die Wege zu ihnen hin; die City zu Zwecken der Einkäufe; der Theater- und Konzertbesuche, zum Flanieren und Promenieren; die Wohnungen von Verwandten, Bekannten und Freunden; Vereine, Klubhäuser, Facharztpraxen. Es bestehen also Inseln personaler Bekanntschaft im sonst anonymen Raum. Diese beruhen auf freier Wahl: Personen, die die gleichen Interessen haben, finden sich periodisch zusammen. Solche

---

111 Elisabeth Pfeil, Fn. 108.

empirisch gewonnenen Einsichten haben Konsequenzen im Hinblick auf die Aufgliederung in deutlich markierte Wohngebiete und der Anbindung dieser Viertel an den Gesamtraum der Stadt bzw. seiner ausgeprägten Hierarchie zentraler Räume mit hohem Identifikations- und Kommunikationspotential. Aus den nur kurz angeschnittenen Aspekten der Stadt als sozialem Raum können wir schon erkennen, wie sehr dieser Themenkomplex auslösender Faktor von Planungserfordernissen sein muß.[112]

3.3.2 Die Stadt als Raum von Wirtschaftsaktivitäten

Wir sollten uns daran erinnern: Die Stadt ist ursprünglich entstanden aus der Funktion "Markt". Sie hat auch heute noch überwiegend diese Funktion, wenngleich sie im Zuge der Industrialisierung bis hin zur post-industriellen Gesellschaft sehr viel komplexer und damit diffuser geworden ist. Insbesondere während der Industrialisierung um die Jahrhundertwende waren Städte als Industriestandort (Kohle und Erzlager als Produktionsfaktor) hinzugekommen. Seither hat sich jedoch die Marktfunktion wieder verstärkt. Wir haben als einen Entwicklungsfaktor die enorme Zunahme des sogenannten tertiären Wirtschaftssektors vermerkt und die zunächst damit einhergehende zentripetale Standortbewegung der Arbeitsplätze, bedingt durch den Bedarf an Nachbarschaft wegen der mit ihr verknüpften Fühlungsvorteile.

Daraus ergibt sich ein gewaltiger Druck auf die Cityrandgebiete mit der Folge des Bedarfs einer systematischen Planung und Einrichtung eines Systems funktionaler und hierarchischer, zentraler Standorte, allein schon aus dem Aspekt der Erhaltung hochwertiger Wohnquartiere am Cityrand durch Entlastung.

Damit ist ein weiterer, wesentlicher Teilaspekt der Stadtwirtschaft, nämlich die Wohnungswirtschaft, angesprochen, die jedoch im Rahmen des Wohnungswesens und dem entsprechenden Kapitel erörtert wird. In die Erörterung des Themas "Stadtwirtschaft" gehört natürlich auch ein Thema wie "Optimierung" der Stadtgröße. Dieses Thema werden wir wiederum im Zusammenhang mit den Fragen zur konkreten Stadtentwicklung und zum Wohnungsbau erörtern.[113]

Stadtwirtschaft werden wir zunächst aus zwei Blickwinkeln, nämlich dem makroökonomischen einerseits und dem mikroökonomischen andererseits betrachten müssen.

Makroökonomischer Blickwinkel
Der makroökonomische Blickwinkel betrachtet die wirtschaftlichen Zusammenhänge und Entwicklungen aus der Sicht raumordnerischer Belange. Im Vordergrund stehen hier etwa Fragen der Versorgung der Bürger mit Arbeitsplätzen, die Vermeidung einseitiger Strukturen der Stadt, die Verkehrsanbindung der Wohngebiete an die Gebiete mit Arbeitsplätzen, die Vermeidung von Störungen der Stadt durch den Produktionsprozeß eines Betriebes oder dessen Folgen usw. So spielt die innerstädtische Standortwahl für entsprechende Gewerbe- oder Industriegebiete eine wesentliche Rolle.

---

112 Siehe hierzu auch: H.-P. Bahrdt, Fn. 12.
113 Siehe hierzu auch: Harry W. Richardson: "Urban Economics" (Kapitel 1 u. 2), Illinois 1978.

Betrachtet man die mittelfristige Nachkriegsentwicklung in den alten Ländern der Bundesrepublik, dann können wir erhebliche Verschiebungen in der Standortbeziehung zwischen Arbeitsplätzen und Wohnungen verfolgen. Diese Erscheinung ist nicht auf die Bundesrepublik Deutschland oder Europa beschränkt, wie sich insbesondere aus den Arbeiten von Jean Gottmann[114], Berry[115] und anderen ablesen läßt, sondern zeigt sich ebenso in Amerika, Australien und anderen Kontinenten.

Zunächst einmal hat es z.b. Anfang der sechziger Jahre einen ersten dramatischen Abbau der Kohleförderung und damit an Arbeitsplätzen im Bergbau im Ruhrgebiet und an der Saar gegeben. Durch den wirtschaftlichen "Boom" der 50er Jahre hatten zunächst die Zechen einen Höchststand in der Zahl der Beschäftigten erreicht. Im Laufe der Nachkriegsentwicklung wurde jedoch Kohle aus anderen Ländern (Billig-Lohn und Übertageabbau) so viel billiger, daß es kaum lohnte deutsche Kohle weiter zu fördern. Die deshalb rasch folgende Umstrukturierung führte durch Stillegung von nahezu einem Dutzend Zechen zur Freisetzung von etwa 25.000 Bergarbeitern im Ruhrgebiet.

Im Laufe der Jahre waren jedoch inzwischen Wohnungen in großer Zahl gebaut und mit langer Lebensdauer versehen direkt auf die Standorte dieser Zechen bezogen worden. Durch gezielte Maßnahmen - teilweise aber auch durch Zufälligkeiten bestimmt - konnte das Opelwerk in Bochum angesetzt werden, was vielfach als Strukturausgleich angesehen wurde. Dazu muß bemerkt werden, daß das Opelwerk ca. 15.000-20.000 Beschäftigte hatte, also nicht etwa allein die Freisetzung der Bergarbeiter ausgleichen konnte; außerdem sind dort nur etwa 3.000-4.000 Bergarbeiter nach Umschulung eingestellt worden. Damals wurde ein enormes Umschulungsprogramm durchgezogen. So hatte Bochum 1960 7.300 Pendler und 1965 18.400 Pendler; die Arbeiter von Opel kamen und kommen aus so entfernt liegenden Städten wie Düsseldorf, Dinslaken und Hamm. Umgekehrt arbeiten viele ehemalige Bergarbeiter wiederum in diesen oder anderen Städten, ohne bisher ihren Wohnsitz z.B. in Bochum aufgegeben zu haben, nicht zuletzt wegen der günstigen Wohnungsbaufinanzierung für ihre ursprünglichen "Bergarbeiter"-Wohnungen. Die punktuelle Sonderfinanzierung zeigt alleine im hohen Verkehrsaufwand schon deutlich ihre Kehrseite, die unmittelbare Zuordnung von Wohnung zu Arbeitsplatz erwies sich insofern als falsches Ziel.

Die deshalb in sich sehr dezentralisierte Struktur des Ruhrgebietes ist heute den daraus entstehenden Ansprüchen an Mobilität kaum gewachsen, wenn man nicht in der Regel davon ausgehen will, daß das Automobil zum absolut beherrschenden Verkehrsmittel in diesem Raum wird, da nur mit ihm die Entfernungen zuzüglich der Kreuz- und Querverbindungen ohne dramatischen Zeitverlust zu bewältigen sind. Wegen dieses Motorisierungszwangs erscheint es dann auch beispielsweise nicht erstaunlich, sondern geradezu zwangsläufig, daß sich bei Bochum ein Einkaufszentrum auf grüner Wiese am Ruhrschnellweg entwickeln konnte. Es fehlen einerseits, durch die Streustruktur der Wohngebiete bedingt, geschlossene Nebeneinkaufszentren in attraktiver Größe. Die Schwäche öffentlicher Nahverkehrsmittel, wiederum durch die Streustruktur der Wohngebiete bedingt, und der Zwang, so oder so ein Auto zu besitzen, veranlaßt andererseits diese Besitzer, aufgrund der fixen Kosten für das Auto, dieses nun für alle möglichen Zwecke (siehe auch Kapitel 3.1.1 "Mobilität") zu benutzen. Hier bot sich zum Einkauf das Einkaufszentrum

---

114 Jean Gottmann: "The Coming of the Transactional City", University of Maryland, Press Institute for Urban Studies 1983.
115 Brian J. L. Berry, Fn. 30.

am Ruhrschnellweg geradezu an, da dort obendrein ein Parkplatzproblem (im Gegensatz zu den Innenstädten) nicht existiert.

In den achtziger Jahren folgte dann der Abbau der Stahlproduktion. Deutschland verlor rapide seine Position als Produzent von Massengütern. Manch Stahlkocher wurde stillgelegt, mit der Folge einer neuen, bis dahin in unserem Land völlig unbekannten "Nutzungskategorie", nämlich der "Industriebrache". Nur langsam erholen sich die davon am schwersten betroffenen Städte. Nunmehr taucht ein erneuter "Einbruch" am Horizont auf, nachdem das Bundesverfassungsgericht den Kohlepfennig als verfassungswidrig befunden hat. Es ist danach nicht ausgeschlossen, daß noch einmal erhebliche Zahlen an Kohlearbeitsplätzen verloren gehen, mit ähnlichen Wirkungen wie schon beschrieben. Wir erkennen auch dadurch die immer stärker werdende Regionalisierung städtischer Funktionen und Nutzungen (z.B. Einkaufszentren auf grüner Wiese), wie sie nach Berry[116] auch in anderen Teilen der Welt beobachtet werden kann.

Deutlich gemacht werden sollte mit diesen Darstellungen zunächst an dieser Stelle nur, daß es auch Rahmenbedingungen gibt, die irgendwo in der Welt entstehen (z.B. bei den Billiglohnländern für die Produktion von Massengütern oder in Ländern mit Übertageabbau von Kohlevorkommen) und einschneidende Einwirkungen auf unsere Städte haben können.

Mikroökonomischer Blickwinkel
Der mikroökonomische Blickwinkel betrachtet die wirtschaftlichen Zusammenhänge und Entwicklungen aus der Sicht der Betriebe und deren Interessen. So spielen hier zunächst einmal die räumlichen Absatzchancen und -standorte für den Betrieb einschließlich der dafür besten, übergeordneten Verkehrsanbindung eine Rolle. Eine weitere Rolle spielt natürlich der Arbeitsmarkt, d.h. das Potential an verfügbaren Arbeitskräften. So hat das Potential der umzuschulenden Bergarbeiter im Ruhrgebiet nicht nur im makroökonomischen Blickwinkel der Landesregierung von Nordrhein-Westfalen und der Stadt Bochum (Arbeitsbeschaffung) eine große Rolle gespielt, sondern auch aus dem mikroökonomischen Blickwinkel des Opelwerks. Es sollte deshalb klar sein, daß für den Planer wie den Entscheidungsträger auch der mikroökonomische Blickwinkel wichtig ist, wenn auch der makroökonomische aus mancherlei Gründen für diese Gruppe ein größeres Gewicht haben muß.

Beide Blickwinkel machen deutlich, daß die daraus entstehenden Aspekte einen so hohen Stellenwert haben, daß sie rahmensetzende Bedeutung erhalten.

Ergebnis unserer Betrachtungen der gesellschaftlichen Bezugsfelder in der räumlichen Nutzung ist, daß wir die Siedlungsstruktur, wir könnten sie auch als Verteilung der menschlichen Aktivitätsstätten über den Raum bezeichnen, als so bedeutungsvoll ansehen, daß sie vom staatlichen Handeln mitbestimmt werden muß. Diese Feststellung wird untermauert durch den Sachverhalt, daß wir es bei dem "Raum" mit einem Gut zu tun haben, das nicht vermehrbar ist. Deshalb lösen die Bezugsfelder der gesellschaftlichen Entwicklung aus sich heraus ein Planungserfordernis aus.

Mit weiteren Aspekten der gesellschaftlichen Bezugsfelder werden wir uns in späteren Kapiteln im Zusammenhang mit den einzelnen Sachbereichen auseinandersetzen.

---

116 Brian J. L. Berry: "Resource Use, Locational Choices, and Regional Specialisation in the Global Economy", in: Economic Geography, New York 1987.

3.4 Stadtverfall als Auslöser von Planungserfordernissen

3.4.1 Allgemeines

Jedes Bauwerk und jede Anlage, d.h. auch jeder Siedlungskörper in seiner Gesamtheit oder seinen Teilen ist vom Moment seiner Fertigstellung an der "Alterung" ausgesetzt. Früher oder später zeigen sich Erscheinungen, wie Abnutzung, Verfall, Zerstörung, Schwund und Funktionsausfall. Das ist zunächst von der Natur der Sache her unvermeidlich. Vermeidbar sind besondere Fälle an Planungs-, Entwurfs- und Konstruktionsfehlern, unnötige, zu schnelle Abnutzung und zu große Zerstörungen. Sie sind in der Regel durch falsches Verwaltungshandeln (öffentlich wie privat) ausgelöst. Selbst wenn eine private oder öffentliche Verwaltung gewillt ist, durch z.B. präventive Vorsorge eine Anlage voll zu erhalten, kann sich ergeben, daß die Kosten so hoch sind, daß sie in keinem Verhältnis zum weiteren Ertrag stehen. In solchen Fällen wird sinnvollerweise die "Alterung" gezielt in Kauf genommen.

Jede Minderung der Qualität (auch die durch Alterung) ist ein Ärgernis, gleichgültig, ob es sich um eine natürliche und unvermeidliche Abnutzungserscheinung handelt oder auf fehlerhaftes Verhalten zurückzuführen ist.

Schäden und Qualitätsminderungen werden erst bedenklich, wenn sie nicht beachtet und nicht beseitigt werden, weil eine "präventive (vorsorgliche) Instandhaltung und Revitalisierung" nicht stattfindet oder zu lasch gehandhabt wird.

Wenn nachstehend die wesentlichen Problemursachen angesprochen werden, darf unter keinen Umständen verkannt werden, daß in kaum einem Fall ein Mangel durch eine einzige Ursache ausgelöst worden ist. Erst das Zusammentreffen verschiedener ungünstiger Umstände bewirkt in der Regel den Verfall oder den Schaden.

3.4.2 Aspekte zum physischen Verfall[117]

Bei normalen Abnutzungserscheinungen hängt die Dimension des Schadens und der Reparaturfolgemaßnahmen davon ab, wie sorgfältig die Instandhaltung des Objekts gewesen ist (sog. "präventive Instandhaltung"). Übermäßiges Sparen oder ein Aussetzen von solchen "präventiven" Instandhaltungsmaßnahmen wird im Nachhinein immer sehr teuer.

Dem Anschein nach hat es z.B. in Kiel und anderen deutschen Städten bei öffentlichen Bauten, also z.B. Schulen und Straßen, innerhalb der letzten 10-15 Jahre eine Vernachlässigung präventiver Instandhaltung (durch fehlende Mittel in den entsprechenden Titeln des ordentlichen Haushalts) gegeben. Wenn dieser Anschein stimmt, dann tragen die Verantwortung dafür Magistrat und Rat gemeinsam (Entscheidung über die Bewilligung von Haushaltsmitteln). Es zeigt sich, daß die Finanznot dann plötzlich außerordentliche Probleme auslöst, weil eben der bauliche Zustand einer Reihe öffentlicher Bauten so schlecht ist, daß Maßnahmen nicht mehr hinausgeschoben werden können und außerdem teurer sein werden, als wenn sie "präventiv" kontinuierlich durchgeführt worden wären. Wäre in "guten" Zeiten

---

117 Siehe hierzu auch: Klaus Müller-Ibold: "Schäden an öffentlichen Hoch- und Tiefbauten in Hamburg", in: "Berichte und Dokumente der Freien und Hansestadt Hamburg", Nr. 515, Hrsg. Staatliche Pressestelle, Hamburg 1977.

"präventiv" (vorsorglich) Ausreichendes geschehen, könnte in der jetzigen "schlechten" Zeit in bewußter Zeitbegrenzung (etwa drei bis vier Jahre) diese präventive Instandhaltung vernachlässigt werden. Nunmehr sind jedoch in überproportionalem Maß "außerplanmäßige Instandsetzungsmittel" notwendig geworden.

Das gleiche konnte über Jahrzehnte zum Wohnungsbau (insbesondere in der ehemaligen DDR) gesagt werden. Dieses Thema wird deshalb hier angesprochen, weil eine falsche Instandhaltungspolitik (z.B. zum Vorteil stärkerer, konsumorientierter Ausgaben) später zu Finanzengpässen mit höchst ärgerlichen Folgen führt, die wiederum den Handlungsspielraum sehr einengen. Manche Kommune hat in den letzten zehn Jahren in dieser Hinsicht "gesündigt".

Mangelnde Überwachung und Kontrolle
Ausschlaggebend sind insbesondere die laufenden Überwachungen und Kontrollen des Zustandes der Bauwerke. Es sollte in jedem Fall für jedes "öffentliche" Bauwerk eine "Patientenkartei" (wie in der Medizin) geführt werden, die jederzeit über alle Konstruktionsdetails, Beobachtungen des Verhaltens der Konstruktionen und ggf. schon vorgenommene Maßnahmen (z.B. jährliche Kontrollergebnisse, Reparaturen, Erweiterungen, Veränderungen) Auskunft erteilen kann. Die heutigen benutzerfreundlichen, elektronischen Datenverarbeitungsprogramme bieten hierfür ein ideales Instrument.

Äußere Mängeleinflüsse
Steigende Umweltbelastung und Einflüsse aus der Witterung haben in vielen Bereichen in steigendem Maß Schäden erheblich verstärkt und oft überhaupt neuerdings erst ausgelöst. So lagen oft zur Zeit von Planung und Entwurf von Bauanlagen über die rasch zunehmende chemische Aggressivität der Luft und ihre schädliche Wirkung, z.B. auf Stahlbeton, noch keine ausreichenden Erkenntnisse vor. Bei zahlreichen Gebäuden hat z.B. eine starke Verschmutzung der Fassade, angereichert um die in den zurückliegenden Jahren immer aggressiver gewordenen Schadstoffe mit Sulfat- und Chloridgehalt in der Luft, die ursprünglich im Beton vorhandene basische Schutzwirkung, die eine Korrosion der Stahleinlagen verhindert, abgebaut. Diese tief in den Beton eingreifende sog. "Karbonatisierung" hat zu erheblichen Zerstörungserscheinungen auch bei bisher optisch noch nicht beeinträchtigt erscheinenden Bauteilen geführt und läßt auch künftig starke Korrosionsschäden befürchten.

Hieraus ergibt sich ein besonderes Problem bei solchem Wohnungsbau, der in Fertigbauteilen hergestellt worden ist, weil diese im angesprochenen Sinn "verwundbare" Betonfassaden darstellen. Gerade in diesem Punkt wird die frühere "Plattenbauweise" der DDR in Zukunft für die ostdeutschen Bundesländer vermutlich riesige Probleme auslösen.

Ein weiterer äußerer Einfluß, der zu Schäden an Bauwerken führt, ist die steigende und immer schwankungsintensivere Verkehrsbelastung von Straßen und Brücken. Viele ältere Brücken sind nicht allein auf Grund des hohen Lebensalters, sondern insbesondere wegen der stark gestiegenen Belastung den heutigen Anforderungen kaum noch gewachsen sind.

Der Zustand von Straßen und Straßenbrücken hängt im wesentlichen von fünf Faktoren ab:

- Lebensalter,
- Instandhaltungspflege,
- Stärke des Verkehrsstromes,
- Wechselhaftigkeit der Verkehrsströme und
- Stärke der Achslasten.

Es hängt insbesondere von der Intensität und Kombination der letzten drei Faktoren ab, inwieweit dadurch erheblich erhöhte und häufigere Schwingungsvorgänge erzeugt werden, die zu Formänderungen führen, die eine Ermüdung des Materials beschleunigen. Die regelmäßigen Brückenprüfungen im westlichen Gebiet der Bundesrepublik Deutschland haben leider seit Ende der siebziger Jahre in steigendem Maß Schäden ans Licht gebracht. Oft täuscht das äußere Bild von Straßen und Brücken über ihren Zustand hinweg. Zwar konnten in der Regel die Schäden dieser Art noch im Rahmen der laufenden Instandhaltung und -setzung beseitigt werden. Vermutlich wird sich jedoch bald nicht mehr vermeiden lassen, mit einem Grundinstandsetzungsprogramm viele Straßen und Brücken über Einzeltitel im Haushalt zu sanieren, weil die jeweilige Einzelmaßnahme zu teuer wird, um sie noch in den allgemeinen Titel für laufende Instandhaltung aufnehmen zu können.

Achslasten und Gesamtgewicht der Kfz (t) gem. StVZO

Gesamtgewicht	1952	1960	1972	Grenzverkehr
Einzelachse	8	10	10	13
Doppelachse	12	16	16	21
Gesamtgewicht	24	32	38	43

Grafik 15

Während jedermann augenfällig ist, daß sich die Verkehrsströme in den letzten 40 Jahren erhöht haben, ist sicherlich nur wenigen bewußt, wie stark im gleichen Zeitraum die zulässigen Achslasten erhöht worden sind. Deshalb führe ich sie hier kurzgefaßt an (s. Grafik 15):

Die doppelte Wirkung von ansteigenden Verkehrsbewegungen und zunehmender, zulässiger Achslast lösen nicht nur eine kumulative, sondern eine sich potenzierende Belastung mit vorzeitigen Schadenswirkungen aus. Davon sind leider überwiegend die Stadtstraßen betroffen. Hier sind vom Bundesgesetzgeber ebenso wie vom europäischen Normgeber Entscheidungen getroffen worden, die schwer zu Lasten der Kommunen gingen. Es wäre geradezu ein nationaler Schildbürgerstreich, wenn etwa nunmehr über Autobahngebühren auch noch ein wesentlicher Teil des Pkw- und Lkw-Verkehrs von den Autobahnen weg auf die Stadtstraßen abgedrängt würde.

Mangelnde Planungs- und Entwurfszeit
Im Grundsatz gilt die Faustregel, daß die Planungs- und Entwurfszeit mindestens gleich der Bauzeit sein sollte. Dieser Grundsatz wurde und wird häufig, man könnte fast sagen auf Grund politischen Drucks, nicht eingehalten. Die Kriegszerstörung sowie der Nachhol- und Neubedarf an Investitionen in der Nachkriegszeit erzeugten ein kaum zu bewältigendes Bauvolumen, das auch im historischen und internationalen Vergleich einmalig war. Bürger und Wirtschaft als Benutzer haben davon nicht nur profitiert, sie waren davon und der schnellen Herstellung abhängig. Solche unbestreitbaren Bedarfe erzeugten politische Terminvorgaben, die verkürzte Planungs-, Entwurfs- und Bauzeiten auslösten. Die Konjunkturprogramme mit ihren Schwankungen verschärften diese Situation noch aus ihrer eigenen Ziel-

setzung schneller Wirksamkeit heraus. Schließlich haben laufende Jahrestermine Sachzwänge ausgelöst, wie beispielsweise der immer wiederkehrende Schuljahresbeginn, die Ferienzeit und die jährliche Frost- bzw. Schlechtwetterperiode. Im Vergleich nehmen sich andere Länder (Schweiz, Dänemark z.B.) deutlich längere Planungs- und Entwurfszeiten.

Mangelnde Bauzeit
Der beschriebene Zeitdruck wirkte natürlich auch auf die jeweiligen Bautermine, die ständig zu kurz gesetzt werden mußten. Häufig mußte deshalb auch mit dem Bau begonnen werden, obwohl die Detailplanung noch nicht festlag bzw. abgeschlossen war. So kam es häufig vor, daß die Ausschreibungen bei den Details der Einzelgewerke relativ pauschal bleiben mußten, was Spielräume für die Auftragnehmer eröffnete, die für den sachverständigen Vertreter des Bauherrn als Auftraggeber schwer kontrollierbar waren. Waren darüber hinaus noch während der Bauausführung Programmänderungen zu berücksichtigen, weil dem Bauherrn auch erst im Zuge der Entwicklung und nach zu schnellen Entscheidungen wichtige Programmpunkte einfielen, die eine Entwurfsänderung bedingten, mußten sich unweigerlich Arbeitsabschnitte zeitlich überdecken, die zur Erzielung zufriedenstellender Ergebnisse zeitlich zu trennen und nacheinander zu gestalten gewesen wären. Der Termindruck kam aus Folgeerscheinungen des Krieges in unterschiedlichster Art zustande, der von den politischen Entscheidungsträgern aufgegriffen und sozusagen "an die Verwaltung weitergegeben wurde". Dieser Sachverhalt ist nicht zu kritisieren. Ich stelle ihn lediglich als zu beachten fest und warne davor, so fortzufahren, wozu Politiker durchaus neigen.

Mangelnde Erfahrung bei neuen Materialien und Baumethoden
Ein technischer Fortschritt ist nur bei Inkaufnahme von Risiken aus nicht vollends erprobten Baustoffen oder Konstruktionen möglich. Ein wesentlicher Teil der Schäden resultiert aus dem Sektor mangelnder Erfahrung mit Baustoffen. Wenn auch bei der Wahl der Ausführungsart dies nicht in allen Fällen bewußt war, da außergewöhnliche Reaktionen des Materials zu diesem Zeitpunkt nicht bekannt waren, so stellen die Ursachen dieser Mängel doch einen Konstruktions- und Materialauswahlfehler in Wechselwirkung dar. Oft kann die tatsächliche Dauerhaftigkeit von Baustoffen nicht aus Kurzzeitversuchen endgültig ermittelt werden. Erst langjähriger Einsatz beweist eine wirkliche Gebrauchstauglichkeit. Darüber hinaus gibt es Konstruktionselemente oder Baustoffe, bei denen Schäden auch nach langjähriger Verwendung unerwartet auftreten.

Begrenzte Überwachung der Bauausführung
Auch wenn Planung, Entwurf, Konstruktionsmethode und Baumaterial keine Mängel enthalten, gibt es dennoch das weitere Problem der Bauausführung vor Ort. Es handelt sich einerseits um Firmen, die den Bauzuschlag erhalten haben, und andererseits um Architekten und Ingenieure, die beauftragt worden sind, die Bauausführung zu überwachen, weil es unsinnig wäre, insbesondere in einer Hochkonjunktur alle Entwurfs-, Konstruktions- und Bauüberwachungsaufgaben von der Verwaltung (öffentlich wie privat) selbst wahrnehmen zu lassen.
  Die Kontrolltätigkeit teilt sich deshalb in
- Überwachung der Bauausführung bei den selbst durchgeführten Bauten und

- Kontrolle der Bauüberwachung bei Bauwerken, mit deren Durchführung private Architektur- und Ingenieursbüros betraut wurden.

Personalkosten sind als laufende "dynamische" Kosten besonders teuer. Im Rahmen einer sparsamen Personalwirtschaft sind deshalb Abwägungen im Sinne einer Nutzen-Kosten-Betrachtung unabdingbar. Um das Schadensrisiko auf das äußerste zu minimieren, wäre in der Regel ein Personalaufwand erforderlich, der als unverhältnismäßig im Aufwand zum Nutzen anzusehen wäre. Deshalb ist in der Bemessung der personellen Ausstattung ein gewisses Risiko von allen für die Stellenbemessung Verantwortlichen in Kauf zu nehmen, was gleichzeitig bedeutet, daß die Verantwortlichen das Risiko mittragen. Nicht selten sind sich insbesondere politische Mandatsträger ihrer Risikomitverantwortung gar nicht bewußt, wenn sie z.B. die Personalausgaben in diesem Sektor niedrig halten wollen.

Mangelnde präventive Vorsorge

Nach Überwachung und Kontrolle ist die präventive Instandhaltungsvorsorge die wichtigste Operation. Rechtzeitige Anbringung von Schutzeinrichtungen in regelmäßigem Abstand (etwa Farbe oder auch Abdeckungen) ersparen ebenso wie rechtzeitiges Austauschen hochbeanspruchter Teile und Aggregate, vor Ausfall mit Weiterungsfolgen, in der Regel viel Geld. Oft wird der Zusammenhang kostspieliger Reparatur- oder Erneuerungsmaßnahmen mit mangelnder präventiver Instandhaltungsvorsorge von Entscheidungsträgern nicht gesehen. Nicht selten wird dieser Zusammenhang von politischen Entscheidungsträgern bei der Festlegung des Haushalts auch "übersehen", weil mit Neubauten sichtbare "Erfolge" erzielt werden können, nicht aber mit Instandhaltungsmaßnahmen. Präventive Instandhaltungsvorsorge will insbesondere Folgeschäden größeren Umfangs vermeiden, die durch Teilschäden entstehen können. Solche Folgen sind dann am Ende sehr viel teurer als die Kosten der ständigen präventiven Instandhaltung.

Sehr wichtig ist folgender Aspekt: Wenn das Vermögen an Bauten einer Stadt ständig ansteigt, kann es geschehen, daß das Volumen des Instandhaltungserfordernisses eines Tages derartige reale Größenordnungen annimmt, daß es den Rahmen des Haushalts sprengt! Deshalb ist eine vorsorgliche "Eigenkontrolle" angemessen!

Die mangelnde präventive Vorsorge ist ein entscheidender Faktor. Wenn beide, der öffentliche wie der private Sektor eine mangelhafte präventive Vorsorge betreiben, entsteht insbesondere ein schneller Verfall von ganzen Stadtquartieren. Leider hat der öffentliche Sektor in den letzten 15 Jahren hierin schwer gesündigt. "Sünder" waren in der Regel die kommunalen und Landesparlamente.

Unzureichende Instandsetzung

Schäden an Bauwerken und Anlagen haben ihre Ursachen auch in einer unzureichenden Instandsetzung, nachdem ein kleiner Schaden schon entstanden ist. Der laufenden Instandsetzung wurde haushaltsmäßig nicht immer Rechnung getragen, die Richtsätze waren nicht immer angemessen. Diese Feststellung ist zugegeben von sehr hoher Anspruchswarte getroffen. Verglichen mit den meisten Ländern dieser Erde hält die Bundesrepublik eine Spitzenstellung, die nur von wenigen anderen gleichermaßen gehalten wird. Weil die Haushaltsansätze der laufenden Unterhaltung nicht voll ausreichen, mußten in der Nachfolge oft hohe Beträge für die außerordentliche Instandsetzung bereitgestellt werden. Es lohnt sich, die Entwicklung dieser Relation in den Haushaltsplänen der letzten 30 Jahre einmal zu analysieren.

Hierzu ist der Bericht des Hamburger Landesrechnungshofes aus dem Jahr 1973 bemerkenswert. Er stellte damals fest, daß die Substanzerhaltung der öffentlichen Bauwerke im wesentlichen erfolgreich verlaufen sei. Ernsthafte Gefährdungen der Substanz infolge mangelhafter Instandhaltung seien - abgesehen von wenigen Ausnahmen - nicht bekannt geworden. Der hierfür verwendete Gesamtbetrag könne daher als im Prinzip ausreichend angesehen werden. Der Rechnungshof stellte jedoch weiterhin fest, daß die Richtsätze der laufenden Instandhaltung zu niedrig gewesen seien und angehoben werden sollten. Er stellte dabei darauf ab, daß der Mittelaufwand der außerordentlichen Instandhaltung und -setzung auf die tatsächlich auftretenden außergewöhnlichen Fälle begrenzt werden sollte. Die Richtsätze für die laufende Instandhaltung und -setzung sind daraufhin kontinuierlich angehoben werden. Da die zu niedrigen laufenden Instandhaltungsmittel zunächst erst einmal automatisch in der Nachphase erhöhte außerordentliche Mittel für die Instandsetzung nach sich ziehen, war es allerdings unvermeidlich, daß in einer Übergangsphase die Mittel für außerordentliche Instandhaltung und -setzung wegen dringend anzuerkennender Substanzerhaltung nicht gleichzeitig gesenkt werden konnten, sondern für eine kurze Frist sogar erhöht wurden. In dieser Lage befinden sich zur Zeit viele Kommunen - eine Lage, die höchst bedenklich ist.

Einige grundsätzliche Anmerkungen zum Verfallsproblem von Bauanlagen
Die Probleme, die sich unter der Zielsetzung, "Bauschäden und -verfall zu vermeiden", stellen, erfordern eine Grundsatzbemerkung. Das riesige und schnell ansteigende Bauvolumen der Nachkriegszeit, die daraus resultierende, ständige Gefahr der Kostenexplosion und eine Reihe anderer, schon erörterter Gründe für schnelles Umsetzen und Handeln (z.B. die Veränderungsprozesse, die zu erhöhten Bedarfen an Wohnungen und Infrastruktur führten), haben zwangsläufig das Bedürfnis und den Ruf nach technischem Fortschritt provoziert und auch ausgelöst. Architekten und Ingenieure, Bauwirtschaft und Industrie haben darauf reagiert und in erheblichem Umfang neue und ungewöhnliche Wege beschritten. Es besteht kein Zweifel, daß in einer so dynamischen Phase in mancherlei Hinsicht auch über das Ziel hinausgeschossen wurde. Es wurden natürlich dabei auch Fehler gemacht. Das gleiche gilt nunmehr auch für die neuen Bundesländer!

Es darf kein Zweifel darüber bestehen und aufkommen, daß niemand sich dieser Entwicklung hätte entziehen können. In diesem Zusammenhang sind auch den Firmen der Bauwirtschaft durch den mit einer solchen Entwicklung einhergehenden Strukturwandel Grenzen der Leistungsfähigkeit gesetzt. Das Abwandern der Facharbeiter in stationäre Industriebetriebe hatte z.B. erhebliche Lücken geschlagen. In den westdeutschen Ländern konnten weder durch Anpassen der Fertigungsmethode (Mechanisierung - weg vom Handwerk) noch durch Personalersatz (Anwerbung von Gastarbeitern - z.B. Ausbildungs- und Sprachschwierigkeiten usw.) die Folgewirkungen immer aufgefangen werden.

Auswirkungen, die aus der Wasser- und Luftverschmutzung entstehen, sind nicht durch unmittelbare vorsorgliche Maßnahmen zu vermeiden. Es werden vermutlich aus dieser Sicht immer wieder neue, bis dahin unbekannte Probleme auftauchen. Auswirkungen der Umweltschutzgesetzgebung werden sich positiv mittel- bis langfristig bei den Instandhaltungskosten auswirken. Dabei sollte man sich jedoch nicht der Illusion hingeben, daß sofortige Wirkungen eintreten werden. Die Nachwirkungen der Wasser- und Luftverschmutzungen werden noch zwei Jahrzehnte nach Einsetzen einer konsequenten Umweltschutzgesetzgebung spürbar sein.

Zur Materialwahl, die zum Teil von der Konstruktionswahl nicht zu trennen ist, läßt sich noch folgendes sagen. Die auch in der geschichtlichen Dimension außergewöhnlichen Bauleistungen in der Nachkriegszeit wären ohne neue Materialien und Baumethoden mit den verfügbaren Mitteln und in der gewünschten Zeit nicht einmal annähernd zu leisten gewesen. Um der ständig sich vollziehenden Kostensteigerung begegnen zu können, waren alle Beteiligten bemüht, auch neue Verfahren zu entwickeln bzw. anzuwenden, damit diese Kostensteigerung sich in Grenzen hielt.

Insgesamt zeigt sich, daß generelle Vorgaben in dem oben angesprochenen Sinn auch negative Effekte gleicher oder noch größerer Art auslösen können. Es zeigt sich auch, daß ohne den Entschluß zur Übernahme eines begrenzten, kalkulierbaren Risikos für neue Methoden in der Technologie und im Produktionsverfahren für den Staat die negativen Folgen sehr viel größer sein können. Eine vernünftige Haltung wird sich deshalb auf eine sorgfältige Abwägung im Einzelfall konzentrieren.

Abwägung, vernünftige Haltung, Prioritätenregelung und partielle Risikobereitschaft sind Themen, die in ihrem ursprünglichen Motivationsausgangspunkt den Finanzhaushalt berühren. Deshalb sind für die Verwaltung rahmensetzende Vorgaben erforderlich. Wegen ihrer Haushaltsrelevanz müssen die Entscheidungsträger solche Vorgaben artikulieren und dokumentieren.

Insgesamt gesehen sind also die Ursachen für den physischen Verfall vielseitig und vielschichtig. Umsomehr ist ihnen kontinuierlich Beobachtung zu schenken, weil sonst sehr schnell eine bauliche "Verslumung" eintreten kann, der auf dem Fuße die soziale und wirtschaftliche "Verslumung" folgt.

3.4.3 Aspekte zum sozio-ökonomischen Verfall

In den hochentwickelten Ländern ist darüber hinaus zu beachten, daß sich die Ansprüche der Nutzer von Gebäuden und Anlagen in der Stadt in immer weiter sich beschleunigendem Tempo verändern. Ertragreiche und neue Branchen der Wirtschaft vollziehen den erforderlichen Umbau der Gebäude und Anlagen ohne große Probleme, wobei sie sogar Finanzierungen öffentlicher Anlagen mitübernehmen, wenn es erforderlich für sie ist. Die weniger ertragreichen und insbesondere auch standortgebundenen Unternehmen und Wirtschaftsbranchen müssen sich jedoch mit den älteren baulichen Anlagen begnügen, wobei hier oft auch eine Modernisierung nicht in Frage kommt.

In begünstigten Lagen der Stadt folgt die erforderliche Umstrukturierung in der Regel den marktwirtschaftlichen Gesetzen. Nachfrage an Nutzungsmöglichkeiten und das Angebot an wirtschaftlichen Ertragsmöglichkeiten steuern Abbruch, Umbau, Modernisierung, Erweiterung, Umnutzung und Ausbau der bestehenden Anlagen. Diese Selbstregulierung und kontinuierliche Revitalisierung kann nur unter folgenden Voraussetzungen erfolgen:
- die allgemeine städtebauliche Struktur des Gebiets muß eine Änderung von Nutzung und Baustruktur der im Gebiet befindlichen Anlagen zulassen können, und

- die Lage des Gebiets muß einen Anreiz zur Veränderung bieten.[118]

An dieser Stelle sei angemerkt, daß in der heutigen Zeit immer wieder Tendenzen bei Mitgliedern von Gemeinderäten beobachtet werden können, jede Entwicklung zu blockieren, weil dafür Entscheidungen erforderlich sind, die Veränderungen ermöglichen. Die buchstäbliche Angst vor dem "unbekannten Wesen der Veränderung" führt zu solchen Reaktionen. Solche "Nicht-Entscheidungen" sind jedoch gefährlich, weil dann unkontrollierte Veränderungen stattfinden, deren Folgen oft noch schlimmer sind als hier und da Fehlentscheidungen.

Die Selbstregulierung (gesteuert oder ungesteuert) kommt allerdings überall dort zum Schaden der Bewohner nicht zum Zuge, wo ein überwiegender Teil der gesamten städtebaulichen Struktur heutigen Ansprüchen der Gesellschaft nicht mehr genügt. Derlei Gebiete sind als rückständige, zu revitalisierende und zu erneuernde Quartiere der Stadt zu bezeichnen. In ihnen muß "die Gemeinde" (und ihre Entscheidungskörperschaft; siehe oben) eingreifen. Auch diese Handlung ist Pflicht! Sie kann unter keinen Umständen ohne Planung auskommen.

Das Erfordernis der Handlung zur Verbesserung und das daraus resultierende Erfordernis an Planung ergeben sich aus den politischen Postulaten des Grundgesetzes und des Baugesetzbuches, wonach die jeweils zuständigen öffentlichen Hände verpflichtet sind, die Voraussetzungen für eine Gleichheit der Chancen der Bürger unseres Landes zu schaffen, also beispielsweise eine angemessene Strukturierung und Ausstattung an öffentlichen und privaten Versorgungseinrichtungen eines jeden Quartiers. Sich davor zu drücken, ist für Mandats- und Amtsinhaber eine Pflichtverletzung.

Im Kern sind es die älteren Stadtgebiete, die an die Innenstadt angrenzen, die am stärksten vom Verfall bedroht sind. Beachtet werden muß jedoch, daß es bei weitem nicht sie allein sind, die als vom Verfall bedroht und rückständig angesehen werden müssen. Auch die von der Innenstadt abgesetzten Gebiete der Mietskasernen der Gründerzeit, alte Kerne eingemeindeter, kleiner Orte oder Dörfer, unzuträgliche Mischgebiete mit effektiven Störungen durch die Mischung, wilde Siedlungen am Stadtrand, Kolonien von Kleingärten, die während und unmittelbar nach dem Krieg unzulänglich zu Wohngebieten umstrukturiert wurden, und noch andere Siedlungen können vom Verfall bedroht sein und erhebliche Mißstände aufweisen, z.B. in der Versorgung öffentlicher und quasi-öffentlicher Einrichtungen.

In der Regel handelt es sich nach Katrin Zapf[119] und anderen um Gebiete, die überwiegend von einer Bevölkerung bewohnt werden, die von den Soziologen als Unterschicht bezeichnet wird. Dieser Personenkreis ist vielfach weder in der Lage, die von ihm bewohnten Gebäude voll instandzuhalten oder gar zu modernisieren (oder eine entsprechend hohe Miete zu zahlen), noch vielfach auf privater Basis Versorgungseinrichtungen, die zur heutigen Gesellschaft dazu gehören, selbst vorzuhalten. Zunächst wandert die noch vorhandene stärkere Bevölkerung (Mittelschicht) aus, die noch in der Lage gewesen wäre, Entwicklungsimpulse im Gebiet auszulösen. Die verbleibende Bevölkerung ist immer weniger in der Lage, an der Gesellschaft teilzuhaben, weil es besonders auch diese Gebiete sind, in denen hilfreiche Einrichtungen der öffentlichen und quasi-öffentlichen Hände (Kirchen,

---

118 Siehe hierzu: Harry W. Richardson: "Urban Economics", Kapitel 7, "Planning Problems", Illinois 1978.
119 Katrin Zapf: "Rückständige Viertel", Frankfurt a.M. 1969.

Wohlfahrtsverbände usw.) auch fehlen, allein schon aus Mangel an Grund und Boden.

Nach dem Ersten Weltkrieg kam dann noch hinzu, daß wegen der allgemeinen Wohnungsnot die Wohnungszwangwirtschaft eingeführt wurde, mit kontrollierten Mieten. Diese Mieten waren insbesondere in den letzten Phasen bis zur Abschaffung der Zwangswirtschaft in den siebziger Jahren so niedrig, daß generell Mietshäuser ökonomisch nicht instandgehalten oder gar modernisiert werden konnten. Das Ergebnis ist bekannt.

In den alten Ländern der Bundesrepublik konnte der totale Verfall solcher Quartiere in den siebziger und achtziger Jahren durch breit angelegte und differenzierte Programme der Instandsetzung, Modernisierung und Sanierung über die verschiedensten Arten von Subventionen und Steuervergünstigungen wie auch Restriktionen in der Nutzungsveränderung aufgehalten werden. Es bedurfte eines enormen Kraftaktes. Hätte es eine ständige Instandhaltung und Modernisierung in kleinen Schritten von Anfang an gegeben, wären die Verluste (und zwar nicht nur die materiellen) für Bürger und Staat sehr viel geringer gewesen.

In der ehemaligen DDR wurde die Politik der billigen Mieten weiterverfolgt. Nun hätte man meinen können, daß der Staat, als Folge seiner gezielten "Billige-Mieten-Politik", Steuergelder wenigstens zur minimalen Instandhaltung, wenn nicht auch zur Modernisierung zur Verfügung gestellt hätte. Er hat es dort in seiner Verachtung des Menschen in seinen Grundbedürfnissen nicht getan! Er konnte es auch nicht tun, da er durch seine fehlerhafte Politik auch in den anderen Feldern die dafür erforderliche Substanz nicht im geringsten erwirtschaften konnte. Er ging deshalb auch schlicht und einfach zum schweren Schaden der Bürger pleite. Die Gebäude, allen voran die Wohnhäuser für die Masse der Bevölkerung verfielen immer mehr bis zum Einsturz oder zur Unbenutzbarkeit!

Nun könnte man meinen, diese Fehlleistung habe allein am dortigen Regime gelegen. Entwicklungen in anderen Ländern lassen daran jedoch Zweifel aufkommen.

Die Vermassung führt bei Einrichtungen und Institutionen, die eine bestimmte Größenordnung überschreiten, zu rapide steigender Unbeweglichkeit. So hat es z.B. in Großbritannien den öffentlich geförderten Wohnungsbau deutscher Prägung nicht gegeben. Es gab dort keine Förderung über private Wohnungsunternehmen und -genossenschaften, wie sie bei uns üblich ist. Es gab dort keine direkte Förderung über das Wohngeld. Es fehlte dort die sehr viel beweglichere Kleinteiligkeit und Vielfalt. Der öffentliche Wohnungsbau wurde von den kommunalen Gebietskörperschaften mit dem sogenannten "County-Housing" durchgeführt. Die entsprechende Abteilung des "London-County-Council" war riesig. Öffentlich geförderter Wohnungsbau wurde in großen geschlossenen Gebieten ausgeführt; er war unverkennbar. Da Politiker Geld für Instandhaltung nicht gern ausgeben, weil damit keine "Show" gemacht werden kann, sondern es lieber in Neu-Investitionen stecken, hat es in London Quartiere des öffentlich geförderten Wohnungsbaus gegeben, die schon wenige Jahre nach ihrer Erstellung zu Slums wurden, mit fatalen Folgen, wovon eine die Negativ-Stigmatisierung des in seinen Standorten auch allseits bekannten öffentlich geförderten Wohnungsbaus war - eine tödliche Spirale!

Das Fazit aus diesen Erörterungen ist:
- Verfall und Mißstände treten ständig neu auf;
- Erneuerung ist also ein kontinuierlicher Kreislauf, der uns immer wieder neu zur Planung zwingt;

- Verfall und daraus entstehende Mißstände baulicher, ökonomischer und sozialer Art sind deshalb unvermeidlich, es gilt, sie ständig im Auge zu haben und korrigierend einzugreifen.

Insofern ist der Verfall ein maßgeblicher Faktor, der ständig zur präventiven Planung zwingt.

3.4.4 Aspekte zum ökologischen Verfall

Es liegt auf der Hand, daß auch ein ökologischer Verfall eines Stadtgebiets auftritt, wenn physische und sozio-ökonomische Verfallserscheinungen sich ausgebreitet haben. Ökologische Verfallserscheinungen lassen sich im einzelnen mit Begriffen beschreiben wie

- "Altlasten",
- "Industriebrache",
- "Bodenverseuchung",
- "Überlastung",
- "Disparitäten",
- "Störfaktoren" usw.

In vom Verfall bedrohten Quartieren befinden sich, wie wir schon erörtert haben, die schwächeren sozialen Schichten, in deren Umfeld sich auch nur finanziell und strukturell schwächere Wirtschaftszweige bzw. Firmen halten können, also beispielsweise Schrottaufkäufer, Altgutverwerter oder Gebrauchtwagenhändler der unteren Klasse usw. Diese Betriebe verseuchen häufiger als andere den ohnehin schon belasteten Boden immer weiter, so daß die Verschmutzung des Bodens in immer tiefere Schichten eindringt und insbesondere für das Grundwasser immer bedrohlicher wird.

Gewässer in solchen Gebieten werden zu unkontrollierten Abfallgruben, die auf die Umwelt nicht nur einen unmittelbar negativen Einfluß haben, sondern zu langfristigen Zeitbomben für das Leben in diesen Gebieten werden können.

Schließlich können freigeräumte Grundstücke zu reinen Abfallgruben werden, auf denen alle Arten von gefährlichen Gütern (z.B. Chemikalien) unkontrolliert deponiert werden, insbesondere wenn das betreffende Grundstück uneinsehbar eingezäunt ist usw.

Die Kumulation solcher Verfallserscheinungen verlangt ein Eingreifen der für die Stadtentwicklung Verantwortlichen. Ein solcher Eingriff ist ohne Planung sinnlos. D.h. also, daß auch der Stadtverfall, gleichgültig ob als normaler Alterungsprozeß oder künstlich entstanden, ein wesentlicher Auslöser von Planungserfordernissen ist, weil ab einer bestimmten Schwelle eine Regeneration und Revitalisierung aus eigenen Kräften nicht mehr möglich ist. Ein Eingreifen wird dann zwingend.

3.4.5 Rückständige Quartiere als Folge des Verfalls

Kumulieren physische, sozio-ökonomische und ökologische Verfallserscheinungen, entstehen in der Regel rückständige Quartiere, deren Bevölkerung in vielerlei Beziehung benachteiligt sein kann. Die Erneuerung solcher Quartiere ist also kein rein "städtebauliches" Problem, sondern ein allgemeineres, ein gesellschaftliches.[120] Die gesellschaftlichen Verhältnisse finden ihren Ausdruck in vielfältiger Weise. So ist eben auch der physische Verfall Ausdruck einer gesellschaftlichen Situation, wobei der Ausstattungsgrad mit öffentlichen wie privaten Versorgungseinrichtungen ein zusätzliches Indiz des Zustandes sein kann.

Es entsteht im Zuge des Verfalls, der ja nur sehr langsam Formen annimmt, ein Spannungsfeld zwischen den ständig sich erneuernden Nutzern und den baulichen Anlagen, die 100, 300, ja noch mehr Jahre alt sein können. Und oft genug hat sich in den letzten Jahrzehnten gezeigt, daß neue Nutzer und alte Gebäude sich durchaus gegenseitig anpassen können, wenn dazu der Wille vorhanden ist.

3.5 Planungserfordernis, Planungspflicht und Planungsverantwortlichkeit

Artikel 28 des Grundgesetzes ermächtigt die Gemeinden, örtliche Angelegenheiten selbst zu regeln. Natürlich leitet sich daraus auch eine zwingende Verpflichtung der Gemeinden ab, entsprechend zu handeln.

Das Baugesetzbuch stellt deshalb an zentraler Stelle, nämlich § 1 (3), eine Pflicht "der Gemeinden" zur Bauleitplanung heraus, "sobald und soweit es für die städtebauliche Entwicklung und Ordnung erforderlich ist". Die in den vorangegangenen Artikeln erörterten Bedarfe und Erfordernisse machen deutlich, daß dem Planungserfordernis nach BauGB große Aufmerksamkeit gewidmet werden muß, nicht nur weil etwa einsichtige Planer und Kommunalpolitiker zu dieser Folgerung gelangen und dementsprechend nach freiem Ermessen handeln, sondern weil sie aus ihrer Amts- und Mandatsverantwortung heraus gesetzlich dazu verpflichtet sind, weil ihnen das Schicksal der Menschen anvertraut ist, den Menschen, die im Mittelpunkt unserer Überlegungen stehen.

Auf diese Feststellung legen wir deshalb so großen Wert, weil langjährige Erfahrung gezeigt hat, daß viele Kommunalpolitiker zwar willens sind, diesem Auftrag zu folgen, sich aber z.T. schwer tun, festzustellen, wann das Erfordernis zur Planung eintritt. Ein ganz offensichtlicher Fall, in dem viele Gemeinden ihrer Planungspflicht nicht nachgekommen sind, lag darin, daß sie es in den achtziger Jahren unterlassen haben, rechtzeitig ausreichendes Wohnungsbauland auszuweisen.

Dieser zentralen Frage ist deshalb von seiten der Verantwortlichen in der planenden Verwaltung, also Planungsamtsleiter, Planungsdezernent, Verwaltungschef (Oberbürgermeister oder Oberstadtdirektor bei kreisfreien Städten), ständig nachzugehen. Sie müssen den Rat der Stadt mit förmlichen Vorlagen (zur Klarstellung der Verantwortlichkeiten) über die Situation informieren und Entscheidungsvorschläge artikulieren. Darin liegt die Verantwortlichkeit der planenden Verwaltung. Die Entscheidung liegt dann in der Verantwortlichkeit der Ratsmitglieder; sie sind "die Gemeinde" des Artikel 28 des Grundgesetzes und des § 1 (3) des Baugesetzbuches. Diesen Fragenkomplex werden wir in einem Kapitel über "die Bedeutung kommunaler Selbstverwaltung in der Stadtplanung" in Band III dieser Reihe noch näher erörtern.

---

120 Siehe hierzu auch: Deutsche Akademie für Städtebau und Landesplanung "Zwanzig Jahre Städtebauförderung in der Bilanz - Ziele und Wege für künftige Investitionen", Band 2, Mitteilungen 35. Jahrgang, München 1991.

4. Allgemeine rahmensetzende Faktoren

4.1 Gesellschaftliche Regulierungsbedarfe als rahmensetzender Faktor

4.1.1 Legitimation, Autorisation und Verpflichtung des Staates zu räumlicher Ordnung

Wenn wir davon ausgehen, daß die Gemeinschaft der Bürger, insbesondere in dem hochkomplexen System der Stadt unserer post-industriellen Zeit, ihr Umfeld gestalten muß, weil der einzelne zu sehr vom anderen abhängig ist, ergibt sich nahezu von selbst, daß die "Gemeinde" als politische Verwaltungsgemeinschaft diese Aufgabe übernimmt.

Der Auftrag des Grundgesetzes in Artikel 28 ist deshalb nicht nur als Recht, sondern als Pflicht zur Handlung und damit automatisch auch zur vorsorglichen Planung zu verstehen.[121] Bürger und Wirtschaft haben einen Anspruch darauf, daß die Gemeinschaft (also Gemeinde) klarstellt, wohin die Reise in der Entwicklung gehen soll.

Jeder einzelne gewählte Repräsentant einer politischen Entscheidungskörperschaft trägt für die Initiierung und den Vollzug der erforderlichen Planung auch die persönliche Verantwortung, weil die Annahme der Wahl und die Übernahme des Mandats dem Abschluß eines Vertrages mit schwerwiegenden Pflichten und Verantwortungen gleichkommt.

Die Vorbereitung der Planung bleibt in der Regel in einem internen Rahmen, der zunächst keine oder nur unbedeutende Rechtsbeziehungen auslöst. Alltägliche Planung, also die Planung einer Reise (wie die des Studenten Ibrahim Al-Rashid) oder die Vorbereitung eines Produktionsprogramms in einem Betrieb, bleiben in einer privaten oder verwaltungsinternen Sphäre, so lange sie sich nicht verpflichtend an andere Personen oder Institutionen wenden. Eine entscheidende Änderung tritt mit dem Wirksamwerden der Planung ein. Planung kann zu verbindlichen Rechtsverhältnissen über Gesetze, Statuten, Verträge, Richtlinien und Handlungen führen, die ihre Stütze in den verschiedenen Rechtsgebieten finden.

Ein Rechtsstaat wird versuchen, den politisch-gesellschaftlichen Leitbildern entsprechend, die Planung in all ihren Erscheinungsformen in ein "Ordnungssystem" zu bringen. Kernzonen der Planung, in denen die Wirkungen unmittelbar spürbar sind, wird mehr Beachtung zu schenken sein als Randzonen, in denen Planung an Intensität stark abnimmt. Fragen des Rechtsschutzes, der Zulässigkeit, Abgrenzung und Entschädigung stehen hierbei im Vordergrund bei Abwägung privater und öffentlicher Interessen. Planung ist also von politischer Natur. Den Rahmen hierzu bilden die zutreffenden Verfassungsbestimmungen und einzelne Gesetze, die Rechte und Pflichten, Gebote und Verbote regeln sowie Garantien aussprechen und Zuständigkeiten festlegen. Das Erfordernis zur Autorisation einer Gemeinde, Planung vorzunehmen und durchzuführen, ergibt sich dabei aus folgenden Überlegungen.

---

121 Grundgesetz der Bundesrepublik Deutschland, Fn. 15.

Rationale soziale Aktivitäten
In der Gemeinschaft, insbesondere in den hochkomplizierten Formen unserer heutigen Städte, ist eine Koordination gemeinschaftlichen Handelns in vielerlei Hinsicht absolut notwendig (z.B. Erstellung der Infrastruktur für Bildung, Abfallbeseitigung, Gesundheitswesen, Gefahrenabwehr durch Deiche usw.). Daraus ergibt sich eine Rationalität gemeinschaftlicher sozialer Aktivitäten.

Planung als Voraussetzung sozialer Aktivitäten
Um sinnvoll z.B. die erforderliche Infrastrukturordnung zu erstellen, bedarf es der Planung, die antizipiert, welche Bedürfnisse bestehen, wo Gefahren oder Probleme lauern und wie die zukünftige Entwicklung aussehen mag, die die Entwicklung analysiert und prognostiziert und dann in zwei Zügen zunächst Alternativen entwickelt, um sie schließlich auf eine sinnvolle zu reduzieren.

Verbindlichkeit der Planung als Voraussetzung ihrer Verwirklichung
Eine Planung, die nicht verwirklicht wird, ist sinnlos. Es ist das Recht des Bürgers und seiner gesellschaftlichen Gruppierungen, daß Planungsvorstellungen entwickelt und bekannt gemacht werden, daß Betroffene Einfluß nehmen können und daß am Ende ein Konzept festgelegt wird, das verbindlich ist, und zwar für alle! Diese Verbindlichkeit ist ungeheuer wichtig, weil jedermann sich darauf verlassen können muß zur Entwicklung und Festlegung der eigenen Planungen! Eine Änderung muß deshalb auch den gleichen Verfahren unterliegen wie ein neuer Plan.

Autorisation zur Planung als weitere Voraussetzung ihrer Verwirklichung
Aus dem Bedürfnis nach Rechtsverbindlichkeit der Planung im Interesse aller leitet sich letztlich die Autorisation zur Planung ab, weil sie nicht nur dem einen "vorschreibt", was er darf, sondern dem anderen auch sichert, was der eine nicht darf. Sie führt letztlich auch zur Pflicht zur Planung überall dort, wo komplexe Handlungsbedürfnisse für die Gemeinschaft erkennbar werden. Schließlich wird nicht nur der größte Teil der Betroffenen von der Planung begünstigt, sondern eine Minderheit möglicherweise auch benachteiligt im Interesse der Allgemeinheit. Deshalb hat der Gesetzgeber die Gemeinden autorisiert und verpflichtet, förmliche, hoheitliche, mit Rechtsverbindlichkeit ausgestattete Pläne zu erlassen, die auch private Dritte zu bestimmten Verhaltensweisen verpflichten.

Planungsentscheidung als politische Entscheidung
Es gibt die verbreitete Auffassung, daß räumliche Planung in ihren wesentlichen Elementen "sachlich" sei und nur durch Trennung von der Politik zum Tragen kommen könne. Die "Sachlichkeit" werde durch das politische Kräftespiel verwischt und in ihrer Handlungsfähigkeit behindert. Dieses Argument besagt, daß sich das Politische im Bereich der räumlichen Planung irrational, ideologisch oder als Parteiinteresse darstellt. Mit besonderer Betonung wird darauf hingewiesen, daß "Planung über Interessen zu stehen habe". Ein anderes Argument erkennt zwar die politische Komponente der räumlichen Planung an, sieht aber in ihr wegen der Komplexität und der dadurch erforderlichen vielfältigen Abläufe und Manipulationen mit sehr differenzierten Voraussetzungen, Kenntnissen und Informationen die Gefahr, daß Handlungsspielräume eingeengt werden. Zwar sind diese Argumente

scheinbar schlüssig; wir haben jedoch schon erörtert, daß der Sachverhalt folgender ist: Wertsetzung, Prioritätensetzung, Vorgabenbestimmung und Entscheidungen müssen von dafür legitimierten politischen Körperschaften (Magistrat, Hauptausschuß und Rat) beschlossen werden. Die vorbereitenden Untersuchungen, die Ausarbeitung von Konzept- und Planalternativen, die Darlegung der Restriktionen und Überlegungen müssen für diese Körperschaften in sachlicher Methode auf der Basis unverfälschter Daten erarbeitet und vorgelegt werden. Nicht zuletzt wegen des Eingriffs in das Leben und die Rechte der Betroffenen muß deshalb Stadtplanung gesetzlich geregelt, "legitimiert" werden.

Die politische Dimension räumlicher Planung ist also vielschichtig; sie liegt in der Formulierung gesellschaftspolitischer Werte, raumpolitischer Ziele, dem Zustandekommen der dafür erforderlichen Formulierungen und im Entscheidungsprozeß, der diese Konzeptionen fixiert, verbindlich macht und zur Handlung führt; schließlich liegt sie in der Kontrolle der Machtbefugnis im Handeln. So wird z.B. durch den Flächennutzungsplan und noch mehr durch die Bebauungspläne festgesetzt, wie die Grundstücke genutzt werden dürfen, welche Bebauungsdichte erlaubt ist, wieviel unter Umständen als öffentlich zu nutzende Flächen abzutreten ist usw. Eine solche Machtbefugnis darf nicht der Bürokratie allein überlassen werden.

Auch ein anderes Beispiel mag die Bedeutung politischer Entscheidungen hervorheben. Die Herabsetzung des Volljährigkeitsalters hat mit Sicherheit die Tendenz Jugendlicher, sich vom Elternhaus abzusetzen, erheblich verstärkt. Dieser Personenkreis trat plötzlich als neuer und zusätzlicher Nachfrager auf dem Wohnungsmarkt auf. Durch ihn wurde ein zusätzlicher Wohnungsbedarf ausgelöst und die mittlere Belegungsdichte der Wohnungen noch weiter vermindert. Die Folgerung hieraus ist, daß der Wohnungsmarkt in Nachfrage und Angebot politisch bestimmt ist und nicht allein "sachlich/objektiv".

Nun gibt es bei denjenigen, die die politischen Entscheidungen zu treffen haben, also in der Regel Ratsmitglieder und Parlamentarier, auch eine Tendenz immer mehr auch exekutive Entscheidungsmaterien an sich zu ziehen und der politischen Entscheidung zu unterwerfen. Gleichsam im Gegenzug zur "Sachlichkeitsrichtung" droht hier eine ebenso bedenkliche "Politisierungsrichtung", da in diesem Bestreben vielfach schon Bereiche berührt werden, die nach wie vor exekutiven Charakter haben und auch weiterhin haben sollten.

So verlangen heute z.B. schon vielfach Politiker, daß ihnen von der Verwaltung zu bestimmten Sachverhalten ausgehandelte Verträge mit Privaten oder öffentlichrechtlichen Institutionen vor Abschluß vorgelegt werden, um sie in Einzelfällen noch zu korrigieren. Dies geht tatsächlich, im Interesse einer funktionierenden und handlungsfähigen Demokratie, nach unserem Verständnis zu weit. Um nicht falsch verstanden zu werden: Wohl muß die Zustimmung des parlamentarischen Gremiums zu Auswirkungen von Verträgen (z.B. dafür erforderliche Geldmittel) vorliegen bzw. eingeholt werden, nicht jedoch zu den einzelnen Vertragsformulierungen. Ein solches Verlangen würde schon die öffentlichen Verwaltungen und mit ihr eben die Demokratie handlungsunfähig machen. Ähnliches gilt, wenn sich die Tendenz fortsetzt, sich jede Baugenehmigung vorlegen zu lassen, usw. Wegen des Erfordernisses an Entscheidungen von politischer Bedeutung ist es zwingend erforderlich, Regelungen festzusetzen, die für alle Beteiligten (also sowohl für die Ent-

scheidungsträger als auch die Betroffenen) verbindlich sind. Diese Regelungen betreffen
- die Sachen, die zu regeln sind,
- die Qualitäts- und Quantitätsanforderungen an diese Sachen,
- die Verfahren (einschließlich Bürgerbeteiligung), die zu Entscheidungen über die Festlegung führen, und
- Sicherheits- und Schutzbestimmungen, usw.

Insofern ist ein komplexes Regelwerk an Gesetzen, Verordnungen und Normen notwendig, die das Geschehen bestimmen und den Rahmen festlegen. Dabei ist nicht nur das Verhältnis zwischen Bürger und Staat, sondern auch das zwischen den Staatsorganen (Bund, Länder und Kommunen) geregelt. Auf diesem Wege erhält die räumliche Planung auch ihre formale Legitimation und Autorisation.

4.1.2 Planungs-, Bau- und Bodenrecht

Aus den im vorangegangenen Kapitel erörterten Gründen hat sich ein komplexes Rechtssystem entwickelt, das in seiner rahmensetzenden Bedeutung und seiner Grundstruktur erörtert werden muß. Im einzelnen werden wir auf die Gesetze bei den jeweiligen Sachverhalten eingehen.

Das Planungs- und Baurecht umfaßt dasjenige Recht, das sich auf die bauliche Nutzung eines Grundstücks, die Ordnung der Bebauung und die Rechtsverhältnisse der am Bauwerk Beteiligten bezieht. Die wichtigsten Quellen des öffentlichen Baurechts sind nach Krautzberger[122] für das Städtebaurecht das Baugesetzbuch, für die bauaufsichtlichen Anforderungen an eine bauliche Anlage die Bauordnungen der Länder. Eine gegenüber dem öffentlichen Baurecht selbständige Rechtsmaterie bildet das zivile Baurecht, insbesondere das Nachbarrecht.

Ziviles Baurecht
Der Eigentümer einer Sache kann mit ihr nach dem Bürgerlichen Gesetzbuch (BGB) nach Belieben verfahren, soweit nicht Gesetze oder Rechte Dritter entgegenstehen. Der Eigentumsbegriff des Grundgesetzes schließt deshalb das Recht ein, das Grundstück zu bebauen oder sonst zu nutzen ("Baufreiheit"). Das zivile Nachbarrecht regelt den Interessensausgleich zwischen Privaten und begrenzt hierdurch die Baufreiheit (siehe BGB und Nachbarrechte der Länder). Die Nachbarrechte der Länder enthalten z.B. Bestimmungen über Fenster-, Licht-, Trauf- und Leiterrechte oder über Bodenerhöhungen, Einfriedigungen und Grenzabstände. Das zivile Baurecht bestimmt somit die privaten Rechtsbeziehungen hinsichtlich des Baugeschehens und der Nutzung des Eigentums an Grund und Boden; das öffentliche Baurecht bestimmt dagegen die aus öffentlichem Interesse gebotene Ordnung und Lenkung der Grundstücksnutzung und des Baugeschehens.

Das öffentliche Bau- und Planungsrecht baut auf dem zivilen Baurecht auf. Beispielsweise muß ein Bebauungsplan nicht zwingend den Grenzabstand festlegen. Er kann eine flächenhafte Ausweitung vornehmen und von den im zivilen Baurecht festgelegten Grenzabständen ausgehen, sofern er nicht spezielle Abstände, die von denen des zivilen Baurechts abweichen, von sich aus festlegen will.

---

122 Vgl. Battis, Krautzberger, Löhr, Fn. 48.

Öffentliches Baurecht
Es findet hier auf unterschiedlichen Ebenen eine Zweiteilung statt. Wir unterscheiden
- einerseits zwischen Gesamtplanungsrecht und Fachplanungsrecht[123] und
- andererseits zwischen Bundesrecht und Landesrecht[124].

Gesamtplanungsrecht: Das Gesamtplanungsrecht regelt den Bereich übergeordneter räumlicher Planung, wie etwa das Bundesraumordnungsgesetz (ROG) als Rahmengesetz für die gesamte Bundesrepublik, die Landesplanungsgesetze, das Baugesetzbuch oder die Bauordnungen der Länder. Das Gesamtplanungsrecht bezieht sich in der Regel auf bestimmte Gebiete.

Fachplanungsrecht: Das Fachplanungsrecht regelt Einzelplanungen der jeweiligen Fachbereiche, wie die Straßen- und Wegegesetze, Wasserstraßengesetze, Bahngesetze, Flurbereinigungsgesetze usw. Sie regeln normalerweise Sachverhalte, die nicht für ein bestimmtes Gebiet flächendeckend sind.

Das öffentliche Baurecht betrifft die Rechtsvorschriften, die die Zulässigkeit und die Grenzen, die Ordnung und die Förderung der baulichen Nutzung des Bodens betreffen. Die Gesetzgebungskompetenz für das öffentliche Baurecht ist nach dem Grundgesetz zwischen Bund und Ländern aufgeteilt.

Bundesrecht
Das öffentliche Baurecht des Bundes umfaßt das Städtebaurecht sowie eine Reihe fachgesetzlicher Planungs- und Bauvorschriften. Die wichtigste Rechtsquelle des Städtebaurechts war bis zum 1.7.1987 das Bundesbaugesetz, ergänzt durch das Städtebauförderungsgesetz. An ihre Stelle ist seit dem 1.7.1987 das Baugesetzbuch getreten. Zum Städtebaurecht des Bundes zählen weiterhin die Baunutzungsverordnung, die Wertermittlungsverordnung und die Planzeichenverordnung.

Das Städtebaurecht regelt nicht alle vom Bundesgesetzgeber zu ordnenden Sachverhalte des öffentlichen Baurechts. Beispielsweise enthalten folgende Rechtsbereiche Vorschriften für das Bauen: Immissionsschutzrecht, Zivilschutzrecht, Naturschutzrecht, Gewerbe- und Arbeitsstättenrecht, Wasserhaushaltsrecht, Bundesfernstraßenrecht, Fluglärmschutzrecht, Luftverkehrsrecht, Flurbereinigungsrecht, Atomrecht, Wasserstraßenrecht, Waldrecht, Personenbeförderungsrecht, Abfallrecht, Wohnungsbaurecht, Wohnungsbindungsrecht, Steuerrecht und anderes.

Landesrecht
Für das öffentliche Baurecht der Länder sind die wichtigsten Rechtsquellen die Landes-Bauordnungen, die nach einer von Ländern und Bund gemeinsam erarbeiteten Musterbauordnung erlassen wurden.[125] Das Bauordnungsrecht regelt die Ausführung der baulichen Anlagen auf dem Grundstück. Es umfaßt Vorschriften über die Errichtung, Erhaltung, Änderung, Nutzung und den Abbruch von bauli-

---

123 Braam: "Stadtplanung - Aufgabenbereiche, Planungsmethodik, Rechtsgrundlagen", 2. Auflage, Düsseldorf 1993.
124 Vgl. Battis, Krautzberger, Löhr, Fn. 48.
125 Arbeitsgemeinschaft der Bauminister der Länder und des Bundes: "Musterbauordnung für die Länder des Bundesgebiets" vom Mai 1990, Kommentar Böckenförde/Temmer/Krebs, Düsseldorf 1990.

chen Anlagen. Es dient zur Abwehr von Gefahren für die öffentliche Sicherheit und Ordnung (z.B. baukonstruktive Vorschriften), der Verhinderung von Verunstaltungen (Baugestaltungsrecht), der Berücksichtigung wohlfahrts- und sozialpflegerischer Belange (z.B. Vorschriften über Spielplatz-, Garagen- und Grünanlagenbaupflicht). Es regelt auch das Genehmigungsverfahren. Durch die Vorschriften über die Baugenehmigung werden Städtebaurecht und Bauordnungsrecht miteinander verknüpft, da eine Baugenehmigung nur erteilt werden darf, wenn das Vorhaben öffentlich-rechtlichen Vorschriften entspricht. Das bauaufsichtliche Genehmigungsverfahren wird damit auch zum Kontrollinstrument der Stadtplanung.

Im Landesrecht bestehen neben dem Bauordnungsrecht zahlreiche weitere, für das öffentliche Baurecht bedeutsame Regelungen, z.B. in folgenden Bereichen: Denkmalschutz, Naturschutz, Landschaftspflege, Wasserrecht, Straßenrecht, Kommunalabgabenrecht u.a. Aufgrund von Ermächtigungen im BauGB können und haben die Länder Ausführungsgesetze oder -verordnungen erlassen.

Gemeindesatzungen und -verordnungen
Rechtsquellen des öffentlichen Baurechts sind weiterhin die gemeindlichen Satzungen und Verordnungen, wie sie im Baugesetzbuch und den Landesbauordnungen (z.B. Stellplätze, Kinderspielplätze, Gestaltungssatzungen) vorgesehen sind.

Raumordnungs- und Landesplanungsrecht
Als Rechtsquelle für das öffentliche Baurecht ist weiterhin die eigenständige Rechtsmaterie des Raumordnungs- und Landesplanungsrechts zu nennen. Für den Bereich der Raumordnung als der zusammenfassenden und übergeordneten Planung und Ordnung des Raumes hat der Bundesgesetzgeber nach Art. 75 Nr. 4 GG eine Rahmenkompetenz, von der er durch den Erlaß des Raumordnungsgesetzes (ROG)[126] Gebrauch gemacht hat. Mit Ausnahme der Stadtstaaten (Berlin, Bremen, Hamburg) haben alle Bundesländer Landesplanungsgesetze erlassen. In den Stadtstaaten erfüllt der Flächennutzungsplan die Aufgaben der Landesplanung.

Sonstige, die Raumplanung bestimmende Gesetze
Neben den aufgeführten Gesetzen mit direktem aktiven Bezug zur räumlichen Planung gibt es noch eine ganze Reihe von Gesetzen und Verordnungen, die in die Stadtplanung hineinwirken. Z.B. handelt es sich um Fachgesetze zu komplementären Planungen, wie etwa das Bundesfernstraßengesetz und die Landeswegegesetze, die Wasserwirtschaftsgesetze u.a. Gesetze zur Sicherung unserer Umwelt, wie z.B. das Naturschutzgesetz, das Waldgesetz, das Bundesimmissionsschutzgesetz u.a. setzen der Siedlungsplanung zu beachtende Grenzen. Dazu gehören auch die der Förderung des Wohnungsbaus, einschließlich des Wohnungsmodernisierungsgesetzes.[127]

Da wir uns nicht mit dem Planungrecht im einzelnen befassen wollen, genügt es, an dieser Stelle für den gesetzen Rahmen das Thema Planungs- und Baurecht abzuschließen, weil es hier darauf ankam, deutlich zu machen, wie stark das Pla-

---

126 Bundesraumordnungsgesetz, Fn. 47.
127 Siehe dazu auch: Georg Schöning und Klaus Borchard: "Städtebau im Übergang zum 21. Jahrhundert", Stuttgart 1992.

nungsrecht in seiner Aufgabe der Legitimation, Autorisation, Sicherung vor Mißbrauch und Verpflichtung zur Planung als Bestimmungsfaktor wirksam ist. Wir werden auf die Einzelheiten und die Systematik der einzelnen Rechtsbereiche zurückkommen, wenn die jeweiligen Sachfelder der Planung in den späteren Kapiteln und Bänden dieser Reihe näher erörtert werden. Im übrigen finden wir einen nahezu vollständigen Überblick über die Rechtsgrundlagen bei Braam.[128]

4.1.3 Historische Entwicklung des Planungs-, Bau- und Bodenrechts

Das heutige Planungs- und Baurecht in Deutschland hat sich in den beiden letzten Jahrhunderten aus dem Bauordnungsrecht über städtebauliches Recht bis in jüngster Zeit zum Recht der Raumordnung und Landesplanung entwickelt, wobei zunächst sicherheitstechnische, hygienische und ästhetische Forderungen die Hauptrolle spielten, während erst seit dem Ende des 19. Jahrhunderts funktionelle, wirtschaftliche und soziale Ziele mehr und mehr Vorrang erhielten. Selbstverständlich gab es auch in den weiter zurückliegenden Jahrhunderten bis ins frühe Mittelalter neben dem Leihrecht für Grundstücke und Häuser ("hofrechtliche Leihe" und "Häuserleihe") Bauordnungsvorschriften, die als baupolizeiliche oder baugestalterische Bestimmungen in den Städten von Innungen und/oder Landesfürsten erlassen wurden.

Preußisches Landrecht, Fluchtliniengesetz und andere
Im Jahre 1794 wurde die Nutzung des Grund und Bodens im Preußischen Landrecht[129] gesetzlich geregelt, worin die bauliche Nutzung an die Vorbedingung gebunden wurde, daß der Allgemeinheit kein Schaden entstehe. Durch das preußische Gesetz betr. die Anlegung und Veränderung von Straßen und Plätzen[130], das sog. "Fluchtliniengesetz", wurde den Gemeinden das Recht verliehen, Verkehrsflächen und Bauflächen in Fluchtlinienplänen auszuweisen und gegeneinander abzugrenzen. In den übrigen deutschen Ländern wurden Bestandteile des Baupolizeirechts und des Planungsrechts gemeinsam in den Landesbauordnungen geregelt.

Wohnsiedlungsgesetz
Erst 1933 wurde nach jahrzehntelanger Vorbereitung das Reichsgesetz über die Erschließung von Wohnsiedlungsgebieten, das "Wohnsiedlungsgesetz"[131] erlassen, wonach "Wirtschaftspläne" von den Gemeinden aufzustellen waren. Diese Wirtschaftspläne waren dem Charakter nach den heutigen Flächennutzungsplänen ähnlich. Auf Grund eines weiteren Gesetzes zur Ordnung des deutschen Siedlungswesens[132] im Jahre 1934 wurden dann 1936 noch die Verordnungen über die Rege-

---

128 Braam: "Stadtplanung - Aufgabenbereiche, Planungsmethodik, Rechtsgrundlagen", Fn. 123.
129 Pappermann, Schöning (Hrsg.): Preußiches Allgemeines Landrecht v. 1.6.1794, Paderborn 1972.
130 Preußisches Gesetz betr. die Anlegung und Veränderung v. Straßen u. Plätzen in Städten u. ländlichen Ortschaften v. 2.7.1875, Fassung v. 1939 (RGBl. I S. 106).
131 Gesetz über die Aufschließung von Wohnsiedlungsgebieten vom 22.9.1933 (RGBl. I S. 659).
132 Gesetz über einstweilige Maßnahmen zur Ordnung des deutschen Siedlungswesens vom 3.7.1934, RGBl. I S. 568.

lung der Bebauung und über die Zulässigkeit befristeter Bausperren erlassen. Sie bildeten ein erstes Fundament für ein einheitliches Städtebaurecht.

Lemgoer Entwurf - Aufbaugesetze
Im Jahre 1948 stellte eine Gruppe deutscher Städtebauer in Lemgo ein Konzept für ein Städtebaugesetz auf. Auf dieser Grundlage und dem Wohnsiedlungsgesetz wurden von 1948-50 in den meisten Ländern der Bundesrepublik Deutschland die "Aufbaugesetze" mit verblüffender Ähnlichkeit erlassen, die die 10 Jahre dauernde Vorbereitung des umfassenden Instrumentariums des Städtebaurechts, des Bundesbaugesetzes, das 1960 erlassen wurde, erheblich befruchteten. Diese Gesetze regelten die Nutzung und die Verfügbarkeit des Bodens und bestimmten Inhalt und Schranken des Grundeigentums in seiner Sozialgebundenheit.

Bundesbaugesetz
Da es nicht in allen Ländern ein Aufbaugesetz gab, machte der Bundesgesetzgeber Gebrauch von seinem Recht und verabschiedete 1960 das Bundesbaugesetz[133], um die einheitliche städtebauliche Entwicklung im Bundesgebiet entsprechend seiner verfassungsmäßigen Verpflichtung sicherzustellen. Insofern ersetzte das Bundesbaugesetz die Aufbaugesetze der Länder.

Die wichtigsten Teile des Gesetzes enthielten, ähnlich wie bei den Aufbaugesetzen, ausführliche Vorschriften über die Aufstellung, Sicherung und Wirkung des vorbereitenden Bauleitplanes, des Flächennutzungsplanes und der verbindlichen Bauleitpläne, der Bebauungspläne. Weitere wichtige Abschnitte brachten Bestimmungen über die Zurückstellung von Baugesuchen, über den Bodenverkehr und das Vorkaufsrecht der Gemeinden, ferner über die Zulässigkeit von Bauvorhaben, über die Umlegung und die Enteignungsverfahren mit ihrer Entschädigung, über die Erschließung und über die Ermittlung von Grundstückswerten.

Nach diesem Gesetz wurden die Gemeinden verpflichtet, die städtebauliche Entwicklung zu ordnen und durch Bauleitpläne vorzubereiten und zu leiten. Diese Pläne sollten sich den Zielen der Raumordnung und Landesplanung anpassen; sie hatten die sozialen und kulturellen Bedürfnisse, die Wohnbedürfnisse, die Sicherheit und Gesundheit der Bevölkerung, die Bedürfnisse der Wirtschaft, des Verkehrs, der Landwirtschaft und des Landschaftsschutzes zu berücksichtigen.

Dieses für die städtebauliche Entwicklung der Städte und Dörfer wichtige Gesetz wurde durch zwei Verordnungen ergänzt:

Planzeichenverordnung
Die Verordnung über die Ausarbeitung der Bauleitpläne und die Darstellung des Planinhalts[134] hatte im wesentlichen den Sinn zu sichern, daß in allen Bauleitplänen die gleiche Schrift geschrieben wurde, die gleichen Symbole, insbesondere für Flächennutzungen jeglicher Art und Dichte und die gleichen Begriffe verwendet wurden, die städtebaulichen Pläne im ganzen Bundesgebiet also einheitlich waren und rechtliche Zweifel dadurch vermieden wurden.

---

133 Bundesbaugesetz vom 23.6.1960, BGBl. I S. 341.
134 Planzeichenverordnung vom 30.7.1990, BGBl. I S. 833.

Baunutzungsverordnung
Für die Gemeinden als Träger der städtebaulichen Planung ist die Baunutzungsverordnung (Verordnung über die bauliche Nutzung der Grundstücke[135]), die 1962 erstmalig in Kraft trat, eine bedeutungsvolle Ergänzung zum BauGB. Für die Art und das Maß der Nutzung wurde in der Verordnung ein Fächer von Baugebieten und Bauflächen zur Auswahl gestellt, die nach der örtlichen Situation auch im Maß der Nutzung variiert werden konnten.

Das Maß der baulichen Nutzung wird durch Geschoßflächenzahlen, Baumassenzahlen, Grundflächenzahlen und/oder die Zahl der Vollgeschosse festgesetzt, wobei es sich bei den ersten drei Werten um Meßwerte handelt, die in Relation zu den Baugrundstücken stehen. Dabei ist zu berücksichtigen, daß Geschoßflächen, Freiflächen, Straßen, Flächen des ruhenden Verkehrs und der Ausbauzustand der Nahverkehrsmittel in Beziehung zueinander stehen. Alle in der Verordnung angegebenen Werte sind Höchstwerte, die unterschritten und in überwiegend bebauten Gebieten auch überschritten werden können, wenn städtebauliche Gründe es rechtfertigen und öffentliche Belange nicht entgegenstehen.

Städtebauförderungsgesetz
Nachdem die wesentlichen Wiederaufbaumaßnahmen erfolgt waren, wurde es immer deutlicher, daß eine geregelte und durch Bund und Länder geförderte Stadterneuerung unumgänglich war. Aus diesem Grund wurde 1971 das Gesetz über städtebauliche Sanierungs- und Entwicklungsmaßnahmen (StBauFG[136]) erlassen. Danach konnten Gemeinden Gebiete, die städtebauliche Mißstände aufweisen, förmlich als Sanierungsgebiet ausweisen. Das Gesetz legt die Kriterien fest, was als Mißstand zu gelten hat, wie verfahren werden muß und welche Maßnahmen ergriffen werden können. Das StBauFG wurde 1986 in seinen wesentlichen Teilen in das BauGB übernommen, soweit es sich um die Stadterneuerung handelt. Der Teil, der sich mit Stadtentwicklung befaßt, wurde nur befristet übernommen und einmal noch bis 1995 verlängert.

Baugesetzbuch
Im Dezember 1986 trat das Baugesetzbuch (BauGB[137]) in Kraft, das das Bundesbaugesetz mit dem Städtebauförderungsgesetz zusammenführte und außerdem eine Novellierung beider Gesetze einschloß. Insofern war das BauGB keine Neufassung eines Gesetzes. Die Grundlinien beider Gesetze wurden beibehalten. Die Gliederung des BauGB hat sich aus der historischen Entwicklung ergeben, indem im Sinne einer systematischen Eingliederung die wesentlichen Teile des StBauFG im zweiten Kapitel aufgenommen wurden, während die klassischen Teile des BBauG sich im ersten Kapitel wiederfinden. Dabei wurden einige Sonderregelungen des StBauFG, wie etwa über das Vorkaufsrecht oder das Enteignungsrecht, im ersten Kapitel mit den allgemeinen Rechten dazu verschmolzen. Das dritte Kapitel enthält die Vorschriften über Wertermittlungen, Zuständigkeiten, Verfahren und

---

135 Baunutzungsverordnung vom 26.11.1968, BGBl. I S. 1238, Fassung 23.1.1990, BGBl. I S. 132.
136 Gesetz über städtebauliche Sanierungs- und Entwicklungsmaßnahmen v. 27.7.1971, BGBl. I S. 1125.
137 Baugesetzbuch, Fn. 48.

Wirksamkeitsvoraussetzungen. Das vierte Kapitel enthält schließlich die Übergangs- und Schlußvorschriften.

Natürlich ist für die Stadtplanung das BauGB der Kern für die Legitimation und Autorisation zum planerischen Tun. Wir werden dennoch an dieser Stelle das BauGB und seinen Inhalt verlassen, weil nicht ein Buch über das Bau- und Planungsrecht beabsichtigt ist. In den jeweils bedeutungsvollen Abschnitten, insbesondere solche über die Planarten und die Instrumente im Planvollzug, werden wir in den entsprechenden Kapiteln auch der Bände II und III jeweils die relevanten Teile des BauGB intensiver behandeln.

Regional- und Landesplanungsgesetze

Landesplanung entwickelte sich in Deutschland erst nach dem ersten Weltkrieg durch Sondergesetze. Zunächst entstand in den Brennpunkten großstädtischer und industrieller Entwicklung eine überörtliche Regionalplanung, deren herausragende Beispiele der Zweckverband Groß-Berlin (1910), der Siedlungsverband Ruhrkohlenbezirk (1920), der Landesplanungsverband für den Regierungsbezirk Düsseldorf (1925) und der Hamburg-Preussische Landesplanungsausschuß (1928) waren. Aufschlußreiche Angaben über diese Entwicklung finden sich bei Stephan Prager[138] ("Landesplanung") und Joseph Umlauf[139] ("Wesen und Organisation der Landesplanung").

Ein weiterer Schritt geschah dann Mitte der zwanziger Jahre, als die Notwendigkeit gesehen wurde, auch in ländlichen Räumen übergemeindliche Planung in von gemeinsamer Problematik geprägten Gebieten zu installieren. In diesem Sinn wurden z.B. gegründet der Landesplanungsverband für das Münsterland (1925) und eine Reihe von Landesplanungsstellen für die Rheinprovinz (ab 1929). An den Beispielen können wir schon erkennen, daß die Regional- und Landesplanung zunächst in Norddeutschland Fuß faßte, während in Süddeutschland sich noch relativ wenig tat.

Eine erste Tendenz zur Steuerung der Gesamtentwicklung in Deutschland trat 1929 durch die Gründung der Arbeitsgemeinschaft der Landesplanungsstellen in Erscheinung, die von Dr.-Ing. Robert Schmidt, dem ersten Direktor des Ruhrsiedlungsverbandes, geleitet wurde. Das Gebiet der in dieser Arbeitsgemeinschaft vertretenen Verbände umfaßte 29 % des Gebietes und 58 % der Bevölkerung Deutschlands.

Schließlich wurde 1935 durch Reichserlaß die "Reichsstelle zur Regelung des Landbedarfs der öffentlichen Hand"[140] in die "Reichsstelle für Raumordnung" umgewandelt. Durch einen Erlaß im Jahr 1935 wurde außerdem die Gründung von Landesplanungsgemeinschaften verfügt. Nachdem der Aufbau dieser Landesplanungsgemeinschaften erfolgt war, wurde 1937 die sogenannte "Gesellschaft zur Vorbereitung der Reichsplanung und Raumordnung e.V." in die "Reichsplanungsgemeinschaft" umgewandelt.

Die Gesetze und Verordnungen zur Raumordnung in Deutschland wurden nach dem Krieg durch die Besatzungsmächte nicht außer Kraft gesetzt. Sie gingen des-

---

138 Stephan Prager: "Landesplanung", in: "Handwörterbuch des Wohnungswesens", Jena 1930.
139 J. Umlauf: "Wesen und Organisation der Landesplanung", Essen 1958.
140 Gesetz über die Regelung des Landbedarfs der öffentlichen Hand vom 26.6.1935, RGBl. I S. 468-514.

halb auf die Länder über. Da es zunächst keine gemeinsame staatliche Spitze mehr gab, entwickelte sich in den einzelnen Ländern die Landesplanung nach Organisation und Arbeitsweise sehr unterschiedlich. Eigentlich hätte die Katastrophe nach dem Zweiten Weltkrieg zur Intensivierung von Raumordnung und Landesplanung führen müssen. Die fehlende Bundeskompetenz, das zunächst unmittelbar auf die gewaltige Aufgabe des Wiederaufbaus ausgerichtete Blickfeld und schlechte Erfahrungen ließen diesem Thema nur stiefmütterliche Behandlung zukommen.

Das Grundgesetz sieht für den Bund auf Grund des föderalistischen Systems lediglich eine sogenannte "konkurrierende" Gesetzgebung in der Raumordnung vor, die es dem Bund erlaubt, Rahmenvorschriften für die Raumordnung zu erlassen. Es muß außerdem dafür ein Bedürfnis nach Regelungen auf Bundesebene bestehen. Raumordnung und Landesplanung sind also primär Angelegenheiten der Länder. Insofern entstand auch auf Anregung des damaligen Leiters der Landesplanungsbehörde des Landes Nordrhein-Westfalen, Dr. Stephan Prager, als erster Ansatz 1949 eine Arbeitsgemeinschaft der Landesplaner in der Bundesrepublik Deutschland. Es war auch Prager, der die Initiative durch Vorlage eines Gesetzesentwurfs ergriff und der dadurch den Stein für ein erstes Landesplanungsgesetz in der Bundesrepublik im Land Nordrhein-Westfalen ins Rollen brachte. Schrittweise folgten die anderen Länder. Das Landesplanungsgesetz von Nordrhein-Westfalen lehnte sich damals stark an das Raumordnungsrecht in Deutschland vor dem Krieg an. Seither haben die Landesplanungsgesetze eine Reihe von Änderungen und Ergänzungen erfahren (z.T. auch durch Rechtsverordnungen).

Die regionale Planung ist sowohl auf Landesebene (Bezirksplanung) als auch im sogenannten "Gegenstromprinzip" von kommunaler Seite seit Anfang des Jahrhunderts entwickelt worden (siehe z.B. Zweck-Verbandsgesetz für Groß-Berlin[141], Sondergesetz zur Bildung des Großraums Hannover[142] u.a.).

An dieser Stelle sei noch vermerkt, daß in den Aufbaugesetzen, dem Bundesbaugesetz und dem Baugesetzbuch die Mitwirkung der Landesplanung verankert wurde. Eine weitere Erörterung der Landesplanung und ihrer Wirkung, insbesondere der Regionalplanung, wird in späteren Kapiteln z.T. in den Bänden II und III behandelt werden, weil eine Erörterung der gesetzlichen Einzelheiten besser verständlich wird bei der Erörterung der Inhalte der Planung.

Bundesraumordnungsgesetz

Die nationale Ebene ist sehr unterschiedlich zu behandeln, je nachdem, ob es sich nach der Verfassung um einen zentral oder föderal regiertes Land handelt. Schon der offizielle Staatsname Deutschlands macht deutlich, daß es sich um einen Bundesstaat handelt, bei dem die Kompetenzen verteilt sind. Es hat nach dem Krieg zwanzig Jahre gedauert, bis Bundestag und Bundesrat ein Gesetz über die Raumordnung auf Bundesebene beschlossen haben[143]. Nicht etwa Nachlässigkeit gegenüber diesem Thema, sondern auch das natürliche Spannungsverhältnis zwischen Ländern und Bund hat zu langwierigen Auseinandersetzungen geführt. Wir werden uns mit diesem Problem noch im nächsten Kapitel etwas näher beschäftigen.

---

141 Sondergesetz zum Zweckverband für Groß-Berlin v. 19.7.1911, Preußische Gesetzessammlung, 1911, Nr. 20, S. 123-137.
142 Sondergesetz zur Ordnung des Großraums Hannover v. 14.12.1962, Nds. GVBl. 1962, S. 235.
143 Bundesraumordnungsgesetz v. 25.7.1991, Fn. 47.

Wie schon angedeutet, hat der Bundesstaat in der Regel nur eine Rahmenkompetenz bei der Raumordnungsgesetzgebung, so auch in Deutschland. Das Raumordnungsgesetz enthält deshalb auch nur allgemeine Leitlinien zu den Aufgaben, Zielen und Grundsätzen einer Raumordnungspolitik und deren Geltungsbereich. Die Einzelheiten des Bundesraumordnungsgesetzes werden wir, wie in den anderen Gesetzesbereichen der Landes- und Stadtplanung, in anderen Kapiteln der Bände II und III noch näher behandeln, wenn die jeweils konkreten Sachfragen zur Diskussion stehen.

4.1.4 Stadtplanung im Schnittpunkt örtlicher und überörtlicher Probleme

Bei der Bestimmung der Begriffe örtliche und überörtliche Planung beginnt man üblicherweise mit der geschichtlichen Entwicklung und stößt hier sofort auf ein Phänomen, nämlich, daß die Stadt schon, wie wir gesehen haben, in ihrem Ursprung auf überörtlichen Funktionen begründet ist. Wir verstehen in diesem Sinne die Stadtplanung nicht als eine Planung, die durch Gemeindegrenzen abgegrenzt ist, also mit rein örtlichem Bezug, sondern als Disziplin auch der interkommunalen Ortsplanung. Wir haben gesehen, daß es hierbei Bereiche gibt, die sich sowohl den Möglichkeiten des technischen Planers entziehen als auch den Möglichkeiten der politischen Körperschaften, wie wir sie heute kennen. Es fehlt uns, bis auf einige Ausnahmen, im Bundesgebiet die institutionalisierte Regionalplanung, mit der allein wir diese Aufgabe lösen können. Wir kennen die Beispiele Ruhrsiedlungsverband und Großraumverband Hannover, wir kennen das Beispiel regionaler Landesplanungsverbände, und wir kennen noch einige andere.

Es gibt nach unserer Auffassung drei Stufen mit jeweils unterschiedlichem Maßstab, die beachtet werden müssen. Es gibt die regionale Landesplanung, d.h. also die Landesplanung auf regionaler Basis. Es gibt die interkommunale Regionalplanung, und es gibt die interkommunale Ortsplanung (nachbarschaftliche Planung). Die regionale Landesplanung wird immer nur bestimmte großräumige Ziele, die für diesen Raum aus der Sicht der Landesplanung notwendig sind, festsetzen. Die intraregionalen Entwicklungserfordernisse und Probleme gehen viel weiter, auch im Detail. Sie werden nur durch die interkommunale Regionalplanung zu lösen sein. Solange wir uns auf dem Weg der Freiwilligkeit durchzusetzen versuchen, werden wir immer wieder erleben, daß allzu harte Interessenkollisionen nicht zu einer Einigung führen werden. Was bedeutet nun diese drei Stufen für die Institutionalisierung der Regionalplanung? Sie bedeuten, daß wir auf der einen Seite nicht auskommen werden ohne die Landesplanung, daß wir aber auf der anderen Seite niemals auskommen werden ohne die kommunale Zusammenarbeit. Es müssen in einer Körperschaft diese beiden, im Gegenstromprinzip sich begegnenden Planungsfunktionen vereinigt werden. Und das wird nur so gehen, indem man einen Kommunalverband schafft, auf den regionale Landesplanung delegiert wird. Die Beispiele, die ich vorhin erwähnte, haben ein kleines Manko. Der Großraum Hannover ist ein Kommunalverband, der leider die Landesplanung auf regionaler Basis nicht delegiert bekommen hat. Sein Regionalplan, der beschlossen wird, ist nicht gleichzeitig Ausdruck der Landesplanung, man kann ihn also nicht mit Mitteln des Landesplanungsgesetzes durchsetzen. Umgekehrt sind Landesplanungsverbände Planungszweckverbände nach dem Landesplanungsgesetz und sehen im Grunde genommen keine gesetzlichen oder satzungsmäßigen Mittel der Kommunen vor, mit denen die interkommunalen Festsetzungen des Regionalplanes durchgesetzt werden könnten, sondern ihnen steht nun wiederum nur das Mittel der Gesetze der Landesplanung zur Verfügung. Warum kommunaler Verband? Man könnte sich ja denken, daß die Landesplanung in Form von Bezirksplanungsämtern durchaus diese Frage bewältigen könnte. Wir glauben, daß die Lösung der örtlichen Probleme durch die politischen Vertretungskörperschaften ein ganz anderes Gesicht bekommt, wenn dieselben Leute, die in den politischen Vertretungskörperschaften der Kommunen sitzen, bei einem regionalen Verband, im Verbandsausschuß oder in der Verbandsversammlung ebenfalls vertreten sind und die Sicht, die Regionalsicht dieses Verbandes in den Beschlüssen, in den Diskussionen und in den Ausschußsitzungen kennenlernen, um dann in der eigenen örtlichen Beschlußfassung einen größeren Überblick zu haben. Das gleiche gilt im umgekehrten Sinn, daß die örtlichen Verhältnisse einen viel stärkeren Niederschlag finden werden, wenn die politischen Vertretungskörperschaften der Gemeinden oder Landkreise und Stadtkreise auch in einem solchen Verband mit Sitz und Stimme tätig sind. Das bedeutet, daß man einen Weg finden muß, der nicht nur im technischen Bereich, sondern auch im politischen Entscheidungsbereich (z.B. über die Haushaltsmittel) dieses Gegenstromprinzip praktiziert.

4.1.5 Aufgabenteilung nach Verfassungstheorie und Praxis

Wir haben in den bisherigen Erörterungen gesehen, daß notwendigerweise die räumliche Planung in ein Hierarchiesystem gebettet ist, das den Handlungsspielraum und die Wechselbeziehungen, insbesondere der vertikalen Stufen, stark beeinflußt. Unweigerlich muß also das verfassungsmäßige Staatsgliederungsprinzip - Zentralismus oder Föderalismus - in diesem Zusammenhang determinierend wirken. Um diese Wirkungen aufzuzeichnen, bedarf es konkreter Darstellung. Deshalb wird exemplarisch die Bundesrepublik Deutschland intensiver behandelt.

Verfassungen mit föderalistischer Ordnung und einer eigenständigen Stellung der Bundesstaaten haben eine Aufgabenteilung zwischen Bund und Ländern bestimmt. Die staatlichen Aufgaben sollen z.B. nach Artikel 30 Grundgesetz der Bundesrepublik Deutschland[144] von den Ländern ausgefüllt werden, "soweit dieses Grundgesetz keine andere Regelung trifft oder zuläßt". Diese Zuständigkeit zugunsten der Länder gilt insbesondere für die Infrastrukturplanung. Hinzu kommt, daß Artikel 28 des Grundgesetzes den Gemeinden das Recht gibt, "alle Angelegenheiten der örtlichen Gemeinschaft im Rahmen der Gesetze in eigener Verantwortung zu regeln". Der Bund kann also nur dort tätig werden, wo das Grundgesetz es ihm ausdrücklich erlaubt. Die Frage, ob und wie darüber hinaus der Bund tätig werden kann, wird von Bund und Ländern sehr unterschiedlich gesehen. Diese Auffassungsunterschiede bedingen häufig verfassungsrechtliche Auseinandersetzungen. Soweit das Grundgesetz es "nicht anders bestimmt oder zuläßt", werden die Gesetze in der Regel von den Ländern als eigene Angelegenheiten ausgeführt, auch

---

144 Grundgesetz der Bundesrepublik Deutschland v. 23.5.1949, Fn. 15.

wenn der Bund eine relativ weitgehende Gesetzgebungskompetenz hat. Der Bund kann in der Regel, auch in solchen Fällen, nur durch Erlaß allgemeiner Verwaltungsvorschriften Einfluß nehmen. Diese praktische Einflußnahme ist von vornherein begrenzt, da die allgemeinen Vorschriften des Bundes der Zustimmung des Bundesrates bedürfen. Der Bund kann also nur in den wenigen Fällen, die ausdrücklich im Grundgesetz genannt sind, mit unbeschränkter Weisung handeln.

So liegt zwar das Baugesetzbuch als Gesetzeswerk in der Kompetenz des Bundestages. Die städtebauliche Planung (F-Pläne und B-Pläne usw.) liegt jedoch in der Hand der Kommunen. Der Bund kann hier gar nicht, das jeweilige Land im wesentlichen nur in Verfahrensfragen eingreifen. Der Verfasser hat sich als Stadtbaurat von Kiel z.B. mit Erfolg und mit Unterstützung der Ratsversammlung gegen den Standortbeschluß des Schleswig-Holsteinischen Landtages für ein neues Landtagsgebäude in einer innerstädtischen Grünfläche, die in einem rechtskräftigen B-Plan als solche ausgewiesen war, gewehrt. Obwohl das Grundstück sich im Eigentum des Landes Schleswig-Holstein befand, hatte das Land nicht die Möglichkeit, den Selbstverwaltungswillen der Stadt im Hinblick auf diese Planungsabsicht zu brechen. Das Grundstück blieb öffentliche Grünfläche.

Da die Infrastrukturplanung in der Kompetenz von Bund, Ländern und Gemeinden liegt, ist sie kompliziert. Diese Aufgabentrennung ist in der Rechtssystematik der Verfassung begründet, die die Ordnung des Bund-Länder-Gemeinden-Verhältnisses im Sinne der Gewaltenteilung auf Kontrolle und Gegengewicht aufbaut und nicht auf ein Miteinander bei gemeinsamen Aufgaben, wie denen der Infrastruktur. Hier liegt ein erkennbarer, aber um der Bundesstaatlichkeit willen bewußt hingenommener Konfliktstoff.

4.2 Freiflächensystem als rahmensetzender Faktor

4.2.1 Freiflächen und ihr Gefüge

Unsere Städte sind vielfach durch ein stark differenziertes Netz von Freiflächen geprägt. Im Vergleich zu vielen anderen Ländern ist die Gesamtbilanz weniger negativ, als es hin und wieder in den Medien zu lesen ist. Mängel sind in der Regel dort zu registrieren, wo Disparitäten nach zwei unterschiedlichen Blickwinkeln entstanden sind, nämlich
- Disparitäten in der räumlichen Verteilung, indem z.B. im Stadtkern erforderliche Freiflächen ganz allgemein fehlen, und
- Disparitäten nach Nutzungsfunktion (Land- und Forstwirtschaftsflächen, Parks, Gewässerufer, öffentliches Trenngrün, Freizeitflächen, Sport- und Spielflächen usw.), indem Freiflächen für ganz bestimmte Funktionen fehlen.

Dabei gilt es primär, die verschiedenartigen Freiflächen nach ihrer Funktion und Hierarchie zu einem System zusammenzufügen und Doppel- oder Mehrfachfunktionen zu erreichen, etwa indem für den Kaltluftaustausch als Klimakorridore verschiedene Freiflächen in ihrem räumlichen Zusammenhang wirksam werden. Von besonderer Bedeutung ist dabei wiederum derjenige Teil der noch existierenden Freiflächen,
- der in der Lage wäre, die erkannten Disparitäten auszugleichen, und

- der in der Lage wäre, das bestehende Freiflächensystem in seiner Netzstruktur zu ergänzen und weiter auszubauen.

Hinzu kommt natürlich das Stadtsystem (Bandstadt, sternförmige Stadt, multizentrische Stadt usw.), das in seiner Struktur das Freiflächensystem vorbestimmt. Besonders groß wird das Problem, wenn sich ein verstädterter Raum im Umbruch von einem zu einem anderen System befindet.[145]

4.2.2 Einzelfunktionen des Freiflächensystems

Nach Lendholt[146] haben wir einige übergeordnete Funktionsbereiche zu beachten, die an dieser Stelle erörtert werden müssen, weil sie als rahmensetzender Faktor anzusehen sind.

Stadthygienische Funktion
Zu ihr zählen wir die Absorptionsfunktionen großer zusammenhängender Grünflächen, insbesondere auch im Zusammenhang mit größeren Wasserflächen. Forsten, Parks, breite unbebaute Uferzonen von Flüssen, Seen und Förden, größere Kleingartengebiete etc. gehören in diese Kategorie.

In diese Kategorie fallen ebenso solche Freiflächen, die durch ihre Breite und ihren Zusammenhang in der Lage sind, den Kaltluftaustausch zu bewirken.

Gliedernde Funktion
Vom Maßstab der Gesamtstadt bis hin zum Maßstab einer kleinen Stadtzelle bedarf es der Freiräume, um die bebauten Gebiete im Großen wie im Kleinen gegeneinander abzugrenzen. Nahezu alle Sachfunktionen, vom Kinderspielplatz bis hin zum Stadtforst, dienen diesem Ziel, zusätzlich zu ihrer eigenen Sachfunktion.

Produktionsfunktion
Auch heute noch sollten Freiräume im städtischen Umfeld güterproduzierend genutzt werden, wenn es die Situation irgendwie erlaubt. Das Spektrum reicht von Kleingärten über Baumschulen, Fischteiche, Erwerbsgärtnereien bis hin zur Forstoder Landwirtschaft.

Außerdem haben Grünflächen noch eine doppelte Produktionsfunktion, nämlich auch innerhalb verstädterter Zonen Sauerstoff und Stickstoff zu erzeugen.

Vorhaltefunktion
Wir haben inzwischen erörtert, daß im Zuge der gesellschaftlichen Entwicklung immer wieder neue Ansprüche an die urbane Nutzung des Grund und Bodens gestellt wurden, seien es nun Wachstumsbedarfe durch den Bevölkerungszuwachs oder durch erhöhte Ansprüche pro Kopf der Bevölkerung oder durch völlig neue Nutzungsfunktionen, die durch den wachsenden Wohlstand und anderes hervorge-

---

145 Siehe hierzu auch: K. Buchwald: "Der Beitrag ökologisch-gestalterischer Planungen zu Gesamt- und Fachplanungen", in: Handbuch für Planung, Gestaltung und Schutz der Umwelt, München, Wien, Zürich 1980.
146 Werner Lendholt: "Funktionen der städtischen Freiräume", in: Zur Ordnung der Siedlungsstruktur, Band 85, Akademie für Raumforschung und Landesplanung, Hannover 1974.

rufen wurden. Eine kluge Kommunalpolitik wird immer für solche Entwicklungen Vorsorge treiben und entsprechende Flächen als "Reserve" im Auge behalten.

In alledem zeigt sich, daß das Freiflächensystem einen wesentlichen rahmensetzenden Faktor darstellt. Zunächst denken wir dabei natürlicherweise an die größeren, raumbildenden Freiräume der Kulturlandschaft, wie etwa die zusammenhängenden land- und forstwirtschaftlichen Flächen, die Flußläufe und Seen mit ihren Uferräumen, Niederungen, die Höhenzüge, Berge, Kuppen usw. Dazu gehören jedoch auch kleinere Freiräume, bis hin zu kleineren Naturdenkmalen und Biotopen etc. Mit den Aspekten der Landschaftsplanung werden wir uns im Detail noch in mehreren Kapiteln beschäftigten. An dieser Stelle genügt das Gesagte zur Feststellung, daß die Freiflächen einen rahmensetzenden Faktor darstellen.

4.3 Umweltschutz als rahmensetzender Faktor

4.3.1 Umweltbeziehungen

Umweltbeziehungen bestehen in einem Dreiecksverhältnis, nämlich so, wie es die Grafik 16 kennzeichnet: Der Mensch hebt sich von der "lebenden Natur" insofern ab, als er als einziges Lebewesen aus intellektuellen Potentialen und daraus entwickelten Instrumentarien heraus in der Lage ist, die Welt zu verändern, bis hin zu ihrer Totalzerstörung. Die "nicht lebende" Natur hat entgegen landläufigen Vorstellungen eine gefährliche "Lebendigkeit", siehe Vulkane, Erdbeben, Lawinen, Erdrutsche, Überschwemmungen etc. Sie wird häufig ignoriert, was sehr bedenklich ist.

Insofern darf nie die "lebende" Natur allein mit ihren Ökonischen und Biotopen zur Richtschnur werden, wie man es hin und wieder beobachten kann. Bei den heutigen Aktivitäten von örtlichen Umweltschützern ist häufig der Rettungsgedanke für irgendein Biotop dominierend. Immer wieder wird z.B. bei geplanten Wohnflächen der Schutz solcher Biotope, z.B. Brenesseln, vorangestellt, wodurch dann, als Folge, gesundheitliche Schäden durch Lärm und Abgase dadurch ausgelöst werden, daß stattdessen Wohnungen in Streulage entstehen (Zersiedlung mit in der Potenz erhöhtem Individualverkehr und dem Erfordernis an überwiegend individueller Ölheizung anstatt umweltfreundlicher Systeme).

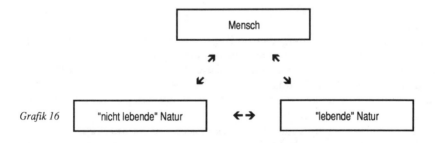

Grafik 16

Der Schutz des Menschen sollte im Vordergrund stehen und eine ganzheitliche Sicht Priorität haben. Dabei ist der Mensch und was seiner Gesundheit dient, Prioritätsansatzpunkt.[147] Das spezifische Problem des Themas "Stadt und Umwelt" liegt deshalb in der hohen Komplexität, die es kaum noch erlaubt, Einzelsachverhalte für sich zu betrachten und für sie isoliert Lösungsansätze zu suchen. Deshalb kann hier nur thesenartig auf Beispiele der Komplexität und ihrer Folgen eingegangen werden. Eine solche thesenartige Verkürzung ist natürlich kritisierbar. Dennoch ist es erforderlich, so zu verfahren, und die konkreten Lösungen einer nächsten Erörterungsebene zu überlassen.[148]

Stadt und Umwelt bedeutet Kumulation, Wechselbeziehungen, Folgewirkungen und übersteigerte Dimension einer Vielzahl von Störfaktoren. Beispiel: Die Verschmutzung von Oberflächengewässern ist nicht mehr nur eine Frage der Einleitung unbehandelter oder nur teilbehandelter Abwässer aus Haushalten und Industrie, sondern auch, kumulativ erhöht, eine Frage der Verschmutzung der Oberflächengewässer durch verunreinigten Regen und der Verseuchung der Böden durch ihre Behandlung mit Düngechemikalien wie auch bedenkenloser Ablagerung von Gift- und Schadstoffen. Die Anforderungen an die Reinhaltung der Oberflächengewässer führen deshalb neuerdings zu der Frage nach dem Erfordernis gesonderter Reinigung der abgeleiteten Regenwässer mit der Folge eines außerordentlichen Aufwandes an Geld und Zeit! Die Folgefrage, die sich hieraus stellt, ist die, ob es nicht gelingen könnte, in einem vergleichbaren Zeitraum, jedoch mit einem "multiwirksamen" Geldaufwand, bei den schon eingeführten Vorschriften
- die Luftverschmutzung zu reduzieren,
- die Behandlung der Böden mit Chemikalien zu minimieren und
- einen Teilbetrag der Geldmengen für die Beseitigung der gefährlichen Ablagerungen in den Böden zu verwenden,

also auch hier nach dem Verursacherprinzip vorzugehen.[149]

Ein weiteres Beispiel: Die ständig steigende Zahl von technischen Geräten in privaten Haushalten und im Gewerbe - also z. B. Wasch- und/oder Geschirrspülmaschinen - hat nicht nur die Verunreinigung der Abwässer durch chemische Substanzen und deren Mengen drastisch erhöht, sondern - nicht unbeträchtlich - auch die mittlere Temperatur der Abwässer in den Abwasserkanälen. Als Folge entstand eine äußerst günstige Brutsituation für sehr schädliche Mikroben. Erwärmte Kanalabwässer bieten andererseits die Chance, in größerem Umfang Wärmeenergie zurückzugewinnen! Die Frage, die sich hierbei stellt, ist die, ob wir durch das dann wieder abgekühlte Abwasser automatisch die übermäßige Mikrobenbildug vermeiden können.

Umweltschutzmaßnahmen können auch neue Umweltschutzprobleme aus sich heraus auslösen.

Beispiel: Die starken Emissionen aus den Müllverbrennungsanlagen führten zu ständig neuen Anforderungen. Elektrofilter und Rauchgaswaschanlagen haben zu beträchtlichen Erfolgen geführt. Dadurch entstand allerdings ein neues, nicht mehr

---

147 Siehe hierzu auch: Forrest Stearns und Thomas Montag: "The Urban Eco-System, a Holistic Approach", New York 1975.
148 Siehe hierzu auch: W. Bomberg: "Städtebau und Regionalplanung in den Neunziger Jahren - ökologische Voraussetzung: Umgang mit der Umwelt", in: "Planung oder Anpassung", Deutsche Akademie für Städtebau und Landesplanung, Landesgruppe Niedersachsen-Bremen, 1989.
149 Siehe hierzu auch: Akademie für Raumforschung und Landesplanung: "Die ökologische Orientierung der Raumforschung", Forschungs- und Sitzungsberichte Band 131, 1979.

zu unterschätzendes Problem. Gewaltige Mengen giftiger, salzhaltiger Asche müssen nunmehr als Rückstände in Sondermülldeponien untergebracht werden. Wir sind auf dem besten Weg, ein weiteres "Endlagerproblem" zu erhalten. Sondermülldeponien sind nach Zahl und Kapazität begrenzt (siehe das Problem Gorleben oder Deponie Schönberg). Wir müssen sie dringend für solche Schadstoffe freihalten, von denen wir in jedem Fall wissen, daß sie nicht abgebaut oder neutralisiert werden können. Die Frage stellt sich also, ob es nicht möglich ist, in industriellem Maßstab Methoden zu entwickeln, die diese Aschen - wenn möglich zur Wiederverwertung - in andersartige Substanzen auflösen oder neutralisieren. M. E. wird uns die große Menge dieser Aschen über kurz oder lang zu solch einem Weg zwingen. Ein nicht unbeträchtlicher Anteil der giftigen Substanzen dieser Aschen entstammt den Abfallprodukten aus Kunststoff. Die weitere Frage stellt sich also, ob wir nicht deshalb jetzt beginnen müssen, verstärkt eine schrittweise Drosselung dieser Kunststoffproduktion einzuleiten, ehe wir zu viel rigoroseren Maßnahmen greifen müssen. Die beiden vorangegangenen Themen zeigen, daß es in der Regel - insbesondere bei Beachtung unterschiedlicher Prioritätsgewichtungen - nicht nur eine einzige "richtige" Lösung gibt.

Nun hat die Zahl von Normierungen durch Gesetze, Verordnungen und Richtlinien ein solches Ausmaß angenommen, daß allein diese Vielzahl zum Problem geworden ist. Wegen dieser Vielzahl sollte in Zukunft nur noch dasjenige Problemfeld der Normierung unterworfen werden, bei dem es zwingend angebracht ist, und nicht schon wenn es lediglich wünschenswert scheint! Der Umweltschutz ist hierbei noch ein relativ junges Feld der Normierungen. Es besteht bei ihm also ein Nachholbedarf im Verhältnis zu anderen Feldern. Insofern werden wir in diesem Feld mit überproportional mehr neuen Normen rechnen müssen. Umso mehr müssen wir bei anderen Feldern darauf achten und dringen, daß Normierungen vermieden werden, ja sogar mit strengem Maßstab abgebaut werden.

Wir werden in Zukunft verstärkt in Kategorien der schrittweisen Verwirklichung unserer Ziele denken und handeln müssen. Die finanzielle Situation wird uns nämlich zwingen, in mancherlei Hinsicht zurückzustecken bzw. die Zeitzielpositionen zu strecken. Ein gefährlicher Rückschlag läge darin, wenn auf Grund nicht finanzierbarer Maßstäbe ein totaler Stillstand einträte. Er wäre schlimmer als jeder auch nur kleine Fortschritt. Hier sündigen Medien ebenso wie die Gewerkschaften, die den Bürgern vormachen, daß sich unser Lebensstandard nicht nur halten, sondern erhöhen lasse! Eine Erhöhung der öffentlichen oder quasi-öffentlichen Lasten läßt sich ebensowenig vermeiden wie eine Umschichtung der Kosten der Wirtschaft von den Personal- zu Umweltschutzlasten. Es sind die steigenden Ansprüche des Bürgers, die die Kosten höher steigen lassen. Qualität ist immer auch teuer.

Schließlich müssen wir auf jüngste Umweltereignisse zu sprechen kommen, z.B. die großen Flußüberschwemmungen von 1993/94 und 1994/95. Es ist viel "Spektakuläres" dazu gesagt worden insbesondere im Hinblick auf die Ursachen. Wie bei Bauschäden verhält es sich auch hier. Eine Mehrzahl von Ursachen muß in das Kalkül eingebracht werden:
- Vermutlich die Hauptursache ist die Versiegelung des Bodens durch starke Zersiedelung. Das Versäumnis der achtziger Jahre, konzentrierte Wohnbauflächen auszuweisen mit der Folge eines hochgradig verstreuten Wohnungsbaus, zeigt

hier eine katastrophale Folge, an der auch vielfach Umweltschützer mitschuldig geworden sind, indem sie konzentrierten Wohnungsbau verhinderten.
- Das gleiche Versäumnis hat obendrein zu einer explosionsartigen Ausweitung des PKW-Verkehrs geführt (Zwang, einen PKW zu benutzen, und zusätzlich längere Wege), mit der Folge, daß die dadurch erzeugte Umweltverschmutzung zur Klimaveränderung beigetragen hat.
- Das gleiche Versäumnis hat auch dazu geführt, daß weit mehr Wohnungen als nötig mit individueller Ölheizung versorgt werden mußten, mit noch zusätzlicher Luftverschmutzung.
- Die allgemeine Zerstörung der Klimaqualität.
- Die Zerstörung von wasserbindenden Grünflächen (Wälder, Knicks zur Gliederung der landwirtschaftlichen Flächen und zur Verhinderung der Erosion).
- Die Begradigung und Kanalisierung der Flüsse, einschließlich des Versäumnisses, "Überlaufbecken und -zonen" gezielt anzulegen.

Auch hier wird deutlich, welch determinierende Rolle der übergeordnete, holistische Ansatz des Umweltschutzes haben muß (nicht die Einzelmaßnahme und nicht die kleine Biotopsicherung aus der Sicht des Naturschutzes).

Mit wenigen Beispielen aus einer Vielzahl und mit möglichst einfachen statt sehr viel komplexeren haben wir versucht, holzschnittartig herauszuarbeiten, mit welchen Problemen wir konfrontiert sind. Der enge finanzielle und personelle Rahmen, dem wir im nächsten Jahrzehnt gegenüberstehen werden, wird uns zwingen, nicht nur schrittweise vorzugehen, sondern uns auch darüber schlüssig zu werden, welche der Umweltschutzprobleme in ihrer Lösung Vorrang vor anderen haben sollen.

4.3.2 Belastungen des Umfeldes

Verstädterte Gebiete erfüllen zahlreiche standortgebundene Funktionen, wie etwa Flächenangebote für Wohnungen, Handel, Industrie, Bildungs-, Kultur- und Forschungseinrichtungen, Verkehrs- und Freizeitanlagen usw. Die geographische Konzentration so zahlreicher Funktionen erzeugt zwar Attraktivität, aber auch Ausstrahlungen, die nicht nur positiver Art sind, sondern erhebliche Belastungen des Umfeldes und eine Überforderung der natürlichen Ressourcen auslösen.

Im Hinblick auf die Verstädterung müssen wir uns vor Augen halten, daß vom Ansatz her wiederholt Fehlinterpretationen erfolgt sind. So ist es zunächst nicht die Verstädterung an sich, die die Probleme ausgelöst hat, sondern die explosionsartige Zunahme der Weltbevölkerung. Würde diese Bevölkerung gleichmäßig über die besiedelbaren Flächen der Erde verteilt sein, dann wären die ökologischen Schäden noch wesentlich größer, als sie es ohnehin schon sind. Es würden sowohl Naturlandschaft als auch Kulturlandschaft in sehr viel größerem Maß verschwunden sein. Die ökologischen Folgen wären sehr viel dramatischer, etwa die klimatischer Art (sowohl im Klein- wie im Großklima).

Die flächensparende Verstädterung bietet die einzig mögliche Strukturform menschlicher Siedlung, um von hier aus zur Minimierung der Umweltschäden beizutragen. Bei dem gegenwärtigen Stand der Bevölkerungsentwicklung geht es nicht um das Ob, sondern um das Wie der Verstädterung. Diese Konsequenz bedeutet, daß nur der Kampf gegen die Überbevölkerung grundsätzliche Ansätze bietet, um der Entwicklung Herr zu werden. Gelingt es nicht, der Bevölkerungsexplosion weltweit Herr zu werden, sind Umweltkatastrophen größten Ausmaßes unvermeidbar. Schwere Umweltschäden in Indien werden sich auf die Dauer auch in Europa und umgekehrt auswirken.

So betrachtet, sind Stadtplanung und Umweltschutz von der Sache her keineswegs auf ein Gegeneinander ausgelegt, wie es zunächst viele "Umweltschützer" glaubten. Sie hatten noch nicht verstanden, daß die Verhinderung der Bevölkerungskonzentration in geschlossenen städtischen Wohnsiedlungen zum Schutz kleinerer Ökosysteme im Sinne des Naturschutzes zur wesentlich gefährlicheren Zersiedelung der Landschaft führen mußte, mit Umweltschäden, die z.T. in der Potenz desjenigen Schadens lagen, der verhindert werden sollte. Diese Position soll nun nicht heißen, daß es keine Kritikpunkte gebe im Hinblick auf
- Verschmutzung von Luft, Wasser und Boden,
- Lärmbelästigungen durch Verkehr und andere Quellen,
- Streßbelastungen von Pflanzen, Tieren und Menschen und schließlich die
- Vernichtung ganzer Lebensräume.

Es gibt eine Reihe an der Planung Beteiligter, die von einer "ökologischen" Stadt oder Siedlung sprechen. Die Konflikte, denen wir gegenüberstehen, sind jedoch so gewichtig, daß man vor solchen Schlagworten nur warnen kann. Es ist oft genug Scharlatanerie, solche Schlagworte im Zusammenhang mit der Stadtentwicklung zu gebrauchen. Hier haben viele Politiker und insbesondere die Medien ständig schwer gesündigt!

Die ökologische Gesamtbetrachtung und ihre Abwägung müssen rahmensetzender Faktor in der Stadtplanung sein. Dabei gibt es sehr viel mehr Gemeinsamkeiten zwischen dem Umweltschützer und dem Stadtplaner als z.B. zwischen dem Naturschützer und dem Stadtplaner. Der Naturschützer will ein bestimmtes, sehr kleines Biotop vor der Vernichtung bewahren, unter Umständen auch mit dem Opfer der größeren Zersiedlung des Raums. Dieses Verlangen des Naturschützers ist legitim, weil es ihm z.B. um die Rettung einer Art geht.

Der Umweltschützer wird jedoch seiner Aufgabe nicht gerecht, wenn er, in Bezug zu seinen Ansprüchen, mit verengtem Blickfeld ein Biotop retten will, dafür aber zuläßt, daß dadurch eine stärkere Zersiedlung der Landschaft mit anderen schwereren Umweltschäden ausgelöst wird. Auch der Umweltschützer muß Prioritäten setzen, was zugegebenermaßen oft nicht leicht ist.

Umweltschutz wird allzu oft auch nur als passive "Genehmigungsnorm" bei konkreten Planungs- und Bauabsichten verstanden. Daraus entsteht immer wieder eine sehr starke Eingrenzung der Umweltverträglichkeitsprüfung. Ein solcher Ansatz ist falsch. Er käme "zu spät", weil er in der Genehmigungsphase nicht mehr in der Lage wäre, die übergeordneten Aspekte mit einzubinden. An diesem Sachverhalt wird besonders deutlich, daß die Umweltschutzaspekte für die Stadtplanung am Anfang stehen und rahmensetzend sein müssen. Es wird deshalb nach Buchwald[150] notwendig sein, daß die räumliche Planung als eigenen integrierten Inhalt ökologische Beiträge zur Stadtentwicklung liefert, bzw. vom Ansatz her ökologisch denkt und plant.

---

150 K. Buchwald, "Der Beitrag ökologisch-gestalterischer Planungen zu Gesamt- und Fachplanungen", Fn. 145.

4.3.3 Belastungen des Menschen

Der Mensch steht zunächst einmal im Mittelpunkt aller Planungsüberlegungen. Es geht um sein Wohl im weitesten Sinne des Wortes. Bis zu einer bestimmten Grenze beansprucht er deshalb auch legitimerweise die Priorität seiner Interessen.

Andererseits sind es gerade die Bedürfnisse des Menschen, die die Störeffekte in doppelter Hinsicht auslösen, nämlich, indem der Mensch nicht nur seine Umwelt, sondern auch sich selbst bedroht. Wenn sein Umfeld gestört ist, kann auch davon ausgegangen werden, daß der Mensch zumindest indirekt dadurch bedroht ist, wie etwa durch die Wasser- oder Luftverschmutzung und anderes. Es gibt darüber hinaus auch direkte Störungen des Menschen, insbesondere im städtischen Umfeld. Zu den direkten Störungen gehören alle Arten von Lärm (in besonderem Maße der Verkehrslärm) und, zum Teil damit zusammenhängend, der Streß durch vielfältige Einwirkungen, die es im vorhinein zu beachten gilt, also auch als rahmensetzende Faktoren zu würdigen sind. Dazu zählen z.B. allzu lange Fahrtzeiten von der Wohnung zum Arbeits- oder Ausbildungsplatz, zum Einkauf, Behörden- und Arztbesuch, zur Umschulung oder Weiterbildung usw.

4.3.4 Belastungen des Öko-Systems

Dramatisch wird nach Stearns und Montag[151] sowie Vester[152] die Entwicklung dann, wenn die Störungen in eine höhere Ordnung gehen und nicht nur einzelne Spezies bedrohen, sondern ganze Öko-Systeme erfassen.

Zur Zeit erlebt die Erde z.B. schon ein solches Phänomen in der Zerstörung der Ozonschicht als Schutzschild vor radioaktiven Strahlen des Sonnensystems. Die Zerstörung der Ozonschicht schlägt sich im Zusammenhang mit anderen negativen Faktoren in der Störung unserer Naturzyklen nieder, die für uns lebenswichtig sind, wie etwa der Wasserzyklus und andere (siehe als Beispiel die Fluten bei uns und die extremen Trockenperioden in der Sahelzone in Afrika).

Ein weiteres Öko-System stellt z.B. der Energiezyklus dar, der wiederum durch solche und andere Ereignisse aus der Balance "gestoßen" wird und dadurch erhebliche Katastrophen auf der Erde auslösen kann. So hat die erhebliche Zunahme des Kohlendioxids zum sogenannten "Treibhauseffekt" geführt, der bedrohliche Auswirkungen auf lange Sicht haben wird.

Im einzelnen wird dem Umweltschutz an verschiedenen Stellen und in eigenen Kapiteln der weiteren Bände dieser Reihe noch besonderer Raum gewidmet. An dieser Stelle kam es zunächst nur darauf an, deutlich zu machen, daß der Umweltschutz eine zentrale rahmensetzende Rolle bei der Stadtplanung spielen muß. Die dargestellten Beispielbereiche zeigen unverkennbar, daß allein ein ganzheitlicher Ansatz zur Lösung der Probleme beitragen kann.

---

151 Forrest Stearns und Thomas Montag: "The Urban Eco-System, a Holistic Approach", Fn. 147.
152 Frederic Vester: "Ballungsgebiete in der Krise", Stuttgart 1976.

4.4 Siedlungsstrukturen als rahmensetzender Faktor

4.4.1 Großräumige Siedlungsstrukturen

Die vorhandene, großräumige Siedlungsstruktur z.B. in Deutschland ist durch intensive Verflechtungen und riesige Infrastrukturinvestitionen charakterisiert. Zwischen den einzelnen urbanen Regionen nimmt nach den Erkenntnissen der Ministerkonferenz für Raumordnung[153] die Arbeitsteilung und damit auch der Leistungsaustausch zu. Zunehmende Städtevernetzung mit der Folge von Stadtlandschaften, Verstädterung, Urbanisierung und Suburbanisierung, dezentrale Konzentrationstendenzen, verstärkte Funktionszuteilung für verstädterte Zonen im großräumigen System, zunehmende Differenzierung dieser Art auch im landwirtschaftlichen Gebieten und last but not least die zunehmende, grenzüberschreitende Zusammenarbeit in Europa sind zu Bestimmungsfaktoren heutiger Raumentwicklung geworden. Mit diesen Phänomenen setzen sich in Nord-Amerika insbesondere auch Blumenfeld[154], Vining, Pallone und Chung[155] mit ähnlichen Beobachtungen auseinander und kommen zu ähnlichen Ergebnissen.

Die durch das föderalistische Staatssystem Deutschlands bedingte relativ ausgeglichene Siedlungs- und Raumstruktur in den alten Bundesländern hat sich auch im zusammenwachsenden Europa bewährt.[156] Lediglich im Nordosten der neuen Bundesländer finden wir eine sich unterscheidende, strukturelle Situation. Die Bevölkerungsdichte ist im Verhältnis zum übrigen Staatsgebiet dort außerordentlich gering, die Wirtschaft besonders einseitig auf Werftindustrie und Landwirtschaft ausgerichtet. Hinzu kommt, daß diese Wirtschaftszweige, bedingt durch die Politik der ehemaligen DDR, an sich schon übersetzt sind. Hauptsächlich dadurch sind in diesen Gebieten besonders ausgeprägte, strukturelle Anpassungsschwierigkeiten entstanden. Auch fehlt es hier an einer ausreichenden Zahl von stärkeren und impulsgebenden zentralen Orten. Andererseits bietet der hier noch vorhandene Naturraum spezifische Entwicklungsmöglichkeiten. Ganz allgemein gilt es für die neuen Bundesländer, die hierarchische Struktur zentraler Standorte zu sichern und auszubauen, ist es doch diese Struktur, die letztlich die Ausgewogenheit der Siedlungsstruktur in den alten Bundesländern bewirkt hat.

Die städtischen Vernetzungen gewinnen auch im europäischen Maßstab zunehmend an Bedeutung. Die Stadtregionen und die von ihnen gebildeten Verdichtungsräume tauschen zunehmend Leistungen aus, spezialisieren sich in wachsendem Maß, wodurch sie sich gegenseitig in ihren ökonomischen und infrastrukturellen Funktionen stärken (Synergieeffekt). Auch hier ist hervorzuheben, daß prinzipiell die Konzentration mit der Folge von Städtevernetzungen nicht die Zersiedlung und Zerstörung der Landschaft auslöste, sondern im Gegenteil verhinderte.

---

153 Bundesministerium für Raumordnung, Bauwesen und Städtebau: "Raumordnungspolitischer Orientierungsrahmen", Bonn-Bad Godesberg 1993.
154 Vgl. Hans Blumenfeld, Fn. 38.
155 Daniel Vining, Robert Pallone und Chung Hsin Yang: "Population Dispersal from Core Regions: A Description and Tentative Explanation of the Patterns in 20 Countries", Working Paper Nr. 26, Philadelphia 1980.
156 Siehe dazu auch: Klaus Müller-Ibold: "The Western European Metropolis: An Overview", in: "The Metropolis in Transition", Hrsg. Erwin Y. Galantay, Basel, New York 1987.

Für die Entwicklung des gesamten Staatsgebietes sind zunächst einmal die großen, verstädterten Regionen wesentliche Motoren. Ihre Größe, Dichte und Dynamik sind andererseits auch Belastungsfaktoren, die die Funktion dieser Regionen beeinträchtigen können. Auch hier liegen Bestimmungsfaktoren der Stadtplanung, die berücksichtigt werden müssen. Besondere Indikatoren dafür sind die enorme und steigende Verkehrsbelastung (siehe das Kapitel über die Mobilität), Lärm, Abgase, Wohnungsknappheit und manch anderes. Frankfurt am Main ist wegen seiner zentralen Lage im europäischen Raum ein besonderes Beispiel dafür. Dennoch ist die in Deutschland entstandene, dezentralisierte Konzentration ein beträchtlicher Standortvorteil, der verstärkt werden sollte. Darauf werden wir in späteren Kapiteln in den nachfolgenden Bänden noch zu sprechen kommen.

Eine sehr unterschiedliche Struktur und Entwicklung besteht bei den ländlichen Räumen. In der Regel gelten sie als strukturschwach, was allerdings nur partiell stimmt. Diejenigen ländlichen Räume, die weitab von den großen Verdichtungsräumen liegen, können in der Regel zu den strukturschwachen Räumen gezählt werden, wie etwa große Teile Mecklenburg-Vorpommerns, die Eifel, Ostfriesland, der Bayerische Wald usw. Ihnen fehlen die Impulse der Stadtregionen, die solchen ländlichen Räumen zugute kommen, die in deren Nähe liegen. Insbesondere dort, wo Grenzen einen Riegel erzeugen, finden wir die ausgeprägtesten strukturschwachen Räume, wobei gilt, daß je stärker der gesellschaftspolitische Dissens ist, desto stärker auch die Riegelwirkung, also z.B. früher zwischen West- und Ostdeutschland. Zwar sind in den neuen Bundesländern auch verstädterte Zonen noch als strukturschwache Räume anzusehen. Es dürfte jedoch kein Zweifel darüber bestehen, daß diese Räume über kurz oder lang gegenüber den verstädterten Räumen in den alten Bundesländern aufholen werden.

4.4.2 Geopolitische Funktionen und Lagen von Stadtregionen

Für dieses Kapitel erschien es sinnvoll, ein Beispiel zu wählen. Kiel bot sich dafür an, weil der Verfasser die Situation und Entwicklung dieser Stadt gut kennt und außerdem sowohl die Öffnung des Ostens wie auch der Beitritt Schwedens und Finnlands in die Europäische Union exemplarische Erläuterungen der dadurch ausgelösten Entwicklung erlauben.

Kiel ist Landeshaupstadt, Hochschulstadt, Standort einer Wehrbereichsverwaltung und einer Oberpostdirektion, Hafenstadt mit unmittelbarer Anbindung an den Nord-Ostsee-Kanal, regionales Freizeit-, Medien- und Berufsschulzentrum, aber auch Industriestadt. Kiel ist also ein zentraler Ort höherer Ordnung. Es interessiert uns seine geopolitische Lage und deren Entwicklung und wie die oben genannten Funktionen einen wesentlichen Bestimmungsfaktor darstellen.

Die Lage der Stadtregion Kiel im Gesamtraum der Ostseeanreiner mußte lange Zeit als exzentrisch angesehen werden. Die Stadt hatte keine besonderen Verkehrsanschlüsse. Der großzügige Ausbau dess hervorragenden natürlichen Hafens war durch die Marine behindert worden. Allerdings müssen wir sehen, daß der Nord-Ostsee-Kanal, der heute für die Hafenentwicklung lebenswichtiger Impulsgeber ist, der Seekriegsstrategie (schnelle Verschiebung der Flotte von der Nord- zur Ostsee und umgekehrt) seine Entstehung verdankt. Verkehrsanschlüsse an die Zentren von Produktion und Dienstleistungen in Deutschland und Europa waren schlecht. Die Ostsee war nicht "offen", die Anreiner Zollausland. Der Nachholbedarf an übergeordneten Infrastruktureinrichtungen war und ist demnach außergewöhnlich groß. Damit war eine Ausnutzung wichtiger Standortfaktoren - insbesondere in Verbindung mit dem Nord-Ostsee-Kanal - zunächst einmal nicht gegeben.

Betrachtet man die Karte des Ostseeraumes und seiner Beziehung nach Mitteleuropa, dann wird deutlich, daß sich Kiel bei besserer Verkehrsanbindung keineswegs in einer absoluten Randlage befindet. Der Weg von Mittel-, West- und Südeuropa nach dem Ostseeraum oder der Weg vom Ostseeraum nach Großbritannien und umgekehrt geht über Hamburg und Schleswig-Holstein und davon zu einem nicht unbeträchtlichen Teil über Kiel. Der überwiegende Teil des Seeverkehrs zwischen Ostsee und Nordsee bzw. Übersee geht über den Nord-Ostsee-Kanal. Geographisch gesehen könnte also Kiel - selbstverständlich nur in begrenztem Maße - die Funktion einer Drehscheibe des Verkehrs erhalten, vorausgesetzt, daß übergeordnete Infrastrukturmaßnahmen vollzogen sind. Diese Auffassung wird auch durch die Prognos AG, Basel, schon in ihrem Gutachten zur Entwicklung von Wirtschaft und Bevölkerung des Landes Schleswig-Holstein aus dem Jahr 1966 geteilt.[157] Kiel hatte schon in den 60er Jahren im Standentwicklungskonzept 1968 folgende Maßnahmen für essentiell gehalten und gefordert[158]:
a) Bau der Autobahn nach Kiel,
b) Elektrifizierung der Bundesbahn,
c) weiterer Ausbau des Hafens Kiel,
d) Erschließung größerer Industrieflächen,
e) weiterer Ausbau des Wohn- und Freizeitwertes sowie
f) Bau des Entlastungsflughafens zwischen Hamburg und Kiel bei Kaltenkirchen.

Gebaut ist inzwischen die Autobahn A 7. Die Elektrifizierung ist erst jetzt im Gang. Die anderen Punkte sind nur teilweise erfüllt oder gar nicht. Der Flughafen Kaltenkirchen ist "gestorben"; ein kardinaler Fehler der Regierungen in Hamburg und Kiel.

Heute ist die Küstenautobahn hinzugekommen. Sie wird die Autobahn A 7 vermutlich knapp südlich von Kaltenkirchen kreuzen. Dadurch wäre mit einem Groß-Flughafen bei Kaltenkirchen z.B. ein für große Teile der Nordregion (einschließlich Bremer Raum) höchst wirkungsvolles Verkehrskreuz entstanden, das mit seiner Nähe zu verschiedenen Häfen und Wasserstraßen (Nord-Ostsee-Kanal/Elbe) noch Zusatzimpulse empfangen hätte. Wären diese Maßnahmen durchgeführt worden, dann hätten von der Standortseite her Kiel und Hamburg auch für größeren Industrieansatz und Umschlag ebenso wie für Dienstleistungen sehr viel mehr Bedeutung gewinnen können; das gleiche gilt für die norddeutschen Länder allgemein. Sie hätten einen wesentlichen Beitrag gegen das Nord-Süd-Gefälle in der Wirtschaftsentwicklung bieten können! Die seit der Öffnung Osteuropas in Hamburg und Kiel angestiegenen Umschlagzahlen an Gütern erlauben die Vermutung, daß die Zuwachsraten noch wesentlich höher hätten sein können.

---

157 Prognos AG: "Die Entwicklung von Wirtschaft und Bevölkerung des Landes Schleswig-Holstein 1950-1980", Hrsg: Der Minister für Wirtschaft und Verkehr des Landes Schleswig-Holstein, Kiel 1966.
158 Vgl. K. Müller-Ibold: "Flächennutzungsplan der Landeshauptstadt Kiel, Teil 1: Stadtentwicklung", Hrsg. Der Magistrat, Stadtplanungs- und Vermessungsamt, 1968.

Auswirkungen politischer Veränderungen
Für das Ende der neunziger Jahre ist mit einem starken Verkehrsanstieg in Europa zu rechnen. Das erwartete Wirtschaftswachstum wird durch Schubwirkungen des Reformprozesses im Osten, der deutschen Vereinigung und der Ausweitung des EG-Binnenmarktes den Personen- und Güterverkehr stark expandieren lassen. In der Bundesrepublik dürfte sich das durch ihre zentrale geographische Lage besonders bemerkbar machen. Es liegt auf der Hand, daß der Europäische Binnenmarkt zur Expansion des grenzüberschreitenden Güteraufkommens führen wird. Dies gilt umso mehr, als der Binnenmarkt neben dem Abbau von technischen und administrativen Handelsbarrieren auch eine massive Liberalisierung der Verkehrsmärkte mit sich bringt.

Die Prognos AG[159] hatte schon 1986, also vor Öffnung des Ostens, Vereinigung Deutschlands und Beitrittsinteressen Schwedens und Finnlands zur EG ein starkes Anwachsen des grenzüberschreitenden Güterverkehrs erwartet. Die Prognos kam in einer Vorausschätzung für die 12 EG-Länder, Österreich, Schweiz, Schweden und Norwegen im Zeitraum von 1984 bis zum Jahr 2000 auf ein Plus von gut 40 %. Der tatsächliche Zuwachs lag noch darüber wegen der starken Impulse durch das Zusammenwachsen Europas. Ähnliche Wachstumsschübe sind auch im Osthandel zu erwarten. Durch die Beseitigung des Eisernen Vorhangs hat das internationale Verkehrsnetz eine sprunghafte Erweiterung erfahren. Ein jahrzehntelanger Stau konnte sich im Osten plötzlich lösen und ist über Ost und West hereingebrochen. Dabei hat natürlich die politische Liberalisierung nicht nur Grenzen geöffnet, sondern in den sogenannten Ostblockländern nunmehr neue, bislang unterdrückte Verkehrszwecke entstehen lassen, die zu einer erheblichen Zunahme der Verkehrsbedarfe führen mußten. Da in diesen Ländern jedoch der Motorisierungsgrad noch weit hinter dem der westlichen Länder herhinkt, wird der Verkehrsbedarf zum Teil noch über die Bahn abgewickelt oder weiterhin nicht befriedigt. Da mit einem relativ schnellen Anstieg der Motorisierung in den östlichen Ländern Europas gerechnet werden muß, wird auch der Kfz.-Verkehr aus und nach diesen Ländern also erheblich nach Art und Menge zunehmen. In diesem Zusammenhang darf jedoch nicht allein an die osteuropäischen Länder gedacht werden. Es gilt, ebenso die "Öffnung" der EG in Richtung nord- und mitteleuropäischer Staaten zu beachten, was vermutlich noch einmal einen Zuwachs des Verkehrs, insbesondere auf deutschen Straßen nach sich ziehen wird. Der Umschlag z.B. der Häfen von Hamburg und Kiel nahm sprunghaft zu.

Einen riesigen Nachholbedarf haben die osteuropäischen Länder. Sie starten auf einem sehr viel niedrigeren Niveau als der Westen. Der Westen wird in ureigenem Interesse den Osten erheblich unterstützen müssen. Die Hypothese, daß bis 2000 (mit unterschiedlichem Tempo in den jeweiligen Staaten) eine relativ steile Aufschwungphase einsetzen wird, scheint nicht unbegründet zu sein. Der eigene Aufschwung, die damit einhergehende Motorisierung und die Intensivierung der internationalen Beziehungen dieser Länder wird dort, von dort und nach dort Verkehrsströme auslösen, wie wir sie heute zwischen den westlichen Ländern kennen. Das heißt, daß vermutlich das Verkehrsvolumen noch überporportional zum Wirt-

---

159 Prognos AG: "Szenarien zur Entwicklung der Umweltbelastungen durch den Verkehr", Basel 1986.

schaftswachstum ansteigen wird. Dieses Verkehrsvolumen wird obendrein noch besonders überproportional im Individualverkehr ansteigen, weil
- einerseits die Verkehrsbedarfe schon bestehen, jedoch noch durch den niedrigen Motorisierungsgrad zum Teil "unterdrückt" sind und
- andererseits bei Geschäftsreisen das Auto neben dem Flugzeug wegen seiner enormen Flexibilität eine ausschlaggebende Rolle spielt.

Die Bundesrepublik Deutschland (und mit ihr Schleswig-Holstein und Kiel) ist durch zwei Faktoren besonders geprägt:
- sie liegt außerordentlich zentral, sowohl in der Nord-Süd als auch in der Ost-West-Richtung, und
- sie hat wegen ihrer Bedeutung als stärkste Wirtschaftsregion in Europa noch einen zusätzlichen ökonomischen Zentralitätsfaktor.

Insofern konzentrieren sich von außen Ziel- und Quellverkehre ebenso wie Durchgangsverkehre in ganz außergewöhnlichem Maß auf die Bundesrepublik. Bedenkt man, daß die Bundesrepublik außerdem zu den dichtestbesiedelten Ländern Europas gehört, dann wird endgültig klar, vor welchen Problemen - aber auch Chancen - wir stehen. Wegen seiner geo-ökonomischen wie auch sozialen Attraktivitätslage ist Deutschland zu einem der herausragenden Ziele der Bevölkerungswanderung der neueren Zeit geworden. Aussiedler, Übersiedler, Umsiedler, Asylanten und Wirtschaftswanderer wollen und kommen nach Deutschland. Seit einiger Zeit wächst deshalb die Bevölkerung der Bundesrepublik wieder deutlich. Deshalb ist nach dem Deutschen Institut für Wirtschaftsforschung[160] und anderen ein Verkehrsvolumen zu erwarten, das, selbst bei größten Anstrengungen, den Straßenverkehr zu mindern, mit Individualverkehrsmitteln kaum bewältigt werden kann. Diese Feststellungen lassen erwarten, daß trotz aller Bemühungen, den Verkehr von der Straße und aus der Luft auf die Schiene zu transponieren, für Kiel eine Verbesserung der Straßenanbindung ebenso erforderlich sein wird, wie der Ausbau des Hafens und von Anschlüssen an den Flugverkehr.

Maßnahmen wie Ausbau des Güterhafens, Attraktivitätssteigerung und Intensivierung des Fährverkehrs, Elektrifizierung der Bahn und Reaktivierung der Pläne zur Verlagerung des Flughafens Hamburg-Fuhlsbüttel nach Kaltenkirchen (d. h. insbesondere Stärkung des Luftfrachtverkehrs) werden dazu beitragen können, den Kieler Raum vor einer Randlage zu bewahren (siehe hierzu auch: "Zunahme Luftverkehr", Grafik 10). Handlungsorientierte Entscheidungen (z. B. auch zur Küstenautobahn in Ost und West sowie deren Elbquerung) sind dafür erforderlich.

Zukünftige Veränderungen
In ihrer Untersuchung über die zu erwartenden Verkehrsströme bis zum Jahr 2000 äußert sich die volkswirtschaftliche Abteilung der Deutschen Bank[161] wie folgt:
Zu den Faktoren, die das Wachstum sowohl des Personen- als auch des Güterverkehrs beeinflussen, gehört die Bevölkerungsentwicklung. Während bis vor kurzem noch in allen Prognosen für die Bundesrepublik mit einem deutlichen Rückgang der Bevölkerungszahl im nächsten Jahrzehnt gerechnet wurde, hat sich diese Einschätzung mittlerweile angesichts der Zuwandererwelle aus dem Osten als hinfäl-

---

160 Deutsches Institut für Wirtschaftsforschung: "Ungebrochenes Wachstum des PKW-Verkehrs erfordert verkehrspolitisches Handeln", DIW-Wochenbericht 14, Berlin 1990.
161 Deutsche Bank, Volkswirtschaftliche Abteilung: "Verkehr 2000", 1990.

lig erwiesen. So kamen bereits 1989 rund 720.000 deutschstämmige Personen in die Bundesrepublik (344.000 Übersiedler aus der DDR und 377.000 Aussiedler aus anderen europäischen Staaten). In den drei Jahren von 1988 bis zum Ende des Jahres 1990 wird sich die Bevölkerung in der Bundesrepublik durch Zuwanderung von Deutschen und Ausländern um mindestens 2 Millionen Personen erhöht haben, was einem Zuwachs von 3 % entspricht.

In welchem Ausmaß der Zustrom von Aus- und Übersiedlern auch im Verlauf der neunziger Jahre anhalten wird, hängt entscheidend von den politischen und wirtschaftlichen Entwicklungen in Deutschland und in Osteuropa ab. Auf jeden Fall besteht noch ein erhebliches Zuwanderungspotential: Allein in Ost- und Südeuropa leben rund 3 Millionen deutschstämmige Personen, die sich bei einer Verschlechterung der Lage in ihrer Heimat zu einer Abwanderung entschließen könnten. Selbst wenn der ökonomische und politische Reformprozeß in Osteuropa erfolgreich weitergeführt wird, bleibt doch das wirtschaftliche Gefälle zur Bundesrepublik und damit der Anreiz zur Aussiedlung erheblich. Dies gilt prinzipiell auch für die Bürger der ostdeutschen Länder, denn auch eine schnelle "innere" Vereinigung wird die Wohlstandsunterschiede nicht kurzfristig beseitigen können. Vor allem angesichts der zu erwartenden Zuwanderungen von Aus- und Übersiedlern dürfte die Bevölkerung auf dem Gebiet der alten Länder der Bundesrepublik, die Ende 1988 insgesamt 61,7 Millionen Personen umfaßte, bis zum Jahr 2000 auf gut 66 Millionen ansteigen (siehe Grafik 17).

Für die beiden ersten Jahrzehnte nach der Jahrtausendwende gehen dagegen neuere Prognosen von einer sinkenden Wohnbevölkerung aus. Dies gilt insbesondere für Deutsche aufgrund des stark sinkenden Anteils jüngerer Menschen. Aber unserer Auffassung nach dürfte dieser Effekt durch einen stärkeren Zustrom von Ausländern aus den EG-Partnerländern ausgeglichen werden. Auch wenn durch den Integrationsprozeß im Gemeinsamen Binnenmarkt die Wohlstandszuwächse in den südlichen Ländern höher als in der Bundesrepublik sein werden, bleiben die Niveauunterschiede weiterhin so groß, daß ein starker Anreiz zur Zuwanderung besteht.

Es ist daher wenig wahrscheinlich, daß in dem EG-Land mit dem höchsten Einkommensniveau und der besten Infrastruktur ein Bevölkerungsrückgang stattfinden wird. Der Zuwanderungssog als Folge des Wohlstandsgefälles dürfte auch von den Arbeitskräfte suchenden Unternehmen unterstützt werden. In den kommenden zwanzig Jahren sollte sich der Gedanke des Gemeinsamen Binnenmarktes so stark durchgesetzt haben, daß keine nationalen Vorbehalte mehr gegenüber zuwandernden Ausländern etwa aus Spanien, Portugal und Griechenland bestehen.

Ein weiteres entscheidendes Leitdatum ist das Wirtschaftswachstum. Das Sozialprodukt dürfte in Deutschland in den kommenden Jahren mit real etwa 4 % p. a. erheblich stärker wachsen als im Durchschnitt der achtziger Jahre (+ 2 % p. a. in der Bundesrepublik). Hierfür sprechen vor allem die Impulse, die vom EG-Binnenmarkt und von der deutschen Vereinigung auf unsere Wirtschaft ausgehen. Dabei zeichnet sich im Rahmen des sektoralen Strukturwandels folgende Entwicklung ab: Land- und Forstwirtschaft werden weiterhin unterdurchschnittlich wachsen. Der Industriebereich (einschließlich Bau) dürfte wieder mehr expandieren als in früheren Jahren. Dienstleistungen, Handel und Verkehr gehören zu den Sektoren, die merklich schneller als die Gesamtwirtschaft zulegen werden.

Für das Transportaufkommen im gesamten Güterverkehr in der Bundesrepublik erwarten wir bis zum Jahr 2000 fast parallel zum Sozialprodukt ein jährliches Wachstum von 3 %. Dies bedeutet gegenüber den achtziger Jahren eine erhebliche Beschleunigung.

Wenn auch die Prognosen der Deutschen Bank bezüglich des Bruttosozialprodukts sich als illusorisch erwiesen haben, so sind die hier relevanten Veränderungen des Verkehrsaufkommens für Kiel dennoch so stark gewesen wie angenommen.

Veränderte Aussichten der Bevölkerungsentwicklung in der Bundesrepublik[162]
- Bevölkerungsstand und Bevölkerungsprognosen in 1.000 Personen (DIW-Prognosen) -

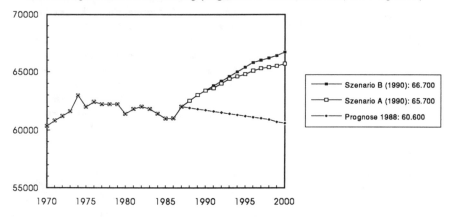

Grafik 17

Der Straßengüterfernverkehr über die Grenzen dürfte insofern nach der Deutschen Bank weiter erheblich zulegen; ihm kommen vorrangig die verstärkte internationale Verflechtung und somit die größeren Transportweiten zugute. Die großen Vorteile des Lkw, nämlich die nahezu perfekte Flächenerschließung bis zur Haus-zu-Haus-Beförderung, kommen künftig noch mehr zur Geltung. Diese Feststellung hat Bedeutung für den Kraftfahrzeugverkehr über die Fährlinien von Kiel. Insofern erhält die "Verkehrsschiene", von der polnischen Grenze kommend (Stettin), über die Häfen und Zentren Mecklenburg-Vorpommerns laufend, den Lübecker Raum berührend, Entlastungsbedeutung für den Kieler Raum. Kreuzt diese "Schiene" die Elbe im Osten von Hamburg, werden wesentliche Impulse (für Kiel, Lübeck und Schleswig-Holstein, aber auch Bremen) "abgesaugt". Kreuzt diese Verbindung die Elbe im Westen von Hamburg, würden der Norden Niedersachsens und Bremen stärker mit Schleswig-Holstein und Dänemark verbunden. Mit solch einer Verbindung würde auch der Flughafen Kaltenkirchen eine ganz neue Lagebedeutung erfahren. Die Öffnung nach Osten und die Erweiterung der EG nach Skandinavien hatten eine enorme Steigerung der Schiffahrt nach sich gezogen, von der die Häfen wie Lübeck, Kiel und Hamburg natürlich profitiert haben. Wir sehen daraus, wie stark die verkehrspolitische Lage sich auswirkt.

---

[162] Quelle: Deutsches Insitut für Wirtschaftsforschung: "Szenarien der Bevölkerungsentwicklung in der Bundesrepublik Deutschland", DIW Wochenbericht 8/1990, Berlin 1990.

Die Bahn wird nach Meinung der Deutschen Bank das steigende Verkehrsaufkommen nur unterproportional auf sich ziehen können. Die Massengüter verlieren weiter an Bedeutung. Für die Bahn schlägt überdies auch negativ zu Buch, daß ihre Position im expansiven grenzüberschreitenden Verkehr relativ schlecht ist. Daß der erwartete Aufkommenszuwachs jeweils für Bahn und Binnenschiffahrt (+ 1 % p.a.) trotzdem merklich höher ist als früher, liegt an folgenden Sonderfaktoren: 1991 wurden wichtige Neu- und Ausbaustrecken wie Hannover/Würzburg und Mannheim/Stuttgart in Betrieb genommen, was die Wettbewerbsfähigkeit der Bahn nachhaltig verbessern sollte. Vor allem auf den Hochgeschwindigkeitsstrecken können dank hoher Fahrzeitgewinne Teile des Lkw-Aufkommens auf die Schiene zurückgeholt werden. Hier sollen die Zuggeschwindigkeiten im Güterverkehr auf 160 Kilometer pro Stunde angehoben werden. Die Bahn könnte besonders vom kombinierten Schienen-/Straßen-Verkehr profitieren. Die hier in den nächsten zehn Jahren geplante Verdopplung des Aufkommens auf 45 Mio. t entspricht einer Entlastung des Straßennetzes um 2,6 Mio. Lkw-Fahrten im Jahr. Für Schleswig-Holstein und Kiel gilt dies nur, wenn die meisten Eisenbahnstrecken im Land elektrifiziert werden und nicht nur die mit direkter europäischer Anbindung; es droht ein "Abhängen" des Landes.

Für den Luftfrachtverkehr rechnet die volkswirtschaftliche Abteilung der Deutschen Bank mit dem höchsten Wachstum aller Verkehrsträger (+ 10 %). Dafür spricht die erwartete gesamtwirtschaftliche Entwicklung, die vor allem auf den internationalen Warenaustausch zurückzuführen ist. Eine Rolle spielen ferner die günstigen Perspektiven im Investitionsgüterbereich, auf den gut vier Fünftel der Luftfracht entfallen. Trotz des weit überdurchschnittlichen Wachstums entwickelt sich der Anteil des Luftverkehrs nach den geschilderten Entwicklungen unterschiedlich. Die Tendenz zu kleineren, höherwertigen Sendungen und die wachsende Bedeutung von Schnelligkeit und Flexibilität haben in der Vergangenheit eindeutig den Lkw und die Luftfracht begünstigt - und zwar vor allem zu Lasten der Eisenbahn. Dieser Trend dürfte auch in Zukunft anhalten. Nur durch erhebliche Leistungssteigerungen könnte die Schiene einige wenige Anteilspunkte dem Luftverkehr abnehmen. Leider haben die Regierungen von Hamburg, Bremen und Schleswig-Holstein den richtigen Augenblick "verschlafen", als sie den Flughafen Kaltenkirchen aufgaben. Besonders auch der Aspekt der Luftfracht läßt dem Projekt eines Ersatzflughafens für Fuhlsbüttel nach dem Ereignis "Vereinigung" erneute und erheblich gestiegene Bedeutung zukommen, insbesondere im Hinblick auf die "Küstenverkehrsschiene", die nunmehr im Zusammenhang mit dem neuen Autobahnkreuz im Norden völlig neue Einzugsbereiche "formen" wird, die auch erhebliche neue Verkehrsanschlüsse für diesen Standort erwarten lassen. Da alle vernünftigen Überlegungen für einen neuen Großflughafen in den neuen Bundesländern auf einen Standort südlich von Berlin weisen, dürfte der zur Diskussion stehende Standort "Parchim" schon jetzt tot sein. Im übrigen gilt für diesen Fall das Argument, daß im Gegensatz zu jedem anderen Projekt mit Kaltenkirchen, nach den abgeschlossenen Maßnahmen (Planung, Entwurf, Planfeststellungsverfahren und Grunderwerb), mehr oder weniger schnell begonnen werden könnte. Den stärksten Anteil (mit einem Zuwachs von ca. 3 % p.a.) hält ungebrochen der Straßengüternahverkehr (siehe Grafik 18), also innerregionale Verkehr.

Der Personenverkehr wird nach der Deutschen Bank in den nächsten zehn Jahren in der Bundesrepublik um 1,5 % p. a. zunehmen. Die Zusatznachfrage wird sich stärker auf den Individualverkehr konzentrieren als auf den öffentlichen Verkehr. Letzterer dürfte um jährlich 0,25 % zunehmen, was vor allem auf den öffentlichen Nahverkehr zurückzuführen ist. Gestützt wird er vor allem durch die hohe Zahl der Aus- und Übersiedler, die auch in den nächsten Jahren in der Bundesrepublik zu erwarten sind. Sie sind überwiegend nicht motorisiert und werden zumindest in der Anfangszeit auf öffentliche Verkehrsmittel angewiesen sein. Aufgrund der günstigen Altersstruktur der Zuwanderer ist damit zu rechnen, daß der Rückgang des Ausbildungsverkehrs gebremst wird.

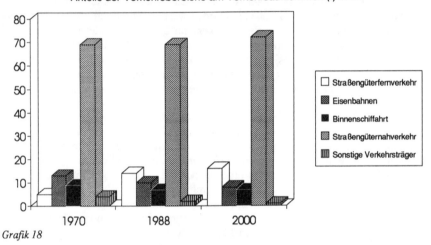

Grafik 18

Die Deutsche Bank rechnet mit einer Zunahme im überörtlichen Schienenpersonenverkehr (+ 1 % p. a.). Eine Rolle spielen die geplanten Verbesserungen. Zu den Neubaustrecken Hannover/Würzburg und Mannheim/Stuttgart kommen weitere hinzu. Der Frankfurter Flughafen soll von allen Ruhrgebietsstädten in nicht mehr als 1,5 Stunden erreichbar werden. Im Jahr 2000 plant die Bahn, auf insgesamt 2.000 km mit Geschwindigkeiten von über 200 Kilometer pro Stunde zu fahren. Auf weiteren 2.000 Bahnkilometern sind zumindest 160 bis 200 Kilometer/Std. möglich. Allein an Infrastrukturinvestitionen sind insgesamt 47 Mrd. DM vorgesehen. Durch diese Leistungsverbesserungen weitet sich der Wettbewerbsradius der Bahn sowohl dem Pkw als auch dem Flugzeug gegenüber aus. Als Folge der erheblich verkürzten Reisezeiten auf den neuen Strecken hofft die Bahn, allein im Geschäftsreiseverkehr etwa 6 Mio Fahrten auf sich zu lenken. Davon wird Kiel nur sehr begrenzt profitieren können, weil es nicht im Schwerpunkt der Linien liegt.

Der Luftverkehr wird weiterhin Wachstumsspitzen im Personenverkehr erfahren (+ 7 % p. a.). Impulse gehen sowohl vom Geschäftsreiseverkehr im Gemeinsamen Binnenmarkt als auch von verstärkten West/Ost-Kontakten aus. Aber auch im

---

163 Quelle: Bundesverkehrsministerium: "Verkehr in Zahlen", Deutsches Institut für Wirtschaftsplanung, verschiedene Jahrgänge bis 1990, Berlin.

Rahmen des Urlaubsverkehrs ist - bedingt durch zunehmende Freizeit in Verbindung mit steigendem Realeinkommen und veränderter Arbeitszeitstruktur - ein höheres Passagieraufkommen zu erwarten. Vor allem Kurzflugreisen dürften spürbar expandieren. Der deutsche und europäische Luftverkehr wird überdies von den geplanten Deregulierungsmaßnahmen mittelfristig - via intensiviertem Wettbewerb, niedrigere Flugpreise und ein erweitertes Streckennetz - begünstigt. Voraussetzung hierfür sind jedoch zusätzliche Infrastrukturinvestitionen, um die heutigen Engpässe zu beseitigen. Auch hier wird Kiel durch verpaßte Chancen der Landesregierungen von Hamburg, Bremen und Schleswig-Holstein beim Ausbau des Flughafens Kaltenkirchen und seiner Straßenanbindung leiden.

Mit leicht überdurchschnittlichem Wachstum rechnet die Deutsche Bank bis zum Jahr 2000 im Individualverkehr (+ 1,5 % p. a.). Das Wirtschaftswachstum, die ungebrochene Motorisierungswelle, die zu einem erneuten Schub beim Pkw-Bestand um weitere 5 Mio. auf über 35 Mio. Einheiten führt, sowie die angenommene Stabilität bei den Kraftstoffpreisen sind Zwangsfaktoren für deutlich steigende Fahrtenzahlen vor allem im Berufs- und Freizeitverkehr. Der Freizeitverkehr spielt eine immer stärker werdende Rolle. Der Freizeitverkehr hat viele Facetten, nicht nur die des Jahresurlaubs. Dieser hat in früheren Jahren die ausschlaggebende Rolle gespielt, heute ist er zwar noch bedeutungsvoll, insbesondere zu bestimmten Jahreszeiten. Immer mehr schieben sich jedoch andere Arten in den Vordergrund, die auch eine gleichmäßigere Auslastung der Verkehrsträger nach sich ziehen. Auch der Jahresurlaub zeigt erhebliche Zuwachsraten von vermutlich etwa 4 % pro annum in den alten Bundesländern. Die neuen Bundesländer werden noch höhere Zuwachsraten zu verzeichnen haben. Nun fällt im Vergleich zu den anderen europäischen Ländern eine besondere deutsche Verteilung auf die Verkehrsmittel auf. Während 1990 z. B. in Frankreich über 80 % der Urlauber den Pkw als Transportmittel benutzten, sind es in den alten Ländern der Bundesrepublik nur 61 % gewesen! Einschließlich der neuen Bundesländer liegt die Quote vermutlich bei der von Irland. Es sind die Inselvölker, die die geringsten Quoten in der Benutzung des Pkw beim Urlaub aufwiesen, was von der Sache her verständlich ist, nämlich zwischen 51 und 59 % bei Iren, Dänen und Briten! Deshalb sieht es auch nicht so aus, daß etwa in der Bundesrepublik in Zukunft die Pkw-Benutzung in Urlaub und Freizeit rückläufig werden könnte, was gerade für Schleswig-Holstein und Kiel als "Urlaubsregionen" von Bedeutung ist. Wir erkennen, daß sowohl externe wie interne Faktoren die geopolitische Funktion und Lage einer Stadt stark beeinflussen. Kiel in seiner Lage zu den Ostseeländern profitiert von der Entwicklung erheblich. Der Waren- un Dienstleistungsumschlag hat z.Zt. nie geahnte Zuwachsraten.

4.4.3. Hierarchische Funktionen der Stadt und ihrer Region

Die Funktionen einer Landeshauptstadt liegen auf den verschiedensten Ebenen. Auf überregionaler, regionaler und lokaler Ebene stellen sich Aufgaben, an denen nicht nur die Stadt allein ein Interesse hat und die nicht nur die Stadt allein verpflichten, sondern auch den Bund und insbesondere das Land.

Als Beispiel ist Kiel gewählt. Es könnten hier auch Düsseldorf, Hannover und andere stehen. Der Sonderfunktion "Hafen" in Kiel würden bei Hannover und Düsseldorf neben deren Binnenhäfen noch die Messen entsprechen.

Kiel kann als Beispiel für allgemeine Aussagen dienen, sofern man die Gesamtfunktion sieht und nicht das Detail. Wollte man für allgemeine Aussagen gleiche Städte suchen, wäre man zum Scheitern verurteilt. Im konkreten Fall ist jede Stadt anders. Es geht deshalb nicht um die Artikulation allgemeiner für alle Städte anwendbarer Aussagen, sondern um das Erkennen und die exemplarische Darstellung von externen wie internen Vorgängen und Sachverhalten in Städten, die normalerweise gar nicht direkt übertragbar sind. Dennoch stärkt die Kenntnis von Sachverhalten und Vorgängen in einer Stadt die Befähigung auch Sachverhalte und Vorgänge in einer anders strukturierten Stadt zu verstehen und entsprechend zu handeln.

Überregionale Funktionen
Kiel als Ostseehafen, östlicher Ausgang des Kiel-Kanals und als Tor nach Norden hat für die Anbindung Deutschlands ebenso eine Bedeutung wie als Marinestandort - Aufgaben, die sich der Stadt auf nationaler Ebene stellen so wie diejenige, Deutschland seine Stellung als eine der führenden Nationen in der Meerestechnologie (Schiffbau, Schiffsmotoren, Nautiktechnologie, Bohrinseln etc.) zu erhalten. Mit den kulturellen Institutionen, wie Theater, Oper und Konzert vor allem aber der Universität, und mit Veranstaltungen wie der Kieler Woche erfüllt Kiel die Aufgabe, geistige und kulturelle Veranstaltungen in den Ostseeraum nach Skandinavien und den östlichen Staaten zu vermitteln, den Kontakt zu und den Austauch mit diesen Ländern zu fördern. Nicht nur hat die Kieler Woche ihr Programm unter dem besonderen Aspekt der Beziehung zu Skandinavien ausgebaut; die Fähren nach Skandinavien haben erhebliche Impulse aus und nach dort ausgelöst. Kiel ist außerdem für eine bedeutungsvolle Urlaubsregion zentraler Standort.

Regionale Funktionen
Kiel als Landeshauptstadt, zentraler Ort für höhere Dienstleistungen wie auch als Hochschulstadt erfüllt Aufgaben für ganz Schleswig-Holstein und darüber hinaus, die bedeutungsvoll sind und von deren Funktionsfähigkeit die Leistung des Landes ganz allgemein abhängt. Kiel ist einer der wenigen Standorte in Schleswig-Holstein, an denen ohne Gefährdung der Sozialstruktur und des Arbeitsmarktes Industrie in größerem Umfange angesetzt werden kann, als Initialzündung für die Industrialisierung des Landes.

Lokale Funktionen
Kiel selbst hat die Aufgabe, die politischen, sozialen, wirtschaftlichen, technischen und städtebaulichen Voraussetzungen zur Erfüllung der o. g. Funktionen zu schaffen. Dies bedeutet zentrale Attraktivität und Leistung, Arbeitsstätten, Wohnungsbau, Verkehrskapazität, soziale Folgeeinrichtungen und Anlagen für die Freizeitgestaltung, wie kulturelle Einrichtungen, Vergnügungs- und Erholungsstätten, insgesamt also ein für Mensch und Natur verträgliches Umfeld.

Derlei Funktionen sind natürlich in starkem Maße rahmensetzend für jeglichen Planungsansatz. Die Kombination der Funktionen "Landeshauptstadt" und "Universitätsstadt" sind für eine Stadt von der Größenordnung von Kiel eine hohe Belastung (in dieser Kategorie entstehen aus der Tätigkeit z.B. weder Gewerbesteuer- noch Mehrwertsteuereinnahmen, aber hohe Kosten).

4.4.4 Struktur und Gliederung von Verdichtungsräumen

Wir haben schon erörtert, daß, ausgehend von den Großstadtregionen, sich nunmehr in Richtung großmaßstäblicher Euro-Regionen Städtevernetzungen bilden. Ebenso haben wir gesehen, daß als gemeinsame Charakteristiken aller stadt- und regionalplanerisch geprägten Strukturmodelle eine mehr oder weniger ausgeprägte Zentrenhierarchie und eine flächennutzungsbezogene Aufgabendifferenzierung bestehen. Durch sie wird auch das Verhältnis zwischen der Kernstadt (einschließlich dominierender City) und dem Umland geprägt. Als wichtiger Bestimmungsfaktor der Entwicklung gilt es also auch, Größe und Struktur städtischer Agglomerationen, die deutlich über das eigentliche Verwaltungsgebiet einer Stadt hinausgewachsen sind und weiter wachsen werden, zu erörtern. Mit diesen Phänomenen haben sich insbesondere Olaf Boustedt[164] (Stadtregionen) und Gerhard Isenberg[165] (Verdichtungsräume) auseinandergesetzt, nachdem die massiv einsetzenden Suburbanisierungsprozesse und die Massenmotorisierung zu einem forcierten Bedarf an räumlichen Struktur- und Planungsmodellen für den Stadt-Umland-Bereich führten. Auf internationaler Ebene hat es ähnliche Entwicklungen gegeben, wobei die Arbeiten von Hans Blumenfeld[166], Brian Berry[167], Jack Williams[168] und Erwin Galantay[169] herauszuheben sind. Es entstanden in Großbritannien der Begriff der "Conurbations" und in den Vereinigten Staaten der Begriff "Metropolitan Regions", beide vergleichbar mit unserem "Verdichtungsraum". Unserem Begriff "Stadtregion" ist im angelsächsischen Bereich der der "Urban Region" vergleichbar. Im übrigen hat es jedoch vergleichbare Abgrenzungs- und Definitionsarbeiten nicht weiter gegeben

4.4.4.1 Definition von Verdichtungsräumen (Ballungsräumen)

Wenn urbane Verdichtung Schäden aufweise, meinen Isenberg und Blumenfeld, liege es zunächst nicht an ihrer Größe, sondern daran, daß die Apparatur, für die Auslese dessen, was in die urbane Verdichtung hineingehöre und was nicht, und wo es im Verdichtungsraum anzusiedeln sei, nicht funktioniere. Wenn sie also als Voraussetzung für funktionierende Verdichtung von Auslese und Locierung sprechen, denken sie offenbar an solche Wandlungsprozesse, wie wir sie in den vorangegangenen Kapiteln schon erörtert haben. Ohne solchen Wandlungsprozeß wäre das Erfordernis für Auslese und ständig neue Locierung nicht denkbar. Es ist also auch aus diesem Blickwinkel bedeutsam, sich mit den Entwicklungsprozessen in der Gesellschaft auseinanderzusetzen, damit die Bedürfnisse, Bedarfe und daraus resultierenden Zielsetzungen wie Maßnahmen überhaupt herausgearbeitet und verstanden werden können. Die eingehendste und beste Definition des Verdichtungsraumes findet man bei Isenberg. Isenberg benutzt den Begriff "Ballung". Inzwi-

---

164 Vgl. Olaf Boustedt, Fn. 28.
165 Gerhard Isenberg: "Kritische Betrachtung der Ballungsräume als allgemeines Siedlungsphänomen", Akademie für Städtebau und Landesplanung, Hannover 1960.
166 Vgl. Hans Blumenfeld, Fn. 38.
167 Brian Berry: "Comparative Urbanization: Divergent Paths in the Twentieth Century", New York 1981.
168 Jack Williams: "World Urban Development", New York 1983.
169 Erwin Galantay (Editor): "The Metropolis in Transition", New York 1985.

schen hat sich jedoch der Begriff "Verdichtung" durchgesetzt. Insofern ist das Wort "Ballung" durch "Verdichtung" zu substituieren. Isenberg[170] kommt zu folgendem Ergebnis:
Ballung kann mit der üblichen Statistik nach Gemeindegröße nicht erfaßt werden. Diese könnte ein falsches Bild geben. Ballung muß als Siedlungskomplex über die Gemeindegrenzen hinweg gesehen werden. Als Merkmal für den Begriff Ballung dienen Erscheinungen, die bereits gewisse Schattenseiten erkennen lassen.

Die Häufung von Menschen und Betrieben ist in der Ballung so stark, daß die Deckung des Bedarfs an den für die Lebensvorgänge notwendigen Flächen im Vergleich zu den übrigen Gebieten wesentlich erschwert wird. Nicht nur für die Wohnung, sondern für den Gemeindebedarf werden Flächen benötigt. Für den letzteren Zweck sogar ein Vielfaches gegenüber dem, was für die Wohnung bei mehrgeschossiger Bauweise notwendig ist. Man rechnet 150 bis 250 m² je Kopf. Rechnet man dazu, daß auch die Arbeitsstätten, je nach Art der Branche, im Schnitt einen Flächenbedarf je Kopf von 10 bis 100 m² haben, dann braucht man je Kopf 300 m², und das heißt umgekehrt, daß die Volksdichte nicht über 3.000 Menschen je km² unter Zugrundelegung der Flächen und Größen hinausgehen darf. Wenn man für größere Flächen eine Höchstdichte von 3.000 Menschen je km² zugrunde legt, dann lassen sich daraus auch die Kriterien für das Ballungsgebiet finden. Da neben dem zivilisatorischen Bedarf auch noch Wald und in gewissem Grad landwirtschaftliche Nutzfläche für die Erzeugung von rasch verderblichen Waren notwendig sind und hinzu auch manche Flächen überhaupt nicht für den Anbau und die Bebauung ausreichen, ist es nicht zu hoch gegriffen, wenn man eine Volksdichte von 1.000 Personen je km², das heißt also auch 1.000 m² je Mensch als Grenze für ein Ballungsgebiet ansieht. Gebiete mit über 1.000 Menschen je km² erfüllen die Voraussetzung für ein Ballungsgebiet.

Das allein aber genügt nicht; auf kleineren Flächen kommt diese Dichte auch in Kleinstädten, ja in Dörfern vor. Für das Kriterium der Ballung muß hinzu kommen, daß man einen langen Weg hat, um in die freie Natur zu kommen, mit anderen Worten in Gebiete, wo das Grün, wo Landwirtschaft und Forstwirtschaft bei der Flächennutzung vorherrschen. Als Auslauf kommt hier eine Entfernung von 2 bis 3 Stunden in Frage, Fußläufigkeit zugrunde gelegt. Das ist zugrunde zu legen, weil man immer mit Not- und Katastrophenfällen rechnen muß, in denen man auf die eigenen Füße angewiesen ist. Eine Entfernung von 2 bis 3 Stunden entspricht rund 13 km. Vom Mittelpunkt aus gesehen, ergibt sich eine Fläche von rund 500 km² bei Kreisform.

Die beiden Kriterien der Ballung wären demnach eine Mindestdichte von 1.000 Menschen je km² und eine Mindestfläche von 500 km²; mit anderen Worten: Ballungsgebiete sind mehr oder weniger geschlossene Siedlungsgebiete, deren Durchschnittsvolksdichte mindestens bei 1.000 liegt. Innerhalb des Ballungsgebietes bestehen natürlich auch sehr große Unterschiede. In Kerngebieten ist die Dichte am höchsten. Neben dem Hauptkern gibt es kleinere Nebenkerne, die meist an alte, ursprünglich isolierte Siedlungen anknüpfen. Je nach der historischen Entwicklung gibt es auch Ballungsgebiete mit mehreren Hauptkernen. Insofern können wir zwischen Mehrkern- und Einkernballungen unterscheiden.

---

170 Gerhard Isenberg: "Kritische Betrachtung der Ballungsräume als allgemeines Siedlungsphänomen", Fn. 165.

Um weiter in das Thema eindringen zu können, muß zunächst eine Gliederung der Verdichtungsräume vorgenommen werden. Es läßt sich dabei folgende Unterscheidung nach der inneren und äußeren Struktur treffen, wobei sich jedoch bestimmte Zusammenhänge ergeben:

Verdichtungsräume nach der Funktion
Die Industrieverdichtungsräume,
die differenzierte Verdichtung mit überwiegend Hauptstadtfunktionen,
die differenzierte Verdichtung mit überwiegend Handels- und Verkehrsfunktionen.

Verdichtungsräume nach der räumlichen Struktur
Der einpolige Verdichtungsraum (die Stadtregion - Metropolis),
der mehrpolige Verdichtungsraum (die Häufung von Stadtregionen, Megalopolis).

4.4.4.2 Verdichtungsräume nach der Funktion

Industriefunktion
Der industrielle Verdichtungsraum zeichnete sich ursprünglich dadurch aus, daß er zwar nicht nur Industrie, aber einen besonders hohen Anteil an sekundären Arbeitsplätzen hatte, darunter insbesondere die Grundindustrie (Kohle und Stahl) sowie die direkten Weiterverarbeitungsindustrien (Kokereien, Walzwerke usw.). Man konnte eine dominierende Stellung der primären und sekundären Arbeitsplätze nur noch bei den beiden Antipoden unserer Räume finden, nämlich im industriellen Verdichtungsraum und im reinen Landwirtschaftsraum. Bezeichnend ist, daß im Ruhrgebiet die Land-, Forst- und Wasserwirtschaft einen relativ großen Raum einnimmt. Absolut ist natürlich auch hier ihr Anteil gering. Dieser geringe Anteil der primären Wirtschaftsgruppe liegt in ihrer extensiven Flächennutzung begründet. Ein weiteres Beispiel ist in Europa neben dem Ruhrgebiet das englische Industrierevier in den sogenannten "Midlands".

Hauptstadtfunktion
Der Verdichtungsraum mit typischen Hauptstadtfunktionen hat zwar häufig auch einen starken Anteil an Industriearbeitsplätzen (z.B. Berlin oder London), wird jedoch von diesen nicht beherrscht. In den meisten Fällen handelt es sich hierbei um Arbeitsplätze der Verarbeitungs- und Konsumgüterindustrie. Hierfür können auch München und Hannover als Beispiele genannt werden.

Handels- und Verkehrsfunktion
Diese Verdichtungsräume zeichnen sich dadurch aus, daß sie überwiegend an besonderen Schnittpunkten der Verkehrswege liegen. Die Verkehrswege zu Wasser und zu Land mit ihren Knotenpunkten sind das wesentliche Merkmal dieser Räume. Beispiele hierfür sind See- oder Binnenhäfen, wie Hamburg, Rotterdam, Shanghai, Hongkong oder Singapur sowie Duisburg oder Mannheim.

4.4.4.3 Verdichtungsräume nach der räumlichen Struktur

Unwillkürlich denkt man zunächst an die stark einseitige Industriekonzentration, wenn man von Verdichtungsräumen spricht. Von den Verdichtungsräumen in der Bundesrepublik haben viele ausgesprochene Hauptstadtfunktionen mit zusätzlichen Spezialaufgaben und nur einer, nämlich das Ruhrgebiet, kann als echter industrieller Verdichtungsraum angesehen werden. Woher kommt nun die unwillkürliche Assoziation der Bezeichnung "Verdichtungsraum" vorwiegend mit industrieller Konzentration? Im wesentlichen sind es wohl zwei Gründe, die dazu geführt haben:

Für uns Deutsche ist das Ruhrgebiet das Beispiel für einen Verdichtungsraum überhaupt. Seine Entstehung fällt zeitlich mit der Industrialisierung zusammen. Diese Assoziation, die übrigens auch in England vorgeherrscht hat und auch heute noch vielfach zu finden ist, hat Vorstellungen erzeugt, die der vernünftigen Ordnungsentwicklung vieler Verdichtungsräume nicht dienlich sind. So herrscht vielfach die Meinung vor, daß mit der sogenannten "Dekonzentration der Schornsteine" auch die Problematik der Verdichtungsräume gelöst sei. Ein solcher Irrtum kann schwerwiegende Folgen haben. In der Bundesrepublik ist der einzige überwiegend industrielle Verdichtungsraum das Ruhrgebiet. Die Verlegung der Industrie auf das flache Land würde aus strukturbedingten Gründen nur hier Erfolg haben können. Aber gerade das Ruhrgebiet, so will es die Tücke des Objektes, ist hierfür ungeeignet. Isenberg erklärt dazu, daß das Ruhrgebiet aus standorttechnischen Gründen nicht kleiner sein könnte, als es heute ist. Er fährt dann fort[171]:

Die Ballung zeichnet sich gerade dadurch aus, daß in ihr für Spezialbetriebe, vor allem im freiberuflichen Sektor, durchaus Möglichkeiten für Kleinunternehmen gegeben sind, d.h. für die Form, die auch gesellschaftspolitisch angestrebt wird. Es wäre ein grauenhafter Irrtum, wenn man glauben würde, die räumliche Konzentration würde sich mit der betrieblichen oder gar unternehmensmäßigen Konzentration decken. Bis zu einem gewissen Grade ist eher das Gegenteil der Fall. Hamburg ist eine Stadt mit stark mittelständischem Charakter. Großbetriebe dagegen liegen in ländlichen Gebieten, sie gehören zu ferngesteuerten Konzernunternehmen, während auf der anderen Seite die Ballung einen ausgezeichneten Boden für die Entfaltung der freien Unternehmerinitiative bildet. Von diesem Gesichtspunkt aus muß man die Ballung eher positiv als negativ beurteilen.

Der einpolige Verdichtungsraum

Schauen wir zurück, so finden wir schon im Altertum große Städte der Kulturvölker. Diese waren typische Landes- oder Reichshauptstädte. Sie zeichneten sich dadurch aus, daß sie meist ihr Umland in hohem und weitem Maße beherrschten und daß sich in ihrem Umfeld selten eine zweite bedeutende Stadt halten konnte. Typische Beispiele für solche einpolige Verdichtungsräume sind nach Wolf Schneider Beijing, Rom und andere.[172]

Auch heute kennen wir Städte mit diesem Charakter, z.B. München, Paris oder Wien. Diese Räume waren, hervorgerufen durch den Sitz der Regierung, der Verwaltung, der höchsten Gerichtsbarkeit usw., zu großen Verdichtungsräumen ge-

---

171 Gerhard Isenberg: "Kritische Betrachtung der Ballungsräume als allgemeines Siedlungsphänomen", Fn. 165.
172 Wolf Schneider: "Überall ist Babylon", Düsseldorf 1960.

worden. Da die tertiären Wirtschaftsbereiche eine intensive Arbeitsplatznutzung erforderlich machten und erlaubten und diese Gruppen die Beziehung zueinander suchten, sammelten sie sich alle auf engem Raum in der Kernstadt und zogen die Kräfte aus dem Umland ab, so daß sich dort keine Entwicklung anbahnen konnte. Die Siedlungskonzentration in diesen Räumen zog nunmehr Dienstleistungen aller Grade nach, die den uns nun schon bekannten Circulus vitiosus hervorbrachten. Isenberg beschreibt diesen Prozeß folgendermaßen[173]:
Die einfachen Leistungen sind überall zu haben; je höher die Qualität und je ferner der Konsument, desto mehr konzentrieren sich die Träger der Leistung in den Zentren höherer Ordnung. Wesentlich für die Zentren höherer Ordnung aber ist, daß sich in ihnen auch die Träger aller Leistungen niedriger Ordnung kumulieren. Daraus ergibt sich schon, daß die Standorte der gehobenen Leistungen eine gewisse Mindestgröße besitzen, die von einem gewissen Grade ab zu Verdichtungen führen.

Der mehrpolige Verdichtungsraum
Das uns geläufigste Beispiel für einen solchen Raum ist das Ruhrgebiet. Im Grunde genommen besteht es aus einer Reihe von einpoligen Verdichtungsräumen, die sich derartig überlagern, daß sie nicht mehr getrennt voneinander betrachtet werden können. Eine Strukturkarte würde zeigen, wie sehr die Großstädte des Reviers (Duisburg, Bochum, Essen, Dortmund) in dem ihnen verbliebenen Umland noch Kernstädte sind. Hebt man in einer Karte des Bundesgebietes die Großstädte über 100.000 Einwohner mit ihren Einflußzonen heraus, wird man feststellen, daß das Bundesgebiet, bis auf einige Ausnahmen, von einem Netz kleinerer und größerer Stadtregionen überzogen ist. Dieses Netz verdichtet sich an einigen Stellen, z.B. im Ruhrgebiet, so stark, daß ein System das andere überlagert und damit ein neues und "übergeordnetes" Gebilde entsteht, nämlich das mehrpolige "Megalopolis". Inzwischen ist dieser Raum mit dem Verdichtungsraum von Düsseldorf über Köln bis Bonn-Bad Godesberg zum sogenannten "Rhein-Ruhr-Raum" zusammengewachsen. Damit nicht der Eindruck entsteht, daß nur auf diesem Wege Riesenkonzentrationen sich bilden, sei darauf hingewiesen, daß Bombay, Sao Paolo, Shanghai oder New York mit jeweils 10-16 Millionen Menschen einpolige Verdichtungsräume sind, ohne Hauptstadt zu sein.

Wenn nun auch der mehrpolige Verdichtungsraum aus einer Vielzahl kleiner und mittlerer einpoliger Verdichtungsräume entstanden ist, so ist die Ursache der Entstehung doch eine andere als die des isolierten, einpoligen Verdichtungsraums. Überspitzt kann man den Unterschied etwa folgendermaßen formulieren: *Der einpolige Verdichtungsraum* entsteht durch eine Überlagerung einer Vielzahl von Faktoren an einem einzigen Ort (Verkehrsschnittpunkt, Verwaltungs- und Handelszentrum). *Der mehrpolige Verdichtungsraum* entsteht durch einen einzigen Faktor an einer Vielzahl von aneinander grenzenden Orten (z.B. Rohstofflager).

Somit wird verständlich, warum einpolige Verdichtungsräume schon vor der Industrialisierung entstehen konnten, während mehrpolige sich erst mit der Industrialisierung entwickelten.

---

173 Gerhard Isenberg: "Kritische Betrachtung der Ballungsräume als allgemeines Siedlungsphänomen", Fn. 165.

4.4.4.4 Struktur und Gliederung von Stadtregionen

Am überzeugendsten hat bislang Olaf Boustedt[174] in "Stadtregionen in der Bundesrepublik" versucht, eine Definition vorzunehmen. Wenn auch die Entwicklung seither, insbesondere im Hinblick auf die kommunale Gebietsreform, außerordentlich war, so hat die Boustedtsche Definition nach wie vor vom Ansatz und Prinzip her Bestand. Insofern werden wir uns damit noch ein wenig befassen.

Die Stadtregion ist nach Boustedt ein Gebiet, in dem sich Einflüsse der zentralen Stadt bemerkbar machen. Diese Einflüsse sind vielfältiger und unterschiedlicher Art mit sehr feinen Nuancierungen, deren Wirkungen und Bedeutung hier im einzelnen nicht untersucht werden können. Im allgemeinen kann man eine Stadtregion in die folgenden Zonen unterteilen (siehe Grafik 19).

Verstädterte Zone
In der verstädterten Zone ist die Wirkung der zentralen Stadt noch so stark, daß Veränderungen der Struktur durch sie hervorgerufen werden. Zum Beispiel hat die Bevölkerung keinen ausgesprochenen ländlichen oder kleinstädtischen Charakter mehr. Hier ist das Verhältnis der Auspendler zu den Erwerbstätigen des Ortes eines der wesentlichen Merkmale. Die Struktur eines Ortes ist Änderungen unterworfen, wenn mehr als 20 % der Erwerbstätigen nach der zentralen Stadt als Berufstätige auspendeln. Für diese Zone ist kennzeichnend, daß die übergeordnete Versorgung, wie z.B. Krankenhäuser, Sonder- und Fachschulen, technische Einrichtungen in überwiegendem Maß hierfür in der zentralen Stadt zu finden ist.

In der mittelalterlichen Stadt können wir in der Regel eine gleichmäßige, undifferenzierte Arbeitsplatz- und Wohnplatzverteilung feststellen. Es gibt kein Problem des Berufsverkehrs. Der Überlandverkehr, der durch Jahrhunderte vom Pferd und der Postkutsche bestimmt wurde, hat im größeren Raum in gleichmäßigen Abständen von ca. 20 km ein System von zentralen Orten entstehen lassen, deren Ordnung noch mehr oder weniger erkennbar ist und selbst bis heute bestimmend bei der Siedlungsentwicklung gewirkt hat (siehe Walter Christaller). Wenn auch das System der Nebenzentren heute noch überall zu erkennen ist, so hat doch die Industrialisierung mit der Entstehung ganzer Stadtlandschaften (Ruhrgebiet) dieses Bild oft verwischt.

In vielen Regionen, die nicht stark durch Industrialisierung geprägt wurden, können wir ein solches System noch deutlich ablesen. In und um Hannover hat sich ebenso wie in anderen Städten z.B. ein System von Nebenzentren mit einem 20-km-Ring und mit einem 40-km-Ring entwickelt. Der erste Ring zentraler Orte niederer Ordnung in der Größe von ca. 10.000 Einwohnern und mindestens 4.000 Arbeitsplätzen liegt in der 20-km-Zone. Diese Orte sind dadurch gekennzeichnet, daß sie, bis auf einen, etwa gleich groß sind. Im Gegensatz hierzu schwanken die Zentralorte mit etwas höherer Bedeutung in der 40-km-Zone außerordentlich, nämlich von ca. 14.000 Einwohnern bis zu ca. 90.000 Einwohnern. In dieser Zone hat vergleichsweise der kleinste zentrale Ort schon über ca. 8.000 Arbeitsplätze. Es scheint eine Gesetzmäßigkeit in den angedeuteten Entfernungen zu geben. So ist der gleichmäßige Rhythmus von jeweils 19 bis 21 km immer wieder

---

174 Vgl. Olaf Boustedt, Fn. 17.

auch bei Christaller[175] zu finden. Diese Entfernung hat ihre Ursache in der Leistung der Postkutsche. Deshalb hat sich diese Strecke in Gebieten mit unterschiedlichen Geländeerhöhungen etwas verkürzt. So kann man z.B. im Raum Hannover feststellen, daß diese "Reiseisochrone" im Norden (z.B. Neustadt und Burgdorf) länger ist als im Süden (z.B. Sarstedt). Diese Unterschiede sind jedoch nicht sehr bedeutend und können deshalb im Prinzip vernachlässigt werden. Diese Postkutschenstrecke hat zu Poststationen, Pferdestationen, Umschlagstationen, Depots, Herbergen usw. geführt. Eine Niederlassung entstand, später eine Siedlung, schließlich eine Stadt. Oft finden wir den Standort an einer Bodenerhebung und an einem Flußübergang (z.B. Sarstedt, Neustadt) oder einem Taldurchbruch durch Gebirge (z.B. Springe).

Man könnte nun erwarten, daß mit dem Zeitalter der Motorisierung dieser Entfernungsrhythmus seinen Sinn ganz verloren habe. Durch Bus und Eisenbahn hat sich relativ schnell die 20-km-Zone zum ausgeprägten Pendlerbereich für Hannover entwickelt. Da die durchschnittliche Geschwindigkeit der Massenverkehrsmittel stark von Häufigkeit und Wertigkeit der Haltestellen abhängig ist, wird es hierin so schnell keine Verschiebung geben. Interessant ist auch, daß im Raum Hannover, bis auf einen Fall, nämlich Barsinghausen, jede Stadt der 20-km-Zone eine korrespondierende Stadt mit Eisenbahn- und Straßenverbindung in der 40-km-Zone hat.

Schließlich muß man die schon erwähnte etwa gleiche Einwohnerzahl der Orte des 20-km-Ringes beachten. Während die Städte des 40-km-Ringes echte Selbständigkeit als Nachbarstadt zeigen (keine nennenswerten Pendlerströme nach Hannover), sind die Städte des 20-km-Ringes als Trabanten offensichtlich im Sog der Hauptstadt nicht in der Lage gewesen, sich über eine bestimmte Größe zu entwickeln (durchschnittlich ca. 30 % ihrer Erwerbstätigen sind Auspendler nach Hannover). Es scheint, daß der Einfluß der Hauptstadt auch hinsichtlich der Größe dieser Städte eine nivellierende Wirkung gehabt hat.

Alle Städte der Region Hannover haben wiederum ein eigenes Umland, aus dem sie selbst eigene Einpendler heranziehen. Das bedeutet für sie, daß durch die Auspendler nach Hannover eine Kettenreaktion ausgelöst wird. Die eigenen Einpendler sind nicht Zeichen des Arbeitsplatzüberhanges im eigenen Ort, sondern im wesentlichen Ersatz für die nach Hannover abgewanderten Arbeitskräfte.

Nach dem soeben erörterten Strukturbild lassen sich nunmehr auch weitere einzelne Gliederungselemente der Stadtregion, einschließlich ihrer Hierarchie, beschreiben (siehe Grafik 19).

Kernstadt
Die zentralen Orte höherer Ordnung sind im allgemeinen Großstädte. Nun gibt es innerhalb einer Stadtregion und eines Verdichtungsraumes nicht nur zentrale Orte höherer Ordnung, sondern auch Nebenzentren. Man kann, wie wir schon erörtert haben, sogar ein ständig wiederkehrendes System der Haupt- und Nebenzentren entwickeln. Wichtig ist zunächst die Feststellung, daß solche Orte in der Regel einen Überhang an Arbeitsplätzen haben. Die Stadt Hannover hat z.B. als zentraler Ort höchster Ordnung einen starken Überhang an Arbeitsplätzen. Das gleiche gilt für die sogenannten "Nachbarstädte" im 40-km-Ring, wie Hildesheim, Hameln, Celle. Man erkennt ihre eigene zentralörtliche Bedeutung.

---

175 Vgl. W. Christaller, Fn. 93.

Stadtkern
Zur Unterscheidung von der Kernstadt muß hier auch auf den Stadtkern eingegangen werden. Die Ähnlichkeit der Begriffe ist zwar unglücklich, es gibt aber in beiden Fällen keine andere, bessere Bezeichnung. Der hier gewählte Begriff "Stadtkern" deckt sich nicht mit den üblichen Begriffen "City" und "Zentrum". Während diese gewöhnlich für das eng umgrenzte zentrale Geschäftsgebiet verwendet werden, soll der Stadtkern ein sehr viel größeres Gebiet umreißen. Er deckt sich etwa mit dem angelsächsischen Begriff "Central area".

Vorort/äußerer Stadtteil
Im allgemeinen Sprachgebrauch wird der Begriff Trabant oft für Gebilde mit stadtartiger Bebauung verwandt, die selbst aber nicht als Stadt zu bezeichnen sind. Es sind dies die Gemeinden, die im eigentlichen Vorfeld der Kernstädte liegen. Wohl sind sie kommunalpolitisch selbständig und teilweise räumlich durch landwirtschaftliche Grünflächen von der Kernstadt getrennt. Die Pendlerstatistik läßt aber erkennen, daß diese Orte ihre Selbständigkeit verloren haben. So haben die Randgemeinden einen Auspendleranteil an den Erwerbstätigen nach dem zentralen Ort von 60 % bis 90 %. Das bedeutet, daß sie nur noch die niederen Dienstleistungen für die Versorgung der reinen Wohnbevölkerung als Arbeitsplätze beherbergen. Damit sind sie in ihrer Struktur zu Stadtteilen geworden, die auf Grund ihrer kommunalpolitischen Selbständigkeit einen Sonderstatus haben und deshalb als Vororte bezeichnet werden können.[176]

Vorort und äußerer Stadtteil sind diesseits und jenseits der jeweiligen kommunalen Grenze hier bewußt zusammengefaßt, weil sie nach Hillebrecht die größten Gemeinsamkeiten in der Struktur einer Stadtregion aufweisen. Sie sind im Grunde allein dadurch unterschiedlich gekennzeichnet, daß der Stadtteil politisch unselbständig ist.

Ergänzungsgebiet
Im Ergänzungsgebiet haben die Ortschaften den Charakter eines Stadtteiles der Mutterstadt angenommen. Es trennt sie von ihr nur noch die zufällige, historische, politische Grenze. Die Bebauung hat städtische Formen. Über die Hälfte, oft mehr als zwei Drittel der Erwerbstätigen sind Auspendler zur Mutterstadt. Damit ist die soziologische Struktur dieser Orte "urban" geworden. Es sei an das Kapitel über "Urbanisierung" erinnert.

Randzone
In der Randzone sind noch Auswirkungen der zentralen Stadt zu spüren, die jedoch keine strukturverändernde Wirkung mehr haben. Es handelt sich in diesem Falle um Gebiete mit einem Auspendleranteil von 0 % bis 20 %, für die die zentrale Stadt auch Einkaufs- und Großhandelszentrum ist.

---

176 Siehe hierzu: Rudolf Hillebrecht: "Trabanten und Neue Städte - eine kritische Betrachtung", Gemeinnütziges Wohnungswesen, Heft 2, 1960.

Trabant/Satellit/Nebenzentrum

Eine Trabantenstadt ist nach Hillebrecht eine baulich in sich abgeschlossene und wirtschaftlich sowie politisch noch relativ selbständige Stadt, die im engeren Einflußbereich der Großstadt liegt, aber stärkere Verflechtungen mit ihr aufweist als die Nachbarstadt. Die wirtschaftliche Selbständigkeit drückt sich so aus, daß ein solcher Trabant noch leben könnte, auch wenn die Kernstadt nicht vorhanden wäre. Die Verflechtungen liegen beispielsweise in einem verstärkten Anteil an Auspendlern und in der Wahrnehmung bestimmter zentraler Funktionen für diese Trabanten durch die Kernstadt (z.B. Sitz der Kreisverwaltung, Krankenhäuser usw.). Umgekehrt übernehmen Trabanten auch oft Funktionen der Kernstadt. Beispielsweise trifft dies für Hafenstädte, wie Bremerhaven (Hafen von Bremen) oder in der Antike für Piräus (Hafen von Athen), zu.

Schema der Stadtregion[177]

Es sind auch Fälle bekannt, in denen Städte keine Industrie akzeptierten, so daß die Funktion des Industriestandortes der Region von der Nachbarstadt wahrgenommen werden mußte, so z.B. Altona und Harburg für Hamburg, Ludwigshafen für Mannheim usw. Einer besonderen Funktion hat auch

Zone		Bevölkerungs-dichte	Landw. Erwerbs-personen in % der Erwerbspersonen insgesamt	Anteil (%) der insgesamt in das Kerngebiet Auspendelnden an den	
				Erwerbs-personen insges.	Auspendlern insges.
Kernstadt Ergänzungs-gebiet	Kerngebiet	in der Regel über 500	unter 10		
Umlandzone: Verstädterte Zone Randzone 1 Randzone 2		(über 200) - -	unter 30 unter 50 50-65	über 30 über 20	über 60

Grafik 19

Delmenhorst seine Entwicklung zu verdanken. Als der Zollverein gegründet wurde, traten Hamburg und Bremen diesem zunächst nicht bei. Ihr Beitritt erfolgte erst 1888. Da für die Industrie der Standort innerhalb des Gebietes des Zollvereins günstiger war, setzte sie sich außerhalb der Grenzen der Hansestädte an. Im Raum von Bremen setzte sich die Industrie damals in Delmenhorst an.

---

177 Quelle: O. Boustedt: "Stadtregionen in der Bundesrepublik Deutschland", Fn. 17.

günstiger war, setzte sie sich außerhalb der Grenzen der Hansestädte an. Im Raum von Bremen setzte sich die Industrie damals in Delmenhorst an.

Trabanten liegen in der Regel zwischen der Kernstadt und ihren Nachbarstädten. Da sie sich also in einem Spannungsfeld befinden, haben sie im allgemeinen eine zweiseitige Ausrichtung. Auch der Trabant hat sein eigenes, allerdings begrenztes Wirkungsfeld, das er mit Arbeitsplätzen, Schulen, Sparkasse usw. versorgt.

Nachbarstadt/Selbständiger Ort
Nachbarn zeichnen sich dadurch aus, daß sie zu der gleichen Spezies gehören und im allgemeinen einander, zumindest in der Gattung, ebenbürtig sind. Nachbarn sind, auf Grund ihrer räumlichen Nähe zueinander, in mancherlei Dingen voneinander abhängig und entwickeln sich sogar auf Grund einer bestimmten Interdependenz wechselseitig. Auf die Struktur der Städte bezogen heißt das: Nachbarstädte sind Städte, die zwar keinen starken Einfluß aufeinander ausüben, jedoch innerhalb einer Region sich ergänzen.

Nachbarstädte haben jedoch den echten Charakter einer Stadt. Auch in der Nähe von Großstädten, das heißt also auch in bedeutenden Stadtregionen, gibt es Städte unterschiedlicher Größenordnung, die sich zwar in hohem Maße durch Eigenständigkeit auszeichnen, die jedoch in gewisser gegenseitiger Abhängigkeit zur Großstadt stehen. Diese Städte haben auch ihren begrenzten eigenen Wirtschaftsraum und lassen sich auch als Nebenpole bezeichnen, wenn sie nicht Teil des Hauptpoles sind, wie im Falle Mannheim-Ludwigshafen, Nürnberg-Fürth oder auch Frankfurt-Offenbach, die allesamt als "Doppelstadt" bezeichnet werden müssen, auch wenn, wie im Fall Wiesbaden-Mainz, hin und wieder eine Landesgrenze dazwischen liegt.[178]

4.5 Sozio-ökonomische Strukturen als rahmensetzender Faktor

4.5.1 Allgemeines

Die sozio-ökonomische Struktur löst in ihren Wandlungen nicht nur das Erfordernis an Stadtplanung aus, sondern determiniert auch in vielerlei Hinsicht die Planung. So sind es in der Regel schon die gesetzten sozio-ökonomischen Ziele, die bestimmte Bezugsfelder zur Nutzung des Raumes festlegen.

Wir werden diesen Sachverhalt im wesentlichen am Beispiel Kiel erörtern. Dabei kommt es uns vor allem auf die Betonung des Exemplarischen an, da es keine "gleiche" Stadt gibt. Es kommt hier auf die Ursache-Wirkung Darlegung und die Wandlungsprozesse an, nicht auf die tatsächlichen Daten und die tatsächlichen Entwicklungen, die in anderen Städten auch anders sein können. Die Stadt Kiel ist heute überwiegend Dienstleistungszentrum und Handelsstandort, weniger Industriestandort. Als Landeshauptstadt und als Hafen an der Ostsee am Eingang/Ausgang des Nord-Ostseekanals hat sie eine ganz eigene Struktur, die sich z.B. stark von einer gleich großen Industriestadt im Revier an der Ruhr unterscheidet.

---

178 Vgl. Hillebrecht, Fn. 176.

4.5.2 Wirtschaftsstruktur

Deutlich konnte in der Nachkriegszeit z.B. in der Stadt Kiel eine kontinuierliche Zunahme sowohl an Betrieben als auch an Beschäftigten im sogenannten tertiären Sektor beobachtet werden. Ist schon allgemein gesehen eine Zunahme des tertiären Sektors zu erwarten, so kann bei Städten, die Hauptstadt sind - bedingt durch diese spezifische Funktion -, eine verstärkte Tendenz beobachtet werden. Weil die Beschäftigtenziffern in vergleichbarer Form nicht vorliegen, wurde der Vergleich nach den Erwerbspersonen vorgenommen. Da die Relation zwischen Beschäftigten und Erwerbspersonen im großen und ganzen insgesamt nicht stark voneinander abweicht, ist die angewandte Methode nach unserer Meinung zulässig, zumal wenn es sich nur darum handelt, den Trend darzustellen. Danach ist von 1950 bis 1990 der Anteil des güterproduzierenden Bereiches von rd. 41 % auf unter 27 % zurückgegangen, während der Anteil des Dienstleistungssektors insgesamt von rd. 58 %

Stadt Kiel: Erwerbspersonen* nach Wirtschaftsabteilungen[179]

	Wirtschaftsabteilung		1961 männl.	1961 weibl.	1961 zus.	1987 männl.	1987 weibl.	1987 zus.
0	Land- und Forstwirtschaft, Tierhaltung u. Fischerei	abs.	831	323	1.154	363	167	530
		%	1,1	0,8	1,0	0,6	0,4	0,5
1	Energiewirtschaft u. Wasserversorg. Bergbau	abs.	1.448	96	1.544			
		%	2,0	0,2	1,4			
2	Verarb. Gewerbe (o. Baugewerbe)	abs.	27.420	8.897	36.317	20.655	5.884	26.539
		%	37,7	22,1	32,1	35,3	14,5	26,8
3	Baugewerbe	abs.	7.823	442	8.265			
		%	10,7	1,1	7,3			
4	Handel	abs.	8.529	10.710	19.239	9.667	8.919	18.586
		%	11,7	26,6	17,0	16,5	22,0	18,8
5	Vekehr und Nachrichtenübermittlung	abs.	7.321	1.260	8.581			
		%	10,1	3,1	7,6			
6	Kreditinstitute und Versicherungsgewerbe	abs.	1.996	1.663	3.659			
		%	2,7	4,1	3,2			
7	Dienstleistungen**	abs.	6.761	11.202	17.963			
		%	9,3	27,8	15,9	27.877	25.545	53.422
8	Organsationen o. Erwerbscharakter und private Haushalte***					47,6	63,1	53,9
		abs.	622	2.067	2.698			
		%	0,9	5,1	2,4			
9	Gebietskörperschaften und Sozialversicherung***	abs.	10.022	3.661	13.683			
		%	13,8	9,1	12,1			
	Insgesamt	abs.	72.773	40.321	113.094	58.562	40.515	99.077
		%	100	100	100	100	100	100

* Ohne Soldaten und Personen ohne Angabe der Wirtschaftsabteilung.
** Soweit von Unternehmen und freien Berufen erbracht, aber einschl. der von Organisationen ohne Erwerbscharakter sowie von Gebietskörperschaften und Sozialversicherung betriebenen Anstalten (z. B. Schulen, Krankenhäuser, Altersheime, Theater).
*** Ohne die in der Wirtschaftsabteilung 7 erfaßten Anstalten.

Grafik 20

auf nahezu 73 % angestiegen ist. Diese Verschiebung ist umso bemerkenswerter, wenn man bedenkt, in welch kurzem Zeitraum sie sich vollzogen hat. Diese Tendenz ist nur natürlich, da zahlreiche Dienstleistungen - sowohl der privaten Wirt-

---

[179] Quelle: Amt für Stadtentwicklung, Statistik und Wahlen der Stadt Kiel.

schaft als auch der Öffentlichen Hand - die Nähe der Landesregierung und ihrer Behörden suchen. Während die güterproduzierenden Betriebe - sogar in einem Zeitraum gewaltiger Produktionserhöhungen - insgesamt gesehen keine entsprechende Erhöhung ihrer Beschäftigtenzahlen brauchten, weil Mechanisierung und Automation Einsparungen an menschlicher Arbeitskraft hervorbrachten, konnten die Verwaltungen wie Banken, Versicherungen und öffentliche Hand sowie Handels- und Verkehrsbetriebe nur begrenzt auf dem Personalsektor rationalisieren. Darüber hinaus wuchs der allgemeine Bedarf an Dienstleistungen - insbesondere auf dem technischen und wissenschaftlichen Sektor - außergewöhnlich an. Der wachsende Wohlstand und der technische Fortschritt haben diesen Trend in entscheidenem Maße mitbestimmt. Mechanisierung und Automation haben sich nunmehr auch im tertiären Sektor in den letzten zehn Jahren erheblich ausgeweitet und werden sich in Zukunft noch stärker auswirken. Dabei muß allerdings berücksichtigt werden, daß im tertiären Sektor auch ständig neue Bereiche entstehen, wie z. B. das Fremdenverkehrs- und Freizeitgewerbe, das für Schleswig-Holstein besondere Bedeutung hat (siehe Grafik 20).

Wenn auch die Zahl der Betriebe und Beschäftigten im güterproduzierenden Sektor der Wirtschaft zunächst ebenfalls zunahm, nicht zuletzt deshalb, weil einige bedeutende Industriebetriebe angesiedelt werden konnten, so haben doch die Rationalisierungsmöglichkeiten dazu beigetragen, daß der Anteil an den Gesamtbeschäftigten in Kiel zurückgeht. Ausländische und inländische Untersuchungen bestätigen diese Beobachtung. Schon der skandinavische Bericht zum Kongreß des Internationalen Verbandes für Wohnungswesen, Städtebau und Raumordnung im Juni/Juli 1965 in Örebro (Schweden) weist z. B. darauf hin, daß der Strukturwandel in Wirtschaft und Gesellschaft durch das starke Anwachsen der Beschäftigten in den Dienstleistungen charakterisiert sei. So hatte in Nordschweden der tertiäre Sektor in den 30 Jahren von 1935 - 1965 seinen Anteil an den Gesamtbeschäftigten von 37,6 % auf 47 % gesteigert. Bis zum Jahre 1980 rechnete man dort damals schon mit einem Anteil dieses Sektors von 56 %.

4.5.3 Soziale und demographische Struktur

Auch die Berufsstruktur hat sich verändert. Der Anteil an Beamten und Angestellten nimmt zu, und zwar nicht nur in der Öffentlichen Hand, sondern auch in der Privatwirtschaft. Gravierend wirkt sich auch die Veränderung der Altersstruktur aus. Der Anteil der aus dem Erwerbsleben ausgeschiedenen Menschen über 65 Jahre nimmt ständig zu. Gesündere Lebensweise, bessere Arbeits- und Erwerbsbedingungen, verbesserte Urlaubs- und Erholungsmöglichkeiten und die moderne Medizin haben die durchschnittliche Lebenserwartung hochschnellen lassen und die Altersstruktur verschoben (siehe Grafiken 21 und 22).

Die Erwerbsquote hat sich von 1939 über 1950 und 1961 bis 1987 wie folgt verändert: 49,1 %, 39,7 %, 44,1 % und 47,4 %. Der Anteil der Bevölkerung, der überwiegend Renten als Ernährungsbasis hatte, ist von 1961 mit rd. 23 % auf 32 % in 1987 gestiegen.

Nicht zuletzt wegen dieses Strukturwandels hat sich auch die durchschittliche Personenhaushaltsgröße verändert. Gravierend ist die durch die Alters- und Ausbildungsstruktur bedingte Erhöhung der Zahl an Ein- und Zweipersonenhaushalten, die den Durchschnitt der Personenhaushaltsgröße erheblich herabdrücken und bestenfalls beim Ansteigen der Kinderzahl pro Familie nur einen Ausgleich zulassen werden. Ein Wiederansteigen der durchschnittlichen Personenhaushaltsgröße

Kiel: Erwerbspersonen* nach der Stellung im Beruf[180]

	1933**	1987			1961		
		männl.	weibl.	zus.	männl.	weibl.	zus.
Selbständige	10.800	3.624	1.337	4.961	6.113	1.892	8.005
%	11,2	6,2	3,3	5,0	8,4	4,7	7,1
Mithelfende Fam. Angeh.	2.400	113	486	599	285	2.054	2.339
%	2,4	0,2	1,2	0,6	0,4	5,1	2,1
Beamte	12.500	12.855	2.819	15.674	7.863	1.034	8.897
%	12,9	22,0	7,0	15,8	10,8	2,6	7,9
Angestellte	19.300	19.260	26.456	45.716	19.439	21.667	41.106
%	20,0	32,9	65,3	46,1	26,7	53,7	36,3
Arbeiter***	51.800	22.710	9.417	32.127	39.138	13.712	52.850
%	53,5	38,8	23,2	32,4	53,7	34,0	46,7
Insgesamt	96.800	58.562	40.515	99.077	72.838	40.359	113.197
%	100	100	100	100	100	100	100

* 1961 ohne Soldaten und Personen ohne Angabe der Stellung im Beruf
** für 1933 stehen nur runde Zahlen zur Verfügung
*** einschl. Heimarbeiter

Grafik 21

Kiel: Entwicklung der Erwerbsquote[181]

Zählungsjahr	Wohnbevölkerung	Erwerbstätige	Darunter Erwerbslose	Erwerbspersonen	Erwerbsquote in % Sp. 4 von Sp. 1
0	1	2	3	4	5
1933	218.335	69.140	27.618	96.758	44,3
1939 männl.	132.891	-	-	95.424	71,8
weilb.	128.407	-	-	32.890	25,6
zus.	261.298	-	-	128.314	49,1
1946 männl.	100.080	59.106	3.468	62.574	62,5
weibl.	114.379	18.649	2.1919	20.840	18,2
zus.	214.459	77.755	5.659	83.414	38,9
1950 männl.	120.528	61.695	9.987	71.682	59,5
weibl.	133.921	23.845	5.436	29.281	21,9
zus.	254.449	85.540	15.423	100.693	39,7
1961 männl.	128.486	79.357	518	79.875	62,2
weibl.	144.798	40.005	566	40.571	28,0
zus.	273.284	119.362	1.084	120.446	44,1
1987 männl.	112.612	58.562	8.228	66.790	59,3
weibl.	125.155	40.515	5.425	45.940	36,7
zus.	237.767	99.077	13.653	112.730	47,4

Grafik 22

---

180 Quelle: Amt für Stadtentwicklung, Statistik und Wahlen der Stadt Kiel, 1990.
181 Quelle: Amt für Stadtentwicklung, Statistik und Wahlen der Stadt Kiel, 1990.

ist deshalb auf längere Zeit auch im gesamten Bundesgebiet kaum zu erwarten. So ist in Kiel die durchschnittliche Haushaltsgröße von 2,52 Personen im Jahre 1950 auf unter 2,00 Personen pro Haushalt im Jahre 1990 gesunken. 1939 betrug die Haushaltsgröße noch über 3 Personen pro Haushalt. Berücksichtigen wir die Methode der Wohnungsdefizitberechnung, bei der nur 60 % der Einpersonenhaushalte als Wohnungsanwärter angesehen werden, dann liegen die Ziffern der durchschnittlichen Wohnungsbelegung 1950 bei ca. 2,84; 1961 bei ca. 2,40 und 1987 bei ca. 2,25 Personen. Untersuchungen im In- und Ausland beobachten auch anderweitig diese Tendenz.

Diese wirtschaftlichen und demographischen Strukturveränderungen führen zu Veränderungen in der Verhaltensweise der Bevölkerung. Wir werden unsere städtebaulichen Maßnahmen in Zukunft im Zusammenhang mit zivilisatorischen Neuerungen sehen müssen. Es gibt Zusammenhänge, die erst in ihrem Gesamteinfluß Veränderungen herbeiführen. So besteht, so grotesk es auch klingen mag, ein Zusammenhang zwischen Kühlschrank oder Kühltruhe, eigenem Pkw und dem freien Sonnabend bzw. dem vorzeitigen Dienstschluß an bestimmten Wochentagen.

Ursprünglich hat z. B. die Hausfrau die Güter für den täglichen Bedarf im Laden an der Ecke oder in der direkten Nachbarschaft eingekauft. Sie tat dies zu Fuß. Der Kühlschrank und insbesondere die Kühltruhe geben nunmehr der Familie die Möglichkeit, einmal in der Woche oder vielleicht sogar nur alle 14 Tage für diesen Zweck einzukaufen und die erworbenen Güter zu lagern. Da sie in solch einem Fall eine viel größere Auswahl an Gütern bei einem Gang erwerben muß, hat sie den natürlichen Wunsch, dort einzukaufen, wo solche Güter konzentriert angeboten werden, also beispielsweise im Kaufhaus oder im Supermarkt - einer der wesentlichen Gründe, daß diese immer stärker an Gewicht gewonnen haben. Die Familie bzw. die Hausfrau oder der Hausmann wählt den Weg zur Innenstadt bzw., wenn solche vorhanden sind, zu den Nebenzentren und muß deshalb längere Wege zurücklegen. Es müssen erheblich mehr Güter transportiert werden; die Familie ist also mehr und mehr dazu gezwungen, die Güter mit dem eigenen Kraftfahrzeug zu befördern. Hier kommt ihr die Verkürzung der allgemeinen Arbeitszeit - freier Sonnabend und vorzeitiger Dienstschluß an Wochentagen - entgegen. Zu diesen Zeiten steht nämlich der eigene Kraftwagen zur Verfügung, da der "Hausherr" oder die "Hausherrin" ihn nicht für die Fahrt zur Berufsausübung benötigt. Der Wohlstand hat uns darüberhinaus den "Zweitwagen" in der Familie als Problem beschert. Wir erleben deshalb in steigendem Maße einen Druck auf die Nebenzentren und auf die Innenstadt am Samstag Vormittag (inzwischen sogar dem freien Freitagnachmittag). Somit hat sich eine starke Verschiebung der Verkehrsbedürfnisse und der Verkehrsflüsse ergeben, mit der Folge einer besonderen Verkehrsspitze zum Wochenende und am Nachmittag. Diese Änderung in der Verhaltensweise zwingt also zu Konsequenzen in mehreren Bereichen - so in der Verkehrsplanung, in der Planung der Einkaufsgebiete und als Folge davon in der richtigen Zuordnung, Ausrichtung und Größenordnung der City, von Einkaufszentren und Wohngebieten. Sehr deutlich zeigt sich an diesem Beispiel, daß eine auf strukturelle Entwicklungstendenzen aufbauende Integration von Stadtplanung und Verkehrsplanung unerläßlich ist. Ein beträchtlicher Teil der Verkehrspolitik ist heutzutage nur durch eine integrierte Stadtplanung - Standortfaktor, Dichtefaktor, Konzentrationsfaktor - durchzuführen, ein Sachverhalt, der immer noch nicht ausreichend verstanden wird bei vielen von denen, die die Entscheidungen treffen müssen!

4.5.4 Die Bezugsfelder für die Flächennutzungsstruktur

Allgemeines
Eine sich ändernde Gesellschaftsstruktur erfordert eine Anpassung der Flächennutzungsstruktur. Die Zunahme des tertiären Sektors schlägt sich z.B. in einer zwangsläufigen Verdichtung der Beschäftigen in der Innenstadt und den Nebenzentren nieder. Da Banken, Versicherungen, Kaufhäuser, Spezialhandel und zahlreiche freie Berufe einerseits aus Kontaktgründen nahe beieinander liegen wollen und die Nähe der Behörden suchen, andererseits als publikumsintensive Betriebe auch eine möglichst zentrale Lage anstreben, versuchen sie sich, wie wir schon erörtert haben, zunächst immer in der Innenstadt oder den Hauptnebenzentren niederzulassen. Hinzu kommen Prestige- und Reklamegründe, die die Innenstadt als Standort günstig erscheinen lassen. Im Gegensatz zum güterproduzierenden sekundären Sektor ist der Flächenanspruch pro Arbeitsplatz bei den tertiären Bereichen ursprünglich sehr gering gewesen, steigt jedoch durch die Automation am Büroarbeitsplatz heute an, wenn auch bei weitem nicht so wie im güterproduzierenden Gewerbe. Dadurch hat sich seit Kriegsende die innerstädtische Dienstleistungsnutzung auch flächenmäßig gewaltig ausgedehnt.

Die Verdichtung ist aber nicht zwangsläufig augenfällig, da z.B. die Büros freier Berufe häufig Wohnungen in Anspruch nehmen und optisch unmerklich eine Nutzungsveränderung herbeiführen. Wenn in deutschen Städten bislang noch eine gewisse Barriere in dieser Richtung vorhanden war, z.B. im Vergleich zu den USA, dann nur durch die Wohnraumbewirtschaftung der Altbauten, die Wohnungsfinanzierung und Steuergesetzgebung bei Neubauten, die Modernisierungsprogramme und die daraufhin entwickelten Entlastungszentren. Allerdings ist nicht immer schnell genug reagiert worden. In Frankfurt fiel z.B. das wertvolle Wohngebiet "Westend" diesem Druck zum Opfer.

Im Gegensatz zu den USA haben die Kaufhäuser und der Spezialhandel in Deutschland nach wie vor ihren Hauptstandort in den Stadtzentren gesucht, weil die Masse der im Dienstleistungssektor Beschäftigten dort arbeitet und deshalb auch potentieller Käufer ist. Deshalb ist in Deutschland der Anteil des Hauptzentrums (City) am Gesamtumsatz des Einzelhandels noch relativ groß. Das Gleiche gilt für den Anteil an den Beschäftigten.

Allerdings nimmt nach Curdes[182] dieser Anteil mit wachsender Größe der Stadt deutlich ab. Neuerdings wandert der Einzelhandel in steigendem Maß aus den Innenstädten auch in Deutschland ab. Der aus der City abwandernde Teil verlagerte sich in erheblichem Umfang zwar auf die inzwischen allenthalben geplanten und angebotenen Nebenzentren. Leider haben auch bei uns die Einkaufszentren auf der freien Wiese an Boden gewonnen.[183, 184, 185] Besonders gibt die Entwicklung in

---

182 G. Curdes: "Haupt- und Nebenzentren als Konzentrationen der Stadtstruktur", in: Raum und Siedlung, Heft 6, 1968.
183 Siehe hierzu auch Dieter Bökemann: "Verfall und Erneuerung der Stadt", in: Heidenheimer Schriften zur Regionalwissenschaft, Heft 8/,1986.
184 Siehe hierzu auch: Ulrich Hatzfeld: "Einzelhandelsentwicklung und Städtebau - Zwingt der Handel zum Handeln?", in: Informationen zur Raumentwicklung, Heft 5/6, 1988.
185 Helmut Güttler: "Revitalisierung von Innenstädten" - Probleme und Aufgabenfelder", in: Informationen zur Raumentwicklung 1994.

diesem Sektor in den neuen Bundesländern zur Besorgnis im Interesse der dortigen Innenstädte Anlaß.[186, 187]

Innenstadt und Verkehr

Die Folge der Verdichtung der Beschäftigen in der Innenstadt war eine alarmierende Zunahme des Verkehrs. Nicht nur allein die Zunahme der Motorisierung, sondern insbesondere die des Personenkreises, der die Innenstadt anstrebt, führte zu einer explosiven Ausdehnung. Die Zunahme derjenigen Beschäftigten, die eine kontaktgebundene Tätigkeit ausüben, führte weiterhin als Folge direkt zu einer analog wirkenden Zunahme der Besucher der Innenstadt. Hierbei handelte es sich weniger um Berufstätige, deren Zahl in der Innenstadt eher stagniert, sogar zurückgehen wird, sondern um Besucher (Kauflustige, Schaulustige, Vertreter, Geschäftspartner, Akquisiteure, Klienten, Patienten, Behördenbesucher usw.).

Wenn man bedenkt, daß manche Wohnung in Büroflächen umgewandelt wurde und mancher extensiv genutzte Raum stärker ausgenutzt wird, so ist es nicht überraschend, daß in der Innenstadt von Kiel heute etwa 35.000 Beschäftigte (= 26 % aller Beschäftigten) tätig sind. Kiel ist durch den tiefen Einschnitt der Förde in Nord-Südrichtung zweigeteilt. Die Innenstadt liegt auf dem Westufer, von der Fördespitze sich nach Norden erstreckend.

Die stärkere Zunahme der Beschäftigten des tertiären Sektors im Gegensatz zum sekundären Sektor hatte zu einer Sogwirkung der City auf dem Ostufer geführt, von dem aus infolgedessen ein starker innerstädtischer Pendlerstrom nach dem Westufer entstand. Dieser Pendlerstrom hat mit dazu beigetragen, einen besonderen Verkehrsengpaß an der Südspitze der Förde zu erzeugen. Insgesamt befanden sich 1987 auf dem Westufer - südlich des Kanals - rd. 98.000 Beschäftigte, auf dem Ostufer rd. 27.000 Beschäftigte und nördlich des Kanals rd. 7.000 Beschäftigte. Das Übergewicht des Westufers wird darin deutlich.

Viele "Laien" glauben, daß strukturell das Verkehrsaufkommen drastisch vermindert werden könnte, wenn in sehr viel größerem Maß die Wohnungen den Arbeitsplätzen direkt zugeordnet würden; ein gefährlicher Irrtum. Diese immer wieder postulierte Theorie oder auch das Ziel der direkten Nachbarschaft von Wohnung und Arbeitsplatz kann nie funktionieren. In vielen Mehrpersonenhaushalten sind mehrere Personen an verschiedenen Standorten berufstätig. Damit ist eine Bindung der Wohnung an den Arbeitsplatz vielfach illusorisch. Die Tatsache, daß in Kiel 1987 ca. 6 % aller Erwerbstätigen des Westufers, ca. 55 % aller Erwerbstätigen des Ostufers und ca. 58 % aller Erwerbstätigen im Gebiet nördlich des Kanals jeweils nicht in ihren eigenen Stadtgebieten auch arbeiteten, ist ein zusätzliches Indiz zu den rd. 50.000 Einpendlern und rd. 10.000 Auspendlern. Es zeigt sich deutlich die Gegenläufigkeit der Bewegungen.

Die Mobilität in der Arbeitswelt steigt ständig an; der Arbeitsplatz wird immer häufiger gewechselt, die Wohnung nicht so häufig. Hinzu kommt, daß Personen, die aus dem Berufsleben ausscheiden, meistens als Rentner oder Pensionäre in ihrer alten Wohnung bleiben, während ihre Kinder sich neue Wohnungen suchen.

---

186 Siehe hierzu auch: Niels Gormsen: "Die Stadtregion Leipzig als Planungs- und Gestaltungsraum", in: Material zur Angewandten Geographie, Band 22, 1993.
187 Siehe hierzu auch: Ulrich Hatzfeld: "Innenstadt - Handel - Verkehr - Verkehrtes Handeln in ostdeutschen Innenstädten", in: Informationen zur Raumentwicklung, Heft, 3, 1994.

Ältere Menschen sollten auch nicht (womöglich noch als Planungs-"Prinzip") "verpflanzt" werden. Schließlich werden die Wohnungen beim Tod der Bewohner nicht von Personen, die bei gleichen oder benachbarten Firmen beschäftigt sind, neu belegt, sondern von einem Personenkreis mit großer Bandbreite der Herkunft. Bei der Theorie der direkten Nachbarschaft von Wohnung und Arbeitsplatz müßte die Wohnungsfluktuation der Arbeitsplatzfluktuation entsprechen. Eine solche Mobilität besteht nicht und bedarf Voraussetzungen, die bei uns zur Zeit nicht gegeben sind, abgesehen davon, daß es zweifelhaft erscheinen muß, ob sie überhaupt wünschenswert ist. Allerdings muß darauf aufmerksam gemacht werden, daß früher die Umzüge häufiger waren als heute. Bei entsprechendem Wohnungsangebot wird auch diese Mobilität wieder steigen, wenn sie auch in ihrer Auswirkung begrenzt sein wird. Immerhin muß davon ausgegangen werden, daß bis zu 10 % der Bevölkerung einer Stadt pro Jahr umziehen. Schließlich beherbergt heute oft ein Industriebetrieb nur noch einen Bruchteil an Arbeitsplätzen gegenüber früheren Zeiten (Automation). Die ursprünglich zugeordneten Wohnungen wären inzwischen "deplaciert".

Wandel in der Nutzung von Wohnungen

Die Veränderungen von Altersstruktur und Struktur der Personenhaushalte führte im Zusammenhang mit den Wohnungsfinanzierungsbedingungen zu großen Problemen. Altbaukomplexe bleiben im Besitz der älteren oder alten Generation (1-2 Personen), deren Anteil an der Bevölkerung ständig wächst. Die jüngere Generation wird beim Neubau von Wohnungen durch die Finanzierung bevorzugt, so daß in neuen Stadtteilen der Altersaufbau völlig einseitig ist und als Folgeerscheinung wiederum eine Einseitigkeit der Altbaugebiete nach sich zieht.

So hat sich z. B. im Kerngebiet von Kiel auf dem Westufer die Bevölkerung von 1939 bis 1988 von 149.000 auf 73.000 vermindert. Trotz des abgeschlossenen Wiederaufbaus leben in diesem Raum heute 76.000 Einwohner (d. h. 52 %) weniger als vor dem Kriege. Ebenso hat die Bevölkerung im Stadtteil Gaarden auf dem Ostufer in diesem Zeitraum von 40.000 auf 21.000 abgenommen (siehe Grafik 23). Andererseits hat sich zusätzliche Bevölkerung in den Neubaugebieten - Mettenhof, Friedrichsort, Projensdorf/Wik, Suchsdorf, Neumühlen-Dietrichsdorf usw. - angesetzt. Die Verschiebung wird dadurch offensichtlich. Noch deutlicher wird sie, wenn wir uns vor Augen führen, daß die Zahl der Berufseinpendler von 1961 bis 1987 von 23.000 auf rd. 50.000 (!) gestiegen ist.

Immer wieder wurde die Unwirtlichkeit des Lebensumfeldes unserer Städte "bemüht", um die Abwanderung aus den Städten zu erklären. Diese Argumentation ist nur sehr partiell stimmig. Wesentlicherer Faktor ist die Verkleinerung der durchschnittlichen Personenhaushaltsgröße von ca. 3,1 Personen/Haushalt vor dem Krieg auf 2,5 im Jahre 1950 und heute 2,1 in den größeren Städten. Kein anderer Faktor hat so einschneidend zur Dezentralisierung der Wohnbevölkerung beigetragen, kein anderer Faktor zum sprunghaften Anstieg der Pendler geführt. In den oben genannten Kerngebieten Kiels liegt die Personenhaushaltsgröße bei etwa 1,8. Ursache dafür war und ist folgender Prozeß:
- die Menschen werden im Durchschnitt heute älter;
- sie bleiben in der weitaus überwiegenden Zahl im Alter und im Ruhestand in ihrer bisherigen Wohnung;

- die Kinder trennen sich heute in sehr viel jüngerem Alter vom Elternhaus (Berechtigung für eine Sozialwohnung mit Partner - d. h. ohne Ehschein - ab 18 Jahren); da die Eltern in der bisherigen gemeinsamen Wohnung bleiben, ziehen die Kinder zwangsläufig in eine neue Wohnung, und das heißt nach außen (ein ganz normaler Prozeß);
- die Zahl der Ein- und Zwei-Personenhaushalte ist dadurch sprunghaft gestiegen und hat den Durchschnitt stark heruntergeholt;
- die Zahl der Alleinstehenden ("Singles") ist stark angestiegen;
- insgesamt für einen großen Bevölkerungsanteil macht der enorme Wohlstand ein solches Verhalten möglich. Jugendliche haben schon mit 18 Anspruch auf eine Sozialwohnung und werden darin von Eltern und Großeltern unterstützt, können sich also im Durchschnitt sehr viel früher als in zurückliegenden Zeiten eine Wohnung leisten. Alte Menschen können sich ihre bisherige Wohnung weiterhin finanziell leisten, was früher keinesfalls der Fall gewesen ist.

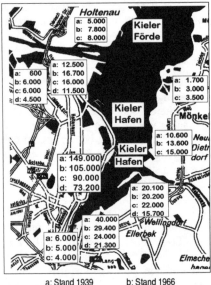

KIEL: Abnahme der Bevölkerung im Kerngebiet der Stadt[188]

a: Stand 1939 b: Stand 1966
c: Stand 1980 d: Stand 1989

Grafik 23

Die ältere Generation beharrt aus ganz natürlichen Gründen auf ihrem alten Wohnsitz, weil sich im Laufe der Jahre eine Verbundenheit mit dem eigenen Stadtteil entwickelt hat, die entgegen häufiger Mutmaßungen durchaus dem Heimatgefühl und der Bodenständigkeit zur Kleinstadt ebenbürtig ist. Das eigene Haus, Kegelklub, Vereine, Stammtisch, Freunde und Bekannte, Nachbarn, Gewohnheiten des Einkaufs u. a. spielen dabei eine herausragende Rolle. Die städtebaulichen Folgen sind z. B. leere Schulen in Altbaugebieten und überfüllte Schulen in Neubaugebieten. Sehr problematisch wird die Situation dann, wenn Schulen im Kerngebiet geschlossen werden müssen, weil kein schulpflichtiger Nachwuchs vorhanden ist, während in den Neubaugebieten ein großer Klassenbedarf entsteht.

Erwähnt werden muß der Vollständigkeit halber, daß die Auflockerung zum sehr geringen Teil auch durch geringere Wohnungsdichte beim Wiederaufbau hervorgerufen wurde; eine Maßnahme, die sozial- und hygienepolitisch gesehen werden muß. Die Wohnungen des Kerngebietes Kiels auf dem Westufer haben sich seit 1939 von 43.573 auf 39.162 vermindert. Die Abnahme der Bevölkerung ist also kaum durch Verminderung der Zahl der Wohnungen, sondern durch Verminderung der Belegung der Wohnungen bedingt. Die Wohnungen haben sich um ca.

---

188 Quelle: Daten des Amtes für Stadtentwicklung, Statistik und Wahlen der Stadt Kiel, 1990.

seit 1939 von 43.573 auf 39.162 vermindert. Die Abnahme der Bevölkerung ist also kaum durch Verminderung der Zahl der Wohnungen, sondern durch Verminderung der Belegung der Wohnungen bedingt. Die Wohnungen haben sich um ca. 10 % vermindert, die Bevölkerung ging jedoch um ca. 50 % zurück. Es zeigt sich weiterhin, daß die "Zerstörung an Wohnsubstanz" nach dem Krieg nicht so groß gewesen ist, wie es hin und wieder dargestellt wird.

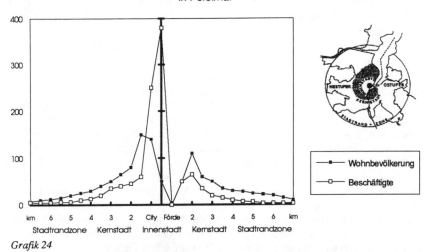

Grafik 24

Diese Verschiebung zeigt, daß die Gemeinden häufig gezwungen sind, Maßnahmen durchzuführen, deren zeitlicher Ablauf strukturell bedingt ist und nicht dem freien politischen Ermessen unterliegt. Damit zeigt sich aber auch, daß die Gemeinden auf zahlreichen Gebieten - neben diesem Beispiel Verkehr, Versorgung, Wohnungsbau etc. - sich gar nicht nach freiem Ermessen antizyklisch verhalten können, wie es immer wieder verlangt wird.[190] Am Beispiel der neuen Städte in England wurde nachgewiesen[191], daß in neuen Städten - analog in Deutschland auch in neuen Stadtteilen[192] - ein Rhythmus eintritt, der mit einer überhöhten Zahl von Schülern beginnt, dann unter den Durchschnitt absinkt, wenn die Kinder der ersten Phase groß geworden sind, die Eltern aber noch dort wohnen. Die normale Entwicklung kann dieses Absinken nicht abfangen, wenn nicht von vornherein ein bestimmter Anteil alter Menschen auch in neue Stadtteile zieht. Dieser Rhythmus scheint sich in Wellen von vierzehnjährigem Abstand zu wiederholen und abzuschwächen, bis er nach rd. 50 Jahren abebbt. In den Altbaugebieten wird sich eine ähnliche, allerdings gegenläufige Entwicklung abzeichnen, wenn sie inzwischen

---

189 Quelle: K. Müller-Ibold: "Flächennutzungsplan Kiel, Teil 1, Stadtentwicklung, 1968", Fn. 158.
190 Vgl. K. Müller-Ibold: "Zur Frage der Wirtschaftlichkeit im Städtebau - unter besonderer Berücksichtigung der Infrastruktur", in: "Theorie und Praxis der Infrastruktur", Hrsg. Jochimsen und Simonis, Berlin 1970.
191 Vgl. Peisert, Fn. 83.
192 K. Müller-Ibold: "Flächennutzungsplan der Stadt Kiel, Teil 1: Stadtentwicklung", Fn. 158.

Außen- und Neubaubezirke beobachtet werden. Umgekehrt fällt das durchschnittliche Lebensalter nach außen hin ab. Es ist jedoch nicht sicher, ob ein Ausgleich durch jüngere Generationen mit Kindern in den Kerngebieten im Laufe der Zeit stattfinden wird.

Zweierlei Entwicklungstendenzen können sich nämlich vollziehen. Entweder können bei wachsendem Anteil an der Bevölkerung wiederum ältere Personen in die leergewordenen Wohnungen der inneren Stadt nachziehen, ohne daß dann ein entsprechender Anteil an Kindern vorhanden ist, oder diese Wohnungen bleiben durch Alleinstehende besetzt. Einem Problem sehen sich wahrscheinlich auch aus diesem Grunde Geschäfte gegenüber, wenn sie in einem Stadtteil eine sehr einseitige Bevölkerungsstruktur zu versorgen haben, da sich dadurch auch einseitige Bedürfnisse ergeben. Öffentliche Einrichtungen wie Kindergärten, Badeanstalten, Bibliotheken sowie Restaurants und Gaststätten dürften die Folgen spüren.

Der öffentliche Personennahverkehr im Zuge des Wandels

Interessant und im höchsten Maße problematisch ist die dargestellte Entwicklung für die Nahverkehrsmittel. Bei einem Gebiet mit beispielsweise 10.000 Altbauwohnungen, das durch Straßenbahn- oder Omnibuslinien erschlossen ist, lebten bei einer Haushaltsgröße von über 3 Einwohnern je Haushalt vor dem Kriege über 30.000 Personen, von denen bei einer Erwerbsquote von 49 % rd. 15.000 Personen erwerbstätig waren. Heute leben in demselben Bereich bei einer Haushaltsgröße von 2,0 Einwohnern je Haushalt nur noch 20.000 Personen, von denen bei einer Erwerbsquote von möglicherweise 44 % in Zukunft nur noch 8.800 Personen erwerbstätig sein würden. Die potentiellen Benutzer der Nahverkehrsmittels vermindern sich also aus strukturellen Gründen bei einer gleichbleibenden Größenordnung von ca. 10.000 Wohnungen von 15.000 auf 8.800 Personen.

Nehmen wir das praktische Beispiel der oben beschriebenen Kernzone auf dem Westufer von Kiel. Dort lebten im Einzugsbereich der Hauptstraßenbahn- und Omnibuslinien vor dem Krieg rd. 149.000 Einwohner mit etwa 73.000 Erwerbspersonen, was rd. 73.000 potentielle Benutzer der Nahverkehrsmittel bedeutet. Heute leben in diesem Bereich nur noch rd. 73.000 Einwohner mit etwa 33.000 Erwerbspersonen bzw. potentiellen Benutzern der Nahverkehrsmittel. Damit ist aus strukturellen Gründen das Potential an Benutzern für Nahverkehrsmittel in diesem Raum schon um rd. 40.000 gesunken; es wird aller Wahrscheinlichkeit nach noch weiter sinken. Aus den gleichen Gründen ist auf dem Ostufer das Potential an Benutzern in Gaarden-Ost von rd. 19.000 auf rd. 9.000 abgesunken.

Das bedeutet allgemein, daß Wohngebiete heute aus strukturellen Gründen weniger als die Hälfte an potentiellen Benutzern der Nahverkehrsmittel beherbergen können als vor 55 Jahren. Dieser Strukturwandel hat stärker zu dem Verlust in der Beförderungsziffer der öffentlichen Nahverkehrsmittel beigetragen als das Umschwenken vom öffentlichen zum individuellen Verkehrsmittel. Anders betrachtet kann man auch feststellen, daß die neuen Nahverkehrslinien, die im Laufe der Jahre in neuen Stadtteilen eingerichtet wurden, per saldo gesehen Personen dienten, die vorher auch schon die Nahverkehrsmittel, jedoch auf den alten Linien, benutzt hatten. D. h. auch, daß bei erheblich verlängertem Trassennetz, größerem Fahrzeugpark, mehr Personal, mehr Treibstoffverbrauch dennoch das Benutzerpotential nicht vergrößert werden konnte, sondern sich, im Gegenteil, noch verkleinerte.

Arbeitsplätze und Pendler
Leider ist mit diesem Veränderungsprozeß ursächlich noch eine Entwicklung verknüpft, die wiederum progressiv wirksam ist. Wir verlangen als Grundwert in der Wohnungspolitik für jeden Haushalt eine Wohnung. Es dürfte einfach zu begreifen sein, daß selbst für eine konstante Bevölkerung bei sinkender durchschnittlicher Haushaltsgröße steigende Wohnungszahlen erforderlich sind.

Nehmen wir als Beispiel ca. 140.000 Arbeitsplätze in Kiel an, dann wäre 1939 etwa eine Mantelbevölkerung von 290.000 Menschen erforderlich gewesen. Damals betrug die durchschnittliche Haushaltsgröße etwas über 3 Personen. Es wären also für die rd. 140.000 Arbeitsplätze mit rd. 290.000 Menschen Mantelbevölkerung rechnerisch rd. 90.000 Wohnungen erforderlich gewesen. Heute liegt in Kiel die durchschittliche Haushaltsgröße bei 2,1 Personen. Das bedeutet für rd. 140.000 Arbeitsplätze mit ca. 300.000 Menschen Mantelbevölkerung einen theoretischen Bedarf von 142.000 Wohnungen. Vorhanden sind ca. 112.000 Wohnungen. Von diesen gehen noch die Wohnungen der Auspendler ab, die nicht der Bedarfsentwicklung von Kieler Arbeitsplätzen dienen. *Ergebnis:* Bedarf insgesamt 142.000 Wohnungen; vorhanden zur Deckung 102.000 Wohnungen; *weiteres Ergebnis:* ca. 50.000 Berufseinpendler, die, siehe Kapitel 2.1, keine "vollgültigen" Bürger der Stadt Kiel mehr sind, da sie keinen Einfluß auf die politischen Verhältnisse haben (siehe Grafik 25).

Man kann diesen Vorgang auch etwas populärwissenschaftlich folgendermaßen darstellen: Vor dem Krieg hat es im Durchschnitt je vertikal zusammenhängender "Großfamiliengeneration" zwei Haushaltungen gegeben. Dadurch, daß heute früher geheiratet wird, die Menschen länger leben und nicht mehr in einem über mehrere Generationen reichenden Haushalt zusammenleben wollen, entsteht ein Bedarf von nahezu 3 Haushaltungen pro Großfamiliengeneration.

Kiel: Berufseinpendler 1989 - Zeitaufwand für den Weg zur Arbeitsstätte[193]

Herkunft	Berufseinpendler insgesamt (o. Sold.)	davon benötigten für den Hinweg .... Min.				
		u. 15	15 - 30	30 - 45	45 - 60	60 u. mehr
Lübeck	417	-	-	-	30	387
Flensburg	245	-	-	-	13	232
Neumünster	2.546	-	182	796	391	177
Kreisfreie Städte zus.	2.208	-	182	796	434	796
Kr. Eckernförde Kr. Rensburg	24.010	2.864	12.134	6.201	1.993	818
Kreis Plön	18.196	1.164	7.366	6.822	2.063	781
Übrige Kreise Schleswig-Holsteins	4.630	-	105	619	1.338	2.568*
Hamburg	501	-	-	-	1	500
Insgesamt	49.545	4.028	19.787	14.438	5.829	5.463
in %	100	8,1	39,9	29,1	11,8	11,1

* Einschl. 46 Pendler aus Niedersachsen

Grafik 25

---

[193] Quelle: Amt für Stadtentwicklung, Statistik und Wahlen der Stadt Kiel, 1990.

Diese Tatsache erklärt, weshalb in den letzten Jahrzehnten in Kiel trotz ganz erheblichen Wohnungsbaues in den 50er, 60er und 70er Jahren die Einwohnerzahl von 273.000 1969 auf 238.000 1987 gesunken ist. Per saldo gerechnet wurden die neuen Wohnungen durch diese innere strukturelle Veränderung im wahrsten Sinne des Wortes mehr als aufgebraucht. Zwangsläufig mußten also die Pendlerzahlen ansteigen, da ausreichender Entwicklungsraum der Stadt (insbesondere durch "Nachlässigkeit" in den 80er Jahren) nicht rechtzeitig zur Verfügung stand. Die Flächen der Ein- und Umgemeindungen der letzten Jahrzehnte wurden nicht genutzt und werden außerem nicht den gesamten Bedarf decken können. Die Zahl der Einpendler stieg von 1950 mit rd. 14.500 bis 1989 auf rund 50.000, erhöhte sich also innerhalb von rund 40 Jahren um das 3,5fache! Die Einpendler haben sich mit ca. 50.000 Wohneinheiten im Umland versorgt, weil sie in Kiel nichts fanden (siehe Grafiken 25 und 26). Es ist entscheidend, daß über 50 % der Einpendler für den Hinweg mehr als eine halbe Stunde benötigten und daß dafür 80 % der Einpendler den eigenen PKW benutzen mußten.

Die hier beschriebene Entwicklung ist nicht atypisch. In anderen Ländern, auch im Ausland wie etwa in der Schweiz, war die Entwicklung ähnlich. Nach Buschor[194] zeigen die Städte Zürich und Basel ähnliche Daten. So nahm beispielsweise in der Agglomeration der Stadt Zürich die Zahl der Arbeitsplätze von 303.000 im Jahr 1970 auf 306.000 im Jahr 1980 zu. Im gleichen Zeitraum nahm die Bevölkerung der Stadt Zürich um 50.000 Einwohner ab, was zu einer Zunahme der Einpendler in die Stadt Zürich von rd. 90.000 auf 130.000 führte.

Kiel: Benutzer der Verkehrsmittel - Berufs- und Ausbildungspendler - [195]
a) Ausbildungspendler - b) Berufseinpendler

	Einpendler insgesamt (ohne Soldaten)	davon benutzten hauptsächlich*					
		Eisenbahn	zu Fuß	Omnibus	Pkw	Fahrrad	Sonstiges
a)	9.779	878	89	3.561	3.839	1.209	203
b)	49.545	2.185	205	6.098	39.656	909	492
% a)	100	9,0	0,9	36,4	39,3	12,4	2,1
% b)	100	4,4	0,4	12,3	80,0	1,8	1,0

* Es war das Verkehrsmittel anzugeben, mit dem die längste Strecke zurückgelegt wird.

Grafik 26

Es hätte anders sein können. In den 70er Jahren waren auf Grund des Stadtentwicklungskonzeptes von Kiel bei der kommunalen Gebietsreform gezielt bestimmte Gemeinden Kiel zugeschlagen worden, die Flächen enthalten, die bei schonender Bauweise 15.000 Wohneinheiten zusätzlich erlaubt hätten. Geschehen ist jedoch nichts. Da die angesprochenen Flächen weit überwiegend aus Äckern und Wiesen bestehen, ist der ökologische Wert nicht sonderlich herausragend. Der ökologische Wert jeder Kleingartensiedlung liegt höher!

---

194 Ernst Buschor: "Funktionswechsel in den Schweizer Agglomerationen", in: DISP Nr. 88, ORL-Institut der ETH Zürich, 1987.
195 Quelle: Amt für Stadtentwicklung, Statistik und Wahlen der Stadt Kiel, 1990.

4.6 Entscheidungs- und Organisationsprozesse als rahmensetzender Faktor

4.6.1 Allgemeines

Stadtentwicklung ist in ein Spannungsfeld gebettet:
- Ein Wesenszug einer Stadt ist ihre geschichtliche Struktur und Gestalt;
- aus sozialer, kultureller und ökonomischer Gesellschaftsentwicklung heraus ist sie andererseits ständig "im Fluß", verändert ihr Gesicht;
- Stadtgeschichte entsteht dadurch laufend neu mit zahlreichen Investitionen in jeder Generation.

In diesem Spannungsfeld kann städtebauliche Entwicklungsplanung weder spektakuläre Projekte noch eine Beharrung in überlieferten Strukturen als politische Regelzielsetzung ernsthaft verfolgen. Das Kontinuum in der Entwicklung ist Grundlage und die Abwägung nach Prioritäten bei Veränderungen Merkmal solider Entscheidungsprozesse in der Stadtentwicklung. An der Nachkriegsentwicklung in der Bundesrepublik wird immer wieder beklagt, daß die Schwerpunkte städtebaulicher Entwicklung zu einseitig ausgerichtet waren. Vier Schwerpunkte lassen sich herauskristallisieren:
- Der Wiederaufbau der Quartiere (ca. 1945-1960).
- Die Stadterweiterung (ca. 1960-1975).
- Die behutsame Reaktivierung rückständiger Quartiere (1975-1990).
- Die "auszuwiegende" Stadtentwicklung (ca. ab 1990).

Dieser Ablauf wird zwar von vielen "beklagt", hat aber eine plausible Sequenz. Zerstörungen des Krieges, Flüchtlingsstrom und Zusammenbruch der Wirtschaft erzeugten nach dem Krieg eine Ausnahmesituation, die Schwerpunkte außergewöhnlicher Art bei abwägender zeitweiliger Vernachlässigung anderer Bereiche verlangte. Eine "ausgewogene" Politik wie sie erwartet wurde, war gar nicht möglich. Kaum hatte sich eine Normalität der Verhältnisse eingestellt, da geschah das kleine Wunder der Vereinigung. Die dadurch ausgelöste enorme Belastung der öffentlichen Kassen hat nunmehr seit 5 Jahren die Kommunen im Westen wieder dazu gezwungen die Prioritäten einseitiger zu setzen. Keineswegs soll davon abgelenkt werden, daß innerhalb dieser Sequenz Fehler bei der Umsetzung gemacht wurden. Es läßt sich darüber streiten, ob die jeweiligen Schwerpunktverlagerungen nicht zu anderer Zeit hätten eingeleitet werden sollen. Auch hat es in der schwierigen Abwägung zwischen Veränderungserfodernis und Erhaltenswürdigkeit Fehler gegeben. Fehler sind nicht zu beschönigen; es sind Lehren daraus abzuleiten. Die Städte haben und hatten sich auch außerordentlich bemüht, Folgerungen zu ziehen, wiederum unter dem Gebot der Abwägung. Die erwähnte gezielte Verschiebung der Schwerpunkte ist z.B. schon an sich ein sehr prägnantes Beispiel dafür.

Anfang der siebziger Jahre zeichnete sich der Beginn einer normalisierten Situation ab. Der Schwerpunkt der dritten Phase ist deshalb schon nicht mehr so dominant, wie die davorliegenden. Wohnungs- und Wirtschaftsneubau im Sinne der Stadterweiterung mußten weiterhin stattfinden - z.T. in kleineren Dimensionen. Die Reaktivierung von Quartieren war also ein Komplementär zur Stadterweiterung und nicht ein allein dominierender neuer Schwerpunkt, wie es fälschlicherweise vielfach gesehen wurde.

4.6.2 Räumliche Planung als kontinuierlicher Korrekturprozeß

Wir sehen schon an der Verlagerung der Schwerpunkte städtebaulicher Entwicklung nach dem Krieg, daß es eingreifende Korrekturvorgänge gibt, die nicht aus fehlerhafter Planung, sondern auf Grund sich verändernder Rahmenbedingungen entstanden sind. Nicht nur die ganz großen Parameter der Schwerpunktverschiebung dieser Art, sondern auch viel kleinere, sogar lediglich jeweils innerhalb einer Stadt sich ergebende Veränderungen der Parameter führen zum Erfordernis ständiger Korrekturen. So war die Entscheidung des Norddeutschen Bundes und später des Bismarck-Reiches, Kiel neben Wilhelmshaven zu einem der Marinestandorte zu machen, ein rahmensetzender Faktor, der die Parameter der Entwicklung dieser Stadt einschneidender Korrekturen unterwarf. Das Kriegsmarineprogramm der deutschen Regierung vor dem 1. Weltkrieg machte dann Kiel obendrein zu einem Zentrum der Schiffbauindustrie. Beide Weltkriege und ihre Folgen haben dann immer wieder als Folge dieser Entscheidungen Korrekturen hin und zurück verursacht, wie wir sie schon zum Teil erörtert haben.

Auch das Beispiel Stadterneuerung mag das Problem der Raumplanung als Kontinuum von Korrekturen umreißen. In weiten Kreisen hatte sich zunächst die Vorstellung eingeschlichen, daß wir erst nach dem Wiederaufbau vor der Aufgabe stünden, unsere Städte zu erneuern. Lange diente dieses Argument sogar als politisches Schlagwort. Die gewaltige Zerstörung unserer Städte und der Wiederaufbau überdeckten die Tatsache, daß die Stadtentwicklung ständig Stadterneuerung und Stadtumbau als Kern enthalten. Das Gesicht unserer Städte hat sich ständig verändert und wird sich weiter verändern. Wir stehen zu jeder Zeit mitten im Stadtumbau und in der Stadterneuerung. Der Krieg hatte lediglich einen Teil der laufenden Aufgabe in brutaler Weise vorweggenommen, indem er auch große Bereiche erneuerungsbedürftiger Stadtteile zerstörte. Diese wurden mit unterschiedlichem Erfolg wiederaufgebaut. Die sich im Wiederaufbau vollziehende Erneuerung und der Umbau werden nicht deutlich. In Skandinavien, England und der Schweiz wurde z. B. in den 60er Jahren weit stärker als in Deutschland das Bild der Städte durch Veränderungen ggf. durch Abbruch und Neuaufbau im Zeichen der Erneuerung und Sanierung bestimmt. Die freien Flächen der großen Zerstörung, die uns weite Dispositionsmöglichkeiten in den 20 Jahren nach dem Krieg brachten, waren etwa ab den 70er Jahren verbraucht. Für neue Ansprüche und neue Aufgaben werden normalerweise bereits bebaute Flächen einer neuen Bestimmung zuzuführen sein. Dabei stellt sich die ernsthafte Frage, ob die Umwandlung der vorhandenen Substanz oder neue Bauten das vernünftigerweise anzustrebende Ziel sein sollte, immer wieder von neuem. Hier wird auch und im anderen Maß deutlich, welchen Wert noch unbebaute Grundstücke für die Planung haben und daß diese nicht unbedingt immer gleich oder in kurzer Zeit einer Nutzung zugeführt werden sollten, sozusagen als gezielte "Baulückenschließung".

Das Thema der Stadterneuerung ist also außerordentlich komplex. Die Allgemeinheit versteht unter Stadterneuerung allzu leicht entweder nur den totalen Abriß und Neuaufbau oder die bauliche Verbesserung überalteter Gebäude bzw. überalterter Wohngebiete und neigt zu der Annahme, mit der Erneuerung dieser Gebäude sei die Aufgabe gelöst. Diese Vorstellung ist gefährlich, wenn sie so zur Grundlage der öffentlichen Städtebauförderung gemacht wird.
Es gibt drei Basisstufen der Erneuerung:

a) die strukturelle Erneuerung,
b) die Flächenerneuerung,
c) die Objekterneuerung.
In allen drei Fällen kann es sich um Abriß und Neubau und/oder Modernisierung handeln. Alle drei Fälle können sich überlagern.

Als Beispiel der strukturellen Erneuerung sind der kontinuierliche Trend zu den Dienstleistungen und die laufenden Veränderungen der Anforderungen (auch den Standort betreffend) an die Produktionsweise in der Güterherstellung zu nennen. Tendenziell dehnen sich demnach die Zentren flächenmäßig aus. Auch die Flächen, die gewerblich genutzt sind, haben sich in den letzten Jahrzehnten vervielfacht (ebenerdige Produktionsweise). Mit diesem Trend haben die Innenstädte, Nebenzentren und neuen Gewerbegebiete eine besondere Bedeutung erhalten; sie wuchsen in ihrer Intensität und in ihrem materiellen Wert.

Für güterproduzierende Betriebe sind in der Innenstadt Möglichkeiten zur Ausdehnung nur noch sehr begrenzt gegeben. Die Verkehrsbedienung wird schlechter, der Grund und Boden extrem teuer. Eine Standortverschlechterung ist die Folge. Diese Betriebe müssen vielfach einen neuen Standort suchen. Der Wechsel eines gewerblichen Betriebes aus der Innenstadt oder der Randlage der Innenstadt an den Stadtrand macht Platz für einen Dienstleistungsbetrieb oder für Wohnungen und ist deshalb, strukturell gesehen, nicht grundsätzlich ungünstig. Eine Verlagerung jedoch ist eine kostspielige Angelegenheit. Die leistungsfähigen Betriebe können es sich erlauben, entweder die kostspieligen Erweiterungen in der Innenstadt in Kauf zu nehmen oder sich auch zu verlagern. Die weniger leistungsfähigen Betriebe können weder das eine noch das andere. Sie versuchen, sich so recht und schlecht unter den gegebenen Bedingungen durchzuschlagen; eine Situation, die weder aus der Sicht des Betriebes noch der Stadt befriedigend sein kann. Eine Prognose durch Extrapolation dieses scheinbaren Trends würde diese Betriebe möglicherweise an ihrem unmittelbaren Standort belassen. Hier muß gerade die Raumplanung mit ihren Maßnahmen diesen Trend durch besondere Zielprojektionen relativieren. Analog dazu entsteht das gleiche Problem für den Wohnungsbau. Wir haben ebenso, durch diese Konfliktsituation hervorgerufen, erlebt, daß Wohnungen in gewerbliche Nutzungen umgewandelt wurden. Diese zweite Konfliktsituation bedarf hier keiner näheren Erläuterung, ihre Folgewirkung und die ergriffenen Maßnahmen sind bekannt. Auch sie sind ein sehr typisches Beispiel kontinuierlicher Korrekturprozesse mit z. T. weitreichenden Folgen.

Gleichzeitig entstehen dadurch neue Probleme sowohl aus der Sicht des Betriebes als auch aus der Sicht der Beschäftigten. So hatte sich als Beispiel ein Betrieb entschieden, eine Stadt zu verlassen und den Produktionsbetrieb dorthin zu verlagern, wo bessere spezifische Produktionsbedingungen vorliegen als die in der Nähe der Innenstadt. Der Betrieb konnte nicht alle seine Beschäftigten mitnehmen. Er hätte sich neue Mitarbeiter am neuen Standort suchen müssen. Was aber geschieht mit Beschäftigten, die am alten Wohnstandort bleiben? Sie werden während einer Hochkonjunktur immer neue Arbeitsplätze finden. Sie werden sich aber zum Teil neu orientieren müssen. Sie verlieren ihre bisherige Beziehung von Wohnung zur Arbeitsstätte. Der Weg zur Arbeit wird anders, die Einkaufsgewohnheiten können sich dadurch verändern, das Verkehrsmittel kann sich verändern u. a.; also eine beachtenswerte strukturelle Auswirkung. Wie stark sich diese Veränderungen auswirken können, zeigt das Beispiel eines Verlages, der in der Zeit der Hochkonjunktur einen Büro- und Verwaltungsstandort an der Stadtgrenze suchte, weil die Ausdehnungschancen in der Innenstadt sehr kostspielig waren. Nachdem der Verlag ein neues Grundstück erworben hatte und Mitarbeitern des Betriebes die Entscheidung bekannt gab, kamen so viele Androhungen von Kündigungen, daß er sich schließlich entscheiden mußte, in der Innenstadt zu bleiben. Die Verkehrsgunst des bisherigen Standortes und Prestige-Gesichtspunkte für den Arbeitsplatz in der Innenstadt gaben den Ausschlag für das Verhalten der Betriebsangehörigen. Der Betrieb blieb in der Innenstadt und versuchte, sich dort zu erweitern. Wie wäre der Verhaltensablauf von Mitarbeitern wie auch vom Betrieb wohl in der Rezessionsphase gewesen? Das Erfordernis war also eine Korrektur der Korrektur.

Diese Entwicklung gerät wiederum in Konflikt mit Stadtteilfunktionen, die für eine ausgeglichene Stadtentwicklung von großer Bedeutung sind; ich meine von Stadtflächen, die mit Altbausubstanz belegt sind und eine zentrale Lage haben. Diese Flächen haben folgende Funktion; sie bieten in Kombination an:
a) Wohnungen und Betriebsflächen, die eine nicht zu hohe Miete fordern,
b) Wohnungen und Betriebsflächen, die zentral gelegen sind.
Die Wohnungen dienen vordringlich derjenigen Bevölkerung, die ein geringes Einkommen hat. Bei der heutigen Mobilität erfüllen solche Wohnungen auch die Aufgabe, für vorübergehende Wohnungsnahme Raum zur Verfügung zu stellen. In der Regel wählen neu hinzukommende Arbeitskräfte erst eine billige zentralgelegene Wohnung, um sich von dort aus zu orientieren. Weiterhin suchen Gastarbeiter billige und zentralgelegene Wohnungen um in der Nähe des Bahnhofs als ihrem Kommunikationszentrum sein zu können.

Alle diese Gruppen sind für eine kontinuierliche Stadtentwicklung von der Funktion her von Bedeutung, eine Erhaltung von Gebieten, die diesen Bedürfnissen Rechnung tragen, ist also wichtig. Dieses Beispiel soll zeigen, wie die Probleme der Stadterneuerung nicht nur durch die reine Frage der technischen Verbesserung von Wohn- oder anderen Gebieten bestimmt werden, sondern wie strukturelle Prioritätsfragen im Vordergrund stehen und bedeutungsvolle Konflikte auslösen können. Dadurch entsteht auch hier ein kontinuierlicher Veränderungsprozeß, der kontinuierliche Korrekturen von Planungen und Maßnahmen nach sich zieht. Schließlich wird gerade durch derlei Strukturen und deren Entwicklungsprozeß die Baulandentwicklung und die Baulandpreisbildung in starkem Umfang und in Wechselwirkung beeinflußt. Darauf wird in einem späteren Kapitel noch näher eingegangen.

Viele Städtebauer meinen, formale Leitbilder aufstellen zu sollen, wie z. B. die gegliederte und aufgelockerte Stadt von Rainer, Göderitz und Hoffmann, die Bandstadt, die Radialstadt u. a.. Der Begriff des Leitbildes ist etwas anderes als der Begriff des Zieles. Das Leitbild versucht, die allgemeine Konkretisierung von gesellschaftlichen Zielen darzustellen, z. B. indem das allgemeine Ziel guter und gesunder Wohnverhältnisse sich im Leitbild bestimmter Wohnformen und Wohnstandorte niederschlägt. In Anbetracht eines Kontinuums von Korrekturen ist die Aufstellung allgemein gültiger und "endgültiger" Leitbilder etwa für alle Großstädte von bestimmter vergleichbarer Größenordnung bedenklich, weil die kontinuierliche Änderung auch kontinuierlich neue Leitbilder hervorrufen muß. Die Zielplanung für einen Raum - Stadt, Region, Agglomeration - kann im Rahmen der Veränderung den Übergang von einem Leitbild auf das andere implizieren. Die unterschiedlichen Funktionen und Strukturen (Industriestadt - Hafenstadt - Dienstleistungsstadt usw. sowie ihre Mischformen oder der Gegensatz Industrie - zu Agrarraum) machen die Formulierung solcher Leitbilder, die für jede Situation passen, bedenklich. Es zeigt sich, daß auch bei Leitbildern laufend Korrekturen erforderlich sein werden, um die Raumordnung koordiniert mit dem Prozeß der Gesellschaftsentwicklung zu bewältigen, und daß diese nur für die jeweilige lokale Situation gelten können. Wir werden später noch sehen, welche Rahmenbedingungen den notwendigen laufenden Korrekturprozeß einengen.

Einige Beispiele mögen die Anforderungen durch Korrekturerfordernisse beschreiben. Besonders interessant ist unter diesen Aspekten wiederum der Altersaufbau der verschiedenen Stadtteile. Sowohl ganz "junge" Stadtteile als auch sehr "alte" Stadtteile zeichnen sich durch Extreme aus, die sich, wie wir schon erörtert haben, auch in extremen Schwankungen im Zeitablauf niederschlagen. So ist der Altersaufbau in jungen Stadtteilen durch große Jahrgangsstärken bei der jüngeren Elterngeneration (Alter etwa zwischen 25 und 35 Jahren) gekennzeichnet. Die im gesamten Ergebnis für eine Stadt starken Jahrgänge im Alter zwischen 55 und 65 Jahren sind hier anteilmäßig schwach vertreten. Sehr junge Elternjahrgänge bedingen eine große Stärke der Kleinkinderjahrgänge. Diese führen zu einem weit über dem Durchschnitt liegenden "Ansturm" auf Kindergärten und Grundschulen. Dieser Ansturm ist periodisch und zeitlich begrenzt, da die Konzentration von bestimmten Elternjahrgängen Schülerjahrgangsphasen nachsichziehen, die sich wie große Sturmflutwellen periodisch über die Schulen ergießen.

Das Bild der älteren Kerngebietsstadtteile bietet hierzu keine unmittelbare Analogie, weil sich dort - bedingt durch das allgemeine Wachsen der Lebenserwartung und damit des steigenden Anteils älterer Personen - nur wenige junge Elternjahrgänge niederlassen. Dennoch sind interessanterweise die Jahrgänge zwischen 19 und 32 Jahren in älteren Stadtgebieten durchaus stark vertreten. Wegen des Fehlens analoger Kinderjahrgänge folgt hier jedoch keine Welle, es läßt sich vermuten, daß es sich zum großen Teil um ledige Untermieter oder Wohnungsbesitzer handelt. Darüber hinaus kann noch erwartet werden, daß die Schülerzahlen sich insgesamt in starken spezifischen periodischen Wellen vollziehen, die durch besondere Einwirkungen ausgelöst sind, wie zum Beispiel den beiden Kriegen.

Die hohe Diskrepanz in der Zahl der Schulanfänger in verschiedenen Stadtteilen hat jeweils zu starker Überbelegung bzw. Unterbelegung z.B. von Schulen geführt. Allgemein bekannt ist die Überbelegung von Schulen in bestimmten Stadtteilen. Weniger bekannt ist die starke Unterbelegung von Schulen in anderen Stadtteilen. In solchen Zonen sind in den letzten Jahren aus Mangel an schulpflichtigen Kindern oft mehrere Schulen zusammengelegt und Schulgebäude ihrer ursprünglichen Nutzung entzogen worden. Bei dem hohen Investitionsbedarf wird man sich halb oder sogar ganz leerstehende Schulen in den Kernzonen kaum mehr leisten können und ebensowenig Schulen, die zeitweilig total überlaufen und zeitweilig ebenfalls halb leerstehen, in anderen Stadtteilen. Die Standort- und Einzugsbereichsplanung von Schulen ist jedoch mit dem soeben dargestellten Effekt bisher relativ statisch betrieben worden. So wurden die Grundschulen etwa in das Zentrum des jeweiligen Einzugsbereichs gelegt, wobei der Einzugsbereich als eine relativ feste Größe angesehen wurde. Die Folge ist der Zwang, entweder Kinder in weit abgelegene Schulen zu senden (Schulbusse) oder die Schulen periodisch um mobile provisorische Klassen zu erweitern. Mobile oder provisorische Klassen sind teuer. Feststehende provisorische Klassen müßten im Rahmen des relativ schnellen Wandels etwa nach 14 Jahren "abgeschrieben" sein, weil sich Minima und Maxima der Schülerzahlen in diesem Rhythmus ergeben. Das Beispiel des Stadtteils Suchsdorf in Kiel zeigt - als extremer Fall -, daß im Jahr 1974 für den bis 1967 fertiggestellten Abschnitt ein erstes Maximum mit ca. 850 Schülern zu erwarten war und 1988 (14 Jahre später) ein erstes Minimum mit nur ca. 400 Schülern. Die auf die Dauer zu erwartende mittlere Schülerzahl wurde demnach auf 600-650 geschätzt (siehe Grafik 27).

Mobile Klassen müßten also im Rhythmus von ca. 15 Jahren versetzt werden. Feste Provisorien würden etwa 15 Jahre benötigt, in den darauffolgenden 15 Jahren unbenutzt bleiben, d.h. brachliegende Investitionen darstellen. Das heißt aber, daß ihre Konstruktion und ihre Ausstattung im Idealfall so billig sein müßten, daß die Kosten nach 15 Jahren nicht mehr ins Gewicht fallen. Eine solche Forderung ist allein aus den technisch-physischen Ansprüchen (Wärmeisolierung, Schallisolierung u.a.) nicht zu erfüllen. Mobile Klassen andererseits weisen zwei negative Merkmale auf, die sich in Kosten niederschlagen. Zunächst sind die festen Anlagen, wie beispielsweise Fundamente und Anschlüsse an das Versorgungsnetz, voll verloren. Sie sind in der Regel nicht versetzbar; sie sind nach einem geringen Zeitraum auch nicht wieder verwendbar. Der Oberbau erlebt einen sehr hohen Verschleiß bei Abbau und Wiederaufbau. Soll der Verschleiß gering sein, so ist die Konstruktion extrem teuer. Für beide Fälle - provisorische Klassenerweiterung und Erweiterung durch mobile Klassen - gilt, daß die Grundausstattung der Schule von vornherein implizieren muß, daß Versorgungsanlagen, wie Heizung und sonstige Anschlüsse, für die zwischenzeitliche periodische Erweiterung entsprechende Kapazitäten vorhalten müssen. Dies bedingt von vornherein eine Unwirtschaftlichkeit dieser Anlagen, und zwar sowohl in der Investition als auch im Betrieb, weil damit die optimale Dimensionierung (beispielsweise des Heizkessels oder des Umformers - und damit seiner Investitions- und Betriebskosten - in bezug auf die Umwandlung von Heizmaterial in Wärmeeinheiten) nicht mehr erreicht werden kann. Die sehr teuren Grundausstattungen an Sonderräumen müssen zumindest annähernd der Maximalkapazität durch provisorische Erweiterung gerecht werden können. Daß dennoch in zahlreichen Fällen in den letzten Jahren Erweiterungen durch Provisorien und mobile Klassen vorgenommen wurden, liegt daran, daß zunächst eine Alternative nicht angeboten werden konnte.

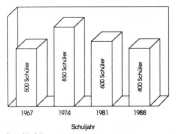

Grafik 27

Diese Forderungen sind bislang in der Planungskonzeption nicht erreicht, im Gegenteil, die Verhältnisse in den Schulen zeugen davon, daß das Problem bestenfalls oberflächlich bekannt ist. Die Forderungen lassen sich solange nicht erfüllen, als Standort und Einzugsbereich einer Schule statisch gesehen werden, denn entweder ist dann periodisch oder sporadisch die Schule überfüllt und damit das Lehrangebot qualitativ und quantitativ vermindert, oder die Schüler müssen sehr weite Wege

---

196 Quelle: Amt für Stadtentwicklung, Statistik und Wahlen der Stadt Kiel, 1990.

zurücklegen, was ihre Leistungsfähigkeit wiederum einschränkt. In beiden Fällen ist das bildungspolitische Ziel nicht erreicht; sind die Schulen unterbelegt oder müssen auf der anderen Seite mobile Klassen sporadisch oder periodisch an eine Schule gesetzt werden, ist unmittelbar die Wirtschaftlichkeit nicht gewährleistet und mittelbar (wegen der hohen Investitionen) das bildungspolitische Ziel nicht erreicht, weil dann an anderer Stelle Mittel fehlen.

Ein Modellfall läge darin, daß im Gebiet eines Stadtteils mehrere Schulen liegen, d.h. daß ein Stadtteil schon in der Gesamtplanung Dimensionen erfährt, die das Aufkommen für mehrere Schulen gewährleisten (Mindestgröße). Diese Schulen sollten innerhalb des Regeleinzugsbereichs exzentrisch einander stärker zugeordnet werden. Dadurch kann ein Ausgleich zwischen den jeweiligen Schulen erfolgen, je nachdem, welche Schule überbelegt bzw. unterbelegt ist, ohne daß besondere bauliche Maßnahmen ergriffen werden und ohne daß für den größten Teil der Schüler motorisierte Verkehrsmittel eingesetzt werden müssen. Dies impliziert jedoch, daß mindestens die Einzugsbereiche von drei Volks- oder Grundschulen zu einem Stadtteil zusammengefaßt werden. Die Mindestzahl ergibt sich daraus, daß der Ausgleich zwischen nur zwei Schulen bei den hohen Schwankungen, die beobachtet werden können, nicht ausreicht. Andererseits kann die Steuerung des Ausgleichs zusätzlich durch systematische Phasen im Aufbau dieser Stadtteile erfolgen, da im Phasenablauf der Schülerzahlen gewisse Regelmäßigkeiten beobachtet werden können. Eine solche Planung impliziert aber auch, daß nach Festlegung des Standortes und der Größe einer Schule laufend geplante Veränderungen der Schülereinzugsbereiche vorgenommen werden.

In der letzten Zeit sind nunmehr völlig neue Schulsysteme in der Entwicklung begriffen: die Ganztagsschule und die Gesamtschule, die beide erhebliche Einflüsse auf die Standortwahl ausüben. Vielfach stehen sie in einem konträren Anspruch zu den Standorten des bisherigen Schulsystems. Hier zeigt sich, daß neue, von der Stadt- oder Raumplanung her gesehen exogene Faktoren die Standortplanung nicht nur stark beeinflussen, sondern sogar vor eine völlig neue Situation stellen. Im Rückkopplungseffekt müssen neue Überlegungen für den gesamten Schulkomplex angestellt werden. Von der Stadtplanung aus betrachtet ist deshalb das Beibehalten verschiedener Systeme besonders ungünstig.

Der Standort einer Gesamtschule als durchgehendes Schulsystem wirft andere Anforderungen auf als der einer Grundschule; allein schon der Einzugsbereich ist erheblich größer und wird dem der traditionellen Mittel- und Realschule bzw. dem des Gymnasiums gleichkommen oder ihn übertreffen. Da jedoch in den vorhandenen Schulen, insbesondere durch die starke Neubautätigkeit nach dem Kriege, erhebliche Investitionsmittel stecken, die unter keinen Umständen endgültig schon abgeschrieben werden dürfen, werden Entscheidungen darüber zu fällen sein, unter welchen Aspekten und mit welchen Voraussetzungen die Schulbauplanung nunmehr zu erfolgen hat.

Dieses Beispiel dürfte zeigen, daß der Prozeß der kontinuierlichen Korrekturen sich nicht nur auf das Planungsziel oder die Verfahren bezieht, sondern schon auf die Basisdaten als Ausgangslage für die Planung. Hier war eine der Basisdaten für die Ausgangsplanung das herrschende Schulsystem, das nunmehr durch ein neues Schulsystem mit weitreichenden Folgen für die Planung des Standorts und des Einzugsbereichs ersetzt wird. Dadurch werden in einem Relativierungsprozeß auch alle anderen Daten eine neue Gewichtung bekommen müssen. So wird beispielsweise die Wertung der zumutbaren Weglänge neu vorzunehmen sein. Nur unter Einfügung einer Reihe solcher Wertungskriterien und ihrer Definition wird es möglich sein, Investitionen danach zu beurteilen, ob sie richtig oder falsch eingesetzt worden sind.

In der Beurteilung von Investitionsmaßnahmen wird deshalb eine sehr komplexe multiple Regression der Determinanten mit vielen Variablen erforderlich. Im Ganzen zeigt sich, daß ein Kontinuum von Korrekturen nicht nur für die Planung, sondern auch für die Investitionsrechnung erforderlich ist.

Räumliche Planung ist also geprägt durch den Anspruch auf ständig vorzunehmende Korrekturen. Die Veränderungen sind von Stadtteil zu Stadtteil sehr verschieden. Daraus folgt, daß bei größeren Städten kontinuierlich auch eine stadtteilorientierte und stadtteilspezifische Planung (einschließlich ihres Entscheidungsprozesses wie auch Vollzugs) erforderlich ist.

4.6.3 Räumliche Planung als Auflösung komplexer Probleme in einzelne Entscheidungsschritte

Planung in einer Hand?
Wichtig ist die Beantwortung der Frage, ob die für Einzelbauwerke herrschende Theorie, daß notwendigerweise Planung, Entwurf und Ausführung in eine Hand gehören, auch bei der Raumplanung anwendbar ist. Insbesondere an einem bestimmten Thema städtebaulicher Planung - nämlich der Kompensation besonders hoher Dichten durch besondere städtebauliche Leistung - zeigt sich die Schwäche dieser Theorie für den städtebaulichen Bereich. So gestattet zum Beispiel die Baunutzungsverordnung bei Wohngebieten eine Geschoßflächenzahl auch über 1.2, wenn besondere städtebaulich Leistungen, Attribute, Kompensationen geboten werden. Es wird dabei nicht präzis gesagt, worin diese Kompensationen bestehen sollen. In der Regel entsteht ein Bebauungsplan lange vor der eigentlichen Durchführung. Häufig wechselt der Grundeigentümer gerade in der Phase der Aufstellung eines solchen Planes. Die sogenannten "besonderen städtebaulichen Leistungen" - in der Regel zusätzliche Anlagen für die Bewohner - sind normalerweise vom Bauherrn zu erbringen. Den Bebauungsplan stellt jedoch die Gemeinde auf. Wenn also z. B. die zulässige Geschoßflächenzahl überschritten wird, dann geschieht das offensichtlich mit dem Vorgriff auf die Entscheidung des schließlich baudurchführenden Bauträgers.

Schon bei diesem Beispiel sind mindestens zwei Entscheidungsebenen beteiligt, die nicht ohne weiteres gezwungen werden können, die Zielvorstellung der jeweils anderen zu übernehmen. So zieht sich dann durch alle Städte - hier stärker, dort schwächer - der Wunschtraum einiger Kommunalpolitiker, Architekten und Städtebauer, bei extrem hoher Dichte durch Kompensationen besonderer Qualität eine hohe städtebauliche Leistung vollbringen zu können. Die traurige Wirklichkeit sieht jedoch anders aus. Vielfach wird die extrem hohe Dichte durch besondere Standortvorteile gekennzeichnet - wie etwa Schnellbahnstationen oder innerstädtische Situationen -, die einen besonders hohen Grundstückspreis erzeugen, der noch einmal durch die daraufhin hoch angesetzte Dichte erhöht wird. Wiederum erzeugt die extrem hohe Dichte sehr hohe Erschließungskosten, wie etwa für den ruhenden Verkehr teure unterirdische Einstellplätze usw.

Damit zeigt sich, daß der Kompensationsgedanke von zwei alternativen Irrtümern beherrscht wird, nämlich daß
- die hohe Dichte Finanzierungsspielräume für die besonderen Qualitätskompensationen auslöse und
- der Bauträger in der Lage sei, solche Kompensationen vorzunehmen.

Beides ist für gewöhnlich falsch; das beweisen die vielen Beispiele negativer Endergebnisse. In der Regel sind z.B. weder qualitativ hochwertige Terrassenhäuser noch ungewöhnliche Sozialeinrichtungen in solchen Fällen entstanden.

An dieser Stelle erscheint es erforderlich, eine Prämisse allen staatlichen und kommunalen Handelns zu nennen, die immer wieder übersehen wird. Diese lautet, daß in der institutionalisierten Stadt- und Raumplanung in der Bundesrepublik Deutschland - aus verfassungsmäßigen wie aus kapazitativen Gründen - ein Flächennutzungsplan und Bebauungspläne lediglich stadtplanerische oder städtebauliche Rahmen setzen können für die Entscheidungen und Handlungen einer Mehrzahl von Einzelpersonen, Gruppen und Institutionen. Dies bedeutet wiederum, daß z. B. ein Bebauungsplan nicht die Qualität der Einzelbauwerke in ihm definieren kann. Eine größere Zahl von Architekten, Städtebauern und auch Kommunalpolitikern geht jedoch von der Fiktion aus, daß die Bebauungsplanung die Qualität der Einzelbauwerke festlegen könne. Die wahrscheinlich im Unterbewußtsein vieler freiberuflicher Architekten durchaus existierende Erkenntnis der Fiktion führt zu einer interessanten, immer wieder zu beobachtenden Schizophrenie des Verhaltens. Wenn ein freiberuflicher Architekt und Städtebauer über einen Auftrag der öffentlichen Hand - häufig durch einen Preis im Wettbewerb - den Entwurf zu einem Bebauungsplan aufstellen soll, verlangt er häufig auch die "künstlerische Oberleitung" über die im Nachhinein zu erstellenden privaten Einzelbauten. Der gleiche Architekt wehrt sich jedoch vehement bei einem anderen Bebauungsplan gegen die Einflußnahme eines mit der Oberleitung betrauten Architekten, wenn er selbst dort nicht die künstlerische Oberleitung hat, jedoch ausführender Architekt eines privaten Bauherrn für ein Einzelobjekt in diesem Gebiet ist. In dem einen Fall plädiert er für die sogenannte durchgehende Gestaltung einer Idee bis in das Detail, im anderen Fall für die Vielfalt der Einzelideen im Rahmen eines übergeordneten Rahmens.

An diesem kleinen exemplarischen Exkurs zeigt sich, daß der Städtebauer in einer permanenten Konfliktsituation lebt. Prinzipiell wird er immer davon ausgehen müssen, daß in der städtebaulichen Entwicklung insgesamt - also von der Planung bis zur konkreten Ausführung - stets mindestens zwei, in der Regel mehrere Entscheidungsschichten bestehen, die aufeinander nur begrenzt Einfluß nehmen können und im Regelfall auch nur wollen. Diese Erkenntnis sollte dazu führen, daß für die jeweilige Entscheidungs- und Kompetenzschicht nicht irreale Erwartungen aufgebaut werden, die - nach Fertigstellung einer Siedlung - den berühmten Kater nach sich ziehen. Daraus ergibt sich dann die weitere Erkenntnis, daß in der jeweiligen Entscheidungs- und Kompetenzschicht nur die für die jeweilige Stufe notwendigen und durchführbaren Entscheidungen getroffen werden sollten.

Das Fazit daraus liegt auf der Hand. Im normalen Planungsprozeß gibt es mehrere, zum Teil voneinander abhängige, zum Teil aber auch unabhängige Entscheidungsschichten, die es zu beachten gilt. Natürlich gibt es Ausnahmefälle, auf die der Ordnung halber kurz eingegangen werden soll. So hat zu allen Zeiten eine glückliche Kumulation von Einzelfaktoren zu hervorragenden Ergebnissen der durchgängigen, in einer Hand befindlichen Planung geführt. Ein hervorragender Städtebauer mit einem verantwortungsbewußten Bauträger hoher Qualifikation und die Konzentration der Grundstücke bei einem Eigentümer (z. B. der Kommune selbst) konnten glänzende Ergebnisse vorweisen, wie etwa die Schumacher-Siedlungen in Hamburg, die Siedlungen Ernst Mays in Frankfurt, die Weißenhof-Siedlung in Stuttgart usw. Dennoch bleiben solche Leistungen eine beispielhafte Ausnahme, weil sie eben in ihren Voraussetzungen eine Ausnahme bildeten.

Es wäre daher eine gefährliche Politik, wollte man sich auf solche Ausnahmesituationen im normalen städtebaulichen Planungsprozeß verlassen. Die jeweilige Enttäuschung wäre - und war auch in den zurückliegenden Jahrzehnten - zu groß. Deshalb müssen wir uns mit den Grenzen der verschiedenen Entscheidungs- und Kompetenzschichten auseinandersetzen, um zu einer soliden Städtebaupolitik zu kommen - unter Vermeidung von Fiktionen und Illusionen.

Planungsstufen

Geht man davon aus, daß räumliche Planung auch ihre Durchführung impliziert, dann schließt dies ein, daß sie im Zuge ihrer Schritte am Ende auf sehr konkrete Aktionen zielt. Je konkretisierter diese Aktion ist, desto geschlossener müssen die Pläne dazu sein. Der schon erörterte Konflikt zwischen verlangter Offenheit und notwendiger Geschlossenheit von Plänen in Bezug auf die Durchführung läßt deutlich werden, daß Planung im Sinne eines "totalen Planens" für das gesellschaftliche Gesamtgefüge, das sich von der nationalen Dimension über regionale Planungszusammenhänge bis zum Detail oder von sozio-ökonomischen Begriffen bis zu technischen Begriffen voll integriert und sozusagen stufenlos erstreckt, unmöglich ist.

Zu einer solchen voll integrierten und stufenlosen Gesamt- oder Totalplanung (Planung in einer Hand) sind weder die Planenden selbst noch die planenden Institutionen oder die Wissenschaft in der Lage. Auch existieren hierfür keine ausreichenden Mittel und Instrumentarien. Es bleibt auch äußerst fraglich, ob nicht die räumliche Planung dadurch der allgemeinen differenzierten politischen Entscheidung und Kontrolle entglitte, da hierzu eine einzige oder nur sehr wenige Entscheidungsinstanzen (Parlament, Rat) erforderlich wären - diese aber unfähig wären, beispielsweise über Teilplanungen im Mainzer und im Kieler Raum gleichermaßen Entscheidung und Kontrolle auszuüben. Solche Gremien wären allein schon quantitativ überfordert. Dieses besondere Spannungsverhältnis zwischen partikularer und ganzheitlicher Planung im Rahmen der Raumplanung erzeugt besondere Probleme, die in der Systemtheorie bislang kaum diskutiert, geschweige denn gelöst sind.[197] Das Problem taucht insbesondere bei zentralistisch strukturierten Staaten auf.

Das Problem besteht bei uns jedoch permanent darin, wie wir in plausibler Form einen kontinuierlichen Prozeß in einzelne Planungs- und damit auch Entscheidungsstufen auflösen können. Schließlich wird man hierzu bemerken müssen, daß Vorstellungen zu Gesamtplanungskonzepten schon verfassungsrechtliche Bedenken entgegenstünden. Hier soll und kann nur der Hinweis auf differenzierte Pla-

---

[197] Siehe hierzu auch: Klaus Müller-Ibold: "Planung im Spannungsfeld partikularer und ganzheitlicher Entscheidungen", Festvortrag aus Anlaß der Verleihung d. Ernst-Plett-Preises des Jahres 1971, Festschrift Neue Heimat, Hamburg 1971.

nungsstufen und die politische Dimension der Raumplanung genügen (siehe Grafik 28). Notwendig erscheint mir deshalb der Hinweis auf die politische Struktur unseres Staates nach verfassungsmäßigen Vorgaben. Danach gibt es die drei politisch weitgehend selbständigen Entscheidungsstufen: Bund, Länder und Gemeinden. Sie bestimmen in eigener Kompetenz eine Vielzahl raumwirksamer Entscheidungen. Zwangsläufig bestimmt also diese politische Struktur sehr stark die vertikalen Entscheidungsabläufe in der Raumplanung. In diesem Zusammenhang werden wir auch von Teilprogrammen sprechen müssen, die sich laufend innerhalb bestimmter Rahmen vollziehen; so z. B. die genauere Strukturierung einer Region innerhalb der Ziele der Landesplanung oder eines Stadtteiles innerhalb des Flächennutzungsplans einer Stadt. Dabei ist nicht auszuschließen, daß die Erkenntnisse bei der jeweils detaillierteren und kleinteiligeren Planungsstufe Auswirkungen auf die jeweils globalere und großflächigere Planungsstufe auslösen und umgekehrt. Einen solchen Vorgang nennen wir das "Gegenstromprinzip".

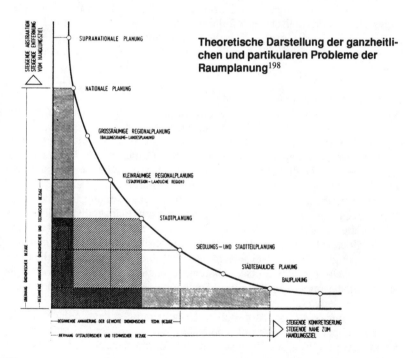

Grafik 28

Planung besteht außerdem - sofern wir die Auflösung in einzelne Entscheidungsschritte akzeptieren - aus einer komplexen Kombination von Maßnahmeentscheidungen, die nach jeweiliger Ausführung eine neue Ausgangsposition erzeugen. Die Aufgabe ist also ein Kontinuum oder eine Kombination von Maßnahmen, die die jeweilige Situation und ihren Trend in jenen Zustand überführen sollen, der mit

---

198 Quelle: K. Müller-Ibold: "Zur Frage der Wirtschaftlichkeit im Städtebau", Fn. 190.

dem Ziel einigermaßen vergleichbar ist. Eine solche Transformation kann bei einfachen Objekten in einem Schritt vollzogen werden. Im Rahmen komplexer Stadtplanung erhält jedoch eine solche Maßnahmenkette einen beträchtlichen Umfang, zumal wenn erhebliche Untersuchungen vorausgehen sollen. Meistens benutzt man dabei Suchabkürzungsregeln, um in einer raschen Annäherung, ohne erschöpfende Suche, an die Lösung eines Problems heran zu kommen. Dieser Prozeß ist ein Wechselspiel von zwei gegenläufigen Aktivitäten; die eine erzeugt Variabilität, in der hypothetisch mehrere Handlungsmöglichkeiten aufgetan werden, die andere soll diese analysieren und eliminieren, bis zwei oder drei brauchbare Alternativen übrigbleiben. Der Planungsprozeß ist also ein Wechselspiel zwischen der Erzeugung von Alternativen einerseits und ihrer nachfolgenden Einschränkung andererseits. Ist nach diesem Prozeß die Entscheidung für eine Alternative gefallen, so erzeugt diese eine neue Situation, die wiederum neue Folgewirkungen auslöst. Exogene Faktoren können diesen Prozeß darüber hinaus stark beeinflussen, wie es z. B. die Erfindung des Autos beim Verkehr getan hat. Der Prozeß des Wechselspiels zwischen Erzeugung und nachfolgender Einschränkung von Alternativen muß sich also theoretisch ad infinitum wiederholen. Aufbauend auf dem jeweilig davorliegenden Erkenntnis-, Entscheidungs- und Investitionsstand wird also der Planer in einen kontinuierlichen Prozeß jeweils neuer Entscheidungsstufen eingespannt.

Grenzen der Entscheidungsebenen
Wenn man sich die Frage stellt, wie in dieser Situation Verfahren zu entwickeln seien, stellt sich unwillkürlich die Zusatzfrage, wer, zu welchem Zeitpunkt über was entscheidet. Sowohl die öffentliche Hand als auch die privaten Bauträger treffen erste Entscheidungen durch vorsorglichen Grunderwerb. In dieser Phase werden solche Entscheidungen noch nicht bekannt, weil jeder sich hütet, dem anderen oder Dritten Anhaltspunkte für spekulatives Verhalten zu geben.

Formal trifft die öffentliche Hand die erste Entscheidung im Flächennutzungsplan der Gemeinde, in der zunächst vorsorglich Flächendispositionen getroffen werden, die für alle Beteiligten Entscheidungsschritte nach sich ziehen. So müssen alle Fachbehörden für ihre Planung die Dispositionen des Flächennutzungsplans berücksichtigen. Hierbei sei angemerkt, daß auch ein *Nicht*handeln auf privater Seite durchaus bewußte Entscheidungen implizieren kann. Daß solche Entscheidungen (insbesondere auch die des Nichthandelns) im Rahmen indikativer Planung von großer Bedeutung sind, liegt auf der Hand.

Der Zeitpunkt der hier dargestellten Entscheidungen liegt in der Regel Jahre vor der tatsächlichen Durchführung von Baumaßnahmen. Der Zeitraum ist länger, als der in der mittelfristigen Finanz- und Investitionsplanung der öffentlichen Hand und der konkreten Handlungsdispositionen in der privaten Wirtschaft oder bei anderen Institutionen. In der heutigen schnellebigen Zeit sind damit erhebliche Risiken für alle Beteiligten verbunden. Weder die Beteiligten der öffentlichen Hände noch die Privaten können im Augenblick solcher Entscheidungen übersehen, welche Finanzsituation zur Zeit der Durchführung bestehen wird, wie die Steuer- bzw. Zinspolitik sein und wie der Bedarf aussehen wird. Es können also weder die private Wohnungsbaugesellschaft, noch das Wohnungsamt, noch die Wohnungsbaukreditanstalt oder ein Stadtplanungsamt zum Zeitpunkt einer Flächennutzungsplandisposition zu einem Wohnsiedlungsgebiet Aussagen machen über die künftige Sozialstruktur des Gebiets, die Wohnungsstruktur, Mietstruktur u. a. Demzufolge können die Annahmen z. B. zur sozialen Infrastrukturausstattung nur sehr global sein. Die notwendigen Aussagen dazu lassen sich nur schrittweise bei der Annäherung an den Zeitpunkt der Durchführung verdichten. Daraus folgt, daß die Abfolge der Planung von der Entscheidungsreife zu einzelnen Fragen bestimmt wird.

Nun könnte eingewendet werden, daß es Sache der öffentlichen Hände sei, den gesamten Zeitablauf so zu konzentrieren, daß alle Beteiligten in der Lage sind, möglichst in wenigen komplexen Entscheidungsschritten eine weitestgehend "integrierte" Planung zu erreichen. Wenn auch diese Maxime richtig ist, gilt es dennoch zu erkennen, daß die Anforderungen an die möglichst weitgehende Beteiligung aller Betroffenen Verfahrensschritte und Handlungsprozesse auslösen, die in steigendem Maße Zeit kosten. Daraus läßt sich ableiten, daß heutzutage die räumliche Planung in immer zahlreichere einzelne Handlungs- und Entscheidungsschritte aufgelöst werden muß, um einerseits überhaupt noch Entscheidungen zu ermöglichen und anderseits zu vermeiden, daß unveränderbare Präjudizien zu früh geschaffen werden, die erhebliche negative Auswirkungen für die endgültige Durchführung haben können.

Diese Entwicklung mag aus der Sicht aller Beteiligten, insbesondere der Stadtplaner, bedauerlich sein. Wir werden uns jedoch darauf einstellen müssen, daß ein Ignorieren dieses Sachverhalts negative Folgen nach sich zieht. Für die formelle Stadtplanung bedeutet dies, in jedem Einzelschritt danach zu trachten, so viel Freiheit für die nachfolgenden Planungsschritte und -entscheidungen wie nur irgend möglich zu eröffnen. Bei der Bebauungsplanung kann ein solches Verhalten z. B. dazu führen, daß zwar für bestimmte dominierende Festpunkte detaillierte Gestaltungsvorschriften erlassen werden, daß die übrigen Bereiche lediglich in der Bebauungsdiche und maximalen Geschoßhöhe festgelegt werden, die dann folgende Einzelgestaltung dem jeweiligen Bauherrn und Architekten überlassen wird, natürlich im Rahmen des Bebauungsplans.

Planung als Summe von Einzelentscheidungen?
Das Problem der Auflösung des Planungsprozesses in einzelne Entscheidungsschritte liegt darin, daß mit fortschreitender Durcharbeitung von Projekten häufig Erkenntnisse gewonnen werden, die eine Modifikation der jeweils vorangegangenen Entscheidungen erforderlich machen. Deshalb erhält die Rückkoppelung zwischen den Entscheidungsstufen erhebliche Bedeutung. Wie sich diese Einzelschritte der Entscheidung darstellen könnten und wie die Rückkoppelung sich vollzieht und auswirkt, will ich an einem theoretischen Planungsprozeß darstellen.

Wir müssen uns dazu einen sehr großen neu zu planenden Stadtteil vorstellen. In dem hier anstehenden Fall macht die Größe der zu beplanenden Zone einen mehrschichtigen Planungsprozeß erforderlich. Über die Trasse und die Dimension des Abwassersammlers, der auch einen anderen Stadtteil an das Gesamtentwässerungssystem anschließen soll, muß z. B. ebenso wie für die äußeren Haupterschließungsstraßen eine frühzeitige Entscheidung fallen wegen der notwendigerweise langen Vorlaufzeiten.

Dies bedeutet, daß ein Rahmenplan im Maßstab von 1:5000 ausgearbeitet werden muß. Dieser Plan stellt ein Stufe zwischen Flächennutzungsplan und Bebauungsplan dar. Es ist hier nicht die Stelle, das dazu erforderliche Verfahren im einzelnen zu erläutern. Wichtig ist jedoch darzustellen, daß zur Ausarbeitung des Plans ein vorläufiges Programm mit vorläufigen Vorgaben notwendig ist. Diese Vorgaben müssen während und nach Auswertung der Ergebnisse des Planverfahrens in mehreren Punkten - einschließlich solcher von politischer Bedeutung - geändert werden können. In diesem Rahmen sollten also nur die wirklich notwendigen Festlegungen getroffen werden, um die Spielräume für nachfolgende Schritte weitestgehend offen zu halten. In der darauffolgenden Phase des Bebauungsplans muß ähnlich verfahren, wiederum so wenig wie möglich festgelegt werden. Das Konzept geht hierbei davon aus, daß nicht jedes Detail festgeschrieben werden sollte, sondern für den einzelnen Bauherrn und Architekten Freiräume offen bleiben. Hierbei wird es wiederum einige Rückkopplungen geben, die zu Progammänderungen führen.

An einem Detailpunkt läßt sich die Bedeutung der Auflösung des Prozesses in einzelne Entscheidungsschritte noch schärfer darstellen. Das Verfahren zum Bebauungsplan für eine erste Realisierungsstufe eines im übrigen größeren Gebietes muß oft zweistufig durchgeführt werden. Zunächst wird z. B. ein offener Wettbewerb ausgeschrieben, um eine begrenzte Zahl von Teilnehmern für die zweite Stufe - ein Gutachterverfahren - zu ermitteln. Das Ergebnis des Wettbewerbes zeigt z. B. in einem Teilbereich ein erhebliches Problem, mit dem alle Teilnehmer auf Grund der Vorgaben nicht fertig geworden waren. Es handelt sich beispielsweise um ein Gebiet zwischen einer Haupterschließungsstraße und Wohnflächen. Dort war die durch den Rahmenplan vorgegebene Zone zu schmal, um bei der durch den Rahmenplan ebenfalls vorgegebenen Dichte eine vernünftige Baukörpergestaltung einschließlich innerer Erschließung zu erreichen. Das Preisgericht empfiehlt z. B. deshalb dem Auslober, für die Stufe des gutachterlichen Verfahrens die Dichte in dieser Zone zu reduzieren. Der Auslober folgt dieser Empfehlung, indem er eine entsprechende Vorgabe für das weitere Verfahren beschließt.

In der weiteren Durcharbeitung im Gutachterverfahren stellt sich dann als einhellige Meinung der Beteiligten heraus, daß die Verminderung der Dichte zu weit gegangen ist und wieder (wenn auch nicht so hoch wie im ursprünglichen Konzept) angehoben werden kann. Ein solches Vorgehen nennen wir iterativ. Solche iterativen Verfahren zeigen, daß Entscheidungen in einem einzigen Schritt, z. B. im Sinne eines Generalbebauungsplans, die zahlreichen Wechselwirkungen von Planalternativen nicht bewältigen können. Es entstehen dadurch entweder einseitige Präjudizien mit negativen Auswirkungen oder Kompromisse an falscher Stelle, die sich in späteren Stufen als sehr ärgerlich herausstellen könnten.

Ein letzter Gesichtspunkt spielt bei diesem Prozeß ebenfalls eine bedeutende Rolle. Die Beteiligung verschiedenster Gruppen, insbesondere der Öffentlichkeit, hat stark zugenommen. Die Vielzahl der miteinander verzahnten Entscheidungen zu einem Schritt zusammengefaßt hätte jeden nicht-professionellen Beteiligten total überfordert. Die vielfachen Zwänge jeweiliger Verknüpfungen hätten Veränderungen in ihren Wirkungen so unübersichtlich werden lassen, daß entweder unsinnige Entscheidungen die Folge gewesen wären oder ein resignierendes Kopfnikken. Beides hätte nicht im Sinne der Sache gelegen.

An diesen Beispielen zeigt sich, daß die Auflösung des Planungsprozesses in plausible einzelne Entscheidungsschritte eine notwendige Entwicklung darstellt, auch wenn es gute Gründe für die Konzentration der meisten Entscheidungen in einem Schritt geben mag.

Konfliktpunkte und Lösungsmöglichkeiten
Nun könnte berechtigterweise eingewandt werden, daß die Auflösung in einzelne Entscheidungsschritte einen Aufwand darstelle, der nicht zu verantworten sei. Hierzu ist folgendes zu bemerken: Wir müssen uns der Tatsache bewußt sein, daß Demokratie aufwendig ist. Die stärkere Demokratisierung der Planung bringt unzweifelhaft weiteren Aufwand. Dies steckt zugegebenermaßen mit in diesem Prozeß. Andererseits dürfte deutlich geworden sein, daß eine nicht unbeträchtliche Entlastung eintreten kann, wenn die notwendigerweise immer entstehenden Änderungsprozesse von vornherein einkalkuliert und dadurch minimiert werden.

Mit der Darstellung dieses Problems sollten zugleich - das war ein besonders Anliegen dieses Beitrags - daraus entstehende Konfliktpunkte deutlich gemacht werden. Bei jeder Planungsaufgabe gilt es zunächst, die Aufgabe zu definieren und Vorgaben aufzustellen; ohne diese kann kein Planer seine Aufgabe erfüllen. Sowohl in der Aufgabenstellung als auch im Programm können jedoch Konflikte und Widersprüche stecken, die erst im Zuge der Bearbeitung entdeckt werden. Diese Konflikte und Widersprüche müssen durch Entscheidungen von zum Teil politischem Rang aufgelöst werden. Es wäre vertane Arbeit, wenn dies erst am Ende geschähe und die Aufgabe dann möglicherweise in vollem Umfang von vorn angefaßt werden müßte. Darin liegt der erste wesentliche Grund für einzelne Entscheidungsschritte. Immer wieder erleben wir darüber hinaus, daß Aufgabenstellungen und Programme durch Formulierungen ohne Absicht negative Zwänge auslösen, die bei einer Modifizierung - ohne Änderung des Ziels - vermieden werden können. Dies ist der zweite Grund für einzelne Entscheidungsschritte mit Rückkopplungseffekt. Zu komplexe Entscheidungen sind häufig kaum noch nachvollziehbar. Sie können zu unsinnigen Ergebnissen oder Frustrationen führen. Hierin liegt der dritte wesentliche Grund für einzelne Entscheidungsschritte.

Ein Beispiel
Das Beispiel von Universitätsplanungen mag hierfür besonders aufschlußreich sein. Während für den National- oder Landesrahmen die Universitätsplanung sich in der Bestimmung der Zahl der Universitäten, des Charakters der Universitäten und des Standortes von Universitäten als ein das Land überziehendes Versorgungsnetz niederschlägt, hat diese im stadtregionalen Rahmen großflächigen Anspruchscharakter an die Flächennutzungsplanung und unmittelbare Auswirkungen auf Folgemaßnahmen, wie der Wohnversorgung, der gewerblichen Versorgung, der allgemeinbildenden Schulversorgung für die Mantelbevölkerung u. a. Der Makrostandort auf nationaler Ebene bestimmt in der Regel lediglich den generellen Raum, in dem eine Universität angesetzt werden sollte, der Mikrostandort im Rahmen der eigenen Universitätsplanung löst andere Fragen und Bezugsdimensionen aus.

Die Entscheidung über den Standort in der landesplanerischen Ebene löst noch keine unmittelbaren handlungsbezogenen Fragen aus; die Entscheidung über den Standort in der stadtplanerischen Ebene löst dagegen sofort und unmittelbar die Frage nach der Erschließungsmöglichkeit, der Versorgung usw. aus.

Eine Universität bietet als zentrale Funktion und Einrichtung ein gutes Beispiel der vertikalen Verknüpfung von Landesplanung, Regionalplanung und Stadtplanung. Die Wechselbeziehung zwischen rahmensetzender und rahmenfüllender Planung wird deutlich. So löst die landesplanerische Entscheidung über den generellen Standort für eine neue Universität sofort Kettenreaktionen und Zielvorgaben für die regionale und Flächennutzungsplanung des neuen Standortes aus.

Die Konsequenz aus dieser Betrachtung führt deshalb zu dem Ergebnis, daß die Stadtentwicklungsplanung und ihre Umsetzung grob skizziert in folgenden Entscheidungsschritten unterschiedlichen Maßstabs und unterschiedlicher Wirkung erfolgen muß:
1. Stadtentwicklungsprogramm, abgeleitet aus Regionalem Landesentwicklungsprogramm (bindend für alle kommunalen Behörden und Einrichtungen durch Magistratsbeschluß; nicht bindend für alle übrigen).
2. Flächennutzungsplan, abgeleitet aus Stadtentwicklungsprogramm (bindend für alle kommunalen und staatlichen Behörden und Einrichtungen; nicht bindend für Private).
3. Stadtteilentwicklungsprogramm (bindend für alle kommunalen Behörden und Einrichtungen; nicht bindend für alle übrigen).
4. Bebauungsplanung (bindend für jedermann).

4.6.4 Generelle Organisation der Planung als Faktor

Ein nicht unwesentlicher Einflußfaktor ist deshalb natürlich auch die Organisation der Planung, hängen von ihr schließlich Entscheidungsstrukturen, Entscheidungsabläufe, Abhängigkeiten von Dritten, öffentliche Verfahren, Zeitabhängigkeiten und vieles andere ab. Die folgenden Erörterungen lehnen sich stark an Peter Habermehl[199] an, da er in logischer Folge die hier zur Diskussion stehenden Themen behandelt.[200]

4.6.4.1 Einteilung und Zuordnung

Die Ausrichtung der räumlichen Planung an Ordnungen und ihre Vielgestaltigkeit machen es notwendig, einige Begriffe zu erörtern, die sich aus dem Erfordernis einer Einteilung und nachfolgender Zuordnung ergeben.

Dabei spielen einige Grundbegriffe eine Rolle, die jeweils Unterbegriffe enthalten, die untereinander in Bezug gesetzt werden können. Eine Einzelperson als Planungsträger handelt z.B. privat für bzw. auf einzelnen Grundstücken, die dieser einzelnen Person gehören, in eigener Entscheidungsverantwortung als Einzelplanung, die für Dritte nicht verbindlich ist. Eine Gebietskörperschaft handelt dagegen in der Regel öffentlich für ein Gesamtgebiet in zentraler Kompetenz (für das eigene Gebiet) mit verbindlicher Wirkung für alle Beteiligten und Betroffenen. In den nächsten Abschnitten werden wir uns deshalb ein wenig mit den folgenden Grundbegriffen auseinandersetzen.

4.6.4.2 Träger der Planung und ihre Organe

Einzelpersonen, Gruppen (aus Personen, Firmen usw.) und Gebietskörperschaften können Träger der Planung sein.

---

199 Vgl. Habermehl, Fn. 45.
200 Siehe hierzu auch: Klaus Müller-Ibold: "Administration and Urban Change in Germany", London, Beverly Hills, 1974.

Es gibt kein zwingendes Junktim zwischen dem Träger der Planung und dem Planungsverantwortlichen. Personal- oder Funktionsunion sowie -trennung sind hier weder in der einen noch in der anderen Richtung zwingend. Die Planungsverantwortlichen werden in der Regel durch Statuten der Beteiligten und deren Organe im Innenverhältnis bestimmt.
Personen als Träger der Planung können z.B. sein:
- mittelständische Unternehmer und
- private Bauherrn.

Gruppen als Träger der Planung können z.B. sein:
- Wohnungsbaugesellschaften und -genossenschaften,
- Industrieunternehmen oder -verbände und
- andere Institutionen.

Darunter können auch Träger öffentlicher Belange fallen, die z.B. halböffentlichen Charakter haben, wie etwa die Versorgungsbetriebe usw.
Gebietskörperschaften als Träger der Planung sind:
- die Bundesrepublik Deutschland,
- das jeweilige Land,
- die jeweilige kreisfreie Stadt,
- der jeweilige Landkreis und
- die jeweilige kreisangehörige Gemeinde.

Von den Gruppen als Träger der Planung gehen in vielfältiger Weise Planungen aus, die sowohl das Verhalten von einzelnen Personen wie auch der Gebietskörperschaften beeinflussen können. So kann die Verlagerung einer Filiale eines Konzerns sowohl bei den Beschäftigten eine Reaktion auslösen als auch bei der jeweilig betroffenen Stadt. Allerdings ist den Gruppen als Trägern der Planung eigen, daß sie nicht automatisch einen einheitlichen Einzelwillen repräsentieren, sondern in hohem Maß der Abstimmung, Koordination und Kontrolle bedürfen.

Die Gebietskörperschaften sind zunächst und überwiegend ganz allgemein Träger der Ordnung, wie wir schon erörtert haben, und deshalb per se Gebilde, die zur Planung verpflichtet sind. Die Zuständigkeitsregelungen zwischen den Gebietskörperschaften und innerhalb dieser Institutionen mögen unterschiedlicher Natur sein, nach Maßgabe der Aufgabenstellung wird immer auch nach planerischen Vorstellungen gearbeitet werden müssen!

Die Gebietskörperschaften als Planungsträger haben eine außerordentliche Machtposition. Das Durchsetzungsvermögen ihrer Pläne ist ungleich größer als das anderer Planungsträger, weil sie gesetzlich gestützt werden, eine Macht, der der Planadressat nur in besonderen Fällen ausweichen kann. Insofern ist verständlich, daß allgemein Vorsicht, Zurückhaltung, ja sogar Ablehnung gegen die Planungen der Gebietskörperschaften besteht. Dies gilt umso mehr, als sich der Gemeinsinn des Bürgers in letzter Zeit gegenüber seiner Gemeinschaft (Gemeinde und Staat) bedauerlicherweise verringert hat (siehe sinkende Wahlbeteiligung). Dabei richtet sich das Mißtrauen des Bürgers primär gegen die politischen Entscheidungsträger und weniger gegen die Verwaltung. Dennoch steht diesem Sachverhalt gegenüber, daß solche Machtposition bei der sich immer komplizierter gestaltenden Struktur unserer Gesellschaft immer notwendiger geworden ist. Das Gemeinschaftsleben in hochentwickelten Gesellschaften ließe sich anders kaum mehr halten und schon gar nicht mehr gestalten.

Den Gebietskörperschaften sind also zur Erfüllung ihrer im Interesse der Gemeinschaft liegenden Aufgaben in besonderem Maß Geld- und Machtmittel zur Verfügung gestellt. Es ist deshalb auch notwendig gewesen, diese Träger der Planung besonderen Kontrollmechanismen zu unterwerfen, um einerseits Machtmißbrauch auszuschließen und andererseits ständig zu prüfen, wieweit Plan und Wirklichkeit übereinstimmen.

Wenn häufig über die Schwerfälligkeit der öffentlichen Hände geklagt wird, so sollte von denen, die darüber klagen, auch gesehen werden, daß wir die aus den Kontrollmechanismen heraus entstehenden Zeitverluste als notwendig in unserem eigenen Interesse des Schutzes vor Machtmißbrauch und ähnlichem würdigen müssen. Insbesondere die Medien vermögen hier zwischen Ursache und Wirkung oft nicht zu unterscheiden, wodurch sie dann nicht unerheblich zur Verunsicherung des Bürgers beitragen.

In diesem Abschnitt soll das Innenverhältnis der mitwirkenden Organe erörtert werden. Die Darlegung der Verantwortung und die Bestimmung der Zuständigkeiten stehen im Vordergrund. Es werden die für den Plan Verantwortlichen, die eigentlichen Planer und die mit der Ausführung des Planes beauftragten Stellen in besonderen Ausschnitten dargestellt, um ihren organisatorischen Standort besser übersehen zu können.

Planungsverantwortliche
Die Planungsverantwortlichen haben nach Habermehl[201] die Entscheidungen zu fällen und die Kontrolle über die planausführenden Stellen sowie die Planer auszuüben. Die Funktion der Entscheidungskompetenzen in der Planung werfe auch die Frage nach der Eignung der Planungsverantwortlichen sowie ihren Kenntnissen und Fähigkeiten auf. Diese Frage werde immer wieder neu zu stellen sein, weil sie immer wieder vernachlässigt wird. Zwar komme es immer wieder auf einzelne Persönlichkeiten mit Entschlußkraft, Weitblick, Kombinationsfähigkeit und Beharrungsvermögen an, die ihre Wertmaßstäbe aus den jeweiligen Ordnungen und Leitbildern entnehmen können, jedoch von der Sache und der ihr zugrunde liegenden Planung auch etwas verstehen müssen. Nicht zuletzt haben sie den Sachverstand der Planer für die jeweilige Planung zu nutzen und mit den eigenen Vorstellungen zu verbinden. Habermehl fährt dann fort:

Die Aufgabe der Planverantwortlichen ist es, Zweck und Ziel der Planung festzulegen. Sofern noch nicht durch vorhandene Planungsabteilungen schon festgelegt, sind die Planer und die planausführenden Stellen zu bestimmen, denen die Aufstellung und Durchführung des Plans übertragen werden soll. Der Planverantwortliche hat die Vorschläge der Planer zu prüfen und zu entscheiden, wie vorgegangen werden soll, um den Plan an der richtigen Stelle anzusetzen und auch in der realen Welt durchzusetzen. Den Planverantwortlichen obliegt es ferner, den Aufbau und die Verbindlichkeit der Planung festzulegen. Bei halbverbindlicher oder vollverbindlicher Planung sind, wie wir schon erörtert haben, neben der Selbstbindung der Planungsträger auch die Bindung von Dritten und im Rechtsstaat die möglichen Rechte und Ansprüche von Planungsbetroffenen von großer Bedeutung. Bei unverbindlicher Planung muß der Planverantwortliche die Reakti-

---

201 Vgl. Habermehl, Fn. 45.

on der Planadressaten in etwa abschätzen können. Entsprechend des Gewichts des Planverantwortlichen bei Aufstellung und Durchführung der Planung obliegt ihm die Ausgleichsfunktion bei widerstreitenden Vorstellungen der Planer und planausführenden Stellen. Andererseits wird der Planverantwortliche sich stichhaltigen Argumenten der Planer und planausführenden Stellen auch dann nicht verschließen können, wenn bereits anders beschlossen ist. Dann sind, je nach Lage der Dinge, Korrekturen oder Ergänzungen zu entscheiden und vorzunehmen.

Planverantwortliche sind durch ihre Entscheidungsfunktion in der Regel dem Druck von Tagesfragen ausgesetzt, der sie vielfach daran hindert, an neue und längerfristige Konzeptionen zu denken. Hierbei entsteht die Neigung, Langfristfragen den Chefplanern, Planern, Abteilungsvorständen oder Beratern zu überlassen oder "Schein-" bzw. "Nichtentscheidungen" zu treffen. Diese Aufgabenverlagerung auf nachgeordnete oder außenstehende Stellen oder Aufgabenvernachlässigung ist nicht selten die Ursache für das Fehlschlagen der gesamten Planung ...

Wer Planverantwortlicher ist, kann nur vom Einzelfall her und nach der Planungsart entschieden werden. Bei Planungen im privaten Lebensbereich ist in der Regel eine Person zugleich Planverantwortlicher, Planer, planausführende Stelle und Planadressat (siehe am Anfang die "alltägliche" Planung des Studenten Ibrahim al-Rashid).

Im übrigen sind alle Organe planverantwortlich, die begrenzte oder volle Entscheidungsfreiheit und Mitbestimmung haben, so die Regierungen und Parlamente aller Größenordnungen, die Vorstände der Selbstverwaltungen und Stiftungen, die Mitglieder- und Gesellschaftsversammlungen, die Aufsichtsräte, Betriebsräte, Vorstände, Geschäftsführer und Manager, und nicht zuletzt die privaten Haushaltsvorstände mit ihren Dispositionen über Nahrung, Kleidung, Wohnung, Arbeit und Freizeit.

Bei dem schweren Gewicht der Planung der Gebietskörperschaften im öffentlichen und halb-öffentlichen Bereich lastet keine geringe Verantwortung auf den Regierungen und Parlamenten (d.h. für die Stadtplanung den Ratsversammlungen und Magistraten) als Planverantwortlichen, die auch Pläne aufstellen, durchführen und überwachen müssen. Planverantwortliche sollten schließlich nur Pläne aufstellen lassen, wenn sie die Macht haben, diese durchzuführen.

Problematisch ist das Verhältnis von Planer zu Planverantwortlichem geworden. Insbesondere im konkreten Entscheidungsfeld der kommunalen Stadtplanung kann beobachtet werden, daß die Diskrepanz zwischen erforderlichem und tatsächlichem Wissen der planverantwortlichen Entscheidungsträger sich in bedenklichem Maß vergrößert hat, nicht zuletzt schlichtweg deshalb, weil die Komplexität des Sachverhaltes so enorm gestiegen ist, aber auch, weil die Aus- und Weiterbildung in diese Richtung vernachlässigt wurde.

Deshalb sind die politischen Parteien und die Entscheidungskörperschaften aufgerufen, wesentlich mehr im Sinne der Aus- und Weiterbildung in dieser Richtung für ihre Mitglieder zu tun, damit der politische "Sach"-Verstand im wahrsten Sinne des Wortes bei den planverantwortlichen Entscheidungsträgern nicht durch die Entwicklung zum Schaden der Gemeinden und Bürger total verloren geht. Zwar sind Kommunalpolitiker sog. "Feierabendpolitiker", also Amateure. Es gibt jedoch auch unter Amateuren solche, die Dilettanten sind, und solche, die es nicht sind. Es scheint, als ob es heute unter den Mitgliedern von Ratsversammlungen sehr viel mehr Dilettanten gibt als noch vor etwa 20 Jahren. Verantwortung dafür tragen die politischen Parteien, die zu wenig für die politische Weiterbildung ihrer eigenen Mandatsträger tun.

Planer
Planern sind dort Planungen anvertraut, wo das Ziel oder die Aufgabe zwar festgelegt ist, jedoch nähere Analysen und Prognosen fehlen und es an einem guten Durchblick über die notwendigen Schritte und Maßnahmen mangelt, oder umfangreiche Teilplanungen erforderlich sind, um eine bereits gedanklich fixierte Idee oder Konzeption zu untermauern. Die Planer sollen die Widerstände technisch überwinden, die das umfangreiche Plangut einer zweckvollen Auswertung und Verwendung entgegenstellt. Hierbei kann der Planer im Rahmen seiner Zuständigkeit durchaus "schöpferisch" wirken, indem er beispielsweise die Richtigkeit seither begangener Wege anzweifelt und das Plangut einschließlich der informierenden Daten neuen Konzeptionsalternativen unterwirft.

Die Arbeiten der Planer bei Routineplanungen sind relativ einfach zu bewältigen. Bei sehr großen, komplexen und neuen Planungen wachsen die Schwierigkeiten, und ein Planer hat in der Regel nur ein Teilgebiet zu bearbeiten. Eine Zusammenarbeit von Planern aus den verschiedensten Disziplinen mit dem Zwang zur Koordination und Abstimmung ist unverzichtbar. Hierbei wird dann zu prüfen sein, ob die Aufgabe in der "Linien"-Organisationsstruktur (Routine-Aufgabe) oder "Projekt"-Organisationsstruktur (außergewöhnliche Aufgabe) wahrzunehmen ist. Diese Thematik an dieser Stelle zu behandeln, wäre jedoch nicht angemessen. Es ist angebracht, sie im Rahmen des Planungsvollzugs in Band III dieser Reihe zu erörtern.

Je mehr sich Planung von materiellen Gegebenheiten, die sich berechnen bzw. quantitativ einschätzen und verhältnismäßig leicht verändern lassen, den menschlichen Beziehungen mit ihren nur schwer durchschaubaren Grenzen und Werten zuwendet, desto schwieriger werden die Vorarbeiten der Planung, wie Erhebungen, Prognosen, Analysen. Die Arbeit der Planer kann nicht nur schwieriger, sondern auch folgenreicher werden, weil bei der Vorbereitung der Planung durch Aussonderung eine große Anzahl von Vorentscheidungen zu treffen sind, die später kaum mehr rückgängig gemacht werden können.

Auch wenn sich seit Ende des Zweiten Weltkrieges weltweit eine akademische Ausbildung zum räumlichen Planer (Landes-, Regional- und Stadtplaner) entwickelt hat, so üben viele diese Tätigkeit in Wirtschaft und öffentlicher Hand aus ohne gelernten Beruf als Planer. Ihr berufsbildender Hintergrund ist häufig der eines Bauingenieurs, Architekten, Wirtschafts- oder Sozialwissenschaftlers. Es liegt auf der Hand, daß die jeweilige berufliche Vorbildung des "Planenden" die Art und Weise der Planausgestaltung und -führung beeinflußt.

Wie wir schon gesehen haben, bedarf es in unserer sehr komplex gewordenen Gesellschaft einer größeren Zahl von Disziplinen, um den vielfältigen Erscheinungen gerecht werden zu können, die sich in der urbanen Entwicklung abspielen. Neben dem als Raumplaner auch beruflich Ausgebildeten bedarf es deshalb immer auch der genannten Disziplinen als Partner des Planers. Insofern sind diese Disziplinen auch aufgefordert, innerhalb ihrer Ausbildung, zumindest wahlweise für entsprechend Interessierte, die Grundlagen für Raumplanung zu vermitteln.

Öffentliche Gebietskörperschaften wie auch die Privatwirtschaft haben in steigendem Maß erfahren, daß sich Probleme ergeben, die zu ständig "wiederkehrender" Planung (Routineplanung) zwingen. Deshalb haben sie ständige Planungsabteilungen bzw. -ämter eingerichtet, die hier auch unter dem Begriff "Planer" zu subsumieren sind.

Planungsausführende
Zumindest bei größeren Institutionen, sowohl der Wirtschaft als auch der öffentlichen Hand, sind die "Planer" und die "Planausführenden" nicht zwingenderweise identisch. In der Wirtschaft sind häufig die "Planer" in der Zentrale eines Konzerns angesiedelt, während die "Planausführenden", z.B. bei den großen Filialisten, in den entsprechenden Filialen sitzen. In einer größeren Stadt oder einem Landkreis sind die "Planer" im Planungsamt angesiedelt. Die Planausführung erfolgt in diesem Bereich in der Regel nicht durch die Erstellung des gesamten Objekts, etwa einer Siedlung, durch die öffentliche Hand, sondern nur durch Teile, die als Voraussetzung für die privaten Bauten als gemeinschaftliche Aufgaben notwendig sind, wie die Erschließung. Planausführende sind in solchen Fällen also in der Regel die Tiefbauämter und, nicht zu vergessen, die Bauaufsichtsämter als genehmigende Behörden für die Privatbauten, die insofern auch die Plankontrolle ausüben. Planausführende sind schließlich auch die jeweiligen privaten Bauträger.

Diesen planausführenden Stellen obliegt die Ausführung des vorbereiteten und beschlossenen Plans, gleichzeitig auch die Feststellung der Ergebnisse der Planung, unter Einschluß der Vergleiche zwischen Plan und Wirklichkeit. Nicht selten sind die Ergebnisse vorangegangener Pläne die Grundlagen für neue Pläne. Insofern sind die planausführenden Stellen nicht unwesentlich an konsekutiven (wiederholbaren) Planungen beteiligt. Durch die Kenntnis der möglichen Abweichungen der Wirklichkeit vom Plan geben die planausführenden Stellen häufig den ersten Anstoß zur Änderung eines Plans durch Nachträge, wie überhaupt die Beweglichkeit der jeweiligen Planung in nicht geringem Maß durch diese Stellen bestimmt wird.

4.6.4.3 Planungsadressaten

Jede Planung wendet sich unmittelbar oder mittelbar an Adressaten (in der Stadtplanung also Grundstücks- oder Hauseigentümer, Wirtschaftsbetriebe und andere Akteure). Abgesehen von den privaten Planungen einzelner, bei denen die Identität von Planverantwortlichem, Planer, Planausführendem und Planadressat noch besteht, wendet sich ein Plan immer an einen Dritten als Kunden, Benutzer, Eigentümer, Begünstigten oder Betroffenen, ihm jeweils Vor- oder Nachteile bringend. Planadressaten sind sowohl Personen als auch Personenvereinigungen und Körperschaften.

Ein Plan kann sich gezielt an bestimmte Adressaten wenden. Beim Umlegungsplan z.B. im Rahmen der Stadterneuerung sind die Adressaten genau bekannt. Die überwiegende Zahl aller Pläne ist jedoch an unbestimmte Planadressaten gerichtet. Flächennutzungspläne oder Fahrpläne der Bundesbahn sind hinsichtlich der Zahl und der Differenzierung der Adressaten nicht bestimmbar. Die Planer sind hierbei auf Annahmen angewiesen, die sich in der Regel auf frühere Planungen gleicher oder ähnlicher Art stützen.

In diesem Zusammenhang sollte einem bei Laien häufig auftretenden Irrtum entgegengewirkt werden. Auch bei Planungen der öffentlichen Hand wird es in der Regel negativ Betroffene geben. Planungen der öffentlichen Hand müssen, auf der Basis von Verfassung und Gesetzen, auf das Wohl der Allgemeinheit ausgerichtet sein und im Interesse der Mehrheit der Bevölkerung liegen. In der Regel ist dabei nicht zu vermeiden, daß einzelne Betroffene davon auch belastet werden. Die Planung der öffentlichen Hand unterliegt deshalb strengen Verfahrensvorschriften, unterliegt der Pflicht der sachgerechten Abwägung, dem Bemühen der Minimierung von Belastungen Dritter und notfalls dem Angebot des Ausgleichs.

Ein Plan mit unbestimmten Adressaten macht es nicht leicht, Rechtsansprüche der Plangeschädigten oder Verpflichtungen der Planbegünstigten in ihrer Vielfalt zu definieren und festzustellen. Ein Planungswertausgleich bei individuellen Planungsnachteilen wird in denjenigen Ländern mehr im Vordergrund stehen, in denen das Privateigentum von Bedeutung ist. Das Ausmaß der sonstigen rechtsstaatlichen Garantien und die Ausrichtung der grundlegenden Ordnungen ist hierbei von nicht geringer Bedeutung.

Die Anhörung, Beteiligung und Mitwirkung der Adressaten reicht von der Vorbereitung bis zur Durchführung der Planung. Sie ist von unterschiedlicher Wirksamkeit. Allgemeine Regeln lassen sich nicht aufstellen. Es hat hier in den letzten Jahrzehnten große Veränderungen zu Gunsten der Betroffenen gegebenen. Es kann in der Regel unterstellt werden, daß die Mitwirkung der Planadressaten von der Aufstellung bis zur Durchführung des Plans förderlich ist. In der Regel hat z.B. die Bauleitplanung indikativen Charakter. Sind Adressaten durch halb- oder vollverbindliche Planungen auf Grund von Verwaltungsakten öffentlicher Körperschaften betroffen, dann entstehen Fakten, die kaum noch zu ändern sind, es sei denn vor Gericht. Im Rechtsstaat stellen sich hierbei interessante Planausgleichsfragen, die das Kernstück des juristischen Interesses an der Planung ausmachen. Die Möglichkeiten zur Abwehr oder Änderung der Planung öffentlicher Körperschaften durch die Planadressaten ergeben sich nicht zuletzt durch die jeweils geltenden allgemeinen staatlichen Grundsätze.

In der Regel haben Planungen auch mittelbare Wirkungen, wodurch es auch mittelbare Adressaten gibt. Je komplexer das Planungsobjekt ist, desto komplexer wird der Wirkungsbereich. Je komplexer der Wirkungsbereich ist, desto wahrscheinlicher ist, daß der Kreis der mittelbar Betroffenen überproportional steigt. Daraus folgt, daß in Zukunft insbesondere dem Kreis der mittelbar Betroffenen besondere Aufmerksamkeit gewidmet werden muß, weil räumliche Planung immer komplexer wird, und der mittelbar betroffene Kreis nicht ohne weiteres erkennbar ist.

4.6.4.4 Rollen der planenden Organe

Die öffentlichen Planungsorgane haben im Rahmen ihrer Aufgaben sowie verfassungs- und rechtmäßigen Grenzen vielfältige Rollen wahrzunehmen, die ganz unterschiedlicher Natur sind.

Die Planungsorgane als Advokat von Betroffenen
Es gibt immer Situationen, in denen Personen und Institutionen Absichten in durchaus legitimer Haltung hegen, die dennoch "Nicht-Beteiligte" betreffen, ja schädigen können. In solchen Fällen müssen sich die öffentlichen Planungsorgane als Träger der Sicherheit von Betroffenen empfinden und alle legitimen Mittel in Anspruch nehmen, um entweder negative Folgen zu verhindern oder einen Anreiz zu schaffen, ggf. durch Neuformulierung und/oder Änderung bisheriger Planung eine Änderung vorzunehmen. Nicht zuletzt werden häufig in diesem Sinne überhaupt Pläne erst aufgestellt.

Planungsorgane als Dienstleister
Von der öffentlichen Bürokratie wird prinzipiell erwartet, daß sie eine dienende Funktion für die Bevölkerung zu erfüllen hat. Dies gilt auch für die planende Verwaltung. Planung ist kein Vorgang per se, sondern für die Bürger und deren Bedürfnisse eingerichtet, wenn also ein Erfordernis besteht, für den Bürger als Allgemeinheit zu planen, muß das jeweilige Planungsorgan handeln.

Planungsorgane als Katalysator
Die Planungsorgane sollten Nachfrager und Anbieter von Funktionen und Nutzungen zusammenbringen. Sie haben in der Regel den besten Überblick. So ist es die planende Verwaltung, die z.B. Grundstücksnachfrager (für Wohnungsbau ebenso wie Gewerbe und anderes) mit Grundstücksveräußerern zusammenbringen kann.

Planungsorgane als Eingreifakteur
Die Planungsorgane sind es, die eine negative Entwicklung erkennen und ggf. durch Ge- oder Verbote sowie Planungsakte eingreifen müssen.

Planungsorgane als Handlungsakteur
Die Planungsorgane sollten nicht nur Pläne aufstellen. Sie haben auch die Aufgabe, dafür zu sorgen, daß Planungen umgesetzt werden, also z.B. daß nach förmlicher Feststellung eines Bebauungsplanes die Erschließung durch Einwerbung im Haushalt und anschließenden Vollzug in Gang gesetzt wird.

4.6.4.5 Bereich der Planung

In der Regel wird die Planung, wie wir schon erörtert haben, in einen "öffentlichen" und "nicht-öffentlichen" Bereich unterteilt. Diese Begriffe haben scheinbar eine Identität mit den Begriffen zu Planungsträgern. Schauen wir jedoch genauer hin, dann wird uns klar, daß zum Beispiel Gebietskörperschaften durchaus im privaten Bereich tätig sein können, wie etwa der Betrieb eines landwirtschaftlichen Gutes o.ä.. In den Bereich von privaten Tätigkeiten "öffentlicher Hände" sind z.B. auch Verträge mit privaten Firmen über die Leistungen für Bauvorhaben oder Lieferungen an Gütern oder Dienstleistungen (z.B. Reinigung der öffentlichen Gebäude) einzuordnen.

Der Kern "nicht-öffentlicher" Planungen spielt sich im engeren privaten Bereich ab (siehe "Planungsschritte" des Studenten Ibrahim al-Rashid). Private Planungen können sich auf halb-öffentliche und öffentliche Planungen auswirken, insbesondere, wenn die private Planung in irgendeiner Weise Auswirkungen auf Dritte hat und deshalb planende Reaktionen z.B. der Gemeinde zur Folge haben muß, unter Umständen zum Schutz oder auch zur Förderung des jeweils Betroffenen.

Halb-öffentliche Planungen, etwa die für die Müllabfuhr einer Gemeinde, ergeben sich dadurch, daß z.B. im öffentlichen Interesse liegende Aufgaben von privaten Firmen wahrgenommen werden. Wenn z.B. eine Reinigungsfirma von einer Gemeinde beauftragt wird, die Schulen dieser Gemeinde zu reinigen, handelt es sich unzweifelhaft um einen privatrechtlichen Vertrag. Der Übergang von öffentlich zu halb-öffentlich oder von privat zu halb-öffentlich ist fließend. Häufig ist eine generelle Zuordnung kaum möglich. Erst der Einzelfall erlaubt in solchen Fällen eine endgültige Zuordnung.

Die öffentlichen Planungen finden ihre Begründung in den durch Verfassung, Gesetze und Verordnungen festgelegten Aufgaben. Hier handelt es sich um ein in seiner Vielfalt vielen kaum bewußtes Feld. Haushaltsplanung, Planung des öffentlich zu fördernden Wohnungsbaus, Verkehrsplanung, Wasserwirtschaftsplanung, Raumordnung, Landes-, Regional- und Stadtplanung, Schulentwicklungs- und Krankenhausentwicklungsplanung usw. stellen selbst in dieser Aufzählung nur einen Teil der öffentlichen Planungsaufgaben dar. Öffentliche Planungen werden auch nicht immer von Gebietskörperschaften wahrgenommen. Sogenannte Körperschaften des öffentlichen Rechts, wie etwa die Bundesbank, planen im großen Umfang, z.B. Planungen zur Aufrechterhaltung der Stabilität der Deutschen Mark.

4.6.4.6 Gebiet der Planung

Zur Organisation räumlicher Planung gehört nicht nur die sachliche Einteilung, Zuordnung und Bereichsdefinition, sondern auch die Gebietsorganisation, ohne die eine räumliche Planung sinnlos wäre.

Automatische Gebietsfestlegung

Wenn es um die räumliche Planung einer Gebietskörperschaft, also Bund, Land, Kreis oder Gemeinde geht, gilt zunächst automatisch das jeweilige, durch die Verfassung oder andere Gesetze festgelegte Hoheitsgebiet automatisch auch als das zu beplanende Gebiet, also z.B. das Gebiet des Landes Sachsen für die sächsische Landesplanung, das Gebiet des Landkreises Plön für den Kreisentwicklungsplan Plön und das Gebiet der Stadt Frankfurt für den Flächennutzungsplan der Stadt Frankfurt.

In der Regel ergibt sich aus der Verpflichtung, die jeweilige Planung für die Gesamtheit der Bevölkerung einer Gebietskörperschaft vorzunehmen, auch die Folgepflicht, derlei Pläne für das entsprechende Gesamtgebiet aufzustellen. Zwar erlaubt das BauGB, daß in besonderen Fällen der Flächennutzungsplan z.B. sozusagen "weiße Flecken" aufweisen darf (also keine Nutzungsfestlegung), dies muß jedoch begründet sein (z.B. noch zu prüfende Sachverhalte, die etwa von der Entscheidung anderer abhängig sind) und sie müssen befristet sein. In solch einem Fall ist Planung erfolgt und in einem begrenzten Teilgebiet lediglich unter Vorbehalt gestellt worden. In solchen Fällen ist also das gesamte Gebiet beplant worden.

Fallbezogene Gebietsabgrenzung
Bei der Planung von Teilräumen, also etwa der Ausweisung von Landschaftsschutzgebieten durch eine Landesregierung oder der Bebauungsplan einer Gemeinde, kommt der ausgewogenen und überlegten Abgrenzung und Festlegung des jeweiligen "Planungsgebiets" eine hohe Bedeutung zu. Eine solche Festlegung muß aus allerlei Gründen am Anfang stehen, was allerdings nicht heißt, daß das Gebiet im Laufe des Planungsprozesses nicht auf Grund vertiefter Erkenntnisse verändert werden kann oder sollte. Das Bemühen sollte es jedoch sein, eine Änderung während des Verfahrens durch überlegte Abgrenzung zu vermeiden.

Insbesondere bei Plänen, die eine stringente Rechtsverbindlichkeit erhalten, ist die exakte Gebietsabgrenzung unverzichtbar.

Festlegung berücksichtigungswürdiger Einflußgebiete
Die Einflüsse des Verkehrsaufkommens des Umlandes einer Stadt auf den Verkehr in der Stadt und umgekehrt die Einflüsse der Verkehrsplanung einer Stadt auf das Umland sind unbestreitbar. Jede der Gebietskörperschaften wird jedoch auf ihrer Planungshoheit bestehen, es sei denn, ein übergeordnetes Gebilde hat die Entscheidungsgewalt übertragen bekommen (wie etwa ein Kommunalverband mit Hoheitsrechten, was allerdings die Ausnahme ist). Eine Einbeziehung des jeweilig anderen Gebiets in die Strukturuntersuchungen, Analysen, Diagnosen und Planungsalternativen etc. ist jedoch unverzichtbar und kann nur im Einvernehmen mit dem entsprechenden Nachbar erfolgen. Auch solche "Einfluß- und Wirkungsbereiche" müssen festgelegt und ggf. im Laufe des Prozesses ebenfalls angepaßt werden.

Der Planer stößt also, ebenso wie der Entscheidungsträger, regelmäßig auf ein Problem, nämlich daß er auch das weitere Umfeld des jeweiligen Plangebiets in seine Beobachtungen und Untersuchungen einbeziehen muß. Das geht beim Bebauungsplan gut, weil sein Gebiet und das zu berücksichtigende Umfeld in der Regel noch innerhalb des Hoheitsgebiets der Stadt liegt. Bei anderen Plänen ist das nicht der Fall. Hier muß der Planer in unterschiedlicher Form und Intensität Kooperationen mit den kommunalen "Nachbarn" (Gemeinde und Kreis) eingehen. Solche Kooperationen sind nicht immer einfach. Allein schon das verständliche und gerechtfertigte natürliche Mißtrauen der kleinen Nachbargemeinde gegenüber der großen Stadt löst z.B. Blockaden aus. Nicht selten ist in der Praxis ein Verhalten zwischen den Entscheidungsträgern der jeweiligen kommunalen Nachbarn zu erleben, das alles andere als eine Ermutigung zur Kooperation ist. Nun könnte man sagen, daß der Kreis Rückendeckung bieten könnte und soll. Hin und wieder sind jedoch die Interessen des Kreises und der kleinen Gemeinde nicht gerade identisch. Manchmal hilft in solchen Lagen nur noch ein Machtwort der Bezirksplanungsbehörde oder der kommunalen Aufsichtsinstanz. Wir unterscheiden deshalb nach Planungsgebiet (Gebiet innerhalb der Hoheit des Entscheidungsträgers) und Untersuchungsgebiet, das weit über das Hoheitsgebiet des Entscheidungsträgers hinausgehen kann.

Wir können aus dem soeben erörterten Sachverhalt auch erkennen, daß die aus "Zuständigkeitsgründen" erforderliche Abgrenzung des jeweiligen Gebiets nicht nur einen bürokratischen, sondern auch einen politischen Grund hat. Wir erkennen daraus auch, daß solche Gebietsfestlegungen eine wichtige Determinante darstellen, die erhebliche Auswirkungen haben kann. Im Laufe des Vollzugs werden wir uns noch näher mit diesem Thema befassen müssen.

4.6.4.7 Aufbau der Planung

Der hierarchische Aufbau der Planung (Einzelplanung, dezentrale und zentrale Planung) geht weit über das Gebiet der Planung hinaus und ist im Bereich der Ordnungen angesiedelt. Es ist nach Habermehl[202] eine Vorbedingung der Planung, ob zentral oder dezentral gesteuert, verwaltet oder gewirtschaftet wird oder ob die Lebensformen systemfreie Einzelplanungen kleineren oder größeren Umfangs zulassen bzw. bedingen. Planung selbst könne keine Hinweise auf die Zweckmäßigkeit dieses oder jenes Vorgehens geben. Einheitliche Systeme für alle Lebensgebiete seien kaum denkbar. So sei durch die Verfassung vielfach schon der Aufbau vorgegeben (föderal oder zentral).

Einzelplanung stünde für sich da, ohne mit einem zentralen oder dezentralen System verbunden zu sein. Aus der Fülle von Erscheinungsformen sei auf die Vorschriften der Verfassung hingewiesen, die Einzelplanungen garantieren sollen. Einzelplanungen seien nicht nur auf Personen beschränkt und nicht allein im privaten Bereich nachweisbar, sondern auch allgemeine Praxis bei den Gruppen und Gebietskörperschaften sowie im halb-öffentlichen und öffentlichen Bereich. Selbstverständlich könnten sie im Innenverhältnis entweder zentral oder dezentral sein. Allerdings sind Einzelplanungen im Bereich der Stadtplanung die Ausnahme.

Zentrale oder dezentrale Planungen schließen sich nach Habermehl u.a. nicht gegenseitig aus, sondern ergänzen und bedingen sich. Zentrale Planung ist ohne dezentrale Vorbereitungen und Vorentscheidungen ebensowenig denkbar wie dezentrale Planung ohne zentrale Zusammenhänge. Das Planmaterial bewegt sich bei der Vorbereitung von oben nach unten und von unten nach oben, auf der Suche nach Aussagen und Erkenntnissen. Auch in einem föderalen Staatssystem wird zentral geplant. In solch einem System ist lediglich die jeweilige "Planungskompetenz" stark eingeschränkt. So gesehen, ist zentrale oder dezentrale Planung eine Frage der Zweckmäßigkeit und Nützlichkeit. Es muß immer im Einzelfall entschieden werden, ob die dezentralen Planungen in zentrale Planungen einmünden (oder von diesen ausgehen) oder dezentrale Planungen das beste Mittel zum Erreichen von Zielen und zur Erfüllung von Aufgaben sind, bei zweckdienlicher Mithilfe zentraler Planungen mit entsprechend geringerer Verbindlichkeit. Da im Bereich der Stadtplanung örtliche Sachverhalte, Interessen und Belange entschieden werden müssen, liegt es nahe, auch die örtlichen Körperschaften entscheiden zu lassen.

Für zentrale Planungssysteme lassen sich Beispiele anführen bei gesellschaftlichen Systemen, die sich im Laufe der Zeit in dezentrale Planungssysteme umgewandelt haben oder dezentrale Pläne neben zentralen Plänen zulassen. Die wirtschaftliche Hilfe für unterentwickelte Länder bevorzugt z.B. zentrale Planung, um über eine mehr punktuelle Wirkung hinauszugelangen, doch auch hier werden sich mit der Zeit dezentrale Formen ausbilden.

Ob zentrale oder dezentrale Planung vorliegt, ergibt sich daraus, wo über sie entschieden wird. Ist dies an der Spitze des Staates, des Unternehmens, der Stiftung, des Vereins, der Familie, ist zentrale Planung gegeben. Entscheiden die ein-

---

202 Vgl. Habermehl, Fn. 45.

zelnen Staatsteile durch Föderale oder Selbstverwaltungs-Rechte selbständig oder stellen Unternehmensteile eigene Planungen auf oder entscheidet der letzte Verbraucher in der Volkswirtschaft über den Markt, über Menge und Qualität des Angebots, dann liegt dezentrale Planung vor. Dabei können die dezentralen Planungsträger bei sich selbst durchaus wieder zentrale Organisationsformen entwickeln. Abgesehen von der beiderseitig beeinflußten Vorbereitung der Planung nehmen in der Regel die zentralen Planungen auf die dezentralen Einrichtungen und Vorstellungen Rücksicht, während die dezentralen Planungen sich bewußt oder unbewußt an einer gedachten oder vorhandenen Zentrale ausrichten. In der Praxis sind somit ausschließlich zentrale oder dezentrale Regelungen selten.

4.6.4.8 Wirkung der Planung

Die Wirkungsarten der Planung haben wir schon in verschiedenen Kapiteln behandelt, sodaß hier nur noch eine Erwähnung nötig ist, in welchem Sinnzusammenhang sie in diesem Fall stehen. Es ist inzwischen klar, daß die Planung einer privaten Einzelperson gegenüber Dritten nicht automatisch allgemeine Verbindlichkeit auslösen kann, sondern unverbindlich sein muß. Natürlich können zwei oder mehrere Privatpersonen bzw. Institutionen untereinander einen Vertrag über einen zu planenden Sachverhalt schließen. Bei einer verbindlichen Planung wird jedoch von der Definition her unterstellt, daß die in Rede stehende Planung von einer Seite beschlossen wird, auch gegen den Willen von Betroffenen, wobei durchaus eine Beteiligung aller erfolgt sein kann, das Ergebnis dann jedoch verbindlich für alle wird. Ein Vertrag unter privaten Personen oder Institutionen kann jedoch durch einseitigen Beschluß nicht zustande kommen, insbesondere, wenn dadurch Verbindlichkeiten für Dritte entstehen, es sei denn es hat ausdrücklich dazu im Vorhinein eine Ermächtigung gegeben. Zu beachten ist, daß es auch Planungen geben kann, die nur für einen Teil der Beteiligten verbindlich sind. So ist der rechtskräftige Flächennutzungsplan für die Gemeinde selbst und alle beteiligten Träger öffentlicher Belange verbindlich, nicht aber für den einzelnen Grundstückseigentümer. Grund: Der Flächennutzungsplan ist in seiner Parzellenschärfe zu unscharf, um sicherzustellen, daß es keine Fehlbeurteilungen bezüglich der Betroffenheit von Grundstücken geben kann.

4.6.4.9 Die Zeit als Faktor

Allgemeine Zeitbetrachtung
Zeit als vierte Dimension spielt überall dort eine Rolle, wo es darum geht, quantitative Vorstellungen in die Wirklichkeit zu verwandeln, da nicht nur der Planungsvorgang an sich, sondern auch die Umsetzung Zeit kostet.
Wir beschäftigen uns also in der Stadtplanung mit folgenden Fragen:
- Wann sind bestimmte Dimensionen an Investitionen und die dafür erforderlichen Vorinvestitionen spätestens notwendig? Wann müssen beispielsweise wieviele Wohneinheiten erstellt sein und wann müssen die dafür erforderlichen Erschließungsmaßnahmen, also Straßen, Kanalisation, Strom, Gas, Wasser, Telephon u.a., sowie Schulen, Kindertagesheime usw. fertig sein?

- Wann müssen wir mit einem nicht gewünschten Ereignis rechnen (z.B. mit einem erneuten Fehlbedarf an Wohnungen)?
- Wann ist mit einem wiederkehrenden Ereignis zu rechnen (z.B. einer Flut)?
- Wann müssen die entsprechend notwendigen Pläne rechtswirksam vorliegen?
- Wie lange benötigen wir zur rechtswirksamen Aufstellung eines Plans?

Thomas Sieverts hat sich eingehend mit diesem Thema und der relativierenden Bedeutung der "Zeit" beschäftigt.[203]

Zeit als Entwicklungs- und Prognosefaktor
Zur Analyse und Prognose von quantitativen Größenordnungen bedürfen wir in der Regel der Beobachtung des jeweiligen Sachverhaltes in Zeitreihen und Zeithorizonten. Sie geben uns in einem ersten Teil zwar nicht allein Auskunft über die zu erwartende weitere Zukunft, jedoch stellen sie einen wesentlichen Informationsfaktor dar. Dabei spielt eine besondere Rolle, daß wir den Charakter der Zeitreihe und ihrer Entwicklung verstehen. So können wir die Entwicklung des Wohnungsbedarfs nur verstehen, wenn wir zur Zeitreihe der Wohnungszahlentwicklung auch die der privaten Haushalte lernen zu interpretieren und mit der Altersentwicklung zu kombinieren.

Zeit als Zyklus- und Rhythmusfaktor
Es gibt eine ganze Reihe von Ereignissen, die entweder regelmäßig oder unregelmäßig wiederkehren (Jahreszeiten, tägliche Verkehrsspitzen, jährlich unregelmäßige Sturmfluten an der Küste, langjährig wiederkehrende Fluten der Binnengewässer, mehrjährig wiederkehrende Schülerspitzen in Neubaugebieten oder Trokkenperioden in der Halbwüste usw.). Planung kann ohne Analyse des Rhythmus solcher Zeitabläufe nicht sinnvoll sein, selbst wenn der Rhythmus völlig unregelmäßig ist, also große Überraschungsmomente in sich birgt. Die besondere Gefahr liegt gerade bei den langjährig unregelmäßig wiederkehrenden Ereignissen. Sie verführen den Menschen dazu, ein solches Ereignis in der zeitlichen Erwartung so zu verdrängen, daß auch die Gefahrendimension verdrängt wird.

Eine solche Verdrängung hatte beispielsweise an der Küste stattgefunden hinsichtlich der Bedeutung von Schutzmaßnahmen gegen Sturmfluten. Es hatte etwa seit 1880 bis 1962 (also 80 Jahre lang) keine Summierung klimatischer und maritimer Negativfaktoren mehr gegeben, die zu einer sehr hohen Sturmflut führten. Die Deiche und die Organisation der Deichverteidigung wurden (auch als Planungsaufgabe) vernachlässigt, mit den bekannten katastrophalen Folgen der Sturmflut von 1962. Die nach der noch höheren Sturmflut von 1976, die als Alarmzeichen gewertet wurde, vom Hamburger Senat einberufene unabhängige Kommission kam damals zu dem Ergebnis, daß die langjährigen Zeitreihen nicht ausreichen, um festlegen zu können, ob die 80jährige "Ruhe"-Periode einen normalen oder anormalen Zyklus darstelle! Es ist bekannt, daß es in früheren Zeiten verheerende Sturmfluten gegeben hat. Die Daten aus dieser Zeit geben jedoch nicht her, wie stark die Sturmfluten damals wirklich waren. Es kann also auch sein, es ist sogar wahrscheinlich, daß die Umweltstörungen (z.B. das Ozonloch) eine verstärkte Häufung klimatologischer wie maritimer Negativfaktoren ausgelöst haben, die in

---

[203] Thomas Sieverts: "Zeit in der Raumplanung", in: DISP Nr. 85, ORL-Institut, ETH Zürich, 1986.

Zukunft zu extrem hohen Sturmfluten in schnellerem Zeitrhythmus führen. Allein dieser Eventualität (als typischem Planungserfordernis) muß also Rechnung getragen werden, selbst wenn man davon überzeugt sein sollte, daß es sich um einmalige Ereignisse gehandelt habe, die nur alle 80 Jahre auftreten. Die Ereignisse am Rhein um die Wende der Jahre 93/94 und 94/95 machen dies mehr als deutlich, denn auch dort war eine vergleichbare Flutwelle das letzte Mal 1927 aufgetreten.

Zeit als Terminfaktor
Für viele noch nachvollziehbar ist der übliche Terminzwang, daß irgendein "Quantum" (z.B. eine bestimmte Zahl Y von Wohneinheiten) bis zu einem bestimmten Zeitpunkt (Tag X) hergestellt werden sollte. Nicht so gewohnt ist die Terminplanung für den Eventualfall, der Stadtplanung besonders kennzeichnet. So schien Ende der 70er Jahre der Wohnungsbedarf befriedigt. Es war strittig, ob in den 80er Jahren ein erneuter Wohnungsbedarf auftreten werde (was heute erwiesen ist). Eine solide Planung hätte bei der Strittigkeit insofern Vorsorge treffen müssen, daß Wohnbauflächen förmlich ausgewiesen wurden, wohl wissend, daß allein Planungsvorbereitung, Planung selbst und Planverfahren zusammengenommen mehrere Jahre in Anspruch nehmen. Da dann noch die äußere Erschließung hinzukommt, war damals durch "Nicht-Entscheidungen" die Wohnungsmisere der 90er Jahre regelrecht vorprogrammiert, weil der Faktor "Zeit für Planung und vorbereitende Erschließung" schlichtweg übersehen wurde. Viele Beteiligte glaubten, es bedürfe nur der Verstärkung der Wohnungsbauförderungsmittel in den öffentlichen Haushalten, um den Wohnungsbau schnell wieder anzukurbeln; ein kardinaler Fehler mit sehr weitreichenden Folgen, wie wir an anderer Stelle auch schon gesehen haben. Die vorsorgliche und rechtzeitige Ausweisung war in diesem Fall die typische und grundsätzliche Aufgabe der Stadtplanung, in der in den 80er Jahren viele versagt haben.

Die Zeit ist also ein bedeutungsvoller Bestimmungsfaktor der Planung auf unterschiedlichen Ebenen und in unterschiedlichen Sachzusammenhängen. Wer sie vernachlässigt, löst schwerwiegende Folgen aus.

4.7 Ausblick

Wir kommen in unseren Erörterungen zu dem Ergebnis, daß die Veränderungen in unserer Gesellschaft, ausgelöst durch eine Vielzahl von Ursachen, längerfristig immer ein bestimmender Faktor für die Entwicklung unserer Städte gewesen sind und bleiben werden. Der technische Fortschritt und die Entwicklung zum Massenwohlstand waren die Eckwerte dieser Entwicklung.

Zur Zeit zeichnet sich wieder ein neues Ereignis für weitere Veränderungsschübe ab, die sich auch auf die räumliche Stadtentwicklung dramatisch werden auswirken können. Gemeint ist die außerordentliche Entwicklung der Telekommunikationstechnologie.

Es könnte z.B. sein, daß über kurz oder lang mit Hilfe der modernen Hochleistungstelekommunikation in vielen Sparten (insbesondere in Verwaltung und Management, aber auch in Produktion, Vertrieb und Publikumsbetreuung) ein Arbeitsplatz in der uns geläufigen Arbeitsstätte überflüssig wird, weil der Beschäftigte von einem Arbeitsplatz in seiner Wohnung aus seine Angaben in den Regelabläufen bewältigen kann.

Eines der bisherigen Entwicklungsszenarien war, daß sich die Identität von Arbeitsplatz und Wohnplatz in einem Haus, ja sogar in einem Wohnquartier, bei uns Schritt für Schritt aufgelöst hatte. Wir haben erörtert, daß sich dadurch neue und spezifische Arbeitsstandorte entwickelt hatten (City, Regierungsviertel, Universitätsviertel, Industrie- und Gewerbegebiete, Misch- und Wohngebiete usw.).

Es bedarf heute keiner besonderen Phantasie, um festzustellen, daß diese Entwicklung der letzten zweihundert Jahre eine Wendung erfahren könnte, die völlig neue Ansätze notwendig macht.
- Es stellt sich die Frage, wie Urbanität und soziale Kommunikation in einer telekommunikativ voll vernetzten Stadt aussehen werden.
- Es stellt sich die weitere Frage, wieweit die Menschen als Individuen bereit sein werden, auf den täglichen physischen Kontakt mit anderen Menschen am Arbeitsplatz zu verzichten,
und
- es stellt sich die Frage, wieweit der verdienende Teil von dem Teil, der die Hausarbeit verrichtet, im Haus im gesamten Tagesverlauf geduldet wird.

Daraus entstehen weitere Fragen in der Planungsebene wie etwa danach, wie dann noch ein öffentliches Nahverkehrsmittel aussehen könnte, dessen Rückgrat heute die Berufspendler sind. Fällt ein wesentlicher Teil der Berufspendler weg, werden Bus, Straßenbahn und Schnellbahn nur noch einen Bruchteil der heutigen Beförderungsfälle auf sich ziehen können. Ihre jeweilige Beförderungsleistung wird erheblich zurückgehen. Vermutlich werden diese Verkehrsmittel dann sehr teuer! Was geschieht dann mit denjenigen Fahrleistungen, die nicht berufsorientiert sind? Gerade diese Fahrleistungen sind in den letzten Jahrzehnten gewaltig angestiegen. Werden sie weiter so zunehmen? Welche positiven und welche negativen Auswirkungen auf die Stadtentwicklung könnten solche Ereignisse auslösen?

Der nächste Fragenkomplex wird sich dann auch mit einer möglicherweise entstehenden neuen Nutzungsbrache beschäftigten müssen. Nachdem wir gerade dabei sind, die sogenannte Industriebrache der klassischen Schwerindustrie besonders im Ruhrgebiet zu überwinden, tut sich in einem der möglichen Szenarien eine Brache der tertiären Dienste in unseren Stadtzentren und -nebenzentren auf, die verheerende Wirkungen haben könnte.

Die Stadtforschung und ihre Förderung durch staatliche Mittel sollte diese Fragenkomplexe intensiv aufgreifen und durch Szenarien des Wohlstandes, der Technologie und der aus beiden resultierenden menschlichen Verhaltensweisen untersuchen. In dieser Richtung hat die Zukunft längst begonnen.

5. Stadtideen und -systeme als rahmensetzende Faktoren

5.1 Allgemeines

Ideen, Utopien und auch Ideologien zur Stadtentwicklung können unterschiedlichster Art sein. Sie alle haben eines gemeinsam. Sie sind nicht "geplant", sondern werden "ausgedacht" und der Planung sozusagen als "Sollgeber" vorangestellt. Anfang der siebziger Jahre fand z.B. in der engsten Runde der Behördenleitung der Baubehörde in Hamburg, nämlich Senator Cäsar Meister (Minister), Staatsrat Dr. Dieter Haas (Staatssekretär) und dem Verfasser als Oberbaudirektor (Leitender Fachbeamter der Gesamtbehörde), ein "Brainstorming" statt. Thema: Seit Beginn des Ersten Weltkrieges (also rd. 60 Jahre lang) hatte es keine Maßnahmen zur Erhaltung des Wertes derjenigen Wohnungen gegeben, die davor und bis zum Ende des Zweiten Weltkrieges gebaut waren. Trotz der Kriegszerstörungen war die Masse noch erheblich, drohte jedoch immer häufiger der Spitzhacke zum Opfer zu fallen. Die beiden Kriege und Nachkriegszeiten sowie die Wirtschaftskrise nach dem Ersten Weltkrieg mit der Wohnungszwangwirtschaft hatten zu sehr niedrigen Mieten geführt, die noch nicht einmal eine voll ausreichende Instandhaltung erlaubten, geschweige denn eine Modernisierung. Der Verfall von Wohnquartieren lag nicht nur im langsamen Verfall der technischen Bausubstanz der Gebäude, sondern auch im Zurückfallen in der relativen Qualität des Ausstattungsstandards. Das Fehlen vollwertiger Küchen und Badezimmer und die Lage der Toiletten im Treppenhaus oder gar auf dem Hof ließen den allgemeinen Wert der Wohnungen flächenhaft sinken. Hinzu kam der Verfall des privaten wie öffentlichen Wohn-Umfeldes dieser Quartiere.

Die in diesem Brainstorming gewonnene Idee war folgendermaßen: Es mußte ein Anreiz geschaffen werden, der möglichst alle Eigentümer alter Häuser dazu bewegte, ihre Gebäude nicht abzureißen, nicht nur grundinstandzusetzen, sondern auch zu modernisieren. Untersuchungen und Befragungen hatten gezeigt, daß ein weit überwiegender Teil der Mieter (die in diesen Wohnungen lebenden Bürger gehörten wahrlich nicht zu den sogenannten "Besserverdienenden") bereit war, für Verbesserungen eine deutlich höhere Miete zu bezahlen. Das Problem lag in der inzwischen aufgelaufenen Dimension der Grundinstandsetzungsbedarfe, für die eigentlich allein der Eigentümer aufzukommen hat. Allerdings hatte die Zwangswirtschaft (d.h. also der Staat) den Eigentümer an dieser seiner Aufgabe durch die Festsetzung zu niedriger Mieten regelrecht gehindert. Hierfür entstand bei diesem Treffen die Idee einer Anlauffinanzierung, die in einer degressiven Subventionierung der Zinsen bestand. Die Degression sollte folgendermaßen aussehen: In den ersten drei Jahren sollten die Zinsen voll, in den folgenden drei Jahren zu zwei Dritteln, in den letzten drei Jahren zu einem Drittel subventioniert werden. Damit sollte erreicht werden, daß die Mietanpassung gestreckt wurde. Bedingung sollte sein, daß eine Subventionierung nur erfolgte, wenn die Mehrheit der Mieter zustimmte. Außerdem schien es angebracht, eine Befristung für die Beantragung einer solchen Subvention auf zehn Jahre vorzunehmen, damit Hauseigentümer wie Mieter nicht auf Grund von Entschlußlosigkeit zu lange zögerten. Grundlage des Gedankens war, ein Konzept zu finden, das den Eigentümern erlaubte, das Versäumte nachzuholen, ohne daß der Mieter sofort die volle Mieterhöhung tragen muß. Dann erst setzte die Planung ein mit Festsetzung von Prioritätsstadtteilen, einer Stadtteilentwicklungsplanung, komplementären Maßnahmen im öffentlichen Raum (Pflanzen von Straßenbäumen, Verkehrsberuhigung usw.), Einwerbung von Mitteln in der mittelfristigen Finanzplanung usw.

Trotz der aufgetretenen Ärgernisse und Probleme lief diese dann in ein "geplantes Programm" umgesetzte Idee so erfolgreich an, daß die übrigen Bundesländer und der Bund mit ähnlichen Programmen folgten. Schließlich fand das Vorgehen sogar Interesse im Ausland, so daß der Internationale Verband für Wohnungswesen, Städtebau und Raumplanung seinen Weltkongreß mit dem Thema "Revitalisierung vom Verfall bedrohter Quartiere" und die "International Union of Local Authorities" ihren Jahreskongreß beide 1978 in Hamburg als Musterstadt abhielten, wobei inzwischen in Hamburg als logische Folge Prioritätsstadtteile im Rahmen einer neu entwickelten Stadtteilentwicklungsplanung festgelegt worden waren.[204] In einem späteren Zug hatte der Verfasser noch auf Bundesebene versucht, eine gekoppelte Förderung von Maßnahmen zur Energieeinsparung und gegen den Verkehrslärm in das gesamte Programm zu integrieren. Beim ersten Fall war mir ein Teilerfolg beschieden, beim zweiten Fall scheiterte ein Schutzgesetz gegen den Verkehrslärm an der FDP im letzten Moment im Bundestag, nachdem schon alles gelaufen schien.

Ein zweites Beispiel soll zeigen, wie auch auf der Ebene der städtebaulichen Gestaltungsplanung Ideen rahmensetzend sein können. Das Hamburger Landesplanungsamt hatte erfolglos mehrere Konzepte zur Umgestaltung des Citygebietes zwischen Collonaden, Jungfernstieg, Neuer Wall, Stadthausbrücke, Hohe Bleichen und Gänsemarkt in eine Fußgängerzone entwickelt. In diesem Gebiet waren überwiegend Spezialgeschäfte ansässig, die von Stammkunden und nicht von Laufkundschaft lebten. Die Inhaber dieser Geschäfte liefen deshalb Sturm gegen die Sperrung eines Teils der Straßen in diesem Gebiet für den PKW-Verkehr. Um eine Lösung zu finden, erörterten Klaus-Dieter Ebert und Tassilo Braune (als Bereichs- bzw. Amtsleiter für Landesplanung und Städtebau) mit dem Verfasser Mitte der 70er Jahre Alternativen. Herr Braune schlug vor, den Fußgänger nicht von außen an die Gebäude heranzuführen, sondern sozusagen von "innen". D.h. man sollte den Versuch starten, in die Baublöcke ein Sysstm überdachter Passagen einzufügen. Eine solche Idee könnte einen Mehrfachnutzen auslösen:
- ein Fußgängersystem würde dadurch erreicht,
- die Fußgänger könnten sich darüber hinaus auch bei dem berühmten Hamburger "Schmuddelwetter" trocken bewegen,
- den Anliegen der Geschäftsleute würde durch diese Idee Rechnung getragen und
- außerdem würde die Schaufensterfläche für die Geschäfte mehr oder weniger verdoppelt.

Daraus entstand dann in intensiver und mühseliger Kleinarbeit zusammen mit den Geschäftsinhabern, Gebäudeeigentümern und deren Architekten die Planung für das inzwischen weit über Hamburg bekannt gewordene Passagensystem. Danach setzten ebenfalls in mühseliger Kleinarbeit ordnende Vollzugsplanungen ein, wie

---

[204] Siehe dazu: Internationaler Verband für Wohnungswesen, Städtebau und Raumplanung, "Papers and Proceedings, 34th World Congress 1978, Hamburg."

z.B. ein neugeordneter Verkehrsanschluß, eine Neuordnung des Grund und Bodens usw. In diesem Zusammenhang wurde es dann auch erst möglich den Rathausmarkt zum Fußgängerplatz umzugestalten.

Diese Beispiele sollen zeigen, wie sich der Prozeß der Entstehung einer Idee mit nachfolgender Entwicklung einer Planung, für die die Idee eine Sollvorgabe ist, entwickelt. Zum eigentlichen Sachverhalt werden wir in gesonderten Kapiteln zur Stadterneuerung später weitere Einzelheiten erörtern.

Ideen und Utopien können sich zu starren Ideologien verhärten. So geschah es in der ehemaligen DDR, als die Mieten auf ein Minimum eingefroren wurden. Sie wurden so niedrig angesetzt, daß davon im Laufe der Zeit noch nicht einmal die laufende Instandhaltung, geschweige denn eine Grundinstandsetzung oder gar Modernisierung bezahlt werden konnte. Das Ergebnis war, daß in ständig wachsendem Maße Häuser erst im obersten Geschoß und anschließend im Rhythmus von mehreren Jahren die anderen Geschosse unbewohnbar wurden, weil z.B. das Dach nicht mehr repariert wurde. Es setzte eine politisch-ideologisch bestimmte Todesspirale für Häuser ein, deren Niedergang z.T. sogar nach der Wende nicht mehr aufzuhalten war. Allerdings hat hier noch ein zweiter politisch-ideologischer Hintergrund gewirkt, nämlich die Politik der Sozialisierung (Enteignung) des Wohnungsbestandes. Manche Wohnung konnte nicht gerettet werden, weil es an der Verantwortungs- und Handlungszuständigkeit fehlte, weil die Eigentumsverhältnisse ungeklärt waren.

Ideen als Sollvorgabe für die Planung sind notwendig, Ideologien dagegen gefährlich. Zwischen ihnen zu unterscheiden ist nicht immer einfach. Zum weiteren Verständnis von Ideen ist zunächst festzustellen, daß es nicht nur Globalideen zur "Stadt als Ganzem", sondern auch zu Teilfunktionen und zu Teilbereichen wie auch Teilräumen geben muß. Besonders zu beachten ist außerdem, daß es Ideen zu spezifischen Funktionen bei weitem nicht von vornherein geben konnte, weil die Funktionen gar nicht oder nur teilweise bestanden haben. Wir wollen uns deshalb im nächsten Kapitel mit Stadtideen als Sollgeber exemplarisch ein wenig auseinandersetzen.

Soweit bis heute bekannt ist, hat es nach Benevolo[205] und anderen bei allen menschlichen Ansiedlungen im Altertum in Europa, dem Nahen Osten oder Asien einige wenige Ideen als Ursachen für die Anlage urbaner Siedlungen gegeben, nämlich
- der Bedarf nach einem ständigen Platz für den Austausch von Gütern, Dienstleistungen und Informationen (Agora, Markt);
- der Bedarf nach einem sicheren Rückzugsort gegen bewaffnete Überfälle (Festung, Stadtmauer);
- der Bedarf nach Kult- oder Religionszentren (Tempel, Zikkurat, Kirche, Moschee).

Nachdem sich jeweils komplexere Gesellschaftssysteme entwickelt hatten (Kommune, Staat), kamen hinzu
- der Bedarf nach einem ständigen Verwaltungs-, Regierungs- oder Herrschaftszentrum (Schloß, Zitadelle, Rathaus, politische Versammlungsplätze und -räume, staatliches Verwaltungszentrum).

---

205 Leonardo Benevolo: "Die Geschichte der Stadt", Fn. 6.

Erst im Zuge und nach der Industrialisierung entstand mit den großen Verdichtungsräumen auch
- der Bedarf an umfassender kollektiver sozialer Versorgung, also der Gemeinbedarfseinrichtungen und Ideen zu ihrer unmittelbaren Zuordnung zum Nutzer (Einrichtungen und deren Standorte für Kinder und Jugendliche, für Bildung, Fort- und Ausbildung, ältere und behinderte Menschen, stationäre und ambulante Krankenbehandlung, kulturelle und wissenschaftliche Zwecke, Freizeit und Erholung u.a.).

Schließlich entstand im Zuge der Entwicklung des technischen Fortschritts (Zentralheizung, elektrische Geräte im Haushalt, individuelle Verkehrsmittel usw.) eine Zerstörung der Umwelt in einem so großen Ausmaß, daß
- der Bedarf an Ideen zur Abwägung der Planung mit der Umweltverträglichkeit nach entsprechenden Entscheidungen ebenso entstand wie der Bedarf an Ideen zu speziellen umweltorientierten Planungen.

Es liegt auf der Hand, daß Ideen zur Stadtentwicklung mit der Industrialisierung und der Entwicklung danach sprunghaft neuen und veränderten Ansprüchen ausgesetzt waren, so daß auch neue Ideen entstehen mußten. Wir wollen in diesem Kapitel exemplarisch einige Stadtideen erörtern, um darzustellen, wie sie sich auf die Systeme der Struktur und Gestalt von Städten ausgewirkt haben. Dabei geht es zunächst um Funktionsideen. In einem weiteren Kapitel werden wir uns dann mit Ideen zu räumlichen Stadtsystemen beschäftigen (z.B. Konzentrisches System, Finger- oder Achsen-System usw.).

5.2 Ideen zur Stadtfunktion

5.2.1 Idee der Marktfunktion

Wir haben schon erörtert, daß der Überschuß, der zunächst aus Ackerbau und Viehzucht, später auch aus gewerblicher Tätigkeit erwirtschaftet wurde, an andere verkauft werden mußte und deshalb feste Standorte notwendig waren, in denen gehandelt werden konnte. Feste Standorte waren notwendig, damit automatisch klar war, wo der Handel stattfand. Aus dieser Grundidee entwickelten sich Folgeideen. Z.B. trachtete man natürlich danach, daß ein Handelsstandort optimal erreichbar war (zunächst für den unmittelbaren eigenen Einzugsbereich, später ggf. für den überregionalen Anschluß). D.h., daß ein Marktflecken in günstigen Lagen (Mittelpunkt des eigenen Einzugsbereichs, Kreuzung übergeordneter Wege, Standort an der Furt oder Mündung eines Flusses, Standort am Ausgang eines Tales usw.) angelegt wurde. Diese übergeordnete Funktionsidee führte also zu bestimmten Lageanforderungen, die die Charakteristik des Ortes prägen mußten. Erster prägender Faktor war in der Regel das Straßenkreuz, das entweder als Kreuzung alter Handelswege schon entstanden war oder auf Grund des "Marktplatzes" neu entstand. Nahezu automatisch lag der Marktplatz direkt an diesem Straßenkreuz. Von diesem "Zentrum" aus entwickelte sich dann jeder Ort nach außen entlang der "Ausfallstraßen". Es entstanden die typischen, entlang dieser Straßen nach außen gestreckten "Jahresringe", die mit dem Straßenkreuz vier "Quartiere" oder "Viertel" bildeten. Um den Markt setzten sich später weitere zentrale Funktionen an. Damit war das "Konzentrische Stadtsystem" entstanden. An den Straßen lebten meist die Familien, die den Ton angaben (Handelsleute, Handwerksmeister, Adlige, Administratoren, Klerus usw.). Im Dachboden, in den Hinterhäusern oder -höfen lebte meist die Masse der Bevölkerung, oft als Fronarbeiter, Leibeigene oder sogar als Sklaven. Eine Idee zur Strukturierung und weiteren Untergliederung der Stadt als Raum sozialer Aktivitäten und sozialer Versorgung aller Einwohner wurde offensichtlich bei den Städten der vorindustriellen Zeit für die Planung noch nicht vorgegeben (wie etwa die multizentrische Stadt mit dezentraler Konzentration).

Freudenstadt

Die Idee der Marktfunktion umfaßt auch die Umschlagsplätze für Güter und Dienstleistungen, wie etwa See- und Binnenhäfen, Flughäfen und alle Standorte großer Verteilungslager mit eigenen Systemen räumlicher Ordnung.

Die Grundidee besteht noch heute, obwohl die Marktfunktion nicht mehr so beherrschend ist, sich andererseits aber auch in ein sehr vielschichtiges Bild verwandelt hat. Wir finden sie in den heutigen Zentralen Orten bzw. Standorten, die jedoch inzwischen zusätzlich auch als Raum sozialer Aktivitäten und Versorgung verstanden und geplant werden.

Karlsruhe

5.2.2 Idee der Herrschaftsfunktion

Mannheim

Grafik 29

Sobald sich Gesellschaftsformen höherer Ordnung in Form von Staaten gebildet hatten, entstand das Erfordernis nach dem Sitz der Staatsmacht (zunächst Herrscher, dann Regierung, später auch Parlament). In diesem Fall ist zweierlei zu unterscheiden, nämlich einerseits das Bedürfnis nach Schutz der Herrschaft (Zitadelle, ausreichende Breite der Straßen für Polizeiaufmärsche, in Paris durch Haußmann initiiert, oder in der heutigen Zeit z.B. die Bannmeile) und andererseits die Demonstration der Herrschaft (Schloß und streng darauf ausgerichtetes Stadtsystem, z.B. Barockstadt oder auch herausgehobenes Parlamentsgebäude und Regierungsviertel (siehe Grafik 29). Diese Anforderungen haben das jeweilige Stadtbild unterschiedlich stark geprägt. Selbst heute noch sind in dem riesigen London Westminster und Buckingham Palace ebenso unübersehbar wie etwa in Washington das Regierungsviertel mit seiner Dominante, dem Kongreßgebäude. Mit einer übermäßigen Demonstration der staatlichen Gewalten durch dafür weit überproportionierte Anlagen, z.B. in den Städten Brasilia und Chandigarh, ist die Bildung städtischer Urbanität mehr oder weniger erschwert worden. Das Bild der Stadt Hamburg, die nie etwas anderes als reine Bürgerstadt war, wird durch das Rathaus, den Komplex der Gerichtsgebäude, die "Speicherstadt" im alten Hafen als herausragenden städtebaulichen Merkmalen und durch das Verkehrsnetz mit relativ schmalen, sich windenden begrünten Straßen geprägt. Eine "Residenz", auf die alles bezogen war, gab es in Hamburg nicht. Im Gegensatz dazu sind die Residenzstädte Berlin und München durch ihre repräsentativen Herrschaftsbauten, sehr breite und achsiale Straßenzüge bestimmt. Eines der herausragendsten Beispiele der Machtdemonstration war die verbotene "Kaiserstadt" in Beijing. Sie war nicht nur Wohnsitz des Kaisers und seiner Familie, sondern Regierungssitz. Sie war etwa so groß wie die heutige Innenstadt von Hannover und dominierte die gesamte Struktur dieser Stadt. Sie tut es in Grenzen sogar heute noch, trotz der elf Millionen Einwohner der Stadtregion von Beijing. Ein weiteres Beispiel der Demonstration von Weltmacht ist natürlich Rom mit seinen Kaiserforen, Palästen und Gärten. Ein Beispiel an Demonstration kolonialer Herrschaft ist Neu-Delhi mit seiner überdimensionierten "Regierungsachse". In neuester Zeit erleben wir eine Diskussion über das Ob und Wie des Ausdrucks von Herrschaft durch die Planungen für Berlin als Hauptstadt des vereinten Deutschland.

Regierungsmacht wurde nicht nur in den nationalen Hauptstädten, sondern auch in den Provinzhauptstädten zentral regierter Nationalstaaten und in den Landeshauptstädten föderalistischer Staaten demonstriert. Die einen wollten die ständige Präsenz des zentralen Staates herauskehren, die anderen wollten deutlich machen, daß es nicht nur die zentrale Staatsmacht gibt.

Dem letzteren Fall verdankt Deutschland seine reiche Städtelandschaft mit dezentraler Konzentration zahlreicher Mittel- und Großstädte. Dieses Beispiel zeigt, daß auch ein Staatsziel wie der Förderalismus, ein ganz erheblicher Bestimmungsfaktor für die Raumordnung und damit auch für die Planung der Standorte, Größe und Funktionen von Städten sein kann.

Hauptstädte waren selbstverständlich immer auch Markt (per se z.B. als Informationsmarkt über Regierungsabsichten, -beschlüsse und -erlasse). Die Idee der Herrschaftsfunktion finden wir deshalb in der Regel auch gleichzeitig als Mischform mit der Marktfunktion.

5.2.3 Idee der Verteidigungsfunktion

Städte waren ursprünglich auch Ort regionaler und nationaler Verteidigung. Hier gilt es nach drei Zielsetzungen für die Planung zu unterscheiden. Die erste Zielsetzung war auf den unmittelbaren Schutz der jeweiligen Stadt gerichtet, d.h. die Planung der Verteidigungsanlagen. Bis zur Entwicklung der Feuerwaffen bestand die Planung in der Anlage von Stadtmauern. Die zweite Folgeplanung bestand in der besonderen Sicherung der Hauptstadt. So wurde z.B. Brasilia als neue Hauptstadt von Brasilien in das Innere verlegt, damit überlegene Seemächte die Hauptstadt nicht von See her erobern konnten, wie es bei Rio de Janeiro der Fall hätte sein können. Daß dieser Fall schon überholt war, als es schließlich zum Bau von Brasilia kam, spielt hierbei eine sekundäre Rolle. Brasilia hatte noch eine andere Funktion, nämlich die der inneren Kolonisierung des Landes. Diese Idee führte dazu, daß die Verlegung der Hauptstadt weiter verfolgt wurde, obwohl angesichts von Flugzeugen und Raketen die militärstrategische Idee überholt war. Wir sehen, daß der Zeitraum von der Artikulation einer Idee über die Konzeption und Detaillierung der dafür erforderlichen Planung bis zum Vollzug so lange dauern kann, daß am Ende zumindest teilweise Idee und Ziel überholt sind. Die dritte Zielsetzung bei der Verteidigungsfunktion lag in der Sicherung der Staatsgrenze durch den Bau von Militärstädten. Sie kennen wir von den Römern, die ihre Verteidigungsanlagen (z.B. den Limes in Germanien) durch Militärlager in bestimmten Abständen absicherten, die mit der Zeit den Charakter von Städten annahmen. Auch heute soll es derlei Städte geben, so z.B. in Saudi Arabien entlang der Grenze zum Irak.

Braunau (Inn)

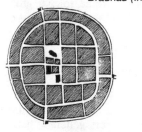
Neubrandenburg

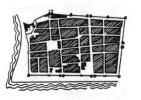
Aigues Mortes

Grafik 30

Auch verteidigungsstrategische Ziele haben also Standort, Struktur und Größe von Städten bestimmt. Schließlich haben sie auch die Stadtform bestimmt. Eine Stadtmauer für die militärische Verteidigung ist immer sehr teuer gewesen. Deshalb wurden Formen gesucht, die bei maximaler Fläche eine Minimierung der Mauerlänge erlaubten. Daraus ergab sich nahezu zwangsläufig, daß der Kreis oder das Quadrat und, wenn die Topographie nichts anderes erlaubte, ihnen angenäherte Formen (Ellipse oder Rechteck) den Grundriß der Stadt bestimmten (siehe Grafik 30). Die Idee der Verteidigungsfunktion ist allerdings mit den modernen Waffen vollständig obsolet geworden.

Die Ideen der Markt-, Herrschafts- und Verteidigungsfunktionen und ihre Mischungen führten in der Regel zu funktionalen Gliederungen der Stadt mit dem kommerziellen Bereich (Markt, Markthallen, später Geldwechselorte usw.), dem Regierungs- und Verwaltungsviertel (Schloß, Zitadelle, Forum, Parlament, Rathaus usw.). Sie bildeten zusammen meist einen zentralen Bereich, ohne sich dabei zu vermischen. Von diesem zentralen Bereich setzten sich in der Regel die Wohnbereiche ab. Eine Mischung war eher ungewöhnlich. Auch der überdachte orientalische Markt (Souk) enthielt in seiner traditionellen Form keine Wohnungen (siehe Grafiken 31 und 32).

5.2.4 Idee der ortsgebundenen Standortfunktion

Die metallverarbeitende Grundstoffindustrie war und ist standortgebundener als nahezu alle anderen Wirtschaftszweige. Sowohl die Erzvorkommen als auch die für die Schmelze notwendigen Energiegrundstoffe (insbesondere Kohle) erzeugen durch die erforderliche Menge enorme Transportkosten. Deshalb ließen sich die Stahl-, Kupfer- und anderen "Schmieden" in der Regel am Gewinnungsort der Grundstoffe, überwiegend bei den Zechen, nieder. Es entstanden die großen Industriereviere mit den ihnen direkt zugeordneten Werkssiedlungen. So entstanden wegen der großen Belegschaften der Zechen, Stahl- und anderen Werke große Industriestädte. Wegen ihrer Größe entwickelten sich diese Städte zwangsläufig auch zu zentralen Orten ihrer Region. Fast automatisch siedelte sich dann auch das kleinere und mittlere Gewerbe in diesen Räumen an. Die Verkehrsanbindung war insbesondere für den Frachtverkehr von großer Bedeutung. Dennoch war der Standort nicht durch günstige Verkehrslagen bestimmt, sondern durch die Kohle- oder Erzlager. Kohle und Erz waren in der Regel nicht an einem identischen Ort zu finden, so daß eines dieser Güter immer zum Transport anstand. Der dafür erforderliche Massentransport wurde erst durch die Erfindung der Eisenbahn möglich. Die Transportwege mußten erst noch geschaffen werden. Insbesondere bestand und besteht für diesen Fall auch immer das unmittelbare Erfordernis staatlicher Raumordnung und Verkehrsplanung, damit ein koordiniertes Planen und Handeln zwischen der Wirtschaft und den öffentlichen Händen möglich wird. Die massive Lage von Kohlevorkommen erzeugte die Nachbarschaft einer ganzen Reihe solcher großer Städte, wodurch schließlich in Deutschland das "Ruhrgebiet" und in England die "Midlands" entstanden.

5.2.5 Idee der sozio-kulturellen Versorgungsfunktion

Es fällt zunächst erst einmal auf, daß die Stadtideen vor der Industrialisierung keine nennenswerten Beiträge zu sozio-kulturellen Entwicklung für die Gesamtheit der Einwohner geliefert haben. Der Schulbesuch war das Privileg sehr kleiner Oberschichten der Bevölkerung. Es gab also kein besonderes Verteilungssystems von Schulgebäuden nach einem besonderen, sich hin und wieder auch verändernden Schulsystem für die Allgemeinheit. Eine staatlich geregelte, kollektive Gesundheitsfürsorge war unbekannt usw. Wir sollten deshalb einen Blick auf diese schlechten Lebensbedingungen für die überwiegende Zahl der Bewohner in den Städten dieser Zeiten werfen. Manche Stadt der vorindustriellen Zeit hätte bei den heutigen Zielen, Anforderungen und Ideen nicht überleben können. Das Leben für die Masse der Bevölkerung in Städten wie Beijing, Athen, Rom und auch London der ersten Industrialisierungsphase muß schrecklich gewesen sein. Ebenezer Howard macht das mehr als deutlich. Wenn wir die Entwicklung der Städte und der sie tragenden Ideen nicht nur beschreiben, sondern auch bewerten wollen, müssen

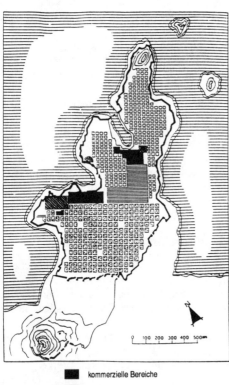

Plan von Milet nach Hippodamus

■ kommerzielle Bereiche
≡ Bereich für öffentliche Angelegenheiten
▨ religiöse Bereiche

Grafik 31

wir uns auch damit auseinandersetzen. Wir müssen dies auch deshalb tun, weil wir sonst nicht begreifen können wie sich die Ideen entwickelt haben. Dazu soll uns eine Rückblende auf die Zustände in Athen und Rom dienen, die stellvertretend auch für andere Städte gilt.

Während seiner Blütezeit hatte Rom vermutlich eine Million Einwohner. Ein Stadtplan aus antiker Zeit, in dem 432 Straßen verzeichnet sind, ist teilweise erhalten. Die Stadt hatte angeblich über 40.000 Häuser, 1.700 Paläste, 11 Thermen, 850 Bäder, 1.300 öffentliche Brunnen, 11 Wasserleitungen versorgten die Stadt mit Wasser.

Im 2. Jahrhundert vor Christus begann Rom, noch als Republik, sich sprunghaft zu entwickeln, als die römische Oberschicht nach mehreren siegreichen Kriegen mit reichen Ländern im Osten des Mittelmeeres plötzlich über enorme Kapitalmengen verfügte, die nach Anlage drängten. Es entstanden riesige Landgüter, sog. Latifundien, die auf Grund brutalster Ausbeutung von Sklaven und rationeller Arbeitsorganisation billiger produzieren konnten als die noch übriggebliebenen Kleinbauern. Diese mußten der enormen Konkurrenz weichen und ihr Land gleichfalls an die Großgrundbesitzer verkaufen. Die Landlosen wanderten in Scharen nach Rom. Dort bildeten sie eine Schicht von Gelegenheitsarbeitern und Arbeitslosen, die vom Staat oder reichen Privatleuten mit Getreide, Geld und sonstigen Spenden unterstützt wurden. Durch die Zuwanderung dieser Proletarii entstand geradezu eine Bevölkerungsexplosion Roms. Dazu kamen noch zahlreiche Sklaven in den städtischen Privathaushalten und öffentlichen Einrichtungen, freigelassene Sklaven, die sich in Rom niederließen und zahlreiche Einwanderer aus ganz Italien und von noch weiter. Bereits 187 v.Chr. wurden 12.000 Einwohner Roms, die nicht im Besitz des römischen Bürgerrechts waren, durch Senatsbeschluß ausgewiesen.[206, 207, 208]

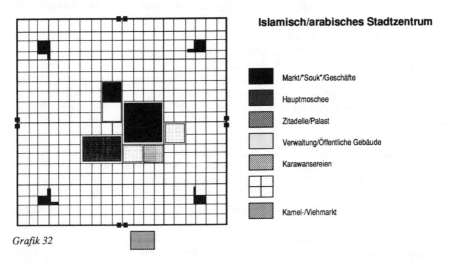

Grafik 32

---

206 Siehe hierzu auch: Mortimer Wheeler: "Kunst und Architektur eines Weltreichs", Fn. 196.
207 Burkhard Fehr: "Krisensymptome der antiken Großstadt am Beispiel von Rom", in: "Grenzen der Menschheit", Göttingen 1974.
208 Leonardo Benevolo, Fn. 6.

Diese Entwicklung zeigt Symptome, die wir auch heute in der Landflucht der Menschen in Indien, China, Brasilien und anderen Ländern in Asien, Südamerika und Afrika erkennen können. Im Rom dieser Zeit war es nämlich nicht das Angebot von Arbeitsplätzen, das die mobile Landbevölkerung anzog, sondern die totale Unfähigkeit der ländlichen Gebiete, ihre Überschußbevölkerung zu ernähren bzw. dafür neue, eigene Arbeitsplätze zu initiieren, so daß sie den "Landflüchtling" nur noch auf ein wenig Glück in der Stadt, einen "Gelegenheitsjob" oder "Überlebenssubventionen" vom Staat hoffen ließ. Er verließ die ländlichen Gebiete, weil sie noch schlimmer waren als die Städte! Dazu kommen Erscheinungen, die vergleichbar sind mit den sogenannten Wirtschaftsasylanten heutiger Prägung. Sklaven, besitzlose Proletarii und eine kapitalstarke Oberschicht waren die sozialen Gruppen, die die Entwicklung Roms und der übrigen Großstädte des Reiches in den Jahrhunderten vor Christi Geburt bestimmten. Soziale Spannungen gewaltigen Ausmaßes konnten deshalb nicht ausbleiben. Im Jahr 133 v. Chr. führte diese Kluft schließlich zu einer schweren Krise, der sog. Gracchischen Revolution. Über ein Jahrhundert lang herrschten deshalb auch in Rom chaotische Zustände, die erst durch Augustus beendet wurden.

Die überwiegende Mehrheit der Einwohner Roms lebte nach Fehr[209] in Mietshäusern. Je mehr öffentliche und private Luxusbauten im Stadtkern errichtet wurden - neben den Villen und Palästen sind hier vor allem die großen Platzanlagen der Kaiser im Stadtzentrum zu nennen, die sog. Kaiserfora -, desto knapper wurde das für die Anlage von zentrumsnahen Mietwohnungen verfügbare Grundstücksangebot. Durch die hohe Nachfrage stiegen die Bodenpreise rapide. Wohngrundstücke in zentraler Lage waren weitaus gefragter als heutzutage, da der Nachteil der großen Entfernung peripherer Wohnlage nicht durch die heute zur Verfügung stehenden maschinellen, öffentlichen und privaten Verkehrsmittel ausgeglichen werden konnte. Damit waren alle Voraussetzungen für eine extreme Bodenspekulation gegeben. Einer der schlimmsten Spekulanten war der berüchtigte Crassus, der nach Bränden und Hauseinstürzen die betroffenen Grundstücke aufkaufte und auch sonst jeden Quadratmeter städtischen Bodens, dessen er habhaft werden konnte, an sich gebracht haben soll. Schließlich soll ihm halb Rom gehört haben. Daneben scheint er eine Art Monopolstellung in der Vermittlung von Sklaven gehabt zu haben, die qualifizierte Bauhandwerker oder Bautechniker waren. Wie überall, wo Grundstücke teuer sind, türmte man bei den Mietshäusern möglichst viele Stockwerke übereinander.

Ein Maß für die Qualität des Wohnens ist die Wohndichte. Sie hängt ab von der Bestimmung der Einwohnerzahl Roms, einem bisher ungelösten Problem. Die Angaben der neueren Forschung schwanken zwischen 700.000 und 1.200.000 Einwohnern. Die Zahl von 700.000 Einwohnern ergibt, bezogen auf das gesamte Stadtgebiet, eine Bevölkerungsdichte von 485 Einwohnern pro Hektar. Da obendrein ein Drittel des Stadtgebietes von öffentlichen Anlagen eingenommen wurde, ergeben sich, bezogen auf die eigentlichen Wohngebiete, kaum noch vorstellbare Besiedlungsdichten von 646 Einwohnern pro Hektar. Zum Vergleich: Schon 1969 bestand in den Wohngebieten Hamburgs eine Besiedlungsdichte von 87 Einwohnern/Hektar.

---

209 Vgl. Burkhard Fehr, Fn. 207.

In solchen Städten lebten die Armen (in Athen ca. 100.000 Sklaven und "Nichtbürger" gegenüber ca. 40.000 "Bürgern") im totalen Schmutz; die Wohnviertel in Athen waren noch wesentlich schlechter als in Rom. Die schmalen Gassen zwischen den eingeschossigen, vielfach muß man schon sagen "Hütten", starrten vor Schmutz; Haushaltsabfälle, ja selbst Exkremente wurden nur selten fortgeschafft. Der Athener mußte buchstäblich durch die Gassen "stampfen", bei Regen im Schlamm, bei trockener Hitze im knöcheltiefen Staub, durch Kot und anderen Abfall, umschwirrt von Fliegen, Mücken und sonstigem Ungeziefer, bestialisch stinkend.

Mit dem sozialen Rechtsstaat entwickelte sich dagegen der Bedarf an der Versorgung aller Bevölkerungsteile mit Schulen mit unmittelbarer Erreichbarkeit, Einrichtungen der Gesundheitsfürsorge, Büchereien, Kindergärten usw. Daraus entwickelte sich das System der Reichweiten und Einzugsbereiche. Daraus entstand dann wiederum aus Nachfrage und Angebot von Gütern und Dienstleistungen das Erfordernis der Gliederung der Stadt in Stadtteile und -bezirke sowie in zentrale Standorte mit hierarchischer Verteilungsordnung.

Schließlich entwickelte sich im Sozialstaat auch das Ziel der Versorgung aller privater Haushaltungen mit einer angemessenen Wohnung. Daraus entstand wiederum das Bedürfnis, für weniger begüterte Familien, insbesondere solche mit Kindern, eine staatlich-kommunale finanzielle Förderung einzuführen.

Es liegt auf der Hand, daß daraus notwendigerweise räumliche Systeme entstanden, die je nach Größe der Stadt und Bündelung ihrer Funktionen unterschiedliche Charakteristika aufweisen mußten. In einem bis dahin unbekannten Maß mußte die öffentliche Hand für diese soziale Versorgungsfunktion Grundeigentum für die Einrichtungen vorhalten und lokalisieren. Dadurch geriet auch die öffentliche Hand in den Sog der Bodenspekulation, so daß daraus und aus dem gleichzeitig sich entwickelnden Bedarf an öffentlich geförderten Wohnungen Ideen entstanden, wie man der Bodenspekulation wenigstens einigermaßen Herr werden konnte.

Es hat vermutlich schon lange Gedanken und Erörterungen unter denjenigen, die sich mit der Stadtentwicklung auseinandersetzen mußten, darüber geben, welche Wechselbeziehungen und Wirkungen zwischen Städtebau, Stadtökonomie und den sozialen Komponenten der Stadt bestehen. Sie wurden jedoch entweder nicht veröffentlicht, wurden nicht gehört oder auch nicht ernst genommen.

Als einen wesentlichen Teil der sozialreformerischen Ideen in der Stadtplanung sehe ich in den Vorstellungen zur Bodenreform in den Städten an, wie sie etwa von Bernoulli[210], Addickes[211], Damaschke[212] oder von Nell-Breuning[213] formuliert wurden. Auf sie werde ich im Zusammenhang von Bodenordnung und Stadtplanung in den folgenden Bänden dieser Reihe noch eingehen.

Da wir uns mit der Thematik der Bodenordnung noch sehr eingehend werden beschäftigen müssen, genügt es hier lediglich, sie zu erwähnen. Allerdings ist an dieser Stelle deutlich darauf hinzuweisen, daß es städtebauliche Entwicklungsmaßnahmen in der Komplexität von heute ohne entsprechende Ordnung des Grund und

---

210 Hans Bernoulli: "Die Stadt und ihr Boden", 2. Aufl., Zürich 1949.
211 F. Addickes: "Umlegung und Zonenenteignung als Mittel rationeller Stadterweiterung", in: Archiv für soziale Gesetzgebung und Statistik, Band VI, Berlin 1993.
212 Adolf Damaschke: "Deutsche Bodenreform - eine Einführung", Leipzig 1929.
213 Oswald v. Nell-Breuning: "Der soziale Rechtsstaat in der Bewährung - Bodenrecht und Bodeneigentum", in: "Grundeigentum und bauliche Ordnung", Bonn 1955.

Bodens, wie der dazu wiederum entsprechenden Eigentums- und Besitzverhältnisse, nicht geben kann. Insofern stellt die Bodenordnung und die auf sie bezogene Rechtssetzung einen wesentlichen rahmensetzenden Faktor für die Stadtplanung dar. Deshalb hat es und muß es immer wieder neue Diskussionen und Konzeptionen um dieses Thema gegeben. An dieser Stelle scheint es außerdem zwingend notwendig nicht nur, wie bislang in der Regel geschehen, die Eigentumsverhältnisse (Rechte, Pflichten, Einschränkungen) zu diskutieren, sondern auch die Besitz- und Nutzungsverhältnisse.

Während des sogenannten "Prager Frühlings" erläuterte einer der Stadtplaner von Prag bei einem Besuch in Deutschland, daß die "Sozialisierung" des Bodens dort nicht sonderlich viel gebracht habe, weil selbstverständlich das Nutzungsrecht an allen Grundstücken irgendwelchen Organisationen (Industrie- und Wohnkombinaten, LPGs, Bahn-, Straßen-, Schulverwaltungen usw.) übertragen worden sei. Diese schwerfälligen Institutionen hätten ihr Nutzungsrecht nur unter allergrößtem Druck von seiten der Regierung aufgegeben. Er fragte sich, ob dies bei uns, z.B. bei Staatsbetrieben, nicht ebenso sei. Er hatte völlig recht, wenn man bedenkt, wie sehr sich z.B. die Bundesbahn immer gesträubt hat, Grundstücke herzugeben, die mit an Sicherheit grenzender Wahrscheinlichkeit nie für Bahnzwecke verwendbar sein werden. Er wies zusätzlich darauf hin, daß in vielen Fällen die Prager gerne auch extrem hohe Preise für bestimmte Grundstücke bezahlt hätten, wenn sie nur hätten darüber für andere, kommunale Gemeinschaftszwecke verfügen können. Wir im Westen sollten nicht glauben, daß eine Bodenreform, die auch nur tendenziell in die Richtung gehe wie sie im Osten erfolgt sei, uns voran bringen könne. Ein solcher Weg führe rückwärts zur totalen Verfestigung bestehender Verhältnisse, zur Bewegungslosigkeit. Wenn Bodenreform diskutiert werde, dann sollte das nur im Kontext von Eigentums- und Nutzungs-/Besitzverhältnissen getan werden.

Auch an diesem Beispiel wird deutlich, welch rahmensetzende Wirkung die Thematik Bodenordnung hat.

5.2.6 Idee der Entlastungsfunktion

Der bislang alles überragende Versuch zur Formulierung von sozio-ökonomischen Entwicklungsvorstellungen stammt von dem britischen Parlamentsstenographen Ebenezer Howard.[214] Die Städte der frühen Industrialisierung in England konnten die Arbeitermassen vom Land zwar beschäftigen, aber weder adäquat bezahlen noch entsprechend unterbringen. Die Arbeiterquartiere waren Orte größten sozialen Elends. Die etwas später erfolgte Industrialisierung in den USA und in Deutschland führte zu ähnlichen, wenn auch abgemilderten Ergebnissen. Solche Industriestädte nannte Charles Dickens "Coke Town". Sie waren keine Stadt, sondern eine Ansammlung von Bergwerk, Eisenbahnlinie, Zeche, Hochofen, Hafen - Einrichtungen, die keine Dezentralisierung erlaubten. Es fehlte an finanziellen, technischen und politischen Voraussetzungen, das Wachstum dieser Städte zu steuern. Die Tradition der europäischen Städte - einst Zentren von Wissenschaft, Politik, Kultur, deren Luft "frei" machte, im wörtlichen und im übertragenen Sinne

---

214 Ebenezer Howard: "Garden Cities of Tomorrow", hrsg. von F. J. Osborn, Cambridge, Mass. 1965.

- trat bei dieser Entwicklung zunächst vollständig in den Hintergrund. Aus dieser Zeit stammt die äußerst harte Großstadtkritik, mit ihren realistischen, teilweise aber auch übertriebenen Schilderungen von der "Verameisung des Menschen", Kriminalität, Selbstmorden, Sittenverfall, Totgeburten, Abtreibungen, Mütter- und Säuglingssterblichkeit, Intelligenzschwund und von der Auflösung tragfähiger zwischenmenschlicher Beziehungen als Folgen der verderblichen Großstadteinflüsse. Das Land - geflohene Heimat der meisten Opfer des städtischen Elends - wurde zum Paradies erklärt: "Zurück zur Natur".

Vor diesem Hintergrund konzipierte Howard sein regionales Stadtentwicklungskonzept[215], das er in seiner ersten Veröffentlichung 1898 mit dem Titel "Tomorrow: a peaceful path to real Reform" versah. In der zweiten Auflage 1902 änderte er den Titel in: "Garden Cities of Tomorrow". Er wollte damit stärker die Stadtentwicklungskomponente seiner Gedanken herauskehren und gleichzeitig deutlich machen, daß er sich in diesem Konzept auch die stärkere Verknüpfung von Elementen des Stadtlebens mit dem auf dem Lande vorstellte.[216] Der Titel der zweiten Ausgabe hat jedoch erhebliche Mißverständnisse ausgelöst, die in der deutschen Gartenstadtidee zu Vorstellungen führten, die nur in Teilen mit denen von Howard identisch waren, z.T. in ihrer Folge sogar kontraproduktiv wirkten. So lebte die deutsche Gartenstadtidee in der Vorstellung von Städten mit weit überwiegendem Anteil des Einfamilienhauses, ja sogar in Kleinsiedlerformen, mit relativ geringer Betonung des Elements "autonome" Stadt mit voller Ausstattung an Arbeitsstätten und -plätzen. Rudolf Hillebrecht entdeckte, daß die deutsche Ausgabe von "Garden Cities" den Vorstellungen Howards über Bebauungsdichten nicht entsprach. Stutzig geworden, ließ er die originären Tabellen prüfen. Es stellte sich heraus: Howard hatte Dichtevorstellungen, die wir heute im großstädtischen Wohnsiedlungsbau mit Etagenwohnhäusern (!) anwenden, also etwa die GFZ von 0.6-0.8. Howard hatte also in Wirklichkeit nicht eine Gartenstadt aus Eigenheimen und Kleinsiedlungen, sondern eine Stadt von relativ hoher Kompaktheit und mit erheblichem Etagenwohnungsanteil im Sinn.[217] Sein Konzept baute auf einer Verlagerung von industriellen und gewerblichen Arbeitsplätzen aus den Großstädten in Entlastungsstädte im Umland, außerhalb eines Grüngürtels um die Großstädte, auf. Die Entlastungsstädte sollten sehr viel mehr Grün aufweisen als z.B. in London die großen Arbeiterquartiere. Dieses Mehr an Grün und die Lage am äußeren Rand eines Grüngürtels erzeugten den Begriff "Gartenstadt", der später zu weitgehend interpretiert wurde.

Die Stadt, wie sie geworden war, hielt Howard für unrettbar; das alte "Land" nicht minder. Beide böten unzulängliche Lebensverhältnisse. Seine neue Stadt sollte die Vorteile beider vereinigen, ohne die Nachteile zu übernehmen:

Schönheit der Natur, soziale Chancen, Natur und Parks mit leichtem Zugang, niedrige Mieten, hohe Löhne, niedrige Zinsen, viel Arbeit, niedrige Preise, kein Schweiß, Raum für Unternehmungen. Kapitalfluß, saubere Luft, sauberes Wasser

---

215 Stanley Buder: "Ebenezer Howard: The Genesis of a Town Planning Movement", Journal of the American Institute of Planners, Band 39, 1969.
216 Eine dritte Auflage erschien 1922, eine vierte 1946.
217 Siehe dazu auch: Gordon Cherry: "Wofür stand eigentlich die Gartenstadt-Bewegung?", in: Papers and Procedures, IFHP Jubilee Congress, Den Haag 1988.

und gute Entwässerung, helle Wohnungen, kein Rauch, keine Slums, Freiheit, Zusammenarbeit.

Auf genossenschaftlicher Basis sollten freie Grundstücke erworben und insgesamt erschlossen werden. Die Art der genossenschaftlichen Finanzierung und Verwaltung, die kreisrunde Stadtform (radiale Straßenzüge, zusammengeführt im zentralen Garten und einer äußeren Ringstraße), die begrenzte Ausdehnung (durch einen landwirtschaftlich genutzten Grüngürtel gegen weitere Ansiedlungen abgeschirmt), die begrenzte Bevölkerungszahl (30.000 Einwohner), die räumliche Trennung von Industrie, Landwirtschaft, Einrichtungen zum öffentlichen Gebrauch und durchgrünten Wohngebieten, die ökonomisch und verwaltungsmäßig autonome Stellung der Kommune belegen bereits, wie idealtypisch, aber auch "funktional" gedacht wurde. Dennoch sollte nicht übersehen werden, daß sehr viel Realismus hinter Howards Ideen steckte, wenn man die Weiterentwicklung verfolgt. Es war eine reale Utopie. Seine Darstellungsform ist abstrakt. Er ist nicht Architekt oder Stadtplaner. Sein Ausdrucksmittel ist die Sprache und nicht die Zeichnung. Seine kreisrunde Form der Stadt und andere Elemente seiner Grafik sollten nicht überinterpretiert werden - sie sind nur abstrakt-graphisch zu verstehen.

Es besagt wenig, daß die von Howard selbst initiierten Gartenstädte, Letchworth und Welwyn, keine besonderen Erfolge wurden. Beide Projekte litten unter erheblichen Finanzierungs- und Verwaltungsschwierigkeiten. Sie boten für Industrieunternehmen und Arbeiterbevölkerung - denen beiden die Gartenstadt so viele Vorzüge und Kostenersparnisse bringen sollte - keine ausreichenden Anreize. Die hohen Kosten einer neuen Infrastruktur ließen sich auf genossenschaftlicher und privatwirtschaftlicher Basis nicht aufbringen. Der Grundgedanke der Gartenstadt wurde wesentlich populärer als diese beiden Orte. Er fand seinen wirksamen Niederschlag in den staatlichen Wohnungsbauprogrammen, in den Empfehlungen königlicher Untersuchungskommissionen, die die Bevölkerungsprobleme (1937 - Barlow-Commission), die Zustände der landwirtschaftlichen Gebiete (1939 - Scott-Committee) und die finanziellen Probleme, die durch planmäßige Nutzung von Grund und Boden entstehen würden, zu analysieren hatten. Die Gartenstadtidee ging als wesentliches Element in den 1944 entworfenen und 1946 angenommenen Greater London Plan ein, der das unkontrollierte Wachstum des englischen Regierungs-, Finanz- und Industriezentrums durch die Anlage von neuen kleineren Entlastungsstädten in geplante Bahnen lenken sollte. Die Gartenstadtidee und die Sanierung der Londoner Innenstadtgebiete werden im Greater London Plan so eng miteinander verknüpft, wie Howard das im Sinn hatte: Die Planung neuer Orte in den Außenbezirken sollte weitreichende Konsequenzen auf die innerstädtischen Bezirke haben und umgekehrt. Es wurde erkannt, daß die Sanierung von London mit Maßnahmen in den Sanierungsgebieten allein nicht zu bewältigen war.

In diesem Zusammenhang sollten wir uns London etwas näher ansehen. Die hier dargestellten Daten stammen von Ende der 50er und Anfang der 60er Jahre[218], deren Ergebnis jedoch nach wie vor, wie wir bei Cherry[219] nachlesen können, Gültigkeit hat. Zunächst einmal wird es wichtig sein, sich das Wachstum dieser Stadt näher anzuschauen. Es gibt deutlich, in Abständen von etwa hundert Jahren, drei we-

---

218 Census of England and Wales; Registrar General's Mid Year Estimates (England), 1960; National insurance records of England and Wales, 1960.
219 Gordon E. Cherry: "Britain and the Metropolis", in: Townplanning Review 55, 1984.

sentliche Phasen bis in die zweite Hälfte unseres Jahrhunderts. Aus Grafik 33 können wir erkennen, daß der größte relative Wachstumssprung vor der Industrialisierung stattfand. Es ist dies die Zeit, in der das britische Empire aufgebaut wurde.

Entwicklungsphasen Londons[220]

Phase	Zeit	Bevölkerung	+ in %
	1660	ca. 500.000	
1.	1760	ca. 750.000	+ 50
2.	1860	ca. 3.000.000	+ 300
3.	1960	ca. 10.000.000	+ 230

Grafik 33

Um London zu verstehen, ist es wichtig, seinen Charakter genauer kennenzulernen.

London war, von der See her gesehen, der erste Standort, an dem man schon in früher Zeit die Themse überqueren konnte. Damit war eine wichtige Funktion gegeben, nämlich die des Verkehrskreuzes der Wege längs und quer zum Fluß. Es war dies der Punkt, an dem seewärts die Tide beginnt.

London liegt noch so nahe an der Themsemündung, daß sich hier damals gleichzeitig ein Seehafen entwickeln konnte. Damit erhielt dieser Standort die Funktion des Umschlagplatzes von See auf Land. Deshalb gründeten die Römer hier ihr Castrum "Londinum".

London liegt außerdem am Rande der Zone der südenglischen Landschaft, die relativ fruchtbar ist. Damit hatte London die Funktion eines zentralen Ortes für schon frühzeitig dichter besiedelte Gebiete erhalten. Damit war für London eine hervorragende Marktfunktion gegeben.

London wurde auf Grund dieser hervorragenden Merkmale relativ schnell Regierungs- und Verwaltungszentrum Englands. Die Entwicklung der ersten Phase der oben angeführten Tabelle war damit vorgezeichnet.

London verdankt jedoch seine Einmaligkeit der erfolgreichen Welt-, Handels- und Kolonialpolitik der Engländer. Der politische Erfolg des britischen Weltreiches ließ die Bedeutung Londons weit über seine Standortvorteile hinaus wachsen.

London wurde damit Zentrum der Weltfinanz und des Welthandels. Damit war die entscheidende zweite Phase vorgezeichnet. Damit ergab sich für London eine herausragende Herrschaftsfunktion.

London war aus all diesen Gründen deshalb auch hervorragend geeignet als Standort vielseitiger Industrie. Mit der Industrie und dem ständig wachsenden Bedürfnis an hohen Dienstleistungen war die Entwicklung Londons bis heute in ihrer Größenordnung endgültig festgelegt.

Denkt man an die Londoner Geldbörse und an die anderen Börsen, Banken und Versicherungen usw., dann wird einem verständlich, welch außerordentliche Anziehungskraft dieser zentrale Ort auf die ganze Welt haben mußte und, trotz aller Verlagerung des politischen und wirtschaftlichen Schwergewichts der Welt nach den USA und anderen Plätzen der Welt, auch heute noch hat.

Nach dem Zweiten Weltkrieg war man sich darüber einig, daß die Entwicklung in und um London nicht ständig so weiter gehen dürfe wie bisher. Unter der Leitung von Sir Abercrombie wurde 1944/48 der sogenannte Greater London Plan aufgestellt, der in seiner Gesamtheit die Beseitigung der negativen Folgen der Londoner Ballung bringen sollte. Dabei wurde als wichtigstes Ziel die Idee der "Entla-

---

220 Census of England and Wales, Fn. 218

stung" angesehen. Der Greater London Plan hatte, grob gezeichnet, folgenden Inhalt[221]:
a) In London und seiner verstädterten Zone sollten keinerlei neue Industrie- und Gewerbeflächen ausgewiesen werden, wenn sie nicht aus staatspolitischen Gründen unbedingt erforderlich waren. Neuen Betrieben sollte die Genehmigung versagt werden, sich in dieser Region niederzulassen.
b) Die landwirtschaftliche Grünzone (Greenbelt), die schon vor dem Plan Abercrombies gesetzlich gesichert war, sollte besonders stark in einer Tiefe von etwa 10 km geschützt werden.
c) Die riesigen Slumgebiete Londons sollten im großen Stil saniert werden. In erster Linie sollten Mischgebiete bereinigt, Freizonen gewonnen und zum Teil die nicht sehr hohen Siedlungsdichten erhöht werden.
d) Industriebetriebe sollten in neu zu schaffenden sogenannten "satellite towns" angesiedelt werden.
e) Diese "Trabanten" wurden außerhalb des Grüngürtels gelegt. Als wesentlich wurde eine Mindestentfernung von ca. 35 km vom Zentrum Londons, eine Größe von ca. 50.000 Einwohnern, ein eigenes Umland mit ca. 30.000 Einwohnern und eine soziale Struktur mit einem höchstens 50 % industrieller Arbeitsplätze angesehen.
f) Gleichzeitig mit den sogenannten "new towns" sollten als Trabanten auch vorhandene Städte weiter entwickelt werden, die sogenannten "development towns". Diese Formulierung hat Mißverständnisse hervorgebracht, da auch die acht "New Towns" um London ausnahmslos an einen alten Ortskern von 5.000 bis 20.000 Einwohnern angelehnt wurden, wie die Grafik 34 zeigt.
g) Schließlich sollten sogenannte "quasi satellite towns" entwickelt werden zur Befriedigung des schon vorhandenen und in jedem Falle zu erwartenden Wohnungsbedarfes der Stadt London selbst.

Die "Neuen Städte" um London[222]

Bevölkerung	vorhanden	geplant
1. Basildon	25.000 E	100.000 E
2. Bracknell	5.142 E	25.000 E
3. Crawley	10.000 E	56.000 E
4. Harlow	4.500 E	80.000 E
5. Hatfield	8.500 E	25.000 E
6. Hemel Hempstead	21.200 E	60.000 E
7. Stevenage	7.000 E	60.000 E
8. Welwen Garden City	18.500 E	50.000 E

Grafik 34

Abschließend muß zu dem Plan gesagt werden, daß er von vornherein ein Gebiet umfaßte, das, als Greater London Planning Region, eine Größenordnung von ca. 8.000 km² hatte. In ihm liegen nicht nur London und seine verstädterte Zone, der Grüngürtel und die bekannten new towns sowie die development towns, sondern auch noch ein erhebliches Hinterland für diese Trabanten. Schließlich erreichte das Gebiet der Greater London Planning Region eine Fläche, die mit ca. 13.400 km² nahezu gleich groß wie das Bundesland Schleswig-Holstein ist. Wir haben es hier also mit einem Gebiet zu tun, das keineswegs als total verstädtert oder als engeres Einflußgebiet der Riesenstadt London allein angesehen werden kann, sondern mit einem sehr großen Raum,

---

221 Ministry of Information for the Ministry of Town and Country Planning: "Greater London Plan" (England), 1948.
222 Quelle: "Greater London Plan", Fn. 221.

der schon nach Größe und Sache staatspolitischen Rang bekommen hat. Wenn man also die enormen Bemühungen der Engländer, insbesondere in der Koordinierung der planerischen Lösung dieser Aufgaben, mit der Gesetzgebung betrachtet, dann muß man sich ständig den Rang dieser Aufgabe vor Augen halten. Im Laufe der Zeit wurden mehrere Gesetze erlassen, die helfen sollten, das Gesamtkonzept in die Wirklichkeit umzusetzen und auf die Regionen der anderen großen Städte zu übertragen:

A Gesetz zur Neuverteilung der Industrie (Industries Distribution Act),
B Gesetz zur Stadt- und Umlandplanung (Town and Country Planning Act),
C Gesetz zur Schaffung neuer Städte (New Towns Act),
D Gesetz zur Erweiterung vorhandener Städte (Town Development Act).

Bei der Würdigung des Erfolges der Engländer sind zwei Maßnahmen besonders hervorzuheben: Die New Towns um London und die Sanierung der Slums in London. Beide Maßnahmen waren von höchstem wohnungspolitischen Erfolg gekrönt, da sie geholfen haben, unwürdige menschliche Lebensverhältnisse im Raum Groß-London und anderer Städte in England abzubauen. Die vielen Veröffentlichungen über diese Erfolge sind bekannt.[223] Ein Mißerfolg liegt in dem nicht erreichten Hauptziel, der Verminderung der Besiedlungsdichte im Gesamtraum und der Verminderung der Arbeitsplatzkonzentration in der Londoner Kernzone. Ursprung der Konzentration im Raum London ist der anhaltende Zuwachs an Arbeitsplätzen. Die tertiären Wirtschaftsgruppen sind dabei bestimmend gewesen. Da hierüber genauere Daten nicht zur Verfügung standen, muß es bei dieser Vermutung bleiben. Bei der Zahl der Arbeitsplätze werden wir deshalb eine Unterscheidung nach Zonen vornehmen müssen, um Schlußfolgerungen ziehen zu können. Die Grafik 35 zeigt drei Zonen des Gebietes Greater London und die darin liegenden Arbeitsplätze sowie deren Entwicklung allein von 1948 bis 1954.

Wir sehen hieraus zunächst, daß in der County of London schon 1948 mehr als die Hälfte aller Arbeitsplätze der Region konzentriert waren. Das heißt, daß auf noch nicht einmal 4 % der Greater London Planning Region 55 % aller Arbeitsplätze konzentriert waren. In der Zunahme 1948-1954 hatte sich diese Situation trotz der Anlage der neuen Städte noch verschärft, da von der Gesamtzunahme um 361.000 Arbeitsplätze 228.000 in der County of London entstanden waren. Von diesen 228.000 Arbeitsplätzen sind allein 120.000 wiederum in der Central Area von London entstanden. Wir erkennen weiterhin einen verstärkten Zug zur Konzentration der Arbeitsplätze im Zentrum, d.h. auch zu mehr tertiären Arbeitsplätzen.

Arbeitsplätze "Greater London Planning Region"[224]

	1948	1954
1. London County	ca. 2.454.000	ca. 2.692.000
2. Suburban Ring	ca. 1.754.000	ca. 1.831.000
3. Greenbelt and Outer Ring	ca. 570.000	ca. 626.000
insgesamt	ca. 4.778.000	ca. 5.149.000

Grafik 35

Die Greater London Planning Region hatte also in den Jahren 1948 bis 1954 um 361.000 Arbeitsplätze zugenommen, während die Zunahme an Bevölkerung nur 218.000 Einwohner betrug (siehe Grafiken 35 und 36). 218.000 Einwohner stellen lediglich die Mantelbevölkerung für ca. 100.000 Arbeitskräfte dar, bei einer Er-

---

223 Siehe hierzu auch: Jürgen Heuer: "Neue Städte in England", Neue Heimat, Heft 2, 1959.
224 Quelle: Census of England and Wales, Fn. 218.

Bevölkerung "Greater London Planning Region"[225]

	1948	1954
1. London County	ca. 3.339.000	ca. 3.309.000
2. Suburban Ring	ca. 4.452.000	ca. 4.423.000
3. Greenbelt	ca. 2.199.000	ca. 2.476.000
insgesamt	ca. 9.990.000	ca. 10.208.000

Grafik 36

werbstätigkeitsquote von 48 %. Da in diesem Zeitraum die Arbeitsplätze um 361.000 zugenommen hatten, muß sich zwangsläufig die Zahl der Pendler, die von außerhalb der Region kommen, also sehr lange Wege zurücklegen müssen, in sechs Jahren um ca. 261.000 vermehrt haben. Eine Bestätigung finden wir hierfür in der Tatsache, daß im gleichen Zeitraum der Anteil der Beförderungsfälle an Pendlern bei den schnellbahnartigen Vorortbahnen der British Railways am stärksten gewachsen war. Die Beförderungsfälle auf den Buslinien waren sogar absolut rückläufig gewesen, während die Beförderungsfälle auf den U-Bahnlinien auch absolut nur noch geringfügig angestiegen waren. Da die Vorortbahnen die größte Tiefe des Massenverkehrssystems von London erreichen, lassen sich die anfangs geschilderten Folgerungen bestätigen. Die Folgerung ist, daß die Pendler nicht nur in ihrer Zahl stark zugenommen hatten, sondern daß auch die durchschnittlichen Pendlerentfernungen sehr viel größer geworden waren. Diese Entwicklung mußte zu größten Bedenken Anlaß geben.

Ein Fehler in der ursprünglichen Londoner Entwicklungsplanung war offensichtlich der, daß man bei der Arbeitsplatzanalyse und deren Entwicklungsprognose hauptsächlich von der produzierenden Industrie ausgegangen war. Bei einem der bedeutendsten Handels-, Geld-, Verkehrs- und Regierungszentren der Welt darf es uns nicht wundern, daß nicht die Industrie, sondern die tertiären Wirtschaftsgruppen dominieren. Die Industrie ist deshalb nicht etwa unbedeutend und für Großbritannien trotz allem in großer Konzentration in und um London vorhanden. Dies erklärt sicherlich, warum die Engländer den erhofften Erfolg mit dem Greater London Plan nicht voll erreicht hatten. Sie hatten die Bedeutung des tertiären Sektors zunächst unterschätzt. Inzwischen hat es auch erfolgreiche Maßnahmen im Hinblick auf den tertiären Sektor gegeben, auch wenn diese Maßnahmen nicht so rigoros sind wie die zur Verlagerung der Industrie. Schon an dieser Stelle soll deshalb auf die Bedeutung der privaten und öffentlichen Dienstleistungen in ihren Standortbedürfnissen aufmerksam gemacht werden. Sie spielen eine herausragende Rolle, auf die wir später im Band II noch im Einzelnen weiter eingehen werden.

5.2.7 Idee der Nachbarschaftsfunktion

Das Konzept einer Sozialreform im Sinne von Howard stand in seiner Zeit nicht allein. Es hatte Berührungspunkte zum späteren Neighbourhood Unit Plan des Amerikaners Clarence A. Perry.[226] Perry, Sozialpädagoge und Sozialplaner, hatte vielfältige Erfahrungen mit den Existenzbedingungen der ärmeren Schichten der Bevölkerung in den Industriestädten gemacht und Stadtteilmonographien, soziale

---

225 Quelle: Census of England and Wales, Fn. 217.
226 Clarence A. Perry: "The Neighbourhood Unit: A Scheme of Arrangement for the Family-life Community", New York 1929.

Beschreibungen und Tätigkeitsberichte ausgewertet.[227] Das Ergebnis entsprach nicht den Prophezeiungen vom Untergang der Großstadt, von Anonymisierung und Desintegration. Im Gegenteil: Überall zeigten sich positive nachbarschaftliche Beziehungen.

Soziologen[228] untermauerten solche Monographien der Praktiker; der neu eingerichtete Forschungszweig "Human Ecology" sollte das Verhältnis des Menschen zu seiner Umwelt erhellen, wobei es um die Standortfragen des sozialen Verhaltens ging. Die Ergebnisse der Studien widersprachen den verallgemeinerten Thesen zur Vermassung und Anonymisierung der Großstadt: Stadtteile gewinnen im Laufe der Zeit eine eigene Physiognomie, formen eine Art psychologische Einheit von Bau- und Sozialstruktur.

Über Straßendichte, Verkehrslinien, Bodenpreise und andere quantifizierbare Daten stellte die Studiengruppe reale Untergliederungen der Großstadt Chicago in einzelne "Communities" fest, die wiederum in der Regel aus mehreren Nachbarschaften bestanden. Nachbarschaften waren dabei gedacht als Wohnquartiere, die ihre eigene Grundschule und eine Kirche jeder Konfession haben. Aus einer Reihe von Indikatoren schlossen Park, Burgess und McKenzie, ein großer Teil des sozialen Lebens spiele sich innerhalb dieser begrenzten Bereiche ab. Zumindest scheint es so, daß je ärmer die Bevölkerung ist, sie desto immobiler ist und deshalb Indizien vorliegen, daß z.B. zahlreiche Bewohner südamerikanischer Favelas selten aus ihrem Bezirk herauskommen, wenn überhaupt.

Mit derlei Einsichten entwarf Perry sein Konzept für neue Stadtteile. Alle Elemente, die nach Park, Burgess und McKenzie eine Nachbarschaft charakterisieren (Grundschule, Einkaufszentrum, lokales Verwaltungsgebäude, Kirchen der größeren Religionsgemeinschaften, Parks, ein hierarchisch gegliedertes Straßennetz), waren vorgesehen, wobei es ihm nicht allein um die Planung des architektonischen Gerippes der Nachbarschaften ging.[229] Zwar sollten die Anlagen den individuellen Bedürfnissen der einzelnen Familien dienen, die Befriedigungen dieser Bedürfnisse sollte jedoch den Nachbarschaftsgeist - er sagt "Community spirit" oder "Neighbourhood spirit" - herauslocken. Das gab der Idee neben der städtebaulichen die sozialplanerische Bedeutung. Die Pflege der Gärten und öffentlichen Grünanlagen, die Reinigung und Verschönerung der kleinen Straßen, die Gestaltung des Äußeren der Häuser und ähnliche Angelegenheiten sollten nach Perry zu allgemein interessierenden Aufgaben werden. Gemeinschaftsanstrengungen im Nachbarschaftsgeist kämen dann spontan zustande. Dieses sozialplanerische Moment hat viel zur regen Annahme und Weiterentwicklung des "Neighbourhood Unit Plan" beigetragen.

In Europa suchten gleichzeitig junge Architekten eine Architektur, die der veränderten Gesellschaft entsprach. Eine herausragende Gruppe war die CIAM (Congrès Internationaux d'Architecture Moderne). Auf ihrem Gründungskongreß wurde eine an Gegenwart und Zukunft orientierte Architektur proklamiert. In der Gründungserklärung heißt es:

---

227 Siehe hierzu auch: Lorene M. Pacey (Hrsg.): "Readings in the Development of Settlement Work", New York 1950.
228 Siehe hierzu z.B.: R. E. Park, E. W. Burgess, R. D. McKenzie (Hrsg.): "The City", Chicago 1925, 4. Auflage 1967.
229 Clarence A. Perry: "Housing in the Machine Age", New York 1939.

Sie (die unterzeichneten Architekten) lehnen es .... ab, gestalterische Prinzipien früherer Epochen und vergangener Gesellschaftsstrukturen auf ihre Werke zu übertragen. ... Sie sind sich bewußt, daß die Strukturveränderungen, die sich in der Gesellschaft vollziehen, sich auch im Bauen vollziehen und daß die Veränderung der konstitutiven Ordnungsbegriffe unseres gesamten geistigen Lebens sich auch auf die konstitutiven Begriffe des Bauens bezieht.[230]

Die herausragenden Gestalten in diesem Kreis waren Le Corbusier und Siegfried Giedion. Giedion war von 1918 bis zur Auflösung der CIAM 1956 Generalsekretär. Sie wollten mehr als nur "eine neue Architektur entwickeln, die der neuen Gesellschaft entspricht"; sie wollten mit Hilfe neuer Architektur die noch nicht neue Gesellschaft so entwickeln, daß "sie sich selbst entspricht". Sie suchten eine Verbindung zwischen Architektur und Gesellschaftswissenschaft. Darum konnte Perrys Neighbourhood Unit Plan bei der CIAM Resonanz finden.

Die CIAM-Kongresse fanden in unregelmäßigen Abständen in verschiedenen Ländern statt. Der dritte Kongreß in Brüssel 1930 galt dem Thema: Rationelles Siedlungswesen. Perry trug dort seinen Neighbourhood Unit Plan vor. Auf dem Kongreß berichteten Vertreter aus Europa, aus der Sowjetunion und auch China von ähnlichen nachbarschaftlichen Gliederungsprinzipien. Unter der von Perry geprägten Bezeichnung eroberte sich die Nachbarschaftsidee einen Platz im städtebaulichen Instrumentarium: Sie wurde von Stadtplanern aus England, Polen, Algerien, Kanada, Brasilien, Holland und nordeuropäischen Ländern aufgegriffen. Mit der Nachbarschaftsidee wurde von Städtebauern ein erster Schritt unternommen, soziologische und psychologische Erkenntnisse zur Grundlage stadtplanerischer Konzeptionen zu machen.

Die damit auch aufkommende Zusammenarbeit zwischen Stadtplanern und Soziologen währte jedoch nicht lang, sie endete leider in einer Art Sackgasse, nämlich der unterschiedlichen Interpretation des Begriffs "Nachbarschaft" oder "Neighbourhood Unit". Für den Städtebau war der Neighbourhood Unit Plan ein bedeutsames Dokument gewesen - für das Verhältnis von Städtebau und Soziologie hatte er negative Folgen. Architekten verstanden unter Nachbarschaft ein geschlossen gebautes Stadtquartier in seiner materiellen Form und Struktur (ca. 3.000 Einwohner). Sie hatten die Vorstellung, daß sie den Menschen mit ziemlich fixierten Ideen sagen müßten, wie sie leben sollten; die von den Menschen geprägten Verhaltensstrukturen und deren Veränderungen lagen nicht so sehr in ihrem Blickfeld. Soziologen verstanden darunter eine bestimmte Art zwischenmenschlicher Beziehungen. In der Soziologie wurde das Konzept der Nachbarschaft in steigendem Maß kritisiert. Empirische Untersuchungen über Nachbarschaftsverhältnisse in diversen Großstädten ergaben, daß es so enge nachbarschaftliche Gemeinschaften, die über ganze Häuserblocks reichen, nur sehr partiell gibt.[231,232,233,234] Nach diesen Er-

---

230 Ulrich Conrads (Hrsg.): "CIAM-Erklärung von La Sarraz 1928", in: Programme und Manifeste zur Architektur des 20. Jahrhunderts, Bauwelt-Fundamente, Gütersloh 1971.
231 Elisabeth Pfeil: "Nachbarschaft als Thema der Großstadtforschung", in: "Hamburger Jahrbuch für Wirtschafts- und Gesellschaftspolitik", 2 (1957).
232 Helmut Klages: "Der Nachbarschaftsgedanke und die nachbarliche Wirklichkeit in der Großstadt", Köln und Opladen 1958.
233 Elisabeth Pfeil: "Nachbarkreis und Verkehrskreis in der Großstadt", in: Rainer Mackensen u.a.: "Daseinsformen der Großstadt", Tübingen 1959.
234 Karolus Heil: "Reaktionen", in: Katrin Zopf, Karolus Heil, Justus Rudolph: "Stadt am Stadtrand", Frankfurt/Main 1969.

kenntnissen ist die typische Einstellung zu den Nachbarn: Man kennt sich vom Sehen, grüßt sich und ist notfalls bereit zu Gefälligkeiten. Es stellte sich außerdem heraus, daß die von Architekten geplanten "Treffpunkte" in Treppenhäusern von Wohnblocks unbenutzt blieben; die eingeplanten "Nachbarschaftsetagen" wurden mangels Interesses in Wohnungen umgebaut; die Laubengänge, wo sich mehr menschliche Kontakte ergeben sollten als auf Innenfluren, stießen auch darum auf wenig Resonanz.

Eine theoretische Kritik am Nachbarschaftskonzept formulierte Hans Paul Bahrdt.[235] Er weist den Anspruch der "vollständigen Integration", den dieses Konzept stellt, zurück zugunsten der "unvollständigen Integration" in der Stadt; er analysiert, wie die Stadt ihre urbanen Qualitäten verliert, wenn sie nicht für Privatheit und Öffentlichkeit die entsprechenden privaten und öffentlichen Räume bieten kann. Auch Frau Pfeil übt zum Thema Nachbarschaft negative Kritik.[236] In der Stadtplanung hat es dann auch nicht mehr lange gedauert, bis die "integrierte Gemeinschaft räumlicher Nachbarschaft" als eine Illusion verstanden wurde. Daß dennoch räumliche Bezugsgruppen mit der Bezeichnung "Nachbarschaftseinheit", z.B. für eine Grundschule und anderes bei der Stadtplanung Anwendung finden, steht zu dieser Erkenntnis nicht im Widerspruch. Sie werden wir in Band II noch näher erörtern.

5.2.8 Idee der Funktion als Stadtgliederungselement

Das Konzept der funktionalen Stadt scheint eine Brücke zwischen Stadtplanung und Sozialwissenschaft geschlagen zu haben, die tragfähiger sein könnte als das Nachbarschaftskonzept. Die Stadt ist, z.B. seit der Charta von Athen[237], als Ganzes im Blickfeld, einschließlich des gesamten städtischen Einzugsbereichs. Die Stadt, die Region, wird generalisiert zu einem System voneinander abhängiger Funktionen; wenn eine Funktion ihre Gleichung ändert (ihre Gestalt, ihre Bedeutung, ihren Hierarchiestandort), so hat das Konsequenzen für die übrigen Funktionen. Die Charta von Athen hat im übrigen die funktionale Generalisierung nicht, wie hin und wieder behauptet wird, als alleiniges Gliederungs- oder Strukturprinzip herausgestellt, jedoch als ein sehr bedeutsames!

Darum ist eine knappe Erörterung der Charta von Athen notwendig. Insbesondere scheint diese Erörterung auch deshalb nötig, weil allzu viele "Experten" und "Nicht-Experten" Urteile über die Charta von Athen fällen, die vermuten lassen, daß manch einer von ihnen die Charta von Athen nie vollständig gelesen hat. Dies gilt insbesondere bezüglich des Themas "Funktionstrennung" versus "Funktionsmischung", das hier nicht vollständig erörtert wird, weil ihm ein eigenes Kapitel später in Band II gewidmet ist.

Der Begriff der "funktionalen Stadt" geht nicht wie der der "Neighbourhood Unit" auf Einsichten von Sozialwissenschaftlern zurück. Er wurde von den CIAM-Gründern entwickelt, jenen Städtebauern, die künstlerische, technische und soziale

---

235 Vgl. H. P. Bahrdt, Fn. 12.
236 Elisabeth Pfeil: "Zur Kritik der Nachbarschaftsidee", in: "Archiv für Kommunalwissenschaften", 2 (1963).
237 "Die Charta von Athen", Rekonstruktionsversuch der bislang verlorengegangenen deutschsprachigen Originalfassung von Hubert Hoffmann, veröffentlicht in: BAUWELT 24 vom 29. Juni 1979. Hubert Hofmann hat an der CIAM-Tagung 1933 in Athen teilgenommen.

Bedingungen für die Stadtplanung untersuchen und anwenden wollten. Die Verwendung des Funktionsbegriffs - den Ingenieuren und Architekten aus Entwurfserfordernissen bei baulichen Anlagen geläufig - bot sich mehr oder weniger automatisch an. Sein sehr unspezifischer Gebrauch offenbart aber, daß die damaligen Autoren von den Funktionen der Stadt zunächst noch sehr allgemeine, weitgehend deskriptive Vorstellungen hatten. Ihnen stand am ehesten ein Modell der Nutzungsstruktur vor Augen.

Der vierte CIAM-Kongreß 1933 auf einem Schiff zwischen Marseille und Athen widmete sich dann auch solchen städtebaulichen Fragen, die schon in der CIAM-Gründungserklärung 1928 angeklungen waren, nämlich[238]:

Stadtbau ist die Organisation sämtlicher Funktionen des kollektiven Lebens in der Stadt und auf dem Lande. Stadtbau kann niemals durch ästhetische Überlegungen bestimmt werden, sondern ausschließlich durch funktionelle Folgerungen.

An erster Stelle steht im Stadtbau das Ordnen der Funktionen:
a) das Wohnen
b) das Arbeiten
c) die Erholung (Sport, Vergnügen).
Mittel zur Erfüllung dieser Funktionen sind:
a) Bodenaufteilung
b) Verkehrsregelung
c) Gesetzgebung.

Der Kongreß 1933 wurde unter das Thema: "Die funktionelle Stadt" gestellt. Ein Versuch zu Untersuchungen in 33 Städten war vorausgegangen. Die Analysen wurden auf dem Kongreß vorgetragen. Also hatte eine relativ gründliche Vorbereitung stattgefunden. Die Schlußfolgerung hieß:

Alle (33 Städte) legen Zeugnis ab für das gleiche Phänomen: Ordnungslosigkeit, durch die Maschine in einen Zustand gebracht, der bis dahin eine relative Harmonie zuließ; ebenso fehlt jeder ernsthafte Versuch zur Anpassung. In all diesen Städten ist der Mensch Bedrängnissen ausgesetzt. Alles, was ihn umgibt, erstickt und erdrückt ihn. Nichts, was notwendig ist für seine physische und moralische Gesundheit, ist erhalten oder eingerichtet worden. Eine Krise der Menschheit macht sich in den großen Städten verheerend bemerkbar und wirkt sich auf die ganze Weite des Landes aus. Die Stadt entspricht nicht mehr ihrer Funktion, nämlich die Menschen zu schützen und sie gut zu schützen.[239]

Der Grundstein eine neue Auffassung zur Stadtplanung wurde auf diesem Kongreß gelegt. Die historische Entwicklung der Städte sollte nicht mehr der Maßstab für die baulichen Veränderungen in ihnen sein, sondern ihre gegenwärtigen und zukünftigen Strukturbedürfnisse. Die analytische Grundfrage hieß: Welche Funktionen muß die Stadt erfüllen, welche müssen innerhalb der Stadt erfüllt werden und was muß wie gebaut werden, damit diese Anforderungen erfüllt werden. Die Ergebnisse des Kongresses wurden von Le Corbusier systematisiert und artikuliert. Sie wurden erst acht Jahre später, 1941, aus politischen Gründen anonym, als "Charta von Athen" veröffentlicht. Sie besteht aus 95 Thesen, analytischen und/

---

238 Vgl. Ulrich Conrads, Fn. 230.
239 Le Corbusier, "An die Studenten - Die 'Chart d'Athènes'", Erläuterungen zu These 71, Rowohlts deutsche Enyzklopädie, Nr. 141, Hamburg 1962.

oder programmatischen Inhalts, mit den zugehörigen Begründungen. Die Gliederung sieht folgendermaßen aus:

1. Teil Allgemeine Begriffe - Die Stadt und ihr Gebiet			Thesen 01-08
2. Teil Der gegenwärtige Zustand der Städte - Kritik und Abhilfen			
I	Wohnung	1. Untersuchungen	Thesen 09-22
		2. Forderungen	23-29
II	Freizeit	1. Untersuchungen	Thesen 30-34
		2. Forderungen	35-40
III	Arbeit	1. Untersuchungen	Thesen 41-45
		2. Forderungen	46-50
IV	Verkehr	1. Untersuchungen	Thesen 51-58
		2. Forderungen	59-64
V	Historisches Erbgut der Städte		Thesen 65-70
3. Teil Schlußfolgerungen			Thesen 71-95

Die Charta von Athen hat für den Städtebau nach dem Kriege außerordentliche Bedeutung gehabt. Das Substrat der Forderungen war die Betonung von vier Haupt- oder Schlüsselfunktionen im Städtebau:

Die Schlüssel zum Städtebau liegen in den folgenden vier Funktionen: wohnen, arbeiten, sich erholen (in der Freizeit), sich bewegen. ... Der Städtebau hat vier Hauptfunktionen, und das sind: erstens, den Menschen gesunde Unterkünfte zu sichern, d.h. Orte, wo Raum, frische Luft und Sonne, diese drei wesentlichen Gegebenheiten der Natur, weitestgehend sichergestellt sind; zweitens, solche Arbeitsstätten zu schaffen, daß die Arbeit, anstatt ein drückender Zwang zu sein, wieder den Charakter einer natürlichen menschlichen Tätigkeit annimmt; drittens, die notwendigen Einrichtungen zu einer guten Nutzung der Freizeit vorzusehen, so daß diese wohltuend und fruchtbar wird; viertens, die Verbindung zwischen diesen verschiedenen Einrichtungen herzustellen durch ein Verkehrsnetz, das den Austausch sichert und die Vorrechte einer jeden Einrichtung respektiert ...

Die Planungen werden die Struktur jedes den vier Schlüsselfunktionen zugewiesenen Viertels bestimmen, und sie werden deren entsprechende Lokalisierung innerhalb des Ganzen fixieren.

... Jede der Schlüsselfunktionen wird autonom sein, gestützt auf die Gegebenheiten von Klima, Topographie und Gewohnheiten; sie werden als Wesenheiten betrachtet werden, denen Gelände und Räumlichkeiten zuzuteilen, für deren Ausstattung und Einrichtung alle großzügigen Hilfsmittel der modernen Technik aufzubringen sind. Bei dieser Verteilung werden die lebenswichtigen Bedürfnisse des Individuums berücksichtigt werden und nicht das Interesse oder der Profit einer einzelnen Gruppe.[240]

Dieser analytische Blick für das Ganze, das in vier "Haupt"- oder "Schlüssel"-Funktionen zu fassen ist, war ein Vorstoß der städtebaulichen Avantgarde in sozialwissenschaftliches Neuland. Denn die "Städtebauer" von damals waren nicht in der Lage, ihre "Funktionen" anders als in der zitierten Weise zu "bestimmen"; sie konnten den Funktionen lediglich gesonderte Flächen zuweisen und diese Flächen durch Grüngürtel oder Verkehrsadern gegeneinander abschirmen. Die sogenannte Trennung der Funktionen und die Zuordnung von Funktionen und Terrain haben ihren Niederschlag in Planungs-, Bau- und Bodennutzungsgesetzen gefunden. Flä-

---

240 Charta von Athen, These 78, mit einem Auszug aus der Begründung, Fn. 237.

chennutzungspläne weisen heute "Wohnbauflächen" und "Gewerbliche Flächen" getrennt aus; nur ungern werden neu zu erschließende Flächen als "Gemischte Flächen" (Dorfgebiet, Kerngebiet, Mischgebiet) der Neubebauung übergeben.

Im übrigen ist der Kritikansatz, daß "die Charta von Athen neben der von ihr artikulierten vier Funktionen kaum einen Rest übrig lasse", nicht richtig. Es ist offenkundig, daß die Autoren ein Mehr als nur diese vier Funktionen gesehen haben, wie hätten sie sonst von diesen als den "Schlüssel- oder Hauptfunktionen" sprechen können.

Die Charta von Athen hat zum ersten Mal die Hauptfunktionen systematisch artikuliert und eingeordnet, Hauptfunktionen, die sich sicherlich nicht leugnen lassen. Es wäre fatal, wenn wir zur Ordnungsfindung die Hauptfunktionsfelder der Stadt (gemischt oder ungemischt) einfach ignorieren würden. Sie sind, wie wir schon erörtert haben, Teil der Stadtwerdung und sind in ihrer Bestimmung nach Qualität und Quantität unverzichtbar.

Außerdem sei angemerkt, daß die Charta von Athen, wenn auch nur in ersten Ansätzen, doch erstmalig ökologische Gesichtspunkte ins Feld führt. Hier mag der Hinweis auf solche Formulierungen wie "... gesunde Unterkünfte zu sichern, d.h. Orte, wo Raum (gemeint ist "Frei"-Raum), frische (d.h. saubere) Luft und Sonne ... weitestgehend sichergestellt sind", oder "... solche Arbeitsstätten zu schaffen, daß die Arbeit, anstatt ein drückender Zwang zu sein, den Charakter einer natürlichen menschlichen Tätigkeit annimmt ..." genügen.

Die Kritik, der diese Ausdeutung der Charta von Athen seit Jahren ausgesetzt ist, wird in einem gesonderten Kapitel später behandelt. Sie trifft nicht den gesamten funktionalen Ansatz im Städtebau, sondern nur einen, in der Charta allerdings scheinbar dominierenden Aspekt: die strikte Flächenbindung der Funktionen. Die weniger "phantasievollen" Anhänger der CIAM realisierten das, was sie "die Funktion Wohnen" nannten, eben gerade nicht als "Funktion Wohnen", sondern als "reines Wohngebiet"; die "Funktion Arbeiten" als "Industriegebiet", "Gewerbegebiet", "Geschäftsgebiet"; die "Funktion sich erholen" als Parks, Spielplätze, Schwimmbäder und kulturelle Einrichtungen; die "Funktion Verkehr" als Verkehrsnetz und Flächengerippe zur Trennung der zweckbestimmten Flächen.[241]

Den Vätern der "Charta von Athen" hat jedoch eine so absolute Trennung der vier Funktionen wohl kaum vorgeschwebt. In einigen Thesen wurden wesentliche Grundsätze für einen neuen Städtebau mit deutlichem Hinweis auf die Bedeutung der Beziehungen zwischen den Funktionen formuliert (Auszug aus den 95 Thesen):

(1) Die Stadt ist ein Teil eines ökonomischen, sozialen und politischen Ganzen: des Gebiets (der Region).
(2) Die Bedürfnisse des einzelnen und die der Gemeinschaft müssen in gleicher Weise zur Geltung kommen.
(46) Die Entfernung zwischen Arbeitsstätte und Wohnung muß auf ein Mindestmaß begrenzt werden.
(50) Das Geschäftsviertel mit seinen privaten oder öffentlichen Verwaltungen muß über gute Verbindungen verfügen, mit Wohn- und Industrievierteln sowie mit dem Handwerk, das in der Innenstadt oder in naher Nachbarschaft der Wohngebiete geblieben ist.
(65) Die wertvolle Architektur muß erhalten werden (Einzelbauten oder Stadtteile).

---

241 Siehe hierzu auch: Alexander Mitscherlich: "Die Unwirklichkeit unserer Städte", Fn. 109.

(76) An alle Dinge und Verhältnisse der Stadt ist der Maßstab des Menschlichen anzulegen.
(78) Die Planung wird die Struktur jedes einzelnen der den vier Schlüsselfunktionen zugehörigen Gebiete bestimmen und ihre Einordnung in die Gesamtheit des Stadtkomplexes festlegen.
(79) Der Kreislauf der täglichen Funktionen: wohnen, arbeiten, sich erholen, wird in der Städteplanung nach Maßgabe sorgsamster Zeitersparnis geregelt. Die Wohnung ist der Mittelpunkt ihrer Bemühungen.
(89) Von dieser Wohneinheit aus werden sich die Beziehungen im Stadtraum zwischen Wohnraum, Arbeitsplatz und Einrichtungen für die Freizeitgestaltung ergeben.
(95) Das Interesse des einzelnen ist dem Interesse der Allgemeinheit unterzuordnen.

In zwei späteren Kapiteln werden wir noch eingehend die Themen "Grenzen der Verdichtung" und "Grenzen der Funktionsmischung" erörtern müssen. Vorweggenommen sei vor allzu großen Hoffnungen oder gar einer Ideologie zur Verdichtung und/oder Funktionsmischung gewarnt. Bei eingehender Betrachtung kommen wir nämlich nicht um den Sachverhalt herum, daß schon die quantitative Größenordnung mischbarer Nutzungen, also das mischbare Potential, so klein ist, daß daraus allein schon ein Planungsprinzip kaum ableitbar ist.

5.3 Ideen zu räumlichen Stadtsystemen

5.3.1 Allgemeines

Die Bauten der vorindustriellen Gesellschaft in Mitteleuropa, nicht jedoch im Vorderen Orient (wie wir schon erörtert haben), vereinten Wohn- und Arbeitsstätten unter einem Dach oder zumindest in unmittelbarer Nachbarschaft. Dieses bauliche Gefüge der Stadt war deshalb weit homogener als das der heutigen Stadt.

Ordnungsgedanken für das Stadtgefüge in der vorindustriellen Zeit, die sich bis zu Systemvorstellungen konkretisieren - das hippodamische Straßenraster, die Idealstädte des Mittelalters und der Renaissance, die geometrischen Ordnungen des landesfürstlichen Städtebaues -, beschränken sich im wesentlichen auf das jeweilige Verteidigungs- und Straßensystem, also den Infrastrukturrahmen. Im allgemeinen wird dabei nicht nach Nutzungen differenziert, nur einzelne qualitativ ausgezeichnete Elemente - wie Markt, Kirche, Schloß oder Rathaus - sind durch ihren Standort innerhalb eines solchen Rahmens hervorgehoben. Teilweise ist das Straßennetz sogar straff auf sie bezogen, wie bei Dürers Idealstadt oder in der Renaissance.

Die ersten theoretischen Auseinandersetzungen mit dem Stadtwachstum und der Stadtstruktur sind anscheinend nicht in Europa, sondern im Altertum bei den Chinesen und in der Neuzeit in den Vereinigten Staaten erfolgt. So sieht z.B. Burgess die Stadtstruktur als ein Gefüge konzentrischer Ringe, deren unterschiedliche Nutzung durch die nach außen abfallende Standortgunst bedingt ist, wobei ein Verdrängungsprozeß wirtschaftlich schwächerer Nutzungen durch wirtschaftlich stärkere vom Zentrum her kontinuierlich stattfindet. Burgess erläutert dadurch gleichzeitig den Prozeß der Slumbildung: Die "Übergangszone" zwischen zentralen Nutzungen und umgebenden Wohnnutzungen leitet ihre Erwartungen aus künftigen

Erträgen einer Nutzung durch Dienstleistungen zentralen Charakters ab, für die es irrelevant ist, ob die alte Wohnsubstanz weiterhin instandgehalten wird; der ökonomische Nutzen liegt in der Einsparung hoher Instandsetzungsmittel bei relativ hohen Erträgen oder Nutzungsumwandlung mit extrem hohen Erträgen. Es handelt sich hierbei um einen regelrechten gezielten Spekulationsprozeß in Stufen.[242] Nach der Theorie von Hoyt führt das Stadtwachstum außerdem zu einer sektoralen Differenzierung, wobei die verschiedenen Nutzungen sich im Regelfalle stadtauswärts ausdehnen, so daß sich etwa in eine Richtung die Gewerbegebiete, in eine andere die bevorzugten Wohngebiete und wieder in andere Richtungen die Wohngebiete anderer Bevölkerungsgruppen erstrecken.[243] Die amerikanischen Städte haben sich tatsächlich in Kombinationen beider Theorien entwickelt, wobei das konzentrische Modell dominierend gewesen ist.

Nach Richardson[244] liegt es in der Natur der Sache, daß es am Rande der City, beim Übergang zu den city-nahen Wohnquartieren, einen extremen und plötzlichen Preisabfall bei den Grundstücken gibt. Er folgert, daß nahezu zwingend Grund- und Hauseigentümer in dieser Zone veranlaßt sind, im Sinne von Nutzungsänderungen aktiv zu werden.

Gegenüber den sonst mehr ästhetischen Ansätzen in Deutschland dieser Zeit entwickelt Bruch schon 1870 (!) eine Reihe durchdachter funktioneller und struktureller Vorschläge für die Lösung der Probleme des Großstadtwachstums. Erst Jahrzehnte später fanden diese Vorstellungen einen Platz in der städtebaulichen Diskussion. Er wendet sich gegen eine übermäßige Zentralisierung Berlins; statt dessen möchte er "Trabanten" - die erste Verwendung dieses Begriffs im städtebaulichen Zusammenhang - entwickelt sehen. Er wendet sich gegen die im Generalbebauungsplan vorgesehenen großen Plätze und fordert statt dessen einerseits viele kleine Stadtplätze und andererseits größere Grünzüge.[245]

In dem in erster Linie sozialpolitisch motivierten Buch der Gräfin Dohna findet sich ein höchst wichtiger Beitrag zur Grünflächenpolitik. Hier taucht - lange vor Howard - die Vorstellung eines dauernd zu sichernden Grüngürtels auf, der in einer Breite von einer halben preußischen Meile die kompakte Stadt umfassen sollte. Nur zu einem Fünftel für bestimmte Zwecke bebaubar, sollte dieser Gürtel der Freizeit dienen.[246]

5.3.2 Systeme räumlicher Strukturen

Im voraus ausgedachte System räumlicher Ordnung sind erforderlich, um nach Analyse und Prognose einer städtischen Struktur und ihrer Entwicklung Alternativen ausarbeiten und bewerten zu können. Sie üben einen wesentlichen Einfluß aus. Es wäre ein fataler Irrtum, wenn davon ausgegangen würde, daß wir lediglich Daten und Informationen in den Computer einspeisen müßten und es käme am Ende

---

242 E. W. Burgess: "The Growth of the City", in: R. E. Park, E. W. Burgess und R. D. McKenzie: "The City", Chicago 1925.
243 H. Hoyt: "The Structure and Growth of Residential Neighbourhoods in American Cities", Chicago 1939.
244 Harry W. Richardson: "Urban Economies", Hinsdale, Illinois (USA) 1978.
245 E. Bruch: "Die Zukunft Berlins und der Bebauungsplan", in: Deutsche Bauzeitung 4 (1870).
246 Grafin Dohna (Arminius): "Die Großstädte in ihrer Wohnungsnot und die Grundlagen einer durchgreifenden Abhilfe", Leipzig 1874.

eine Planung heraus. Deshalb werden wir uns kurz mit solchen alternativen Systemen und ihren Elementen auseinandersetzen. Im Detail werden sie im nächsten Band dieser Reihe erörtert.

Konzentrisches System
Das konzentrische System strukturiert kleinere Siedlungselemente in bestimmte Zonen ringförmig nach Art und Maß der baulichen Nutzung um das Zentrum.

Ein ungewöhnliches Beispiel für das System einer konzentrischen Kernstadt neuer Zeit ist Le Corbusiers "Ville contemporaire" von 1922 mit einem verdichteten Kern aus Hochhäusern. Dieses Modell hat das Corbusier-typische geometrisch-formalisierte Straßennetz, ein völlig abgesetztes Industriegebiet und keine Aussagen über zentrale Standorte privater und öffentlicher Dienstleistungen. Deshalb leistet es keinen Beitrag zur Lösung heutiger Probleme.

Lineares System
Beim Wachstum von Städten über ein bestimmtes Maß hinaus werden häufig, bedingt durch die verbindenden Verkehrswege, Siedlungsbänder zwischen zwei schon bestehenden Orten oder zwischen einem übergeordneten Zentrum und einem seiner Satelliten oder seinem etwas entfernt liegenden Hafen konzipiert. Auch kann es geschehen, daß eine bauliche Entwicklung entlang des Ufers eines Stromes oder im Zuge eines Tals überlegt wird, weil sich in solchen Fällen wenig andere Alternativen bieten usw. Ein solches Gebilde nennen wir ein Lineares oder auch Band-System.

Sternsystem
Für größere Agglomerationsräume entstand schließlich die Verknüpfung verschiedener auch funktionell differenzierter linearer Systeme untereinander durch ein übergeordnetes Zentrum oder zumindest durch eine zentrale Zone. Die wesentliche Grundform solcher Anordnung ist ein radiales Stern- oder Achsensystem. Das Achsen- oder Sternsystem hat die Entwicklungskonzepte einer ganzen Reihe von Städten geprägt: "Fingerplan" für Kopenhagen, Hamburger "Entwicklungsmodell" und das Regionalstadtmodell von Hillebrecht.[247] Mit diesen Konzepten werden wir uns im II. Band dieser Reihe im Zusammenhang mit anderen Leitbildern und Systemen noch näher auseinandersetzen.

Rastersystem
Ein weiteres System wird geprägt von einem gleichmäßigen Straßenraster, der, ebenso wie beim Bandstadtkonzept, keinen automatisch sich anbietenden Standort für zentrale Einrichtungen enthält. Ein einprägsames Beispiel für eine solche Rasterstruktur ist Le Corbusiers Entwurf für die Hauptstadt des Punjab in Indien, Chandigarh.[248] Eine Überlagerung des Rastersystems mit der Bandstruktur schlägt schließlich Buchanan mit seinem System des "gerichteten Rasters" vor, das seine Hauptstraßen sowohl nach der Bedeutung als auch nach der Funktion differenziert.[249]

---

247 Vgl. R. Hillebrecht: "Städtebau und Stadtentwicklung", Fn. 14.
248 Le Corbusier: "Œuvre complète 1952-57", Zürich 1957.
249 C. Buchanan and Partners: "South Hampshire Study", London 1966 (Zusammenfassung in: Stadtbauwelt 1969).

Darüber hinaus gibt es noch einige skurrile Vorschläge, wie die "Broadacre City" von Frank Lloyd Wright, die auf eine Dichte von zweieinhalb Personen je Hektar angelegt ist. Dieser Vorschlag muß wohl einerseits unter dem Vorzeichen der traditionellen amerikanischen Stadtfeindlichkeit, andererseits unter dem der Weiträumigkeit Amerikas gesehen werden; auf die europäische Stadtentwicklung blieb er, ebenso wie in den Vereinigten Staaten, ohne jeglichen Einfluß.[250]

Kammsystem
Hilberseimer hat in Anerkennung des Bedarfs an zentralen Einrichtungen für jede Nachbarschaft die Kombination dieses Gliederungsgedankens mit dem Grundkonzept der Bandstadt in das System der "Kammstadt" umgeformt. Durch die Auflösung des homogenen Wohnbandes in Nachbarschaftseinheiten und die Zuordnung entsprechender Gemeinschaftseinrichtungen gelangte er zu einem Schema, das außer den kurzen Wegen zu Arbeitsstätten und Freiflächen auch die Erreichbarkeit der Schulen ohne Straßenüberquerung sichern sollte. In einer Reihe von Kombinationen der gleichen Elemente hat Hilberseimer sein Prinzip zu verdeutlichen versucht. Allerdings bot sein Konzept keinen Ansatzpunkt zur Anordnung von zentralen Einrichtungen einer über die Nachbarschaftseinheit hinausreichenden Größenordnung und litt weiterhin unter der Idee unmittelbarer Nachbarschaft von Wohnung zur Arbeitsstätte.

Gegliedertes Raumsystem
Die Erfordernisse zentraler Einrichtungen auf unterschiedlichen Hierarchieebenen führen zu einem neuen Modell von Göderitz, Rainer und Hoffmann, nämlich der gegliederten, aufgelockerten und in ihren Einzelelementen auf ein hierarchisches Zentralsystem bezogenen Stadt.[251]

Die hierarchische Struktur zentraler Einrichtungen unter Zugrundelegung einer Bevölkerung, die eine zweckmäßige Nutzung und Auslastung der jeweiligen Einrichtung sichert, führt zunächst einmal zur Untermauerung der Nachbarschaftseinheit. Außerdem führt sie zwangsläufig zu dem Grundprinzip der zentralörtlichen Gliederung nach Christaller.[252] Die jeweiligen Einzugsbereiche wurden dabei auch räumlich durch deutliche Zäsuren in der Bebauung, im Sinne einer Aufgliederung der Großstadt in überschaubare Einheiten und eines Einziehens von Grünzügen als "Sauerstoffkamine", getrennt. Das Satellitenstadtmodell von Howard ist letzten Endes nur eine Spielart solcher Zentrenstufung, bei der die Trennzonen zwischen den "Stadtteilen" besonders groß geworden sind, d.h. eine Anhebung auf den regionalen Strukturmaßstab.

5.3.3 Systemordnung

Die erörterten Systeme lassen sich auf die Grundelemente von Punkt, Linie und Fläche reduzieren. Die Systeme der konzentrischen Stadt (Punkt), der Bandstadt (Linie) und der homogenen Streusiedlung (Fläche) können auf verschiedene Weise in sich differenziert und miteinander kombiniert werden. Sie zeigen, daß sich aus

---

250 F. L. Wright: "When Democracy Builds", Chicago 1945 (deutsch: "Usonien", Berlin 1950).
251 Göderitz, Rainer und Hoffmann: "Die gegliederte und aufgelockerte Stadt", Tübingen 1957.
252 W. Christaller, Fn. 93.

dem konzentrischen System neben der punktförmigen Ballung das Trabantensystem und die Agglomeration gestufter Zentren entwickeln lassen. Als Kombination zwischen Bandsystem und konzentrischem System läßt sich die kompakte Stadt mit bandförmigem Zentrum sowie die auf einen zentralen Punkt oder eine zentrale Zone ausgerichteten Bänder nach Art des Stern- oder Kammsystems entwickeln. Dem Modell der Bandstadt kommt das Konzept für Brasilia (Band mit einem mittig angeordneten Zentralbereich) am nächsten. Mit der Anordnung paralleler Bänder auf eine Zentralzone hin nähert sich das Kammsystem dem Konzept des Rasters.

In den drei Grundsätzen von Punkt, Band und Fläche sollten wir mehr sehen als unterschiedliche geometrische Strukturen. Die konzentrische Siedlungsstruktur verdankt ihre Abwandlungen in Richtung auf das Satellitensystem und die Hierarchie gegliederter Zentren dem Ziel der Dekonzentration.

Das Bandstadtkonzept erlaubt hypothetisch, den Siedlungsraum fast beliebig auszudehnen. Das Bandstadtsystem berücksichtigt, daß die technische Infrastruktur in ihren wesentlichen Elementen linienförmig ist und deshalb durch eine bandförmige Siedlungsstruktur optimal genutzt wird. Hinzu kommt weiterhin der einfach scheinende, aber irrige direkte Bezug von Wohnstätte zur Arbeitsstätte.

Die von Albers entwickelten Zusammenhänge und Typologien der Strukturmodelle (hier etwas abgewandelt) stellt die verschiedenartigen Kombinationsformen anschaulich dar (Grafik 37).

Allen Kombinationen sollten mehrere Bezugskriterien, die zu erfüllen sind, zugrundeliegen. Straßen, Versorgungsleitungen und öffentliche Einrichtungen sind natürlich so zu planen und anzulegen, daß möglichst langfristig ein günstiges Verhältnis von Aufwand und Erfolg herbeigeführt wird. Dieses Ziel gilt sowohl für die geeignete physische Form der Stadt als auch für die Wahl ihrer Größenordnung, wobei den Wohnungen und den zur Erholung notwendigen Freiflächen möglichst viele Arbeitsstätten und Standorte zentraler Nutzungen in möglichst günstiger Entfernung zugeordnet werden sollten. Die aus der Kombination heraus entstehenden Modelle sind "räumliche Ideen", die als alternative Vorgabe der Planung anzusehen sind.

Die Zuordnung der hier jeweils angesprochenen Funktionen, Nutzungen und Elemente zueinander erscheint auf den ersten Blick sehr einfach. Dies gilt jedoch nur unter sehr statischen Gesichtspunkten.

Wir haben in vorangegangenen Kapiteln jedoch schon erfahren, daß wir uns mit kontinuierlichen Veränderungen von ganz erheblichen Größenordnungen auseinandersetzen müssen. So haben wir auch schon festgestellt, daß die Modelle mit unmittelbarer räumlicher Zuordnung von Wohnungen zu Arbeitsstätten illusionistischen Charakter haben, weil allzu große Diskrepanzen in den Quantitäten wie auch Qualitäten der Bezugskriterien zu beobachten sind. Erinnern wir uns, daß ein Stadtquartier mit 10.000 Wohneinheiten, bei einer mittleren Größe eines Privathaushaltes von 3,2 Personen, im Jahre 1930 32.000 Einwohner hatte, jedoch in seiner unveränderten Wohnungszahl 1990, bei einer mittleren Haushaltsgröße von bestenfalls 2,0 Personen, höchstens nur noch 20.000 Einwohner haben konnte. Wenn man außerdem bedenkt, daß die Überalterung der Bevölkerung bei den 20.000 Einwohnern des Jahres 1990 sehr viel stärker ist als im Jahr 1930, dann wird deutlich, daß z.B. der Bedarf an Grundschulen in solch einem Quartier sich halbiert hat. Umgekehrt hat sich der Bedarf an Alteneinrichtungen dramatisch erhöht.

Die statische Betrachtungsweise hat in den 80er Jahren beispielsweise zu dem höchst bedenklichen Schlagwort geführt, bei der wieder eintretenden Wohnungsnot möglichst alle Baulücken zunächst einmal mit Wohnungen zuzubauen. Es wurde ein "ehernes" Planungsprinzip ignoriert, nämlich, in Grenzen für unerwartete Fälle Planungsspielräume offenzuhalten; in diesem Fall Baugrundstücke für Kindergärten, Alteneinrichtungen u.a. (die sich als zukünftiger Bedarf unübersehbar schon abzeichneten). Die Baulückenprogramme der 80er und 90er Jahre waren und sind eine schwere "Planungssünde".

Schließlich könnte man von einem sozialen Motivationsbereich sprechen, der verschiedene, zum Teil sogar gegenläufige Komponenten erkennen läßt. So verband sich mit dem Konzept der Nachbarschaftseinheit als Gliederungselement weithin die Vorstellung, mit der Förderung der Gemeinschaftsbildung auf dieser Ebene einem menschlichen Grundbedürfnis entgegenzukommen, ja sogar eine neue, bürgernahe Basis für die politische Willensbildung gewinnen zu können. Auf der anderen Seite steht der Gedanke, das vielfältige Angebot der Stadt zur Erweiterung der Wahlfreiheit für jeden Stadtbewohner nutzbar zu machen, also auf strenge Zuordnung verschiedener Nutzungen innerhalb eng begrenzter Bereiche zu verzichten. Diesen Fragen wird an anderer Stelle noch nachzugehen sein. Sie machen deutlich, wie eng städtebauliche Strukturvorstellungen mit der jeweils vorherrschenden Sicht der menschlichen Bedürfnisse und der für sie gültigen Prioritäten verknüpft sind.

Die Typologie räumlicher Strukturmodelle ergibt also drei Grundsysteme, nämlich
- das konzentrische System (Punkt),
- das bandartige System (Linie) und
- das flächenartige System (Raster).

Alle anderen Systeme sind Varianten eines der drei Grundsysteme oder Kombinationen aus ihnen. Das von Albers[254] entwickelte Darstellungsschema macht sehr deutlich, wie die Zusammenhänge aussehen und welcher Art auch Kombinationen sein könnten. Diese Kombinationen sind nicht erschöpfend, sondern exemplarisch

---

253 Quelle: Gerd Albers: "Modellvorstellungen zur Siedlungsstruktur in ihrer geschichtlichen Entwicklung", in: "Zur Ordnung der Siedlungsstruktur", Band 85 der Forschungs- und Sitzungsberichte der Akademie für Raumforschung und Landesplanung, Hannover 1974.
254 Vgl. G. Albers, Fn. 253.

zur Systematisierung zu sehen. Beispielsweise gibt es aus der Entwicklung heraus eine häufig auftretende Kombination von Kompaktstadt, Streustadt und hierarchisch gestuften Zentren.

Abschließend sollte man der Vollständigkeit halber noch Ideen erwähnen, die von berühmten Architekten im Sinne finalen Städtebaus entwickelt wurden, die jedoch keinerlei Auswirkungen auf den tatsächlichen Städtebau gehabt haben. Es handelt sich um
- Le Corbusiers "Cite Radieuse" und
- Frank Lloyd Wright's "Broadacre City".

Beide Konzepte gehen im Prinzip von großen vielstöckigen Gebäuden aus, die neben den Wohnungen für die Bürger zahlreiche der notwendigen Versorgungseinrichtungen enthalten. Sie sind in der Landschaft verstreut und zwischen große Ackerflächen gestellt.

Wir belassen es bei diesen Beispielen, die zeigen, daß am Anfang Ideen stehen müssen. Auf sie baut die konzeptionelle Arbeit der Planung auf, die sich iterativ Schritt um Schritt erst entwickeln kann, wenn ideelle Vorstellungen die Route vorgezeichnet haben, d.h. wenn verschiedene alternative räumliche Ideen (Modelle) untersucht und analysiert werden und dann nach politischer Priorität und zu erwartender Entwicklung bis auf eine eliminiert werden.. Weder das menschliche Gehirn und noch weniger ein Computer spucken eine Planungskonzeption nach Eingabe unselektierter, auf kein Ideenziel ausgerichteter Daten aus.

6. Schlußbemerkung

In einer zusammenfassenden Betrachtung des bislang erörterten Sachverhaltes ergeben sich folgende Feststellungen.

Stadtplanung ist eine Methode, die Zielen in der räumlichen Struktur des menschlichen Umfeldes zur Verwirklichung verhelfen soll. Sie muß deshalb antizipieren, welche Entwicklungen von raumwirksamer Bedeutung insbesondere in der Verteilung und Zuordnung von Funktionen und Nutzungen zu erwarten sind. Sie muß dafür Alternativen vorschlagen.

Ständige und sich allgemein beschleunigende Veränderungen in der Zahl der Menschen, in der Struktur ihrer Gesellschaft und in der Summe der daraus resultierenden Verhaltensweisen haben immer wieder zu neuen Ordnungsbedarfen und damit zu sich wandelnden Ordnungsvorstellungen geführt. Diese Entwicklungsprozesse lösten den kontinuierlichen Bedarf an Überprüfung der jeweils bestehenden Ordnungen aus. Daraus ergab sich zwangsläufig in steigendem Maß das Erfordernis auch an kontinuierlicher Planung. Veränderung ist also einer der herausragenden Auslösungs- und Problemfaktoren bei der Stadtplanung.

Stadtplanung ist eine Gemeinschaftsaufgabe, die im Interesse der Allgemeinheit zu Entscheidungen führt, die in die Rechte und Pflichten einzelner Bürger im Interesse anderer eingreift. Die Planung hat zwar als Sinn die Vermeidung und/oder Minimierung von negativen Folgen der Entwicklung. Ein solches Ziel gilt jedoch nur für die Gemeinschaft aller Betroffenen. Niemals kann ausgeschlossen werden, daß einzelne davon auch negativ betroffen sein werden. Deshalb haben die Entscheidungen, zu deren Findung Planung erforderlich ist, politischen Charakter. Deshalb ist räumliche Planung und mit ihr die Stadtplanung in den Entscheidungsschritten politischer Natur. Sie ist deshalb auch in einen stringenten Verfahrensrahmen eingespannt, ohne den es keine Kontrolle gäbe.

Stadtplanung ist erheblichen rahmensetzenden Faktoren unterworfen, wie etwa bestimmenden Strukturen der Natur, den Erfordernissen des Umweltschutzes, aber auch denjenigen der schon vorhandenen Siedlungs- und Baustruktur u.a.

Schließlich ist Planung eine Methode. Sie soll Ideen und Konzeptionen zur Festlegung und Verwirklichung verhelfen; sie selbst setzt jedoch nicht Ideen und Prioritäten in ihrem eigenen Prozeß fest. Diese stehen vor der Planung und sind ihre Sollgeber. Der professionell tätige Planer oder das Planungsamt einer Kommune trifft ebenso wie ein eingeschalteter freiberuflicher Planer nicht die Entscheidung. Die Entscheidungen treffen die dafür durch Verfassung und Gesetze legitimierten Körperschaften.

Diese Sachverhalte zu kennen, ihre Zusammenhänge zu begreifen und sein eigenes Tun dem Ganzen unterzuordnen ist notwendig für die solide Ausbildung und Tätigkeit sowohl des professionellen Planers als auch seiner Partner; also im interdisziplinären Team ebenso wie im Zusammenspiel mit den kommunalen und staatlichen Entscheidungsträgern.

Die nächsten Bände beschäftigen sich in Band II mit den Strukturen, Leitbildern und Systemen sowie in Band III mit den Methoden, Instrumenten und dem Vollzug der Planung. Dabei werden auch bislang schon erörterte Themen immer wieder erneut aufgegriffen, um in Einzelheiten vertieft zu werden.

Literaturverzeichnis

Addickes, F.: "Umlegung und Zonenenteignung als Mittel rationeller Stadterweiterung", in: "Archiv für soziale Gesetzgebung und Statistik", Band VI, Berlin 1993.

Akademie für Raumforschung und Landesplanung: "Agglomerationsräume in der Bundesrepublik Deutschland - ein Modell zur Abgrenzung und Gliederung", Hannover 1984.

Akademie für Raumforschung und Landesplanung: "Großstadtregionen in Deutschland vor dem Hintergrund europäischer Entwicklungen", Hannover 1991.

Akademie für Raumforschung und Landesplanung: "Grundriß der Stadtplanung", Hannover 1982.

Akademie für Raumforschung und Landesplanung: "Stadtregionen in der Bundesrepublik Deutschland", Hannover 1975.

Albers, Gerd: "Modellvorstellungen zur Siedlungsstruktur in ihrer geschichtlichen Entwicklung", in: "Zur Ordnung der Siedlungsstruktur", Band 85 der Forschungs- und Sitzungsberichte der Akademie für Raumforschung und Landesplanung, Hannover 1974.

Albers, Gerd: "Raumplanung und Politisches Bewußtsein".

Arbeitsgemeinschaft der Bauminister der Länder und des Bundes: "Musterbauordnung für die Länder des Bundesgebiets", 1990.

Baade, F.: "Der europäische Longterm-Plan und die amerikanische Politik", Kiel 1949.

Bahrdt, H.-D.: "Die moderne Großstadt - Soziologische Überlegungen zum Städtebau", Hamburg 1961.

Baumeister, R.: "Stadterweiterungen in technischer, baupolizeilicher und wirtschaftlicher Beziehung", Berlin 1876.

Benevolo, Leonardo: "Die Geschichte der Stadt", Frankfurt, New York 1990.

Bernoulli, Hans: "Die Stadt und ihr Boden", Erlenbach, Zürich 1949.

Berry, Brian J. L.: "Comparative Urbanization", in: "Divergent Paths in the XXth Century", New York 1981.

Berry, Brian J. L.: "Ressource Use, Locational Choices and Regional Specialisation in the Global Economy", in: "Economic Geography", 1987.

Berry, Brian J. L.: "Urbanization and Counterurbanization", Beverly Hills 1976.

Blumenfeld, Hans: "Metropolis - and Beyond", New York 1980.

Boustedt, Olaf: "Stadtregionen in der Bundesrepublik Deutschland", Hannover 1950 und 1961.

Braam: "Stadtplanung - Aufgabenbereiche, Planungsmethodik, Rechtsgrundlagen", 1993.

Bruch, E.: "Die Zukunft Berlins und der Bebauungsplan", in: "Deutsche Bauzeitung", 4, Berlin 1870.

Brunn, Stanley und Williams, J. F.: "Cities of the World: World Regional Urban Development", New York 1983.

Buchanan, C. and Partners: "South Hampshire Study", London 1966 (Zusammenfassung in: Stadtbauwelt 1969).

Buder, Stanley: "Ebenezer Howard: The Genesis of a Town Planning Movement", Journal of the American Institute of Planners, Band 39, 1969.

Bullinger, M.: "Umbildung des Verwaltungsrechts durch Planung in der DDR", in: "Planung I", Baden-Baden 1968.

Bundesminister für Verkehr: "Verkehr in Zahlen", Berlin 1989.

Bundesministerium für Raumordnung, Bauwesen und Städtebau: "Raumordnungspolitische Orientierungsrahmen", Bonn-Bad Godesberg 1993.

Burgess, E. W.: "The Growth of the City", in: R. E. Park, E. W. Burgess und R. D. McKenzie, The City, Chicago 1925.

Buschor, Ernst: "Funktionswechsel in den Schweizer Agglomerationen", Zürich 1987.

Census of England and Wales; Registrar General's Mid Year Estimates (England), 1960; National insurance records of England and Wales, 1960.

Center for Housing, Building and Planning, Department of Economic and Social Affairs: "Global Review of Human Settlements", Oxford 1976.

Cherry, Gordon E.: "Britain and the Metropolis", in: "Townplanning Review 55", 1984.

Cherry, Gordon: "Wofür stand eigentlich die Gartenstadt-Bewegung?", in: "Papers and Procedures, IFHP JUBILEE CONGRESS", Den Haag 1988.

Christaller, W.: "Zentrale Standorte in Süddeutschland", Jena 1933.

Conrads, Ulrich (Hrsg.): "CIAM-Erklärung von La Sarraz 1928", in: "Programme und Manifeste zur Architektur des 20. Jahrhunderts, Bauwelt-Fundamente", Gütersloh 1971.

Curdes, G.: "Haupt- und Nebenzentren als Konzentrationen der Stadtstruktur", 1968.

Damaschke, Adolf: "Deutsche Bodenreform - eine Einführung", Reclam Verlag, Leipzig 1929.

De Blij, Harm J. und Muller, Peter O.: "Urbanization", in: "Geography - Regions and Concepts", New York 1988.

De Blij, Harm J. und Muller, Peter O.: "Regions and Concepts", in: "Geography, Regions and Concepts", New York 1988.

Deutsche Akademie für Städtebau und Landesplanung: "Zwanzig Jahre Städtebauförderung in der Bilanz - Ziele und Wege für künftige Investitionen", München 1991.

Deutsche Bank, Volkswirtschaftliche Abteilung: "Verkehr 2000", 1990.

Deutsches Institut für Wirtschaftsforschung: "Projektion des PKW-Bestandes für die Bundesrepublik Deutschland bis zum Jahr 2010, Berlin 1989.

Deutsches Institut für Wirtschaftsforschung: "Szenarien der Bevölkerungsentwicklung in der Bundesrepublik Deutschland", Berlin 1990.

Deutsches Institut für Wirtschaftsforschung: "Ungebrochenes Wachstum des PKW-Verkehrs erfordert verkehrspolitisches Handeln", 1990.

"Die Charta von Athen", Rekonstruktionsversuch der bislang verlorengegangenen deutschsprachigen Originalfassung von Hubert Hoffmann, veröffentlicht in: "BAUWELT 24 vom 29. Juni 1979".

Ebenezer, Howard: "Garden Cities of Tomorrow", hrsg. v. F. J. Osborn, Cambridge, Mass. 1965.

Faludi, Andreas: "Planungstheorie", in: "Stadtbauwelt Nr. 23 vom 29.9.1969".

Fehr, Burkhard: "Krisensymptome der antiken Großstadt am Beispiel von Rom", in: "Grenzen der Menschheit", Verlag Vandenhoeck und Ruprecht, Göttingen 1974.

Fourastie, Jean: "Die große Hoffnung des 20. Jahrhunderts", Köln 1954.

Gloeden, E.: "Die Inflation der Großstädte und ihre Heilungsmöglichkeiten", Berlin 1923.

Göderitz, Rainer und Hoffmann: "Die gegliederte und aufgelockerte Stadt", Tübingen 1957.

Gottmann, Jean: "The Coming of the Transactional City", Maryland 1983.

Gräfin Dohna (Arminius): "Die Großstädte in ihrer Wohnungsnot und die Grundlagen einer durchgreifenden Abhilfe", Leipzig 1874.

Habermehl, Peter: "System und Grundlagen der Planung", Bonn 1970.

Hall, Peter: "Decentralization without End?", in: "The Expanding City", Oxford 1983.

Hartshorn, Truman: "Interpreting the City, an Urban Geography", New York 1989.

Häusler, Joachim: "Planung als Zukunftsgestaltung", in: "Fortschrittliche Unternehmensführung", Wiesbaden.

Heil, Karolus: "Reaktionen", in: Katrin Zapf, Karolus Heil, Justus Rudolph, "Stadt am Stadtrand", Europäische Verlagsgesellschaft, Frankfurt/Main 1969.

Heuer, Jürgen: "Neue Städte in England", Neue Heimat, Heft 2, 1959.

Heuer, H.: "Sozialökonomische Bestimmungsfaktoren der Stadtentwicklung", Berlin 1977.

Hillebrecht, Rudolf: "Städtebau morgen", Kiel 1965.

Hillebrecht, Rudolf: "Städtebau und Stadtentwicklung", in: "Städtebau als Herausforderung", 1975.

Hillebrecht, Rudolf: "Trabanten und Neue Städte - eine kritische Betrachtung", 1960.

Hillebrecht, Rudolf und Müller-Ibold, Klaus: "Städte verändern ihr Gesicht", Stuttgart 1961.

Hohenberg, Paul und Lynn Lees: "Making of Urban Europe, 1000-1950", Harvard University Press, Cambridge/USA 1985.

Horkheimer, M., Rahner, K., v. Weizsäcker, C. F.: "Über die Freiheit", Stuttgart, Berlin 1965.

Hoyt, H.: The Structure and Growth of Residential Neighbourhoods in American Cities", Chicago 1939.

Internationaler Verband für Wohnungswesen, Städtebau und Raumplanung, "Papers and Proceedings, 34th World Congress 1978, Hamburg".

Isenberg, Gerhard: "Die Städtische Infrastruktur", in: "Aspekte der Stadtverwaltung", Bad Godesberg 1967.

Isenberg, Gerhard: "Kritische Betrachtung der Ballungsräume als allgemeines Siedlungsphänomen", Hannover 1960.

Jacobs, Jane: "Tod und Leben großer amerikanischer Städte", Ullstein Verlag, Berlin-Frankfurt/Main-Wien 1963.
Jungk, Robert/Mundt, Hans Joseph: "Modelle für eine Neue Welt", München 1964.
Kaiser, Joseph E.: "Exposé einer pragmatischen Theorie der Planung", in: Planung I-III", Baden-Baden 1968.
Kern, E. A.: "Skizzen zur Methodik und zum System der Planung", in: "Planung I-III", Baden-Baden 1968.
Kern, E.: "Aspekte des Verwaltungsrechts im Industriezeitalter", Berlin 1959.
Klages, Helmut: "Der Nachbarschaftsgedanke und die nachbarliche Wirklichkeit in der Großstadt", Köln und Opladen 1958.
Koepf, Hans: "Baukunst in Fünf Jahrtausenden", Kohlhammer Verlag, Stuttgart 1958.
König, René: "Grundformen der Gesellschaft", in: "Die Gemeinde", Hamburg 1958.
König, René: "Soziologie der Gemeinde", Köln 1956.
Landesbericht für die Wirtschaftskommission für Europa (ECE) der Vereinten Nationen, Bundesministerium für Raumordnung, Bauwesen und Städtebau, Bonn-Bad Godesberg 1987.
Le Corbusier: "An die Studenten - Die 'Chart d'Athènes'", Erläuterungen zu These 71, Hamburg 1962.
Le Corbusier: "Oeuvre complète 1952-57", Zürich 1957.
Lendi, Martin und Elsasser, Hans: "Raumplanung in der Schweiz", in: "DISP Nr. 83", Zürich 1986.
Linde, H.: "Urbanität", in: "Handwörterbuch der Raumforschung und Raumordnung", Hannover 1970.
Maiwald, S. und Legas y Lacambran, L: "Die Funktion des Rechts in der modernen Gesellschaft", in: "Archiv für Rechts- und Sozialphilosophie", XLI, 1954/55.
Mannheim, Karl: "Ideologie und Utopie", Frankfurt 1952.
Maurer, Jakob: "Die Integration der Geistes- und Sozialwissenschaften in die Ausbildung von Ingenieuren", in: "DISP Nr. 77", Zürich 1984.
Maurer, Jakob: "Grundzüge einer Methodik der Raumplanung", Zürich 1973.
Meyer, Richard L.: "The Organization of Technical Innovation in Urban Environments", in: "The Historian and the City", USA 1963.
Ministry of Information for the Ministry of Town and Country Planning: "Greater London Plan" (England), 1948.
Mitscherlich, A.: "Die Unwirtlichkeit unserer Städte, eine Anstiftung zum Unfrieden", Frankfurt a.M. 1965.
Müller-Ibold, Klaus: "Administration and Urban Change in Germany", London, Beverly Hills 1974.
Müller-Ibold, Klaus: "Die Stadtregion als Raum zentraler Orte", Stuttgart 1962.
Müller-Ibold, Klaus: "Flächennutzungsplan der Landeshauptstadt Kiel, Teil 1: Stadtentwicklung", Kiel 1968.
Müller-Ibold, Klaus: "Planung im Spannungsfeld partikularer und ganzheitlicher Entscheidungen", Hamburg 1971.
Müller-Ibold, Klaus: "Planung", in: "Handwörterbuch der Verwaltung und Organisation", 1982.
Müller-Ibold, Klaus: "Schäden an öffentlichen Hoch- und Tiefbauten in Hamburg", in: "Berichte und Dokumente der Freien und Hansestadt Hamburg", Hamburg 1977.
Müller-Ibold, Klaus: "The Western European Metropolis: An Overview", in: "The Metropolis in Transition", New York 1987.
Müller-Ibold, Klaus: "Zur Frage der Wirtschaftlichkeit im Städtebau - unter besonderer Berücksichtigung der Infrastruktur", in: "Theorie und Praxis der Infrastruktur", Berlin 1970.
Nell-Breuning, Oswald v.: "Die Verantwortung für menschliche Solidarität", München 1983.
Nell-Breuning, Oswald v.: "Der soziale Rechtsstaat in der Bewährung - Bodenrecht und Bodeneigentum", in: "Grundeigentum und bauliche Ordnung", Bonn 1955.
Nell-Breuning, Oswald v.: "Die Funktion des Grundeigentums in der Rechts- und Sozialordnung unserer Zeit", in: "Gesetz zur Schaffung von Familienheimen", 1954.
Pacey, Lorene M. (Hrsg.): "Readings in the Development of Settlement Work", New York 1950.
Park, R. E., E. W. Burgess, R. D. McKenzie (Hrsg.): "The City", Chicago 1925, 4. Auflage 1967.

Pechan, H.: "Der Marschall-Plan. Ein Weg zur wirtschaftlichen Zusammenarbeit Westeuropas. Die Wirtschaftsunionen in ihrer Stellung zu den Nationalwirtschaften und der Weltwirtschaft", New York 1955.

Peisert, Hans G.: "Neue Städte - Beispiele für Forschungsaufgaben der Stadtsoziologie", in: "Berichte aus dem Soziologischen Seminar der Universität Tübingen", 1964.

Perry, Clarence A.: "Housing in the Machine Age", New York 1939.

Perry, Clarence A.: "The Neighbourhood Unit: A Scheme of Arrangement for the Family-life Community", 1929.

Pfeil, Elisabeth: "Großstadtforschung", Hannover 1972.

Pfeil, Elisabeth: "Nachbarkreis und Verkehrskreis in der Großstadt", in: Rainer Mackensen u.a., "Daseinsformen der Großstadt", Tübingen 1959.

Pfeil, Elisabeth: "Nachbarschaft als Thema der Großstadtforschung", in: "Hamburger Jahrbuch für Wirtschafts- und Gesellschaftspolitik", 2 (1957).

Pfeil, Elisabeth: "Zur Kritik der Nachbarschaftsidee", in: "Archiv für Kommunalwissenschaften", 2 (1963).

Prognos-AG: "Die Entwicklung von Wirtschaft und Bevölkerung des Landes Schleswig-Holstein 1950-1980", Kiel 1966.

Prognos-AG: "Szenarien zur Entwicklung der Umweltbelastungen durch den Verkehr", Basel 1986.

Rhode, B.: "Die Verdrängung der Wohnbevölkerung durch den tertiären Sektor", Frankfurt 1977.

Richardson, Harry W.: "Urban Economies", Hinsdale, Illinois (USA) 1978.

Rieger, H.C.: "Begriff und Logik der Planung", Schriftenreihe der Universität Heidelberg, Bd. 2, Wiesbaden 1967.

Ringli, Hellmut: "Raumplanerische Koordinationsaufgaben zwischen Verkehr und Siedlung im Großraum Bodensee", in: "Dokumente und Informationen (DISP) zur Schweizerischen Orts-, Regional- und Landesplanung", Zürich 1987.

Rosner, R.: "Neue Städte in England", München 1962.

Salin, E.: "Urbanität", in: "Erneuerung unserer Städte", Stuttgart 1960.

Schmidt-Relenberg: "Soziologie und Städtebau", in: "Beiträge zur Umweltplanung", Hamburg 1968.

Schneider, Wolf: "Überall ist Babylon", Düsseldorf 1960.

Schriftenreihe des Deutschen Städtetages: "Die Stadt und ihre Region", Stuttgart und Köln 1962.

Sieverts, Thomas: "Zeit in der Raumplanung", in: "DISP Nr. 85, ORL-Institut", ETH Zürich 1986.

Sitte, C.: "Der Städte-Bau nach seinen künstlerischen Grundsätzen", Wien 1889.

Skinner, William G.: "Marketing and Social Structure", in: "Plural China", 1965.

Spiegel, Erika: "Sozio-kulturelle und sozio-ökonomische Veränderungen in den neunziger Jahren", in: "Papers and Proceedings", Internationaler Verband für Wohnungswesen, Städtebau und Raumplanung, Den Haag 1988.

Statistisches Bundesamt: "Statistische Kennziffern der Stadtregionen in der Bundesrepublik Deutschland", Wiesbaden 1961.

Steinbruch, K.: "Falsch programmiert", Stuttgart 1968.

Stübben, J.: "Der Städtebau", Darmstadt 1890, 3. Auflage 1924.

Taut, B.: "Alpine Architektur", Hagen i.W. 1919.

Tenbruck, F. H.: "Zu einer Theorie der Planung", in: "Wissenschaft und Praxis", Köln und Opladen 1967.

Thünen, J. H. von: "Der isolierte Staat in Beziehung auf Nationalökonomie und Landwirtschaft", Stuttgart 1826.

UN Population Crisis Committee: "World Population Growth and Global Security", in: "Population", 1983.

Vereinte Nationen: "Patterns of Urban and Rural Population Growth", New York 1980.

Vining, Daniel, Pallone, Robert und Chung Hsin Yang: "Population Dispersal from Core Regions: A Description and Tentative Explanation of the Patterns in 20 Countries", Pennsylvania 1980.

Wright, F. L.: "When Democracy Builds", Chicago 1945 (deutsch: "Usonien", Berlin 1950).

Zapf, Katrin: "Rückständige Viertel", Frankfurt a.M. 1969.

STICHWORTVERZEICHNIS

A
Adhoc-Planung 47-49; 54
Advokat der Betroffenen 196
Altlasten 118
Analyse 18; 25 f.; 32; 35; 38; 53; 61; 85; 193; 198; 201; 221; 225; 229
Angebotsplan 41
Anhörung 195
Anonymität 17; 105
Ansiedlung 15; 16; 26; 35; 99; 206; 217
Arbeit 14-16; 18; 20-22; 26-31; 33; 35; 38 f.; 48; 51 ff.; 62-74; 77 ff.; 84; 92; 96; 101; 105-108; 110; 112; 114; 122; 124; 127; 129; 130 f.; 138; 140 f.; 146; 150; 152; 154; 157 ff.; 161; 163-168; 172 f.; 176; 177; 186 ff.; 190; 192 f.; 193; 203; 205; 208; 210; 212 f.; 215 ff.; 219 ff.; 220; 221; 223; 225 ff.; 234
Arbeitsbevölkerung 66
Arbeitsmarkt 70; 85; 101; 107-108
Attraktivitätslage 145
Aufbaugesetze 127; 130
Auffangplan 40; 41; 43
Auspendler 21; 157-160; 167; 172
Außenstadt 15
Äußere Erschließung 14; 76; 98; 202
Äußere Stadt 159

B
Ballung 25; 26; 152 f.; 153; 155; 218; 232
Bandstadt 134; 177; 230 ff.;
Bandsystem 232
Baulücken 175; 233
Baugenehmigung 122; 125
Bauflächen 37; 95 f.; 126; 128; 137; 202; 227
Baufreiheit 123
Baugesetzbuch 36 f.; 48; 58; 83; 88; 97 f.; 116; 119; 123 ff.; 128; 130; 133
Bauleitplan 119; 127; 195
Baunutzung 36; 102; 124; 128; 181
Baurecht 99; 102; 123-127
Bebaute Fläche 175
Besiedlung 32; 213; 220
Beteiligung an der Planung 44; 61; 76; 123; 186 f.;190; 195
Bebauungsdichte 16; 23; 86; 122; 216
Bebauungsplan 123; 181 f.; 186 f.; 187; 189; 196; 198; 229
Begünstigte der Planung 115; 194 f.
Belastete Böden 26; 117; 136
Berufspendler 31; 203
Berufsweg 29; 30; 78
Besitz 58; 166
Betroffene der Planung 43-46; 55; 60; 80; 108; 121 ff.; 186; 189; 190 f.; 194-197; 200; 213; 235
Bezirksplanung 130; 132; 198
Biotop 135; 138 f.
Boden 15; 20; 25; 46; 53 f.; 58 f.; 59; 62; 80; 87 f.; 93; 99; 100 ff.; 117 f.; 123 f.; 126 f.; 134; 137; 139; 155; 158; 166; 169; 176; 206; 208; 213 ff.; 217; 222; 225 f.
Bodenpreis 53
Bodenrecht 122
Bundesbaugesetz 124; 127; 128; 130
Bundesraumordnung 36; 49; 88; 124; 130 f.

Bürgerliches Gesetzbuch (BGB) 122

C
Charta von Athen 224-227
City 17; 26; 27; 29; 30; 65

D
Denkmalschutz 125
Detailplanung 49; 112
Dezentrale Planung 199 f.
Dezentralisation 26
Dienstleistungsanbieter 62
Dienstleistungsproduktion 27; 63
Dorf 11; 13; 15 f.; 18 f.; 21; 28; 31; 95; 100; 107; 129; 150; 156; 158; 168; 179; 227

E
Eigentum 43; 57 ff.; 76; 102; 123; 127; 133; 195; 206; 214 f.
Eigentumseinschränkung 58
Eigentumsrecht 58
Einwohner 15 f.; 24 f.; 37; 66 ff.; 89; 91; 93; 95; 156 ff.;168; 171; 173; 208 f.; 209; 211 ff.; 217; 219 f.; 223; 232
Eingreifakteur 196
Einkaufsgewohnheiten 85; 176
Einkaufszentrum 91; 107; 222
Einpendler 21; 158; 167 f.; 172 f.
Einwohnerdichte 90
Einzelplanung 124; 189; 199
Einzugsbereich 74; 88 f.; 148; 171; 178 f.; 180; 207; 214; 224; 231
Emission 96; 136
Entscheidungshilfe 33
Entscheidungskompetenz 58; 191
Entscheidungsfolgen 58

Enteignung 58; 102; 127 f.;206
Enteignungsrecht 127
Entscheidungsträger 33; 42; 70; 71; 77; 80; 108; 112 f.; 115; 190; 192; 198; 235
Entwicklungsimpulse 115
Entwicklungsmodell 54
Erwerbstätige 66 ff.;71; 157 ff.; 167
Ergänzungsgebiet 21; 92 f.; 159
Erosion 138
Erschließung 76; 96 ff.;100; 102; 104; 126 f.; 143; 147; 181; 186 ff.; 194; 196; 200; 202
Erschließungsbeitrag 103
Erwerbspersonen 21; 162; 164; 171
Erwerbsquote 66-71; 163 f.; 171
Erwerbsstruktur 21
Erwerbstätigkeit 66 ff.; 78
Euroregion 150

F
Fachplan 49
Fachplanung 124
Fachplanungsrecht 123
Fahrtenzweck 71
Fahrtkosten 78
Fahrtmotiv 71
Fahrtzeit 74; 148
Familie 13 f.; 28; 35; 68; 71; 74; 78; 85; 88; 95; 101; 103 ff.; 164 f.; 172; 199; 208 f.; 214; 216; 222
Familienwirtschaft 28
Fingerplan 230
Flächennutzung 36; 41; 46; 55; 122; 125; 127; 182; 184 ff.; 188 f.; 197; 200
Flächenerneuerung 176
Fluchtliniengesetz 126
Föderaler Staat 197
Föderalistisches Prinzip 18

Formelle Planung 43; 46; 55
Freizeit 23; 28; 53; 63; 71-74; 77 f.; 78; 80; 87; 96; 99; 101 f.; 133; 138; 142 f.; 150 f.; 151; 163; 192; 207; 226; 228; 229
Freiflächen 37; 95; 96; 128; 133 ff.; 231; 232
Freiflächensystem 132-134
Funktionsmischung 224; 228
Funktionstrennung 224
Fußgänger 28; 105; 205 f.

G
Gartenstadt 216 f.
Gegliederte und aufgelockerte Stadt 177
Gegenstromprinzip 130 ff. 184
Geltungsbereich 37; 131
Gemeinbedarf 96 ff.; 207
Gemeinde 11; 13-19; 21; 30 f.; 37; 47; 61; 75; 83; 95; 99; 116; 119; 120 f.; 125-128; 131 ff.; 153; 159; 170; 173; 181; 184 f.; 190; 192; 197; 198; 200
Geographische Struktur 86
Geopolitische Funktionen 142
Gesamtplanung 124
Geschäftsviertel 227
Grenzen der Planung 56
Großstadt 17 f.; 27; 29; 152; 160 f.; 216; 222; 229; 231
Grüngürtel 216 f.; 219; 226; 229
Grünflächen 37; 87; 99; 134; 138; 159; 229
Grundinstandsetzung 111
Grundgesetz 19; 57 f.; 99; 116; 119 f.; 123 f.; 130; 132 f.

Grundstück 30; 49; 58 f.; 85; 104; 118; 122 ff.; 126 ff.; 133; 175; 177; 181; 183; 189; 194; 196; 200; 213; 215; 217; 229; 233
Güterproduktion 27; 41; 63; 86

H
Handlungsstrategie 62
Handlungsakteur 196
Handlungsbedarf 80; 81
Handlungsplan 40; 41; 47
Hauptstadt 154; 155
Haushaltszahl 68
Haushaltsgröße 68 f.; 70; 76; 104; 163 ff.; 168; 170 ff.; 232
Herrschaftszentrum 206
Hierarchie 47; 54 f.; 65; 84 ff.; 92 ff.; 106; 132 f.; 152; 158; 224; 231 f.

I
Idee 11; 14; 32; 42; 43; 51; 88; 182; 193; 204-211; 214-218; 221-224; 228; 231 f.; 234 f.
Ideologie 43; 82; 204; 206; 228
Imperative Planung 43; 46; 49
Indikative Planung 43; 46; 49
Industriegesellschaft 17
Industriebrache 23; 108; 118
Industrialisierung 15 ff.; 26; 29 f.; 30; 64; 106; 151; 155 ff.; 207; 211; 215; 218
Industriefunktion 154
Industriestandort 93; 106; 160 f.
Infrastruktur 26; 32; 46; 51; 54; 62; 86; 96-99; 114; 121; 132 f.; 141; 143; 146; 149 f.; 186; 217; 228; 232
Innenstadt 95; 116;

165 ff.; 176 f.; 209; 217; 227
Instandhaltung 60; 100; 109 ff.; 113 f.; 117; 204; 206
Instandsetzung 110; 113; 114; 117; 204; 206; 229
Interkommunale Region 131
Intuition 41 f.

K
Kammstadt 231
Katalysator 46; 196
Kernstadt 21; 152; 156; 158 ff.; 230
Kleinstadt 169
Kommunikationssystem 90; 92
Kommunikationsverhalten 105
Kommunen 60; 75; 111; 114; 123; 132 f.; 174
Kommunikationsmittel 26
Kompakte Stadt 229; 232
Konsekutive Planung 57
Konsumbedarf 28; 63; 88
Konzentrisches System 207; 230
Konzept 32; 39; 42 f.; 59; 65; 121 f.; 127; 143; 173; 179; 183; 187; 192 f.; 204 f.; 209; 215 f.; 220-224; 230-235
Korrekturprozeß 175; 178
Kulturlandschaft 87; 135; 138

L
Landbedarf 129
Landflucht 19; 213
Landschaftsregion 20
Landesplan 20; 45; 50; 86; 88
Landesplanung 124-127; 129-132; 184; 188; 197; 205
Landesverfassung 19

Landkreis 132; 190; 194; 197
Landschaftspflege 87; 125
Langfristige Planung 49
Leitbild 32; 51; 53; 82 f.; 120; 177 f.; 191; 230; 235
Liegenschaftspolitik 55; 76
Lokale Funktionen 151
Luftkorridor 87
Luftqualität 87
Luftverkehr 124; 145; 148 ff.

M
Makroökonomische Planung 47; 49
Mantelbevölkerung 66-69; 172; 188; 220
Markt 13; 24; 36; 62 f.; 71 f.; 83 ff.; 89; 93; 99; 101 f.; 106; 108; 115; 122; 144; 146; 149; 151; 165; 200; 205-210; 218; 228
Massenverkehr 29 f.; 74; 158; 221
Massenwohnhaus 29
Maß der baulichen Nutzung 128; 230
Megalopolis 16; 154
Metropole 15 f.; 25
Mieten 30; 58; 117; 204; 206; 216
Mieterrecht 59
Mietskasernen 116
Mischquartier 65
Modellalternativen 54
Modelle 54; 91; 152; 232 ff.
Mobilität 31; 71-74; 77; 78; 90; 107; 142; 167 f.; 177
Modernisierung 55; 65; 115; 117; 125; 166; 176; 204; 206
Motorisierung 16; 64; 75; 78; 107; 144; 145; 150; 152; 158; 167

N
Naturräumliche Grundlagen 87

Nachbarschaft 27;
29 ff.; 103; 105 f.;
131; 165; 167 f.;
211-224; 227; 228;
231; 233
Nahverkehr 37; 40;
74 f.; 77; 96; 99; 103;
105; 107; 128; 148;
149; 171; 203
Nationale Planung 47
Naturlandschaft 87; 138
Naturräumliche Region
20
Naturschutz 87; 124 f.;
138 f.
Nebenzentren 157 f.;
165 f.; 176; 203
Netzstruktur 40; 134
Neustadt 158
Nutzung 13; 18; 23;
27 ff.; 35 ff.; 46; 50;
52-56; 59; 62 f. 65;
74 f.; 77-79; 80;
83 f.; 86 f.; 92; 95 f.;
100; 102; 105; 108;
109; 115; 117; 123 f.;
126 ff.; 133 f.; 143;
150; 152 ff.; 156;
161; 166; 168; 175 f.;
178; 194; 196 f.; 203;
215; 217; 225-229;
231 ff.; 235

O
Objekterneuerung 176
Offenheit von Planung
55
Öffentliche
Einrichtungen 171;
232
Öffentliche Planung 45;
196 f.
Ökologie 86
Ökologischer Verfall
118
Ökonomische Planung
60
Ökosystem 139
Operative Planung 40
Ordnung 11; 13 f.; 17;
19; 23; 25; 28-32;
36 f.; 39; 45 f.; 50;
52-57; 58; 61-65; 79;
81-86; 88; 90-93;
95 ff.; 100 ff.; 107;
113; 117; 119 ff.; 123-
133; 137; 140 ff.;
151; 155-158; 161;
163; 165; 171; 177 f.;
181 f.; 189-192; 195;
197; 199; 201; 206-
209; 211; 214 f.;
218 f.; 223; 225;-233;
235
Organisation der
Planung 189
Ortsplanung 131

P
Personenverkehrslei-
stungen 76
Planadressat 190; 192;
194; 195
Plan 11 ff.; 15-18; 20;
22 ff.; 31-62; 65 f.;
68; 70; 76; 80-86; 88;
93; 95 f.
Planausführende 191;
192; 194
Planende Verwaltung
196
Planer 108; 119; 129 ff.;
139; 152; 182; 185 f.;
188; 190-194; 198;
215; 217; 219; 221 f.;
223; 235
Planfeststellung 148
Planung 97; 99 ff.; 106;
108-112; 116-126;
128-133; 135; 139 f.;
142; 148; 151 f.; 161;
165; 168; 174-179;
180-209; 211; 214 f.;
217; 220 ff.; 224 ff.;
228; 230; 232-235
Präventive Vorsorge
109; 113
Prioritätensetzung
33; 35; 122
Private Trägerschaften
75
Privater Haushalt 214
Privatheit 224
Produktionsfaktoren 101
Produktionsfunktion 134
Prognose 32; 56; 64;
145 ff.; 176; 193;
201; 221; 229
Q
Quartier 15; 18; 65;
100; 104; 106; 113;
116 ff.; 174; 203 ff.;
215 f.; 222 f.; 229;
232

R
Rasterstruktur 230
Rastersystem 230
Raumstruktur 70; 97;
141
Regeneration 118
Region 13; 16; 18-21;
23 ff.; 27; 29; 31;
47 f.; 50; 54; 59; 76;
85 f.; 93; 98; 102 f.;
108; 129-132; 141 ff.;
145; 148; 150 ff.;
154; 156 f.; 158-161;
177; 183 f.; 188 f.;
193; 197; 207; 209 f.;
216; 219 ff.; 224;
227; 230 f.
Renaissance 53; 228
Revitalisierung 65; 109;
115; 118; 205
Rückkopplung 57; 180;
187 f.

S
Sanierung 49; 117; 128;
175; 217; 220
Satellit 160; 219; 230;
231 f.
Schnellbahnnetz 62
Selbständiger Ort 161
Selbstregulierung 115 f.
Siedlung 13; 15 f.; 21;
25 ff.; 30; 32; 36; 52;
87; 96; 101; 103;
108 f.; 116; 125 ff.;
129; 131; 135; 138 f.;
141; 146; 153;
156 ff.; 173; 182 f.;
186; 194; 206; 210;
216; 219; 223;
230 ff.; 235
Slums 18; 117; 217; 220
Sozialpflichtigkeit 57
Solidargemeinschaft 13
Soziale Beziehung 17
Soziale Einheit 13
Soziale Organisation
18; 50
Soziale Struktur 219
Sozio-ökonomische
Struktur 161
Städtebau 29; 46; 52;
58; 64 f.; 87; 96; 100;
103 f.; 115 f.; 118 f.;
124; 126 ff.; 133;
151; 163; 165; 169;
174 f.; 177; 181 ff.;
205; 208; 214; 222-
229; 233 f.
Staatsorgane 123
Stadt 11; 13-21; 23-25;
27-31; 34; 36; 39; 41;
43; 46; 49; 50; 52-55;
59 ff.; 63-69; 72; 74;
76 f.; 80; 84; 86 f.;
93-96; 100; 102-106;
108 f.; 111; 113;
115 f.; 118 ff.; 122;
125; 128 f.; 131-134;
136; 139-142; 150 ff.;
154-162; 165-182;
184 ff.; 188 ff.;
192 ff.; 197-200; 202-
217; 219-235
Städtegründung 22
Standort 11; 13; 17; 20;
24-27; 29 f.; 30; 37;
40; 46 f.; 52 f.; 62 f.;
65; 70 f.; 83-86; 88-
93; 95 f.; 101 ff.;
106 ff.; 115; 117;
133; 138; 141 ff.;
148; 151;
155 f.; 158; 160 f.;
165 f.; 175-181;
188 f.; 191; 203; 207-
211; 214; 218; 221 f.;
224; 228; 230; 232
Sternsystem 230
Straßenraster 228; 230
Strukturschwache
Räume 142
Strukturelle Erneuerung
176
Strukturverbesserung 41
Strukturwandel 31; 71;
114; 146; 163; 171
Suburbanisierung 141;
152
Substanzerhaltung 100;
114

T
Tertiäre Zivilisation
64
Topographie 86; 100;
210; 226
Trabant 158-161; 219;
229; 232

241

Träger öffentlicher Belange 190; 200
Transport 62; 91; 101; 147; 149; 150; 165; 210 f.

Ü
Überbevölkerung 138
Übergangsperiode 30; 64
Umfeld 11; 13; 15; 81; 95; 104 f.; 118; 120; 134; 138; 140; 151; 155; 168; 198; 204; 235
Umland der Städte 16; 21; 87
Umlandzone 21
Umstrukturierung 107; 115
Umweltbedingungen 50; 52
Umweltbelastung 110
Urbanisierung 27 f.; 31; 61 ff.; 141; 159
Urbane Lebensformen 16; 31
Urbanität 203; 208
Utopie 42 f.; 82; 204; 206; 217

V
Verdichtungsraum 152; 154 ff.; 158
Verkehrsschiene 147; 148
Verkehrsanbindung 86; 106; 108; 143; 210
Verkehrsmittel 14; 29; 52; 75; 77; 80; 105; 107; 145; 149; 150; 171; 173; 176; 180; 203; 207; 213
Vernetzung 53; 141; 152
Versorgung 30; 40; 60; 67; 71; 86; 87 ff.; 90 ff.; 96; 98 f.; 106; 116; 119; 157; 159; 170; 179; 188; 190; 207 f.; 211; 214; 232; 234
Verstädterung 19; 20; 22-25; 27; 31; 61 ff.; 138; 141
Verteilungssystem 92; 211

Veränderungsbedarf 62; 80
Verdichtungszonen 37
Verdrängungseffekt 72
Verfahrensregeln 55; 57
Verfall 100; 109; 113-119; 204 f.; 216
Verfügungsgewalt 59
Vergesellschaftung 59
Verkehrsfunktion 154
Verkehrssystem 18
Verkehrsträger 76; 78; 101; 148 ff.
Verkehrszweck 30; 144
Verpflichtung zur Planung 125
Verschmutzung 50; 96; 110; 114 f.; 118; 136; 138 ff.
Versiegelung des Bodens 136
Verstaatlichung 59
Verstädterte Zone 21; 25; 141 f.; 157; 219
Verteilung der Bevölkerung 18; 93
Verteilung der Bevölkerung 18
Verwaltungsgrenzen 16
Vollzug 35; 38 f.; 59; 97; 120; 129; 181; 193; 196; 199; 205; 209; 235
Vorort 19; 100; 159; 170; 221
Vorhaltefunktion 134
Vorhandene Bausubstanz 99

W
Wohnbauland 14; 76
Wohnbevölkerung 146; 159; 168
Wohnen 14; 23; 29 f.; 37; 92; 102; 170; 213; 225-228
Wohnung 14; 23 f.; 26; 29; 31; 37; 55; 58 f.; 67-72; 75 f.; 82-85; 95 f.; 98; 104-107; 110; 114; 117; 119; 122; 124 f.; 135; 137 f.; 140; 142; 151; 153; 163; 165-174; 176 ff.; 185 f.; 190; 192; 196 f.; 201-206;

210; 213 f.; 216 f.; 219; 220; 224; 226 ff.; 231-234
Wohnviertel 105; 214

Z
Zeit als Faktor 200
Zentraler Ort 24; 92; 95; 142; 151; 157 f.
Zentrale Güter 91
Zentralität 86; 88-92; 97; 100; 145
Zersiedelung 137; 139
Ziel 11; 16; 18; 21; 30-43; 45 ff.; 50-55; 57 f.; 59; 62; 68; 71 f.; 81 ff.; 87 ff.; 101 f.; 107; 109; 111-114; 117 f.; 122 f.; 126 f.; 130 f.; 134; 137 f.; 145; 152; 161; 167; 169; 173-177; 179 ff.; 183 ff.; 188 f.; 191; 193 f.; 199; 207; 209; 210 f.; 214 f.; 217 f.; 220; 229; 232; 234 f.
Zielplanung 41
Zielsetzung 35, 45 f., 80, 87 f., 113
Zielsystem 37
Ziviles Baurecht 122
Zoneneinteilung 86
Zugänglichkeitsschwelle 85
Zuordnungssystem 85
Zuständigkeit 61; 120; 128; 132; 190 f.; 193; 198; 206